Alle können schnitzen!

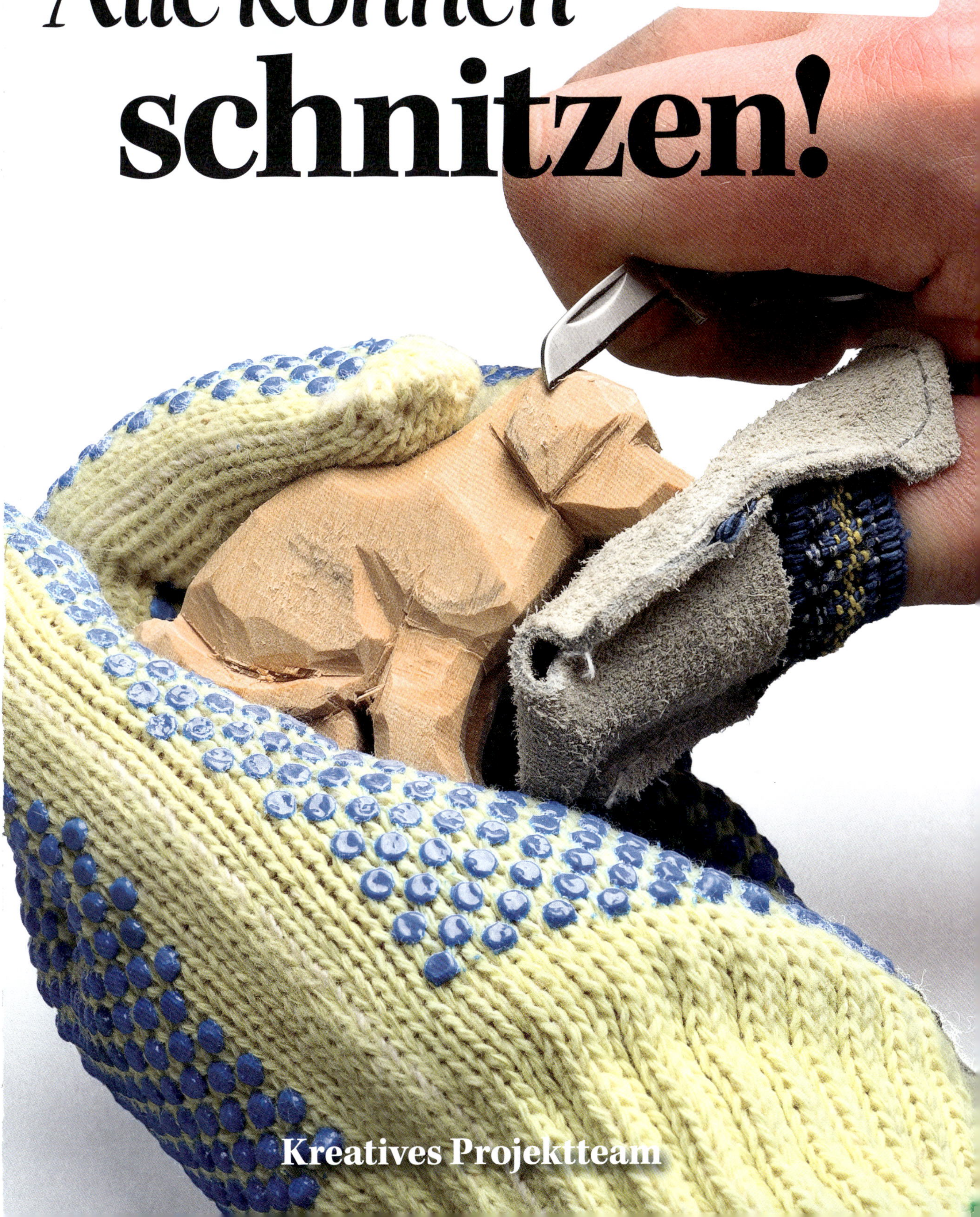

Kreatives Projektteam

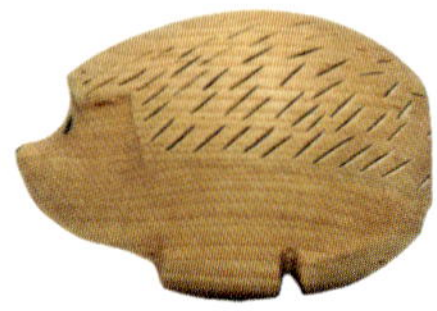

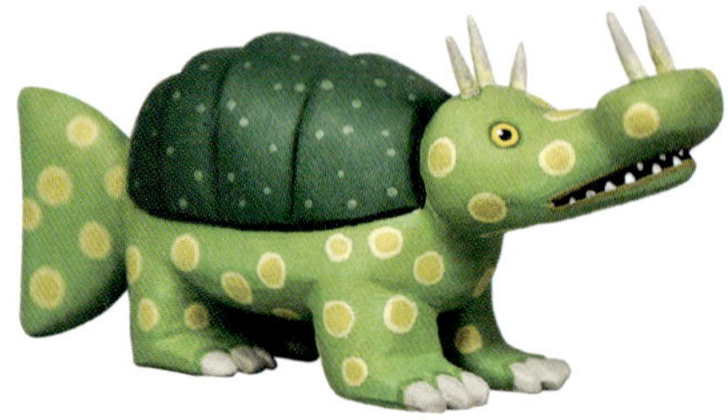

Umschlaggestaltung: DSR – Werbeagentur Rypka, A-8143-Dobl/Graz
Fotos: shutterstock.com: TheBentSpoon (S. 9 rechts mittig), vvoe (S. 9 rechts unten) |
alle übrigen Steve Tomashek

Titel der englischen Originalausgabe: Anyone Can Whittle!

Aus dem Englischen übertragen von Nina Schön.

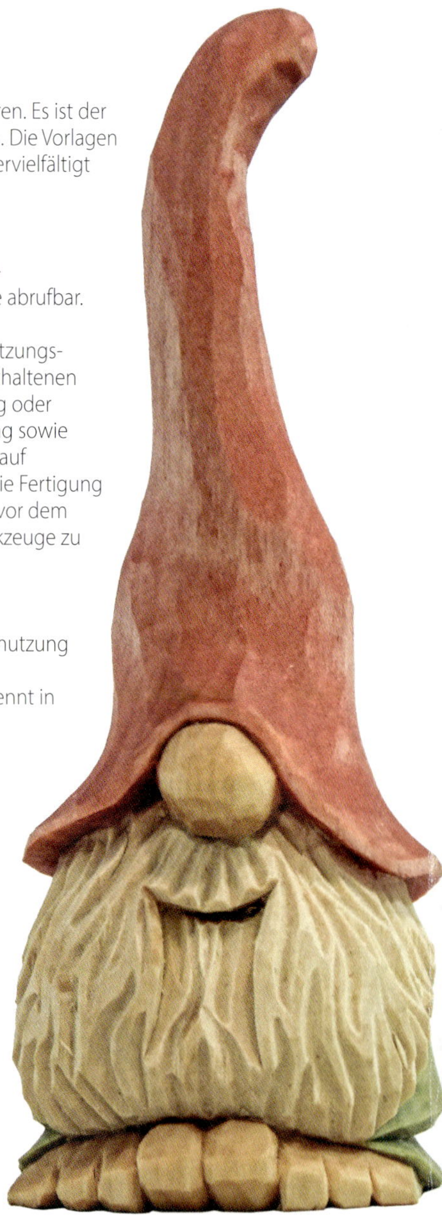

Bibliographische Information der Deutschen Nationalbibliothek
Die Deutsche Nationalbibliothek verzeichnet diese Publikation in der Deutschen Nationalbibliographie; detaillierte bibliographische Daten sind im Internet über http://dnb.d-nb.de abrufbar.

Hinweis:
Dieses Buch wurde auf chlorfrei gebleichtem Papier gedruckt. Die zum Schutz vor Verschmutzung verwendete Einschweißfolie ist aus Polyethylen chlor- und schwefelfrei hergestellt. Diese umweltfreundliche Folie verhält sich grundwasserneutral, ist voll recyclingfähig und verbrennt in Müllverbrennungsanlagen völlig ungiftig.

Auf Wunsch senden wir Ihnen gerne kostenlos unser Verlagsverzeichnis zu:
Leopold Stocker Verlag GmbH
Hofgasse 5 / Postfach 438
A-8011 Graz
Tel.: +43 (0)316/82 16 36
Fax: +43 (0)316/83 56 12
E-Mail: stocker-verlag@stocker-verlag.com
www.stocker-verlag.com

ISBN 978-3-7020-2107-8

Satz: DSR – Werbeagentur Rypka, A-8143-Dobl/Graz

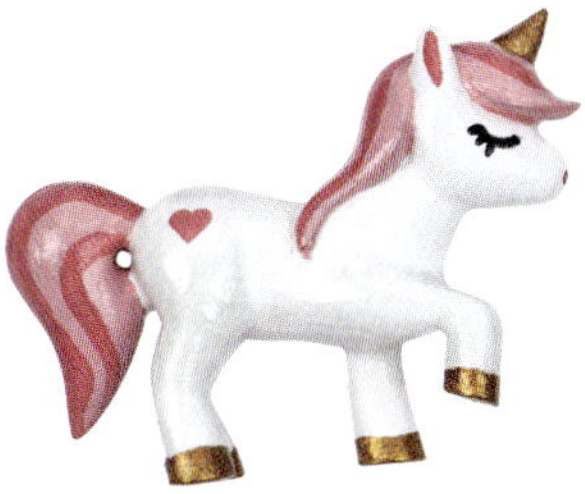

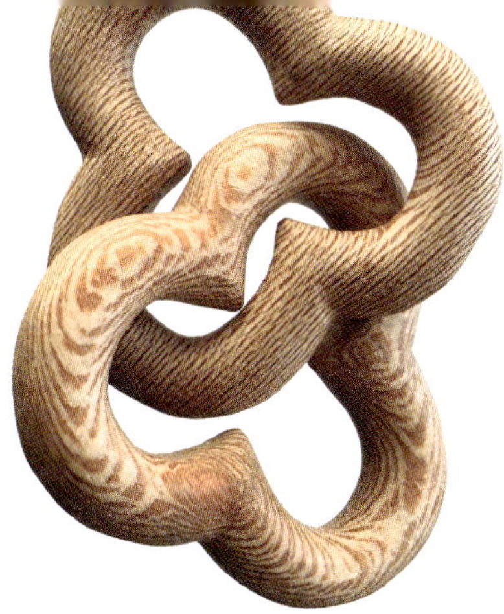

Willkommen in der wilden Welt des Schnitzens!

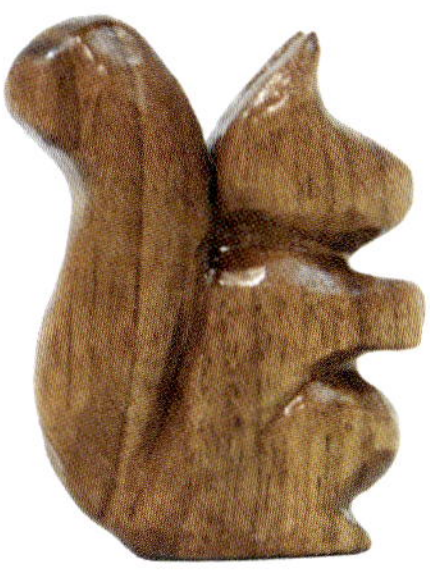

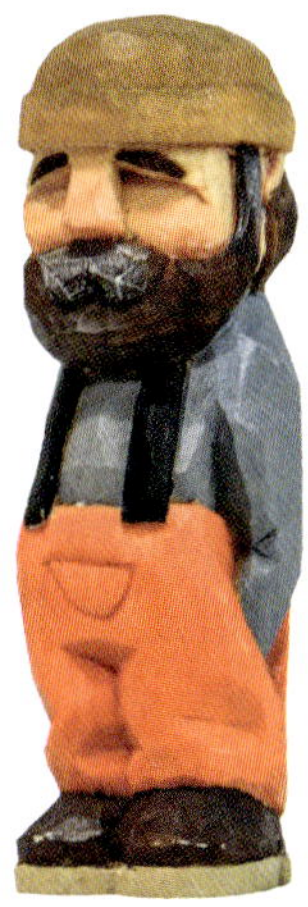

Wir freuen uns, dass Sie da sind. Ob Sie nun ganz neu ins Schnitzen einsteigen oder schon seit Jahrzehnten mit Spänen um sich schießen – das Handwerk des Messerschnitzens ist es wert, erlernt zu werden. Was dieses Hobby betrifft, so ist es recht günstig, da alles, was Sie zum Loslegen brauchen, ein Messer und ein Stück Holz sind. Es ist auch toll für unterwegs; stecken Sie einfach das Nötigste in eine Tasche oder einen Rucksack, und schon wird es Ihrem nächsten Campingurlaub nicht an Unterhaltung mangeln.

In diesem Buch haben wir mehr als 30 unserer Lieblingsprojekte aus den Magazinen *Woodcarving Illustrated, Whittling* und ausgesuchten Schnitzbüchern von Fox Chapel Publishing zusammengetragen. Lesen Sie zu Beginn den Einsteigerwerkzeugkasten (Seite 6–14) durch, der Sie mit Tipps zu Sicherheit und Messerwahl, grundlegenden Schnitten, Schärftechniken und sogar ein paar Dehnübungen versorgt, damit Sie beim Schnitzen immer locker bleiben. Dann können Sie sich in die Projekte stürzen, die im Schwierigkeitsgrad ansteigen – angefangen mit simplen 20-Minuten-Werken bis hin zu fortgeschritteneren Schnitzarbeiten, die sich im Verlauf eines Wochenendes fertigstellen lassen.

Wo auch immer Sie einsteigen und was auch immer Sie schnitzen – Sie haben mit Sicherheit eine Menge Spaß!

Fröhliches Schnitzen!

– Das Team von *Woodcarving Illustrated*

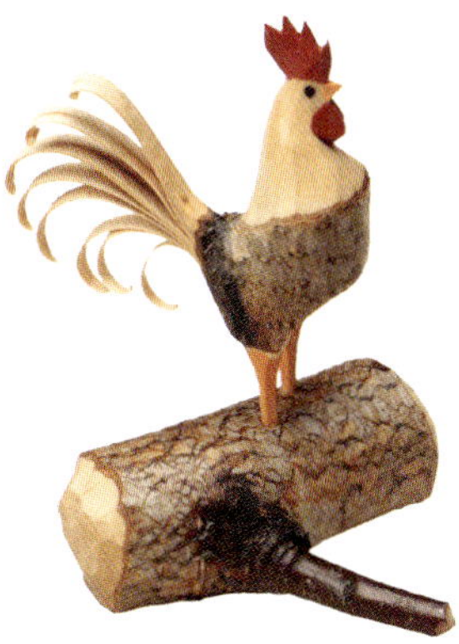

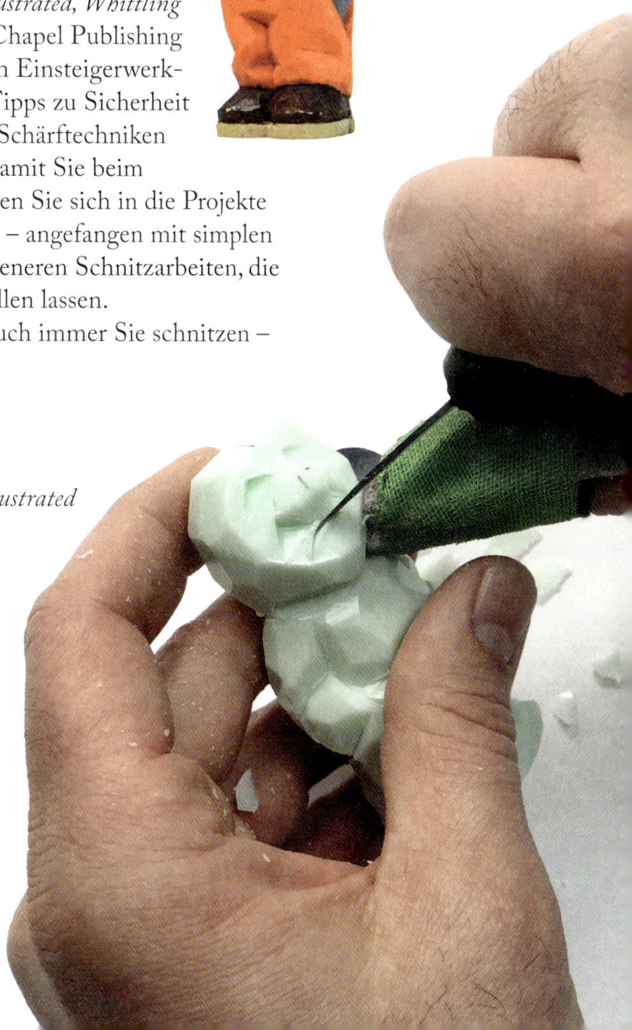

Inhaltsverzeichnis

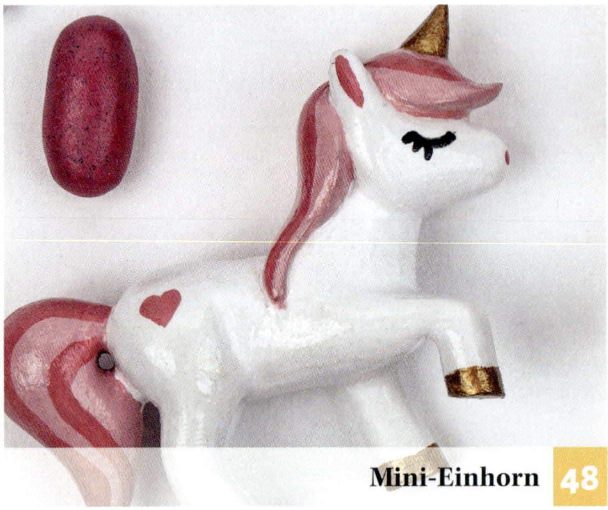

Mini-Einhorn 48

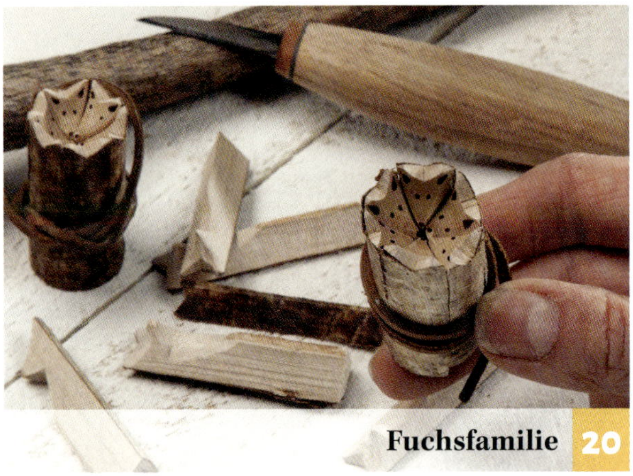

Fuchsfamilie 20

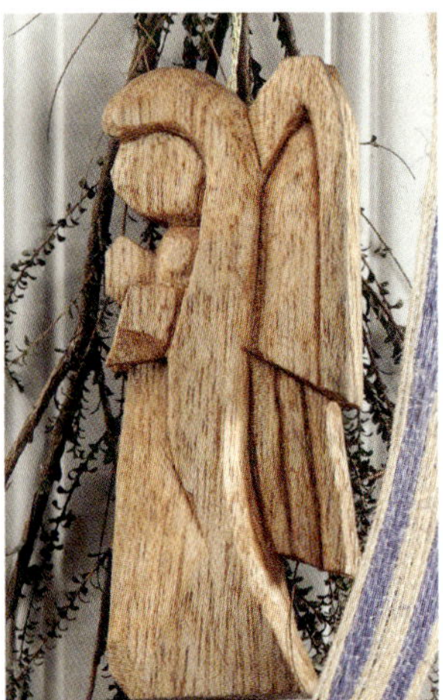

Engel für den Weihnachtsbaum 26

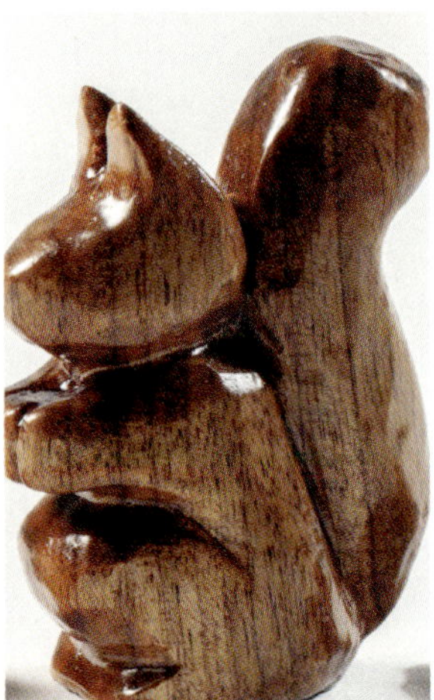

Sitzendes Eichhörnchen 44

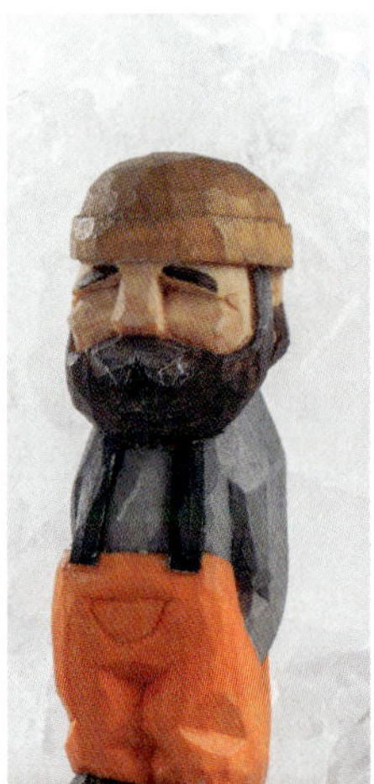

Fischer aus Alaska 72

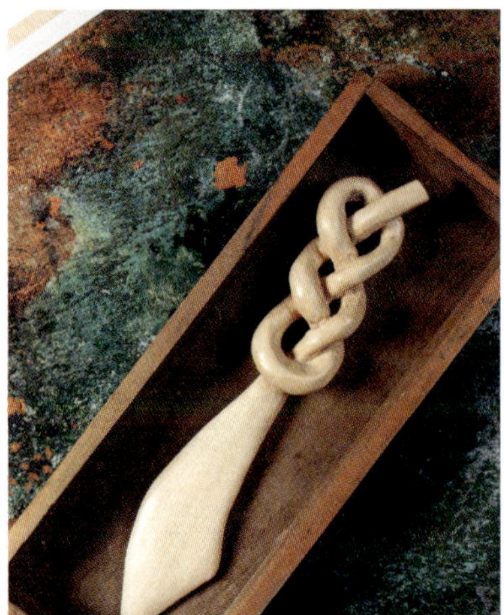

Brieföffner mit Keltischem Knoten 60

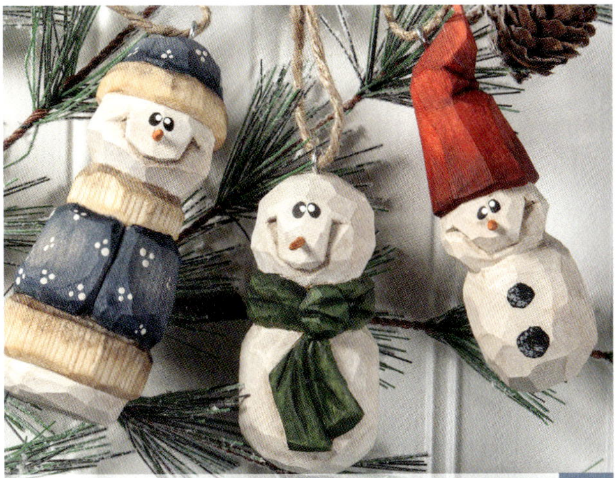

Schneemann-Christbaumschmuck 68

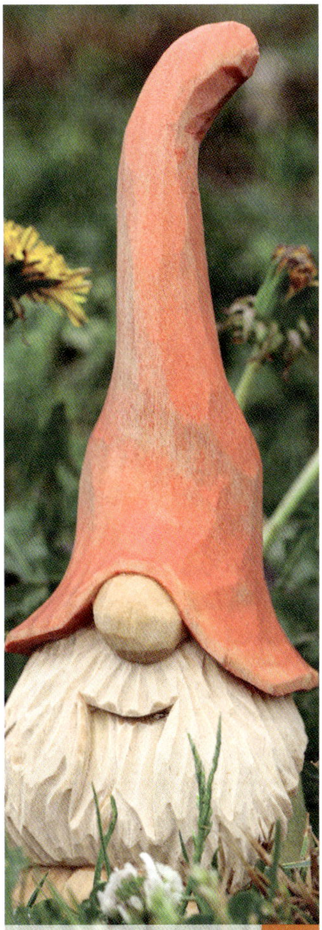

Einfacher Wichtel 112

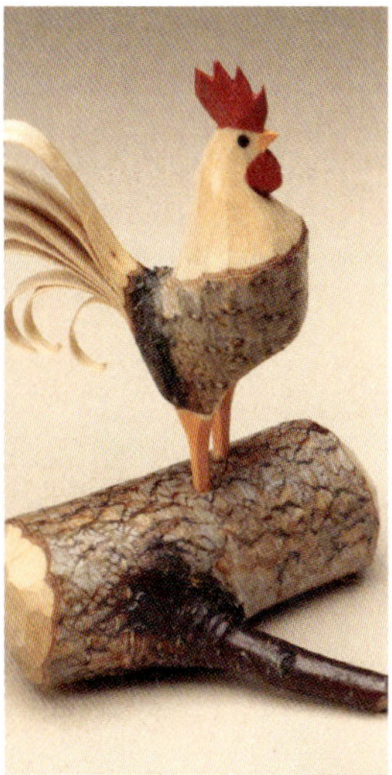

Hahn am Ast 118

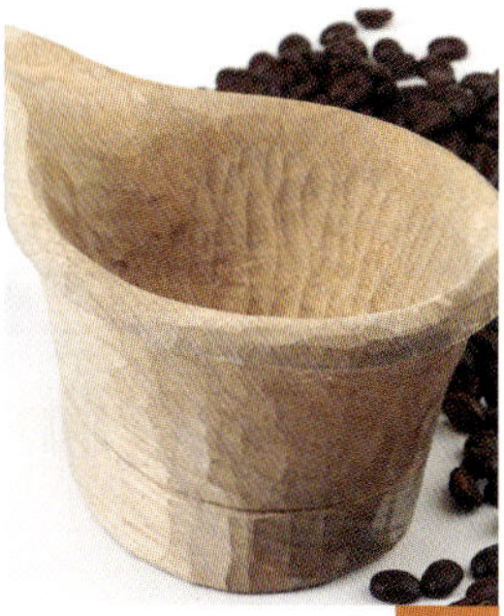

Holzbecher 102

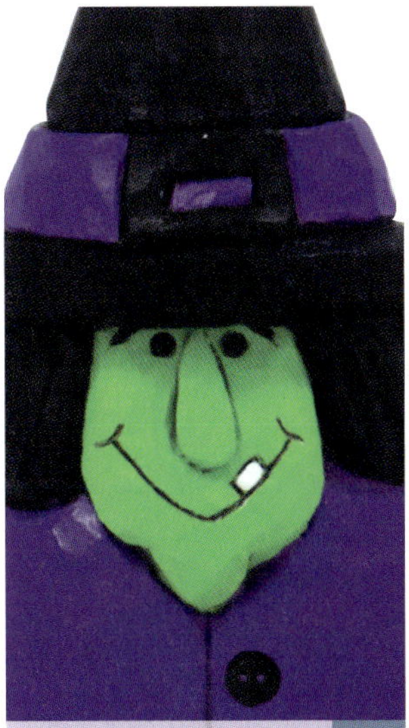

Hexe Helga 84

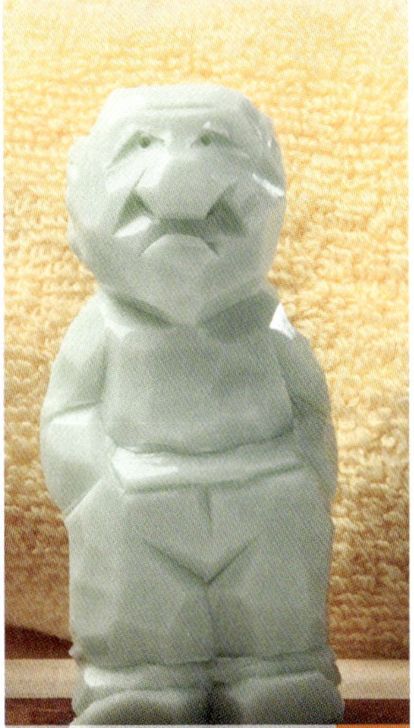

Grummeliger Seifenmann 90

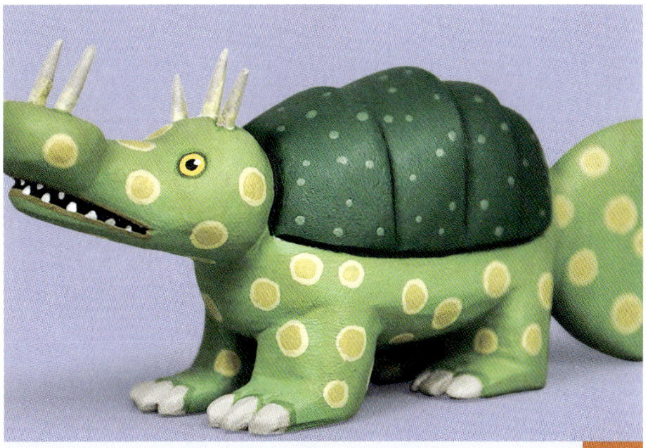

Seeungeheuer 92

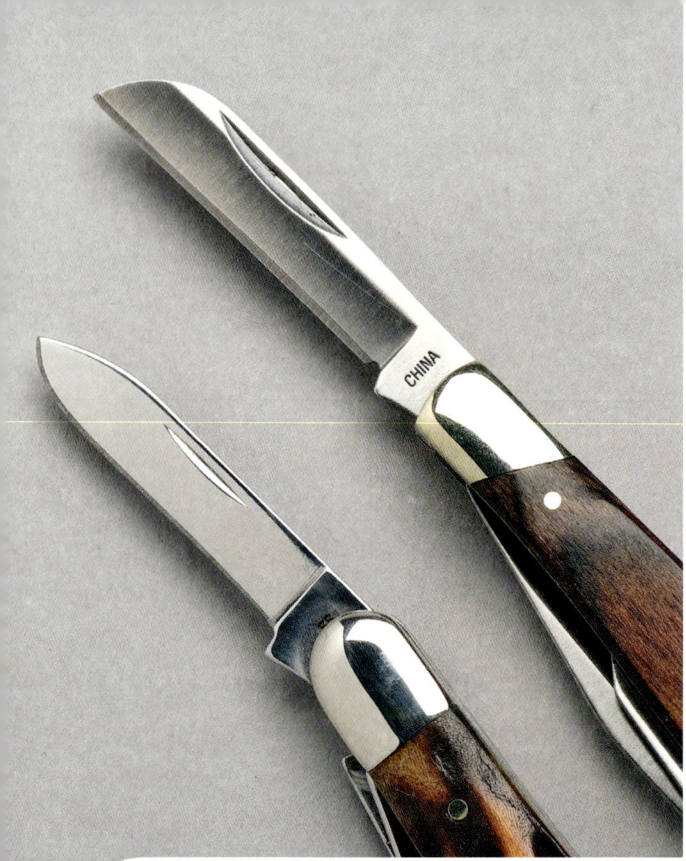

Grundlagen des Schnitzens

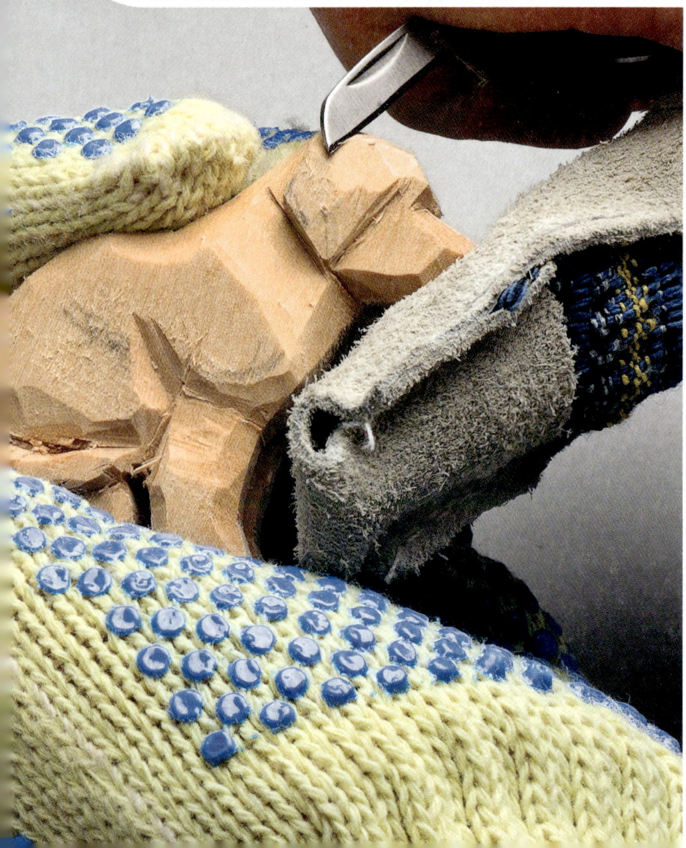

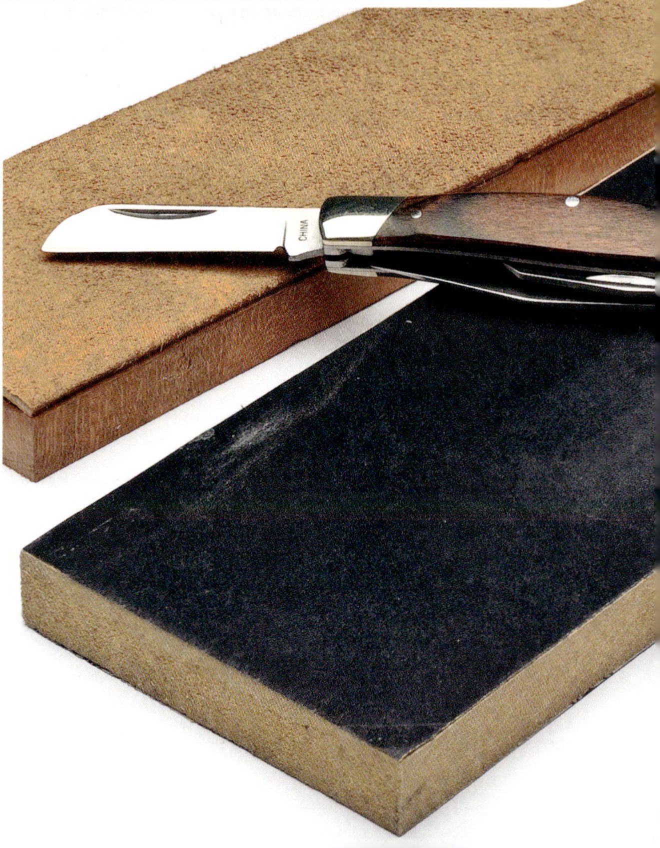

Wahl des Messers

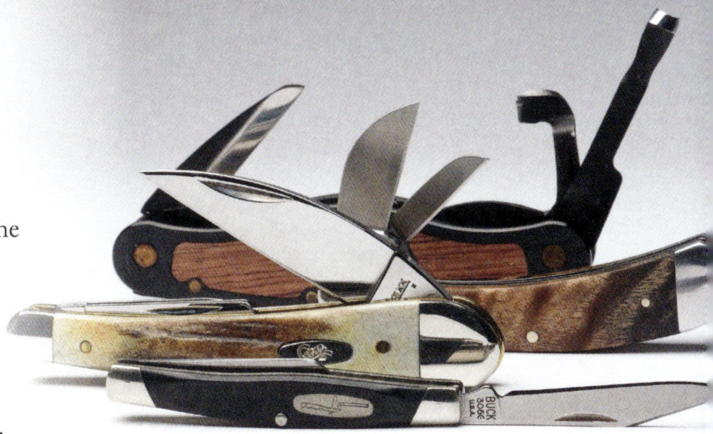

Mit einem kleinen Messer, das sich sicher in der Tasche mitführen lässt, können Sie fast überall schnitzen. Klappmesser genügen diesem Anspruch perfekt.

Viele Hersteller produzieren Klappmesser mit Klingen, die an jene klassischer Schnitzmesser erinnern. Diese Spezialmesser können ins Geld gehen, sind es aber wert, wenn Sie viel damit arbeiten. Sie müssen allerdings kein Spezialmesser kaufen. Wir empfehlen Ihnen zusätzlich zu Ihrem Schnitzmesser ein zweites Taschenmesser oder eine Klinge am Klappmesser für den alltäglichen Gebrauch (etwa zum Öffnen von Schachteln, damit die Klinge zum Schnitzen nicht stumpf wird). Bei der Wahl eines Taschenmessers zum Schnitzen sollten Sie die folgenden Aspekte bedenken:

Kohlenstoffstahlklinge

Viele Taschenmesserklingen sind aus rostfreiem Stahl. Die Schneidkante hält lange und rostet nicht – auch wenn das Messer mit nasser Klinge geschlossen wird. So langsam rostfreier Stahl stumpf wird, so langsam lässt er sich allerdings auch wieder schärfen. Sparen Sie sich Zeit und Mühe und suchen Sie eine Klinge mit hohem Kohlenstoffgehalt. Sie ist zwar teurer als ein Messer mit Klinge aus rostfreiem Stahl, lässt sich aber viel leichter schärfen. Eine weitere Option ist eine rostfreie Klinge mit hohem Kohlenstoffgehalt, was die Beständigkeit des rostfreien Stahls mit den Vorzügen des Kohlenstoffstahls verbindet.

Klingenposition

Auch wenn Taschenmesser mit mehreren Klingen und Werkzeugen nützlich zum Campen sind, vermeiden Sie sie zum Schnitzen. Sie sind für gewöhnlich unbequem, wenn man sie länger verwendet, und die Klingen, die zum Schnitzen geeignet sind, liegen selten in der Mitte des Griffes. Liegt die Klinge nicht in der Mitte, verlieren Sie an Hebelwirkung, was Ihre Kraft und Kontrolle beim Schnitzen mindert. Suchen Sie stattdessen ein Messer mit zwei oder maximal drei Klingen; das sollte sicherstellen, dass diese auch praktisch angeordnet sind.

Klingenform

Halten Sie Ausschau nach einer Schaffußklinge – also einer Klinge, bei der die Messerspitze nah an der Hauptklinge liegt, ähnlich einem Allzweck- oder Standardwerkmesser. Viele Taschenmesserklingen haben eine nach unten gezogene Spitze (Drop-Point-Klinge), was die Messerspitze in der Klingenmitte zentriert. Diese Form ist gut zum Schneiden geeignet, erschwert aber das Schnitzen kleiner Details. Sie können eine Klinge mithilfe von Schleifsteinen und -papier umformen, was aber ein zeitintensiver Vorgang ist.

Klingenarretierung

Eine Arretierung verhindert, dass sich das Messer aus Versehen auf Ihre Finger schließt, ist also eine gute Sicherheitsfunktion. Dennoch sollten Sie immer daran denken, dass sich das Messer auf Ihre Finger schließen könnte, ob es nun eine Arretierung gibt oder nicht.

Das richtige Messer auswählen

Das ideale Taschenmesser ist eine Frage des persönlichen Geschmacks. Die Größe Ihrer Handauflage im Vergleich mit der Größe des Griffes beeinflusst in hohem Maße, wie angenehm das Messer auch über längere Zeit in der Verwendung ist. Das ideale Messer für Ihren Freund mag für Sie gar nicht passen. Fragen Sie andere Schnitzer nach deren Meinung, nehmen Sie aber einige Messer selbst in die Hand und probieren Sie sie vor dem Kauf aus.

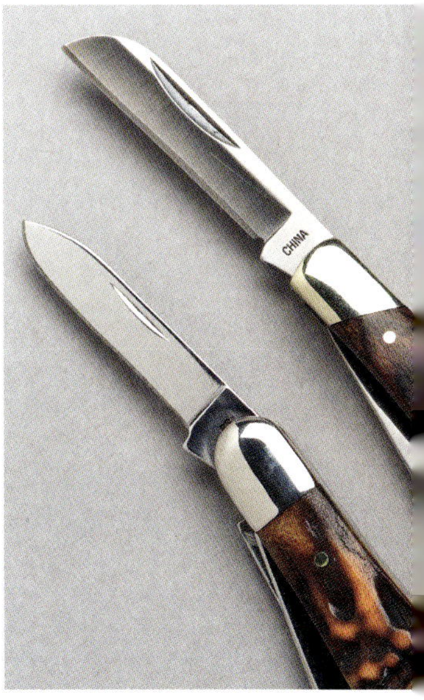

Eine Schaffußklinge (oben) ist besser zum Schnitzen geeignet als eine Drop-Point-Klinge (unten).

Sicherheit beim Schnitzen

Der Umgang mit scharfem Werkzeug ist immer mit einem Risiko verbunden. Ein Messer, das scharf genug ist, durch Holz zu schneiden, schneidet Haut mit Leichtigkeit. Die meisten Schnitte sind kleine Kratzer, die schnell verheilen und keine Narben hinterlassen. Dennoch ist es am besten, einfache Sicherheitsvorkehrungen zu beachten, um ernsthaften Verletzungen vorzubeugen.

Die erste, grundlegende Regel des Schnitzens ist, nicht nur zu wissen, wo die Klinge gerade ist, sondern auch, wohin sie gehen könnte. Das Holz kann immer seine Dichte ändern und Sie müssen den Druck, den Sie auf das Messer ausüben, entsprechend anpassen. Stellen Sie sich vor, Sie schneiden durch einen harten Astknoten im Holz, nur um dahinter einen weicheren Bereich vorzufinden. Die Klinge wird schnell durch den weicheren Bereich und in das, was dahinter liegt, hineinschneiden. Dem Messer ist egal, ob das Luft, eine Werkbank oder Ihre Hand ist.

Pfadfindern wird beigebracht, immer vom Körper weg zu schneiden. Auch wenn das ein guter Rat ist, gibt es Momente, in denen man zum Daumen hin schneidet, etwa beim Schälschnitt. Tragen Sie immer einen Daumenschutz, kleben Sie Tape um Ihren Daumen oder halten Sie ihn weit genug unten am Werkstück, damit Sie ihn nicht treffen, falls das Messer abrutscht.

Da die meisten Schnitte die Haltehand erwischen, tragen Schnitzer dort oft einen Schnittschutzhandschuh. Bedenken Sie, wo die Klinge hingelangen könnte. Schneiden Sie beim Entfernen von Rinde oder größeren Holzmengen immer weg vom Körper. Beim Schnitzen feinerer Details stabilisieren Sie die Haltehand mit der Schnitzhand: Bei Schiebeschnitten den Daumen der Haltehand auf die Rückseite des Daumens der Schnitzhand legen oder die Finger der Schneidehand auf die Finger der Haltehand legen. Dies sorgt für Stabilität und Kontrolle, damit das Messer weniger leicht abrutscht.

Einige Schnitzer verwenden ihre Oberschenkel als Schnitzbank. Ein Schnitt kann hier schwerwiegende Folgen haben. Wir empfehlen das Schnitzen an einer Werkbank oder einem Tisch. Wenn Sie lieber auf Ihren Schenkeln schnitzen, investieren Sie in einen Lederstreifen, um Ihr Bein zu schützen.

Ohne ordentliche Vorsichtsmaßnahmen kann ein Abrutschen des Messers in einem Besuch der Notaufnahme enden. Befolgen Sie diese einfachen Sicherheitsregeln, werden Sie hoffentlich nie mehr als einen Verband brauchen.

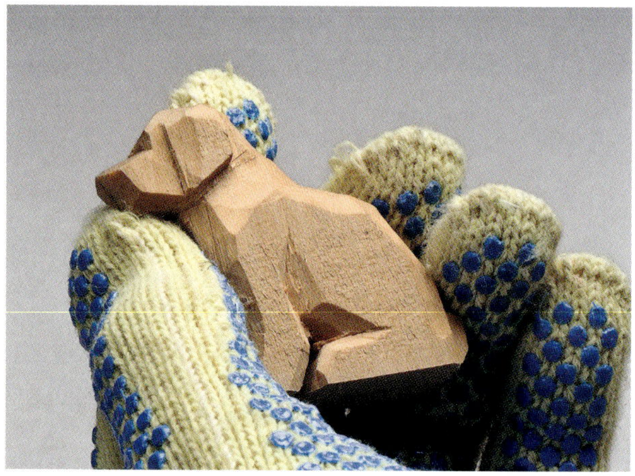

Tragen Sie einen Handschuh an der Haltehand.

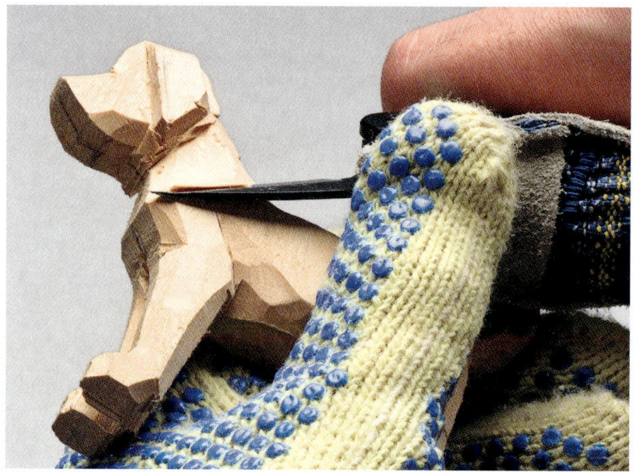

Schneiden Sie weg vom Körper, um Verletzungen zu vermeiden.

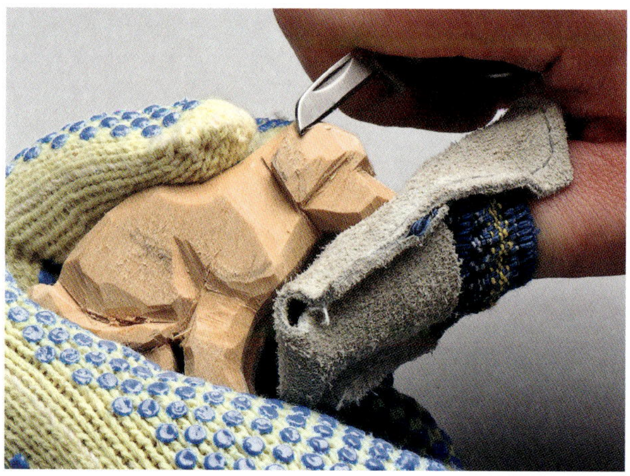

Tragen Sie einen Daumenschutz, wenn Sie in Richtung Daumen schneiden.

Wahl des Holzes

Als Material zum Schnitzen können kleine aufgesammelte Äste, Zweige und Obstkerne, Reste vom Sägen, vorgeschnittene Holzformen, Seifenstücke, ja sogar Golfbälle dienen. In diesem Buch wird eine Kombination all dieser Materialien verwendet. Einige, etwa Seife oder Golfbälle, sind austauschbar, bestimmte Holzsorten jedoch besser geeignet als andere. Jedes Projekt enthält eine vollständige Materialliste, in der ggf. eine Holzart empfohlen wird. Dieser Abschnitt erläutert einige häufig zum Schnitzen genutzte Holzarten.

Einsteigern empfehlen wir, bei Linde zu bleiben, bis Sie mit dem Schnitzen vertrauter sind. Vergewissern Sie sich außerdem bei jedem gesägten Holz, dass es gerade gemasert und astknotenfrei ist.

Linde: Dies ist das beliebteste Holz zum Schnitzen. Es ist ein cremefarbenes, weiches Hartholz, in das sich Details gut hineinschnitzen lassen. Es ist ein tolles Anfängerholz, weil es leicht ist und eine konstante Maserung aufweist, ohne nennenswerte Lufteinschlüsse.

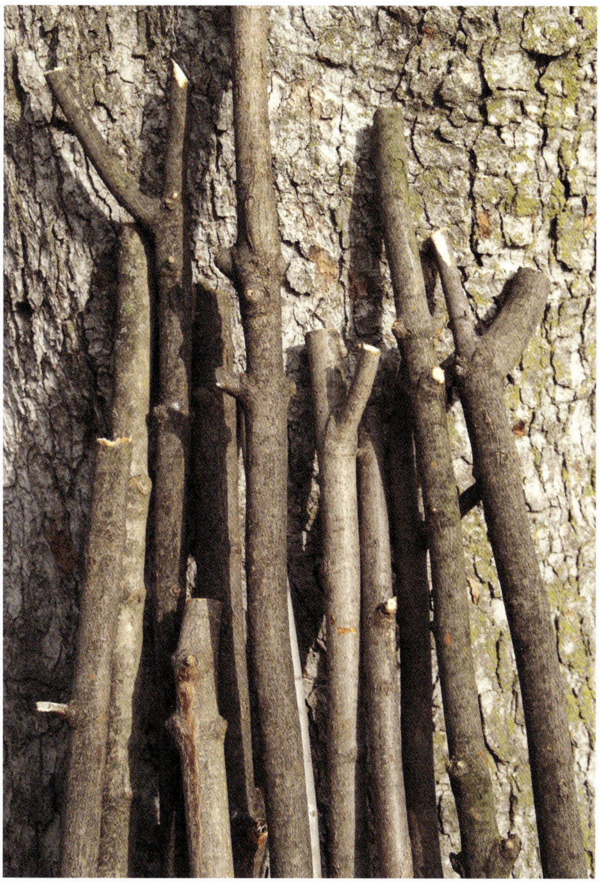

Zweige und Äste: Zum Schnitzen sind sie am besten trocken (aber nicht zu trocken) mit gerader Maserung und ohne Gabelungen, mit wenig Mark und kaum bis gar keinem klebrigen Pflanzensaft. Zweige reinigen und in Plastikbeuteln im Tiefkühlschrank lagern, damit sie nicht austrocknen.

Graue Walnuss (Butternuss): Ein schönes, mitteldunkles Holz, das wie helle Walnuss aussieht. Mit seiner schönen Maserung bleibt es oft unlackiert.

Birke: Es gibt mehrere Birkenarten, doch grundsätzlich ist dies ein helles Hartholz, das für gewöhnlich etwas härter als Linde ist.

Grundschnitte

Wie die meisten bildhauerischen Handwerke ist das Schnitzen eine subtraktive Fertigungsweise – man entfernt alles Material, das nicht Teil des fertigen Werkes ist. Um etwa einen Hund zu schnitzen, wird das ganze Holz entfernt, das nicht zur Form des Tieres beiträgt.

Die meisten Schnitzer nutzen vier Schnittarten, um überschüssiges Holz abzutragen: den Schiebeschnitt, den Schälschnitt, den Stoppschnitt (oder Einschnitt) und den V-Schnitt. Mit diesen vier Grundschnitten sind Sie bereit für eine Vielzahl an Projekten.

Schiebeschnitt

Für den Schiebeschnitt das Holz in die eine Hand nehmen. Das Messer mit der anderen Hand halten; der Daumen drückt auf die Messerrücken. Das Messer durch das Holz schieben, weg vom Körper.

Schälschnitt

Der Schälschnitt, manchmal auch „Ziehschnitt“ genannt, ist derselbe Vorgang wie beim Schälen von Kartoffeln. Das Holz in einer Hand, das Messer in vier Fingern der anderen Hand halten; die Schneidkante zeigt in Richtung Daumen. Diesen Daumen auf dem Holz hinter dem Bereich, den Sie schnitzen wollen, auflegen. Die Hand schließen und das Messer in Richtung Daumen ziehen, um das Holz zu schneiden.

Stoppschnitt

Mit dem Stoppschnitt wird eine harte Kante am Ende eines anderen Schnittes erzeugt. Die Handhaltung hängt vom beabsichtigten Schnitt ab. Unabhängig davon einfach gerade in das Holz schneiden, um den Stoppschnitt zu schnitzen. Er soll verhindern, dass der darauffolgende Schnitt über den beabsichtigten Bereich hinausgeht, oder auch Späne eines vorangegangenen Schnittes entfernen.

V-Schnitt

Für einen V-Schnitt das Messer wie für einen Schälschnitt halten. Den Daumen der Messerhand an das Holz drücken und dann schräg mit der Messerspitze schneiden. Das Holz umdrehen, den Daumen auf die andere Seite des Holzes legen und schräg neben den ersten Schnitt schneiden. Die beiden Schnitte so anlegen, dass die tiefsten Stellen in der Mitte aufeinandertreffen. Sie können auch mit der Klingenmitte einander schneidende, schräge Schnitte an den Ecken von Holzrohlingen setzen, um V-förmige Kerben zu erhalten.

QR-Code scannen für hilfreiche Videoanleitungen!

Schiebeschnitt

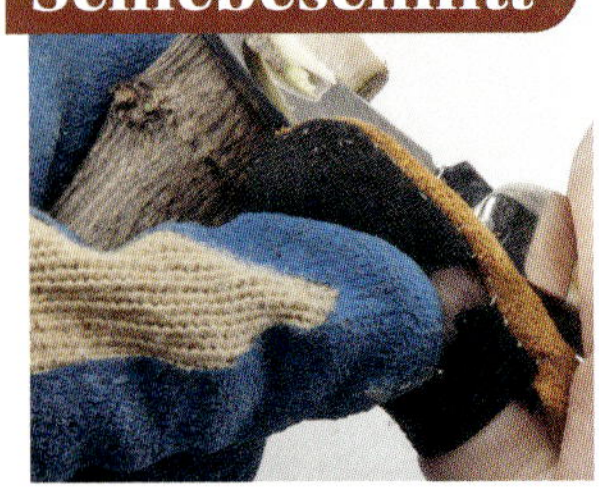

Variante: Daumen-Schiebeschnitt oder Hebelschnitt. Für mehr Kraft oder Kontrolle den Daumen der Hand, die das Holz hält, auf den Daumen an der Klinge legen. Dann den Haltedaumen als Angelpunkt nutzen und das Handgelenk der Messerhand drehen.

Schälschnitt

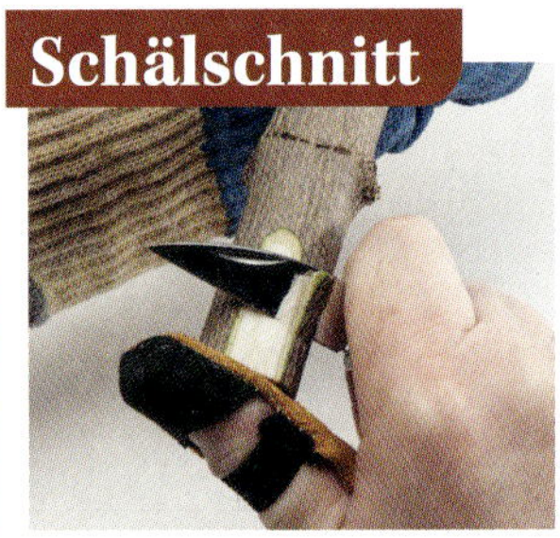

Schneiden Sie vorsichtig! Der Schälschnitt sorgt für Kontrolle, man muss aber auf den Daumen zu schneiden. Tragen Sie einen Daumenschutz und achten Sie immer auf die Position des Messers.

Stoppschnitt

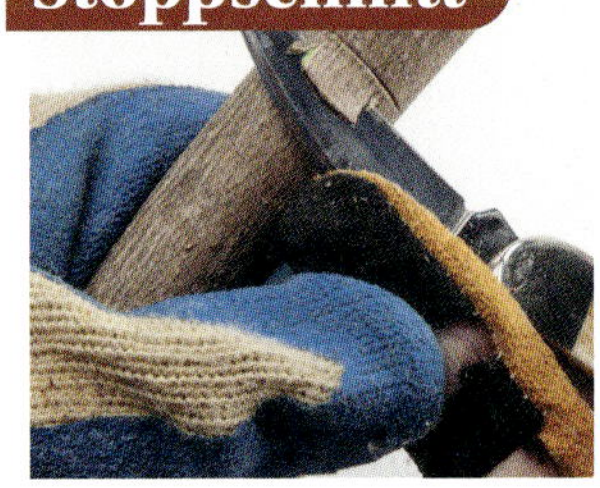

Konturen erzeugen. Mit Stoppschnitten entstehen Begrenzungen, die nachfolgende Schnitte davon abhalten, zu weit zu gehen.

V-Schnitt

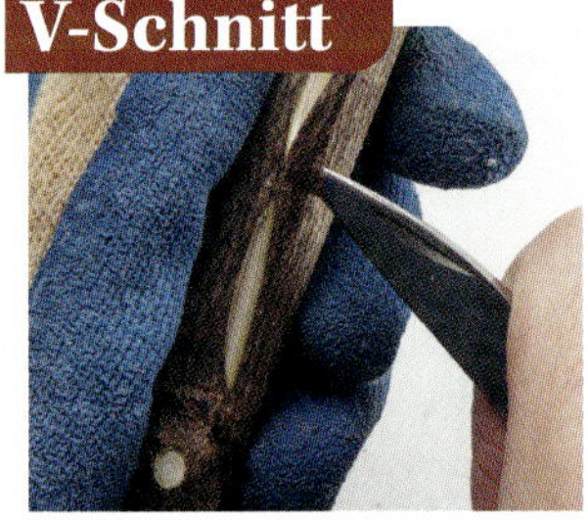

Denken Sie an die V-förmige Kerbe. Sie besteht aus zwei Schnitten, die gemeinsam ein V bilden und einander an der tiefsten Stelle in der Mitte treffen.

Grundlagen des Schärfens

Es klingt widersprüchlich, aber ein scharfes Messer ist ein sicheres Messer. Durch das Holz zu schneiden erfordert weniger Kraft, was mehr Kontrolle und langsameres Ermüden bedeutet. Überdies entstehen sauberere und schönere Schnitte. Viele Neulinge verlieren den Mut, weil sie mit einem stumpfen Messer schnitzen.

Das Schärfen ist einfach: das Werkzeug mit einem rauen Schleifmittel formen, mit immer feineren Körnungen schleifen, um die Kratzer zu entfernen, und dann die Klinge polieren. Sie können ein beliebiges Schleifmittel verwenden, vom Schleifpapier bis hin zu ausgefeilten elektrischen Schärfgeräten. Die Klinge gleichmäßig im richtigen Winkel an das Schleifmittel zu halten, erfordert allerdings einiges an Übung. Zuerst zeigen wir Ihnen, wie Sie Ihr eigenes Schärfset herstellen, und erklären die dafür notwendigen Materialien. Dann leiten wir Sie auf S. 12 Schritt für Schritt durch den Schärfvorgang.

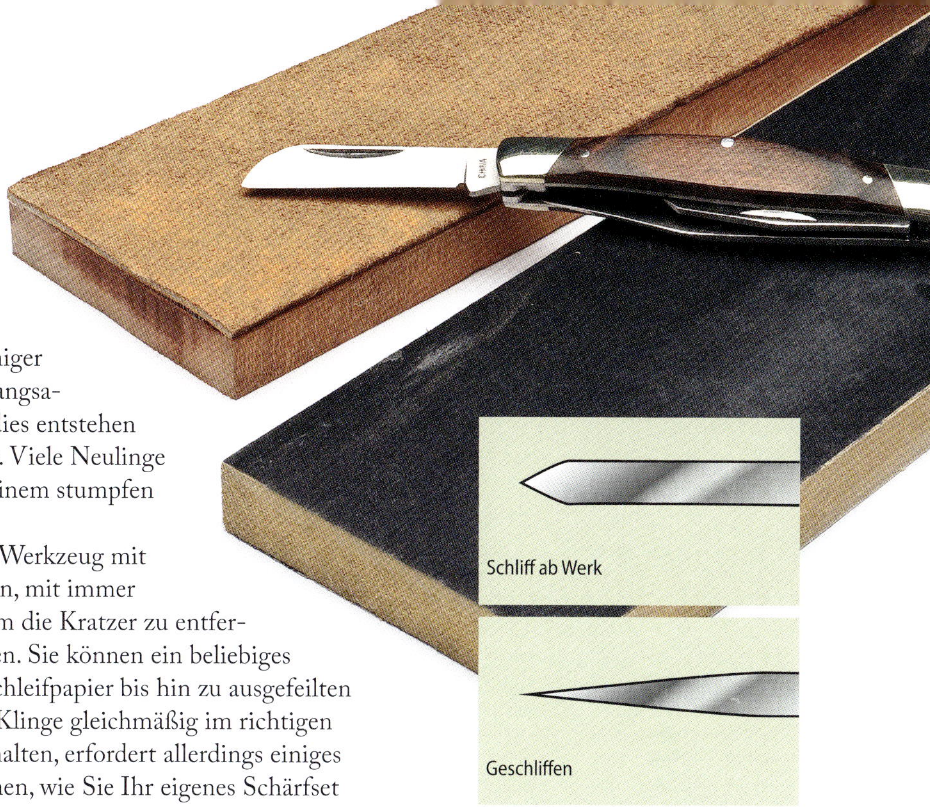

Abgesehen vom Schärfen der Klinge sollte man sie zum Schnitzen auch leicht umformen. Meist ist der Schliff ab Werk steil keilförmig. So ist sie widerstandsfähig und schneidet gut Seile und Kartons. Zum Holzschnitzen muss sie aber flacher sein.

Das eigene Schärfset herstellen

Schleifpapier ist das am leichtesten erhältliche Schleifmittel, darum verwenden wir es zur Demonstration (siehe S. 12). Beginnen Sie damit, die notwendigen Dinge zusammenzutragen, um ein einfaches Schärfset herzustellen.

1. **Die Platten zuschneiden.** Für eine gute Schneidkante muss die Schärfoberfläche plan sein. Wir verwenden eine mitteldichte Faserplatte (MDF) – sie ist leicht zuzuschneiden und bleibt in jeder Umgebung plan, solange die Luftfeuchtigkeit nicht zu hoch ist. An solchen Orten (z. B. an der Golfküste) ein Stück Fliese oder Floatglas verwenden. Vier Streifen aus MDF zu je 75 mm x 220 mm mit der Tischkreissäge zuschneiden; diese Größe passt perfekt zu Standardschleifpapier und bietet genug Platz zum Schärfen, passt aber noch in den Werkzeugkoffer.

2. **Das Schleifpapier vorbereiten.** Sie benötigen die folgenden Korngrößen: 120, 180, 220, 320, 400, 800, 1000 und 2000. Jeweils einen 90 mm breiten Streifen zuschneiden.

3. **Die Platten zusammenfügen.** Das 120er-Schleifpapier mit Sprühkleber auf eine Seite einer MDF kleben. Das Schleifpapier im rechten Winkel über die Kante falten. Die Körnung auf die Platte schreiben. Auf der anderen Seite der Platte das 180er-Schleifpapier aufkleben. Diesen Vorgang mit den anderen Körnungen und MDF-Stücken wiederholen, bis Sie vier Schleifplatten haben.

4. **Abziehleder und Abziehmittel besorgen.** Kaufen Sie einen Streichriemen oder verwenden Sie einen Lederrest, den Sie auf einem Stück MDF befestigen. Ein beliebiges Abziehmittel tut seinen Dienst. Ich verwende Flexcut Gold™, weil es ein Stift ist, der leicht und praktisch aufzutragen ist.

So schärfen Sie Ihr Messer

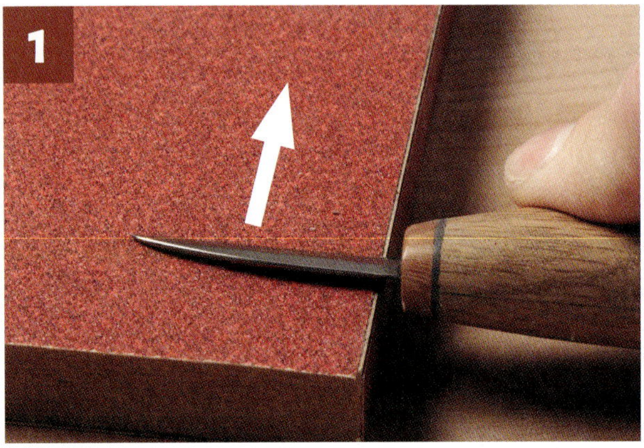

Mit dem Formen der Fase beginnen. Die gesamte Klinge plan auf das 120er-Schleifpapier legen. Die Schneidkante zeigt weg von Ihnen. Die Klingenrückseite leicht anheben (ca. 1 mm). Den Winkel beibehalten, während Sie das Messer von sich weg in Richtung der Schneide über die Länge des Schleifpapiers schieben.

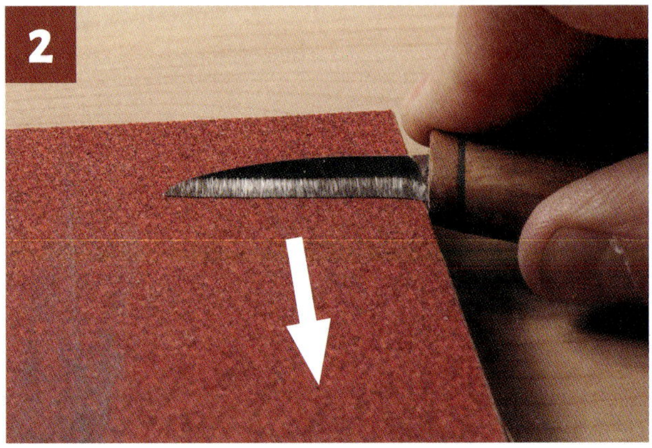

Die andere Seite der Klinge formen. Die Klinge vom Schleifpapier nehmen und das Messer umdrehen, sodass die Schneidkante zu Ihnen zeigt. Die gesamte Klinge auf das Schleifpapier legen und die Klingenrückseite leicht anheben (ca. 1 mm). Die Klinge in Richtung Schneidkante in einem konstanten Winkel entlang der Schleifpapierlänge ziehen.

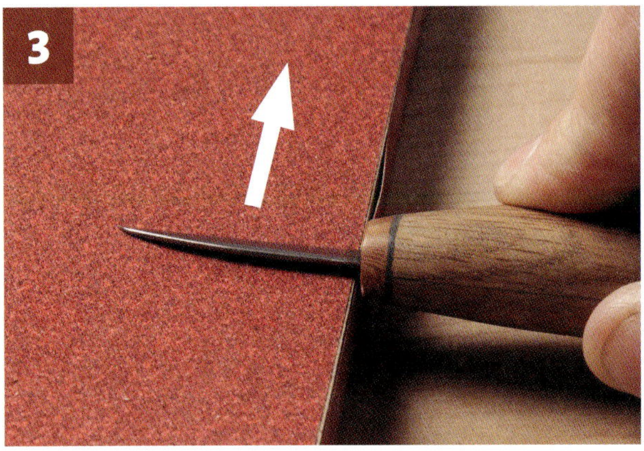

Die Fase fertig formen. Die Schritte 1 und 2 wiederholen, bis die gewünschte Fase über die gesamte Klingenlänge besteht. Das Metall sollte glänzen, wo die alte Fase entfernt und die Klinge umgeformt wurde.

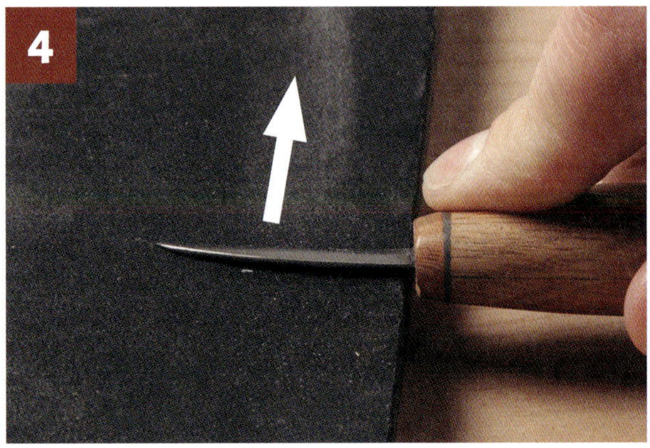

Vom rauen Schleifpapier hinterlassene Kratzer entfernen. Die Schritte 1 und 2 beim Schleifen mit den übrigen sieben Körnungen wiederholen. Immer die sichtbaren Kratzer der gröberen Körnung entfernen, bevor Sie zum feineren Schleifpapier wechseln.

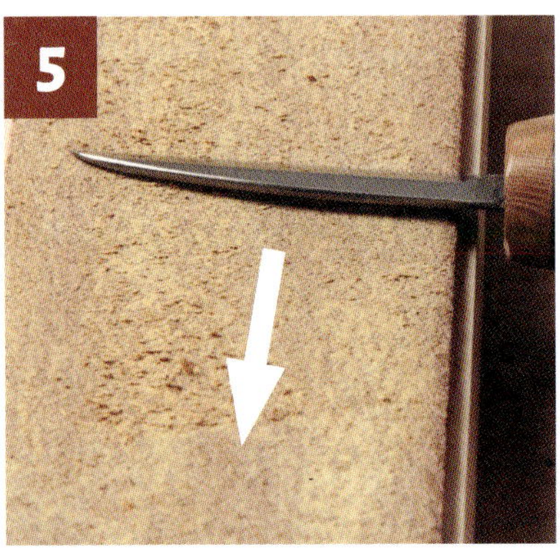

Die Schneidkante feinschleifen. Ein wenig Abziehmittel auf die raue Seite des Lederriemens auftragen. Die gesamte Klinge auf das Leder legen und die Klingenrückseite leicht anheben (ca. 1 mm). Die Klinge über das Leder und weg von der Schneidkante ziehen. Nicht in Richtung der Schneide schieben, da dies den Riemen beschädigt und die Schneidkante abrundet. Am Ende des Riemens die Schneide anheben, das Messer umdrehen und die andere Seite plan auf den Riemen legen. Die Klingenrückseite leicht anheben und die Klinge über den Riemen ziehen – wieder weg von der Schneidkante. Pro Seite ca. 15-mal ausführen. Die Klinge wird so für einen saubereren und glatteren Schnitt abgezogen. Nach dem Feinschliff mit Abziehmittel zum gegerbten Leder auf der anderen Seite des Streichriemens wechseln und Schritt 5 ohne Abziehmittel wiederholen.

Anmerkung: Wurde die Fase in Form gebracht, erhalten Sie die Schneidkante durch häufiges Abziehen. Schleifpapier ist nur notwendig, wenn die Klinge schartig oder die Schneidkante beschädigt ist

Bequemes Schnitzen

Werden Ihre Arme und Schultern beim Schnitzen müde? Schmerzen Nacken, Rücken oder Arme? Die meisten Schnitzer sind nach einer Schnitzeinheit erschöpft. Dons Wissen als Physiotherapeut hat ihn einige Wege gelehrt, wie man Schmerz mindern und das Schnitzen angenehmer gestalten kann.

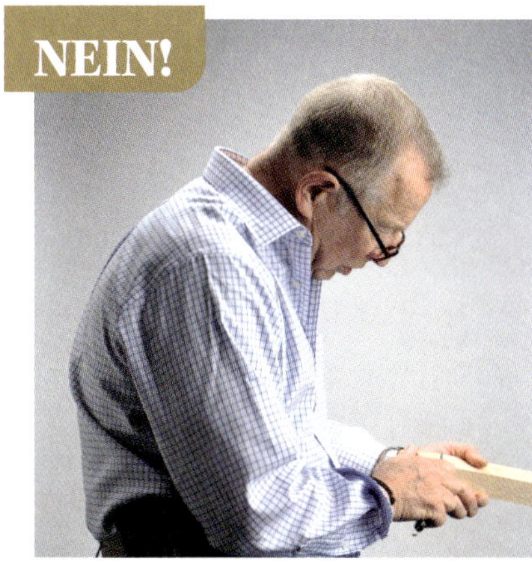

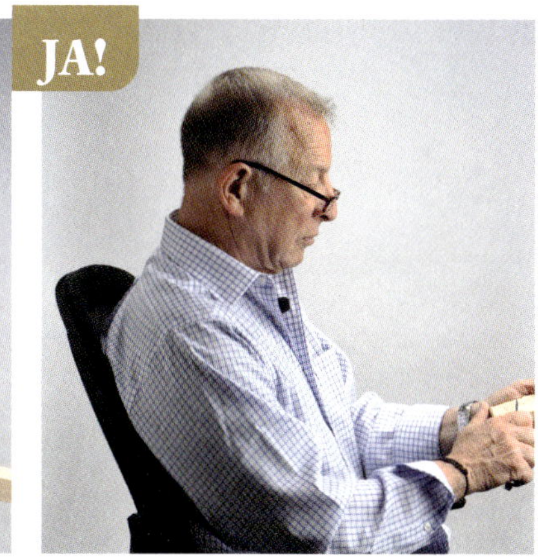

Don Swartz aus Lancaster, Pennsylvania, war fast 40 Jahre lang Physiotherapeut. Er ist der Eigentümer von Hillcrest Carving, einem Schnitzerbedarfsladen nahe Lancaster.

Haltung

Schnitzer halten Ihre Arbeit oft zu nah an Ihrem Körper, machen dann einen Buckel und starren nach unten. Das kann leicht Nacken und Rücken belasten und für Ermüdung oder Schmerzen sorgen.

Diese Probleme lassen sich leicht beheben. Wählen Sie einen bequemen Stuhl mit (wenn möglich hohen) Armlehnen. Rücken Sie Ihr Steißbein an die Lehne und sitzen Sie gerade mit flach auf den Boden aufgestellten Füßen. Verwenden Sie gegebenenfalls ein Kissen, um eine gute Haltung des unteren Rückens zu fördern. Halten Sie das Projekt vor Ihrem Körper und nutzen Sie die Armlehnen zum Abstützen, oder legen Sie es auf einen Tisch, damit der Nacken nicht nach unten gebeugt ist. Kurz gesagt: Finden Sie eine aufrechte Position, in der Sie bequem schnitzen können.

Denken Sie außerdem daran, sich immer wieder umzusehen. Ihre Augen werden müde, wenn sie sich immer nur auf dieselbe Stelle fokussieren. Gönnen Sie ihnen durch regelmäßiges Aufblicken und das Fokussieren verschiedener Stellen im Raum eine Pause, bevor Sie wieder hinunter auf Ihre Arbeit sehen.

Anmerkung:

Diese Übungen sind für Schnitzer ohne medizinische Verletzungs- oder Krankheitsdiagnosen im Hals-/Schulterbereich gedacht. Sie sind grundsätzlich sicher, die Ausführung erfolgt jedoch auf eigenes Risiko. Sollten Sie spezielle medizinische Bedenken haben, konsultieren Sie bitte Ihren Arzt oder Physiotherapeuten.

Übungen und Dehnungen

Während des Schnitzens immer wieder innehalten und tief durchatmen. Stehen Sie auf, gehen Sie durch den Raum und probieren Sie ein paar der hier gezeigten Dehnübungen (siehe unten und S. 14). Jede Dehnung 5 Sekunden lang halten und 3- bis 4-mal wiederholen. Die Dehnungen sollten niemals schmerzhaft sein; suchen Sie ein leichtes Zuggefühl.

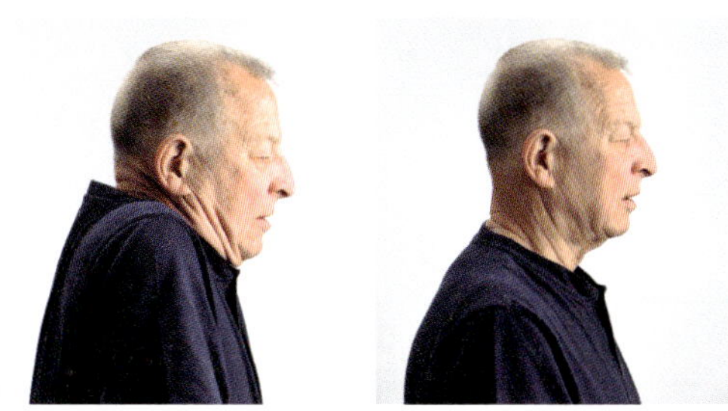

Schulterheben. Die Schultern nach oben zu den Ohren ziehen und wieder senken.

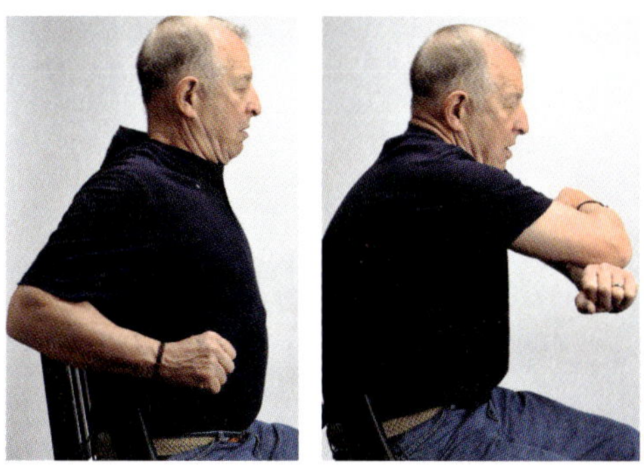

Schulterblattdehnung. Die Ellbogen nach hinten führen, die Schulterblätter zusammendrücken; loslassen. Arme und Ellbogen nach vorn ziehen, die Arme überkreuzen und die Schulterblätter möglichst weit auseinanderziehen.

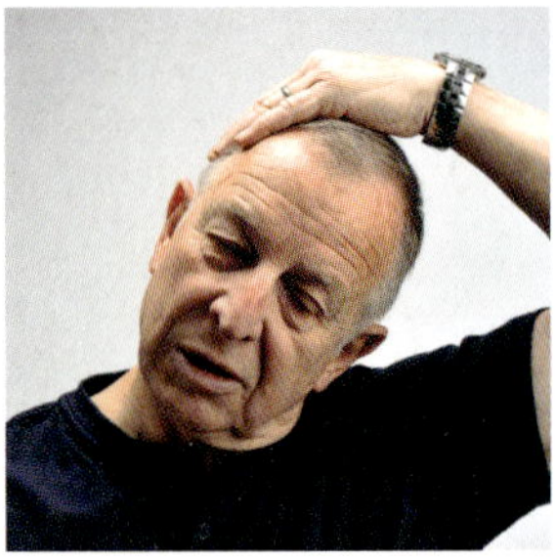

Seitliche Nackendehnung. Den Kopf oben greifen und behutsam von einer Seite zur anderen ziehen.

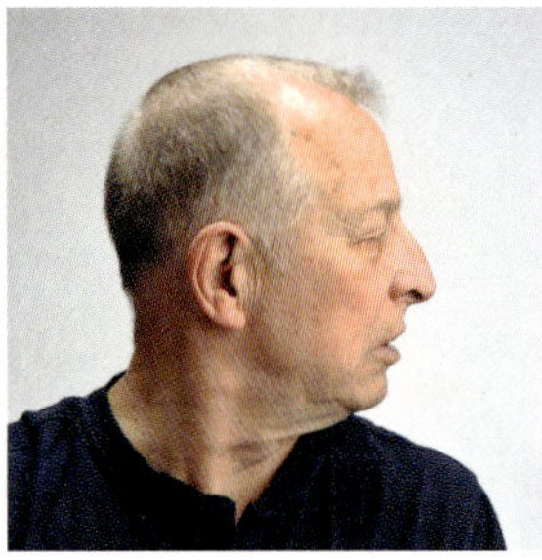

Halsdrehung. Den Kopf zur Seite drehen, bis Sie eine leichte Dehnung spüren. Dann den Kopf zur anderen Seite drehen.

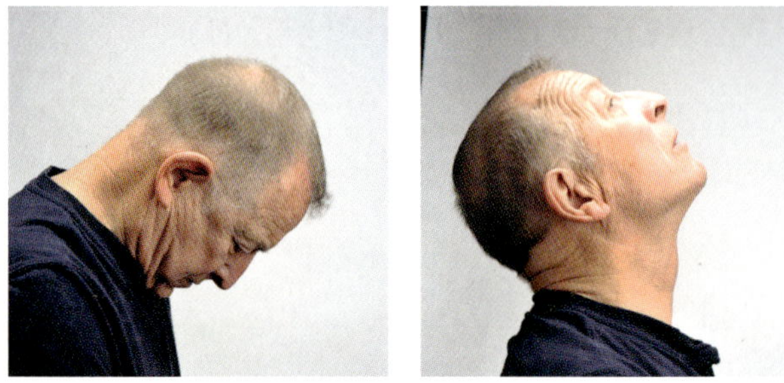

Nackendehnung von vorn nach hinten. Den Kopf nach vorn beugen, bis das Kinn die Brust berührt. Dann den Kopf in den Nacken legen, als würden Sie zu den Sternen schauen.

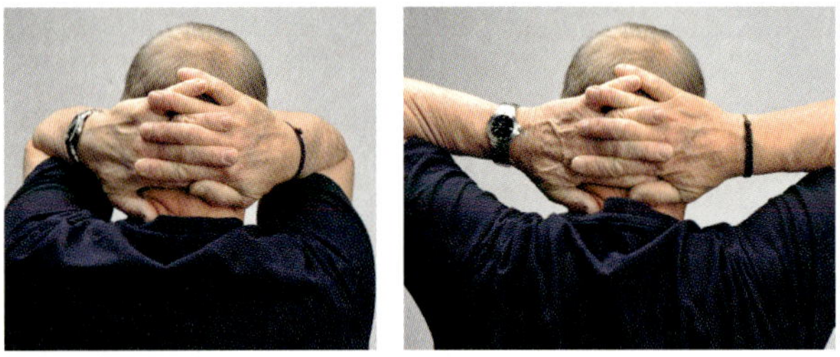

Mit den „Flügeln" flattern. Die Hände hinter dem Kopf verschränken. Die Ellbogen zueinander ziehen (Dehnung in den Oberarmen und Schultern). Dann die Ellbogen öffnen, bis Sie eine Dehnung an denselben Stellen spüren.

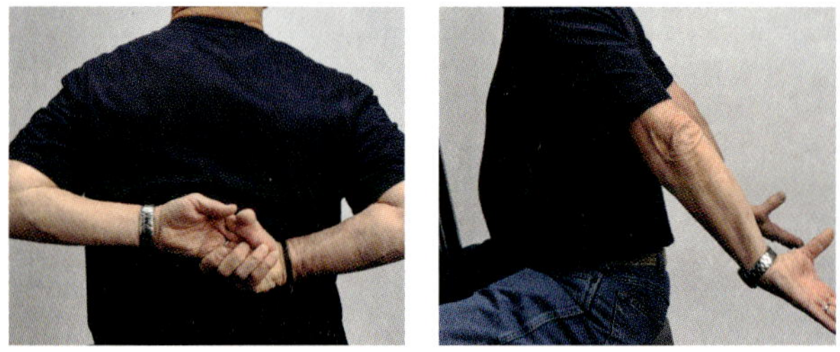

Armrückseitendehnung. Die Hände hinter dem Rücken auf Taillenhöhe umfassen. Die Hände nach oben führen und die Ellbogen beugen, bis Sie eine Dehnung fühlen. Dann die Hände lösen, die Arme gerade halten und vom Rücken weg anheben, bis Sie eine Dehnung spüren.

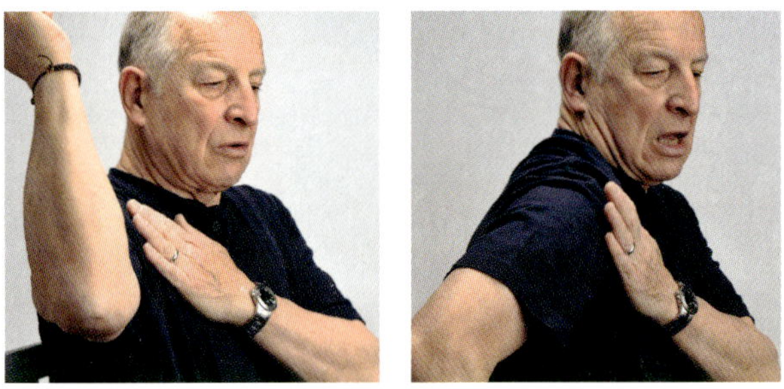

Schulterdrehung. Eine Hand auf die Schulter gegenüber legen, um die Bewegung auf die Schulter beschränken zu können. Den Arm am Ellbogen beugen und den Arm erst nach oben, dann nach unten drehen.

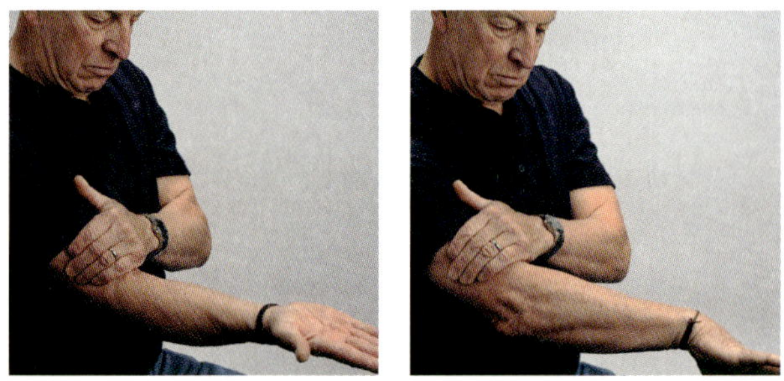

Unterarmdehnung. Den Ellbogen an die Flanke drücken und mit der anderen Hand festhalten. Den Arm geraderichten und die Hand ausstrecken. Die Hand so drehen, dass der Daumen sich von einer Seite zur anderen bewegt.

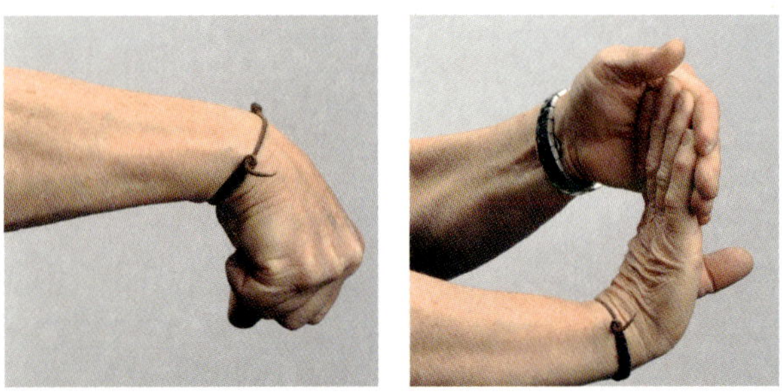

Handgelenkdehnung. Den Arm ausstrecken, die Finger zur Faust ballen und das Handgelenk nach unten bewegen. Die Hand öffnen und die Finger mit der anderen Hand nach hinten ziehen.

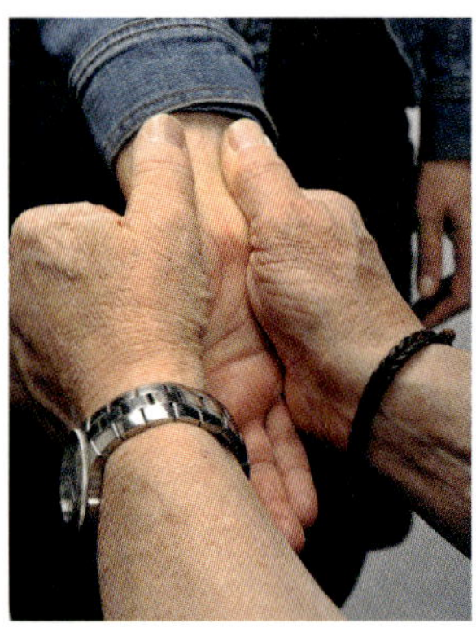

Karpaltunneldehnung. Hier brauchen Sie die Hilfe einer zweiten Person. Diese sollte ihre Daumen parallel zu Ihrer Handgelenksinnenseite halten und die Hände um die beiden Seiten Ihrer Hand legen. Durch Drehen seiner Handgelenke beugt Ihr Helfer Ihre Handseiten nach hinten, wodurch Ihre Handfläche gedehnt wird.

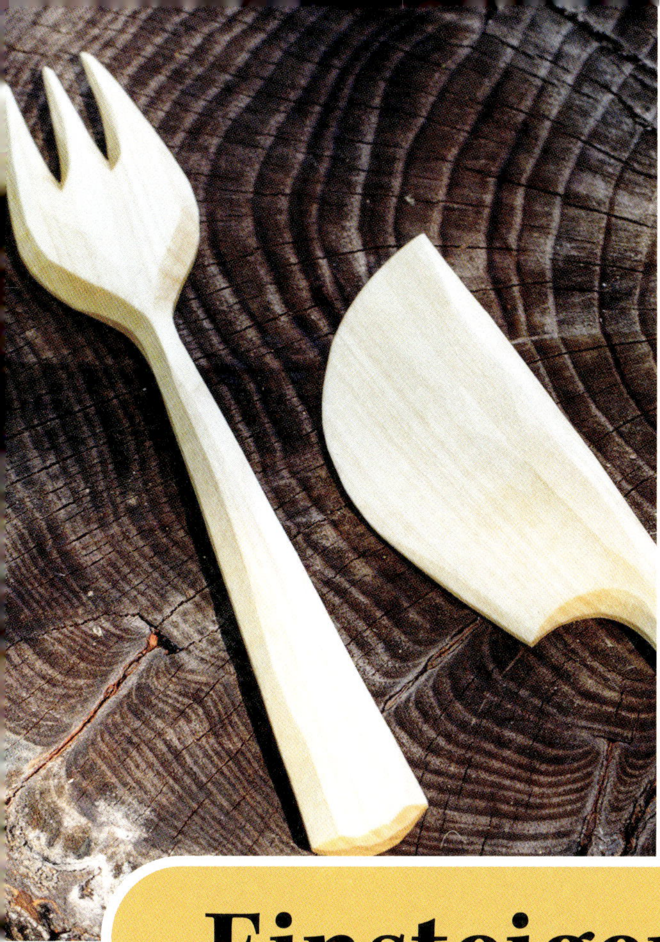
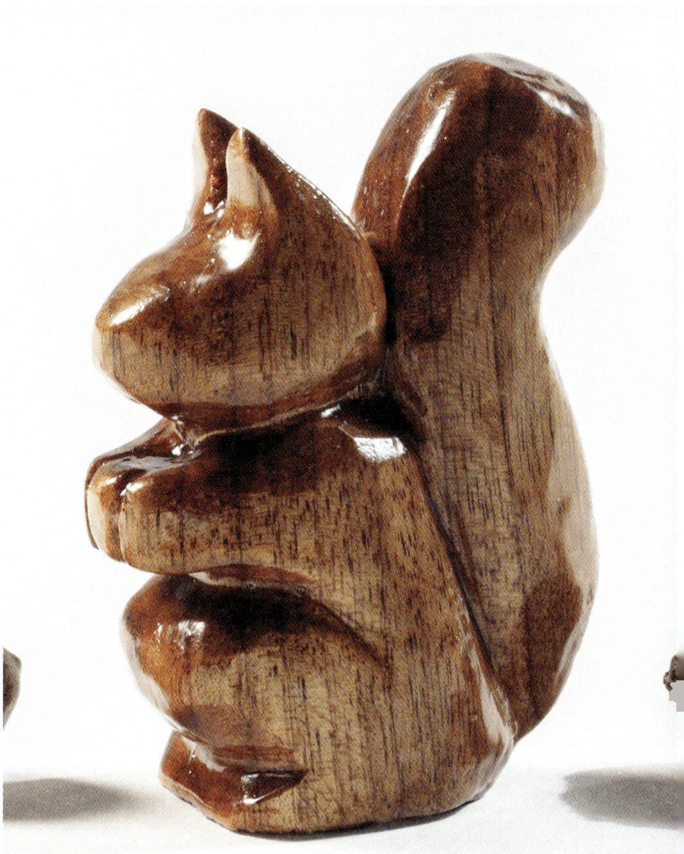

Einsteigerprojekte

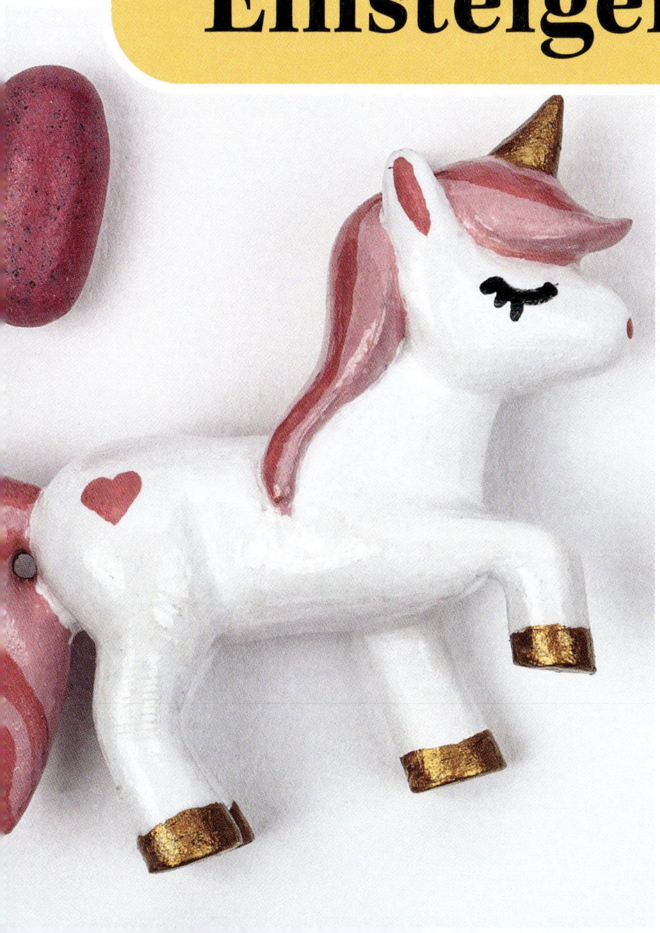
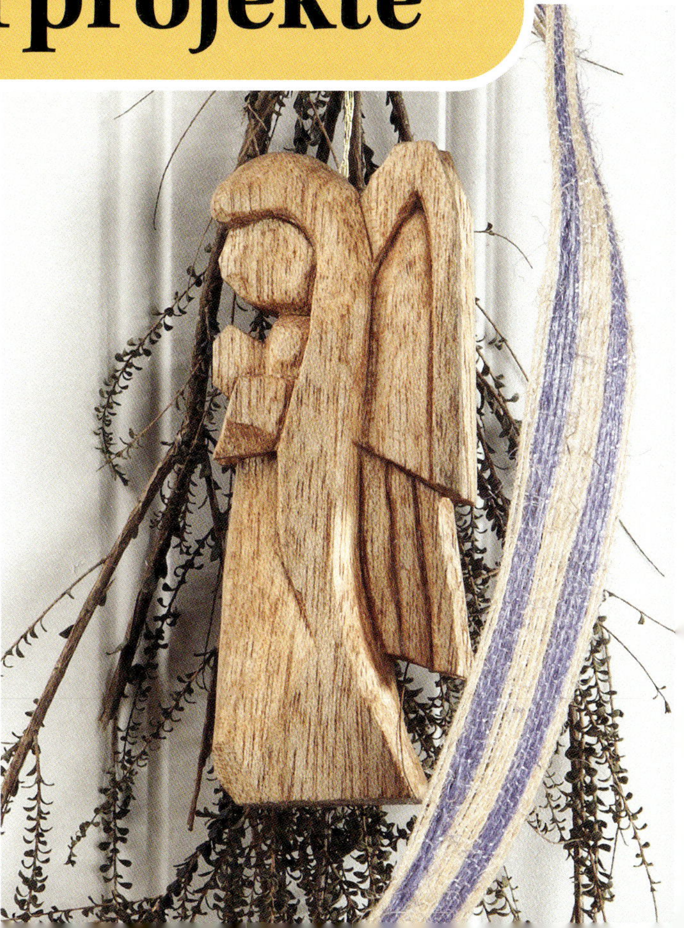

Mann im Mond

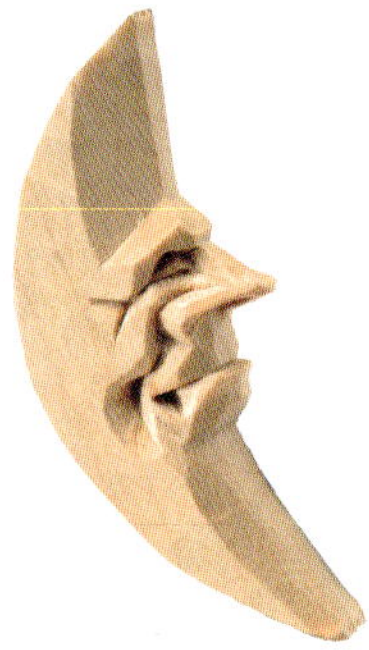

Für diese clevere Schnitzarbeit brauchen Sie nur ein Messer und einen Lindenholzrest.
von Dave Stetson

In meiner Werkstatt scheinen sich Holzreste spontan zu vermehren. Die Größe und Form dieses einfachen Projektes lassen Sie alle möglichen Reste verarbeiten. Ich habe das hier aus 6 mm dickem Holz gefertigt, aber Sie können auch die Vorlage vergrößern und dickeres Holz verwenden.

Das Schnitzen dieser schnellen Gesichter wird Ihnen so gut gefallen, dass Sie bestimmt gleich weniger Reste in Ihrer Werkstatt liegen haben werden! Da sie so leicht geschnitzt sind, verschenke ich sie als Lichtblick an Menschen, von denen ich meine, sie könnten ein Lächeln gebrauchen.

MATERIAL

- Lindenholz, 32 mm x 76 mm x 6 mm
- Holzfarbe, z. B. Beize, Lasur, Lack oder Klarspray (optional)

WERKZEUG

- Schnitzmesser
- Säge, z. B. Bogensäge, Dekupiersäge oder Bandsäge (optional)
- Bleistift

Vorlage auf Seite 19.

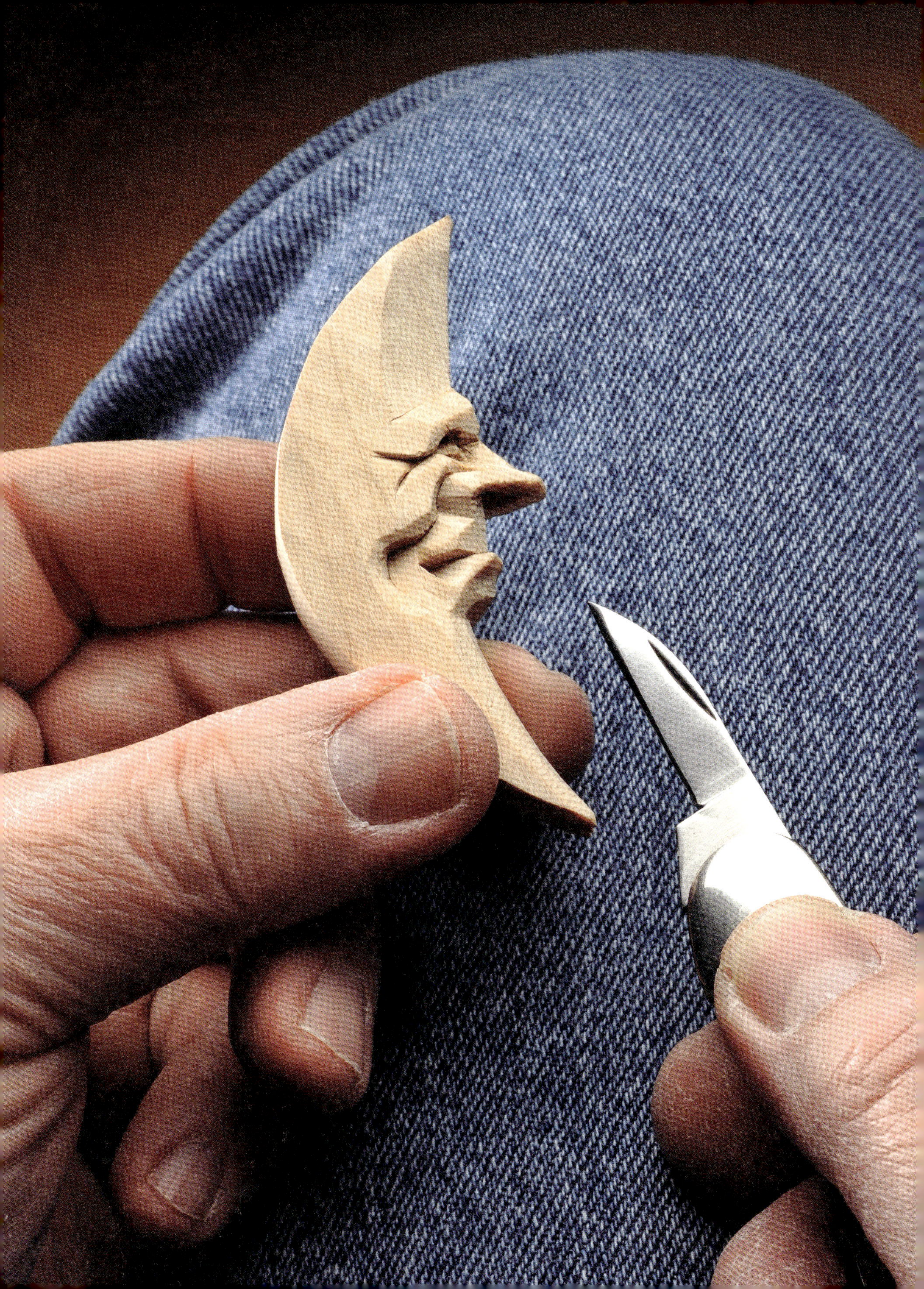

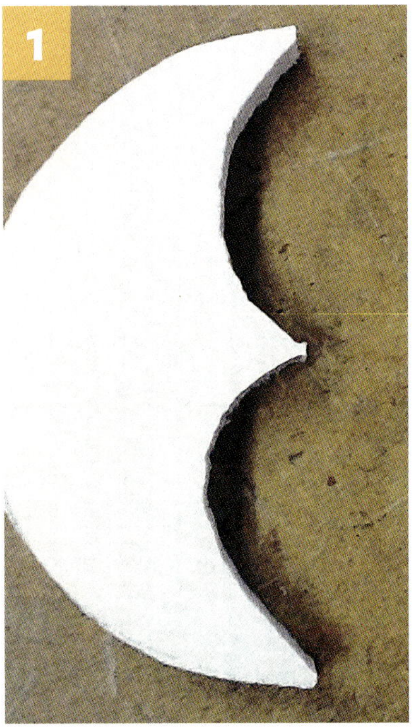

Die Konturen des Mondes ausschneiden. Die Vorlage auf den Rohling übertragen. Die Konturen des Mondes mit einer Band-, Bogen- oder Dekupiersäge ausschneiden oder die Linien mit einem Messer schnitzen.

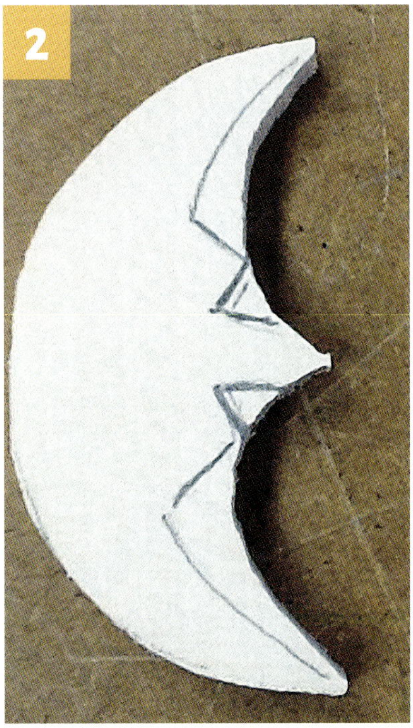

Die ersten Schnitte aufzeichnen. Die Oberlinie der Augenbrauen, die Augenhöhle, den Bereich zwischen Nase und Lippe und das Kinn zeichnen.

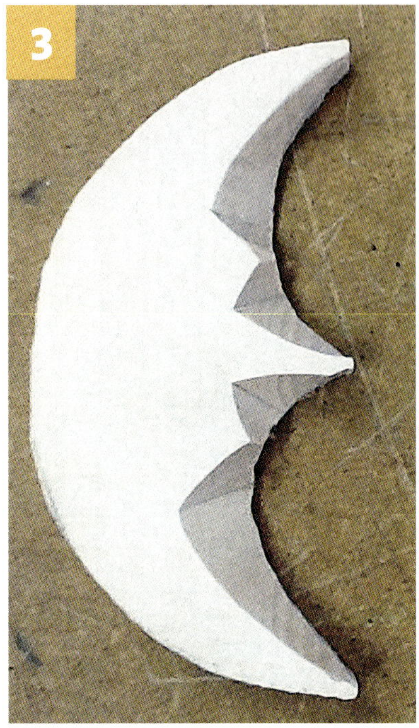

Die ersten Schnitte ausführen. Mit einem Messer schräge Schnitte entlang der in Schritt 2 gezeichneten Linien schnitzen.

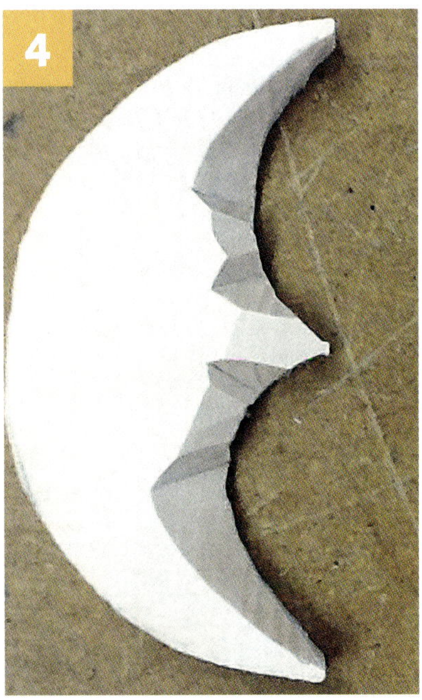

Nase, Braue und Lippen ausarbeiten. Scharfe Spitzen von den Dreiecken für Nase, Augenbraue und Lippen entfernen.

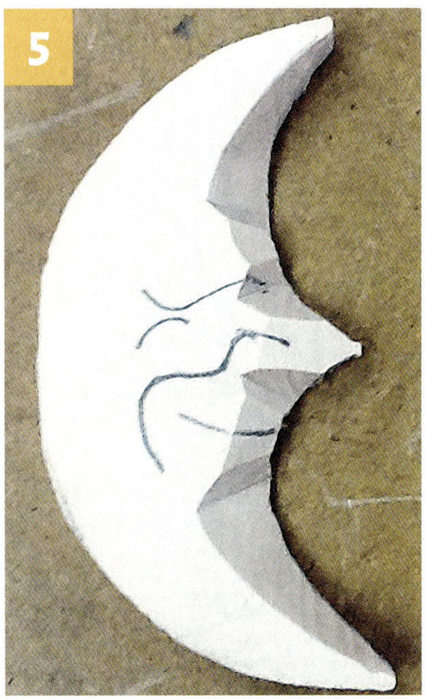

Die Gesichtszüge aufzeichnen. Die Vorlage und das oben stehende Foto als Hilfe zum Zeichnen von Augen, Nase und Mund verwenden.

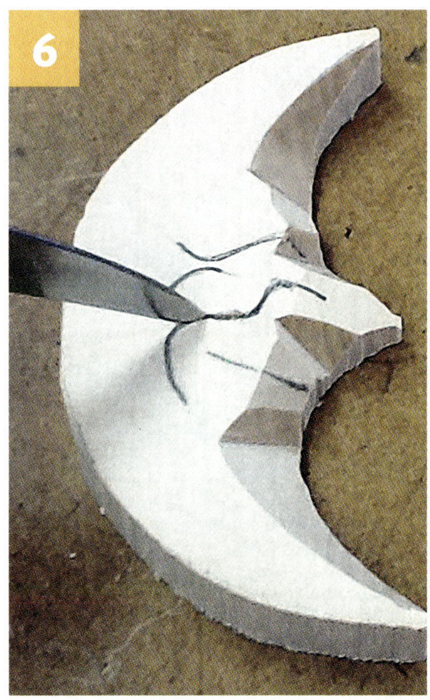

Stoppschnitte entlang der Linien für Auge, Nase und Mund schnitzen. Dabei nur mit der Messerspitze arbeiten.

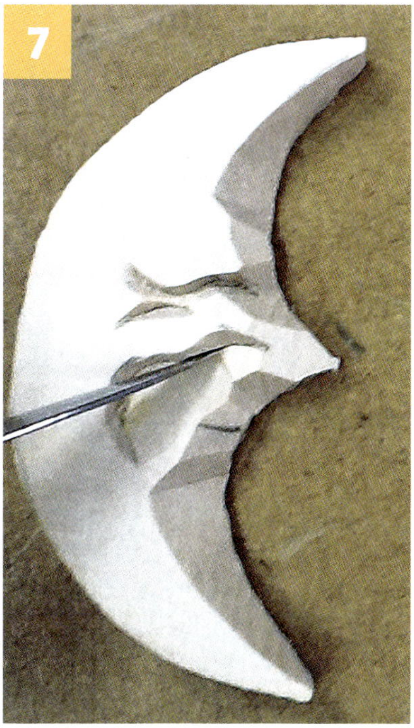

Bis zu den Stoppschnitten schnitzen. Dies trennt die Gesichtszüge voneinander.

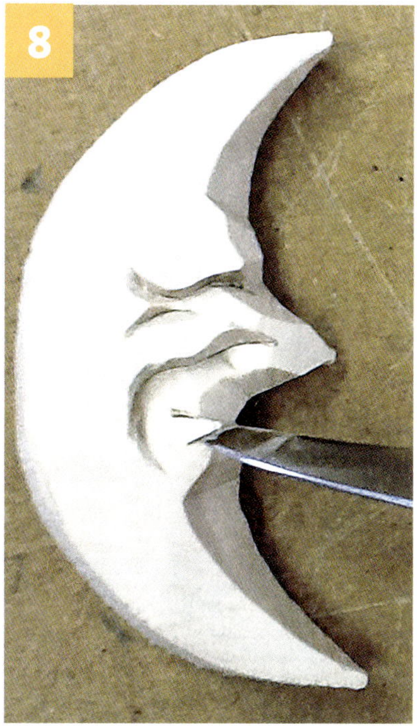

Die Gesichtszüge ausarbeiten. Am Auge, dem Nasenwinkel und dem Winkel für den Mund tiefere Schnitte setzen, um sie stärker zu betonen.

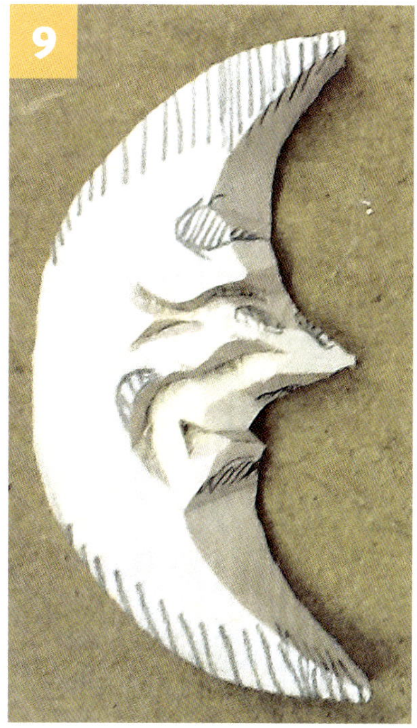

Die letzten Details aufzeichnen. Diese Bereiche werden ausgehöhlt und abgerundet, um das Werkstück zum Abschluss zu bringen.

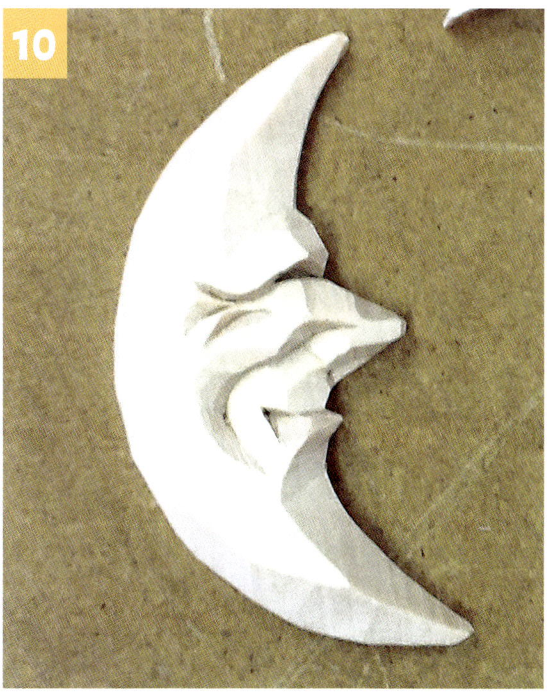

Die letzten Details schnitzen. Flache, wischende Schnitte ausführen, um das Holz in den in Schritt 9 markierten Bereichen abzutragen. So werden scharfe Kanten entfernt und der Mond erscheint dreidimensionaler. Meine Schnitzarbeit ist naturbelassen, sie kann aber auch mit Beize, Lasur, Lack oder Klarlack versehen werden.

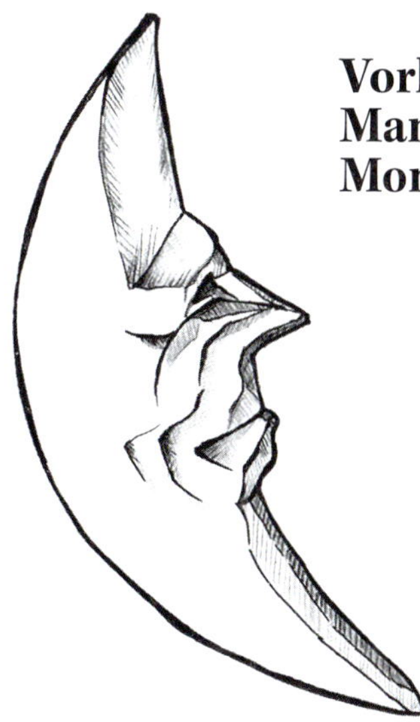

Vorlage Mann im Mond

Fuchsfamilie

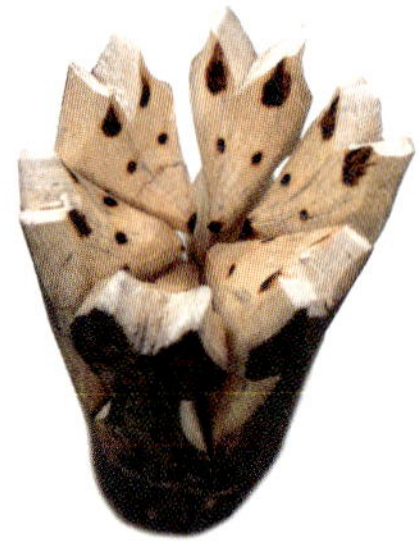

Diese Fuchsfamilie ergibt gemeinsam ein Puzzle, ein Spiel oder ein Helferlein zum Stressabbau.

von Heath Dawson

Ein traditionelles japanisches Muster hat mich zu meinen Füchsen aus einem Ast inspiriert. Ich habe es in einem Buch im Zentrum für Alternative Technologie in Wales entdeckt. Dort stand keine Mindestanzahl an Ausschnitten vom Ast, weshalb ich mich für ein Rudel aus sechs Fuchsgeschwistern entschieden habe.

Die Vorlage mit Durchschreibpapier und einem Bleistift auf den Rohling übertragen und mit einer Bandsäge zuschneiden. Vor dem Schnitzen prüfen, ob das Werkzeug scharf ist. Durch regelmäßiges Abziehen scharf halten.

Fuchsspiele

Mit diesen Füchsen peppen Sie Campingurlaube mit der Familie auf! Ich erzähle oft eine Fuchsgeschichte, während ich schnitze (z. B. „Wie der Fuchs das Feuer gestohlen hat"), damit die Kinder aufmerksam bleiben und gespannt auf das Spiel mit den Füchsen sind.

- **Puzzle:** Einfach den Zwirn abnehmen und die Teile vermischen. Es ist überraschend schwierig, sie wieder zusammenzusetzen. (**Anmerkung:** Damit die Füchse wieder perfekt zusammenpassen, sollten Sie die Unterseiten in der Schnitzreihenfolge nummerieren.)
- **Finde den Fuchs:** Die Füchse in einem kleinen Bereich in der Natur verstecken, „Finde den Fuchs!" rufen und die Kinder suchen lassen. Wer einen Fuchs findet, darf ihn behalten. Dieses Spiel schult Fähigkeiten für das Jagen und Sammeln in der Natur und die Konzentration auf kleine Bereiche.

MATERIAL

- Ast: ca. der Durchmesser Ihres Daumenansatzes x 3-4 Finger lang
- Lederschnur oder Zwirn

WERKZEUG

- Messer
- Holzmalkolben (optional)
- Bleistift

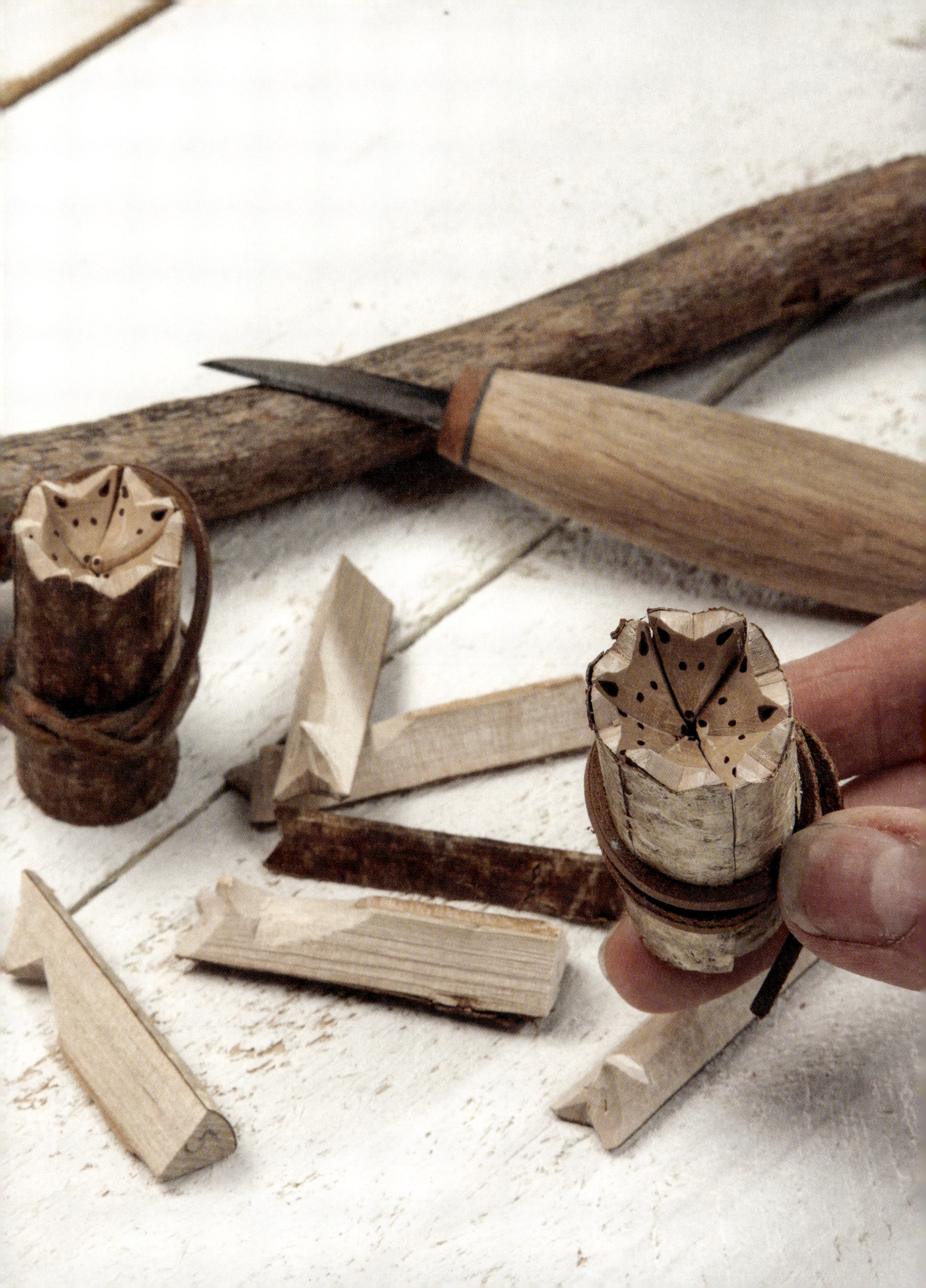

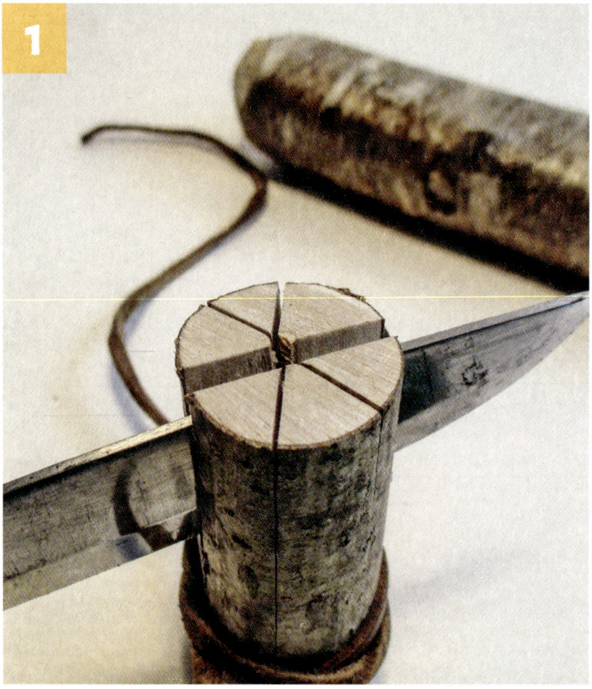

Ein Stück Zwirn unten um den Ast binden. Ich nutze den Webeleinstek (siehe Tipp auf S. 23). Das Messer zum mittigen Spalten des Astes ausrichten. Nach unten bis zum Zwirn schneiden, dann das Messer entweder leicht drehen, um das Holz der Länge nach zu spalten oder Messer und Zwirn neu ausrichten, um den Schnitt zu beenden. 2-mal wiederholen und den Ast sechsteilen. Die Teile nummerieren.

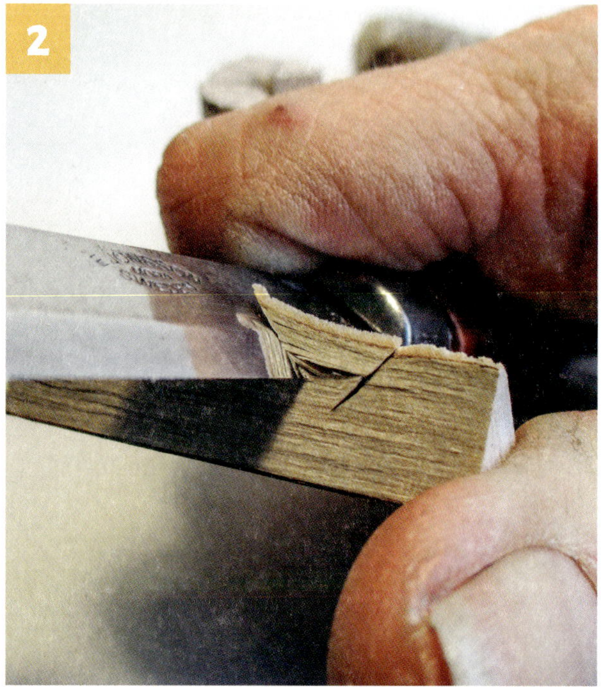

Den Kopf vom Körper trennen. Etwa 6 mm unter der Oberkante einen scharfen schrägen Schnitt von oben weg ausführen. Das Messer ca. 16 mm nach unten bewegen und einen schrägen Schnitt nach oben ausführen, um den Span zu entfernen. Kontrollierte Schnitte durch Positionieren des Messers und Schließen der Finger ausführen. Diese Schnitte definieren Kinn und Brust.

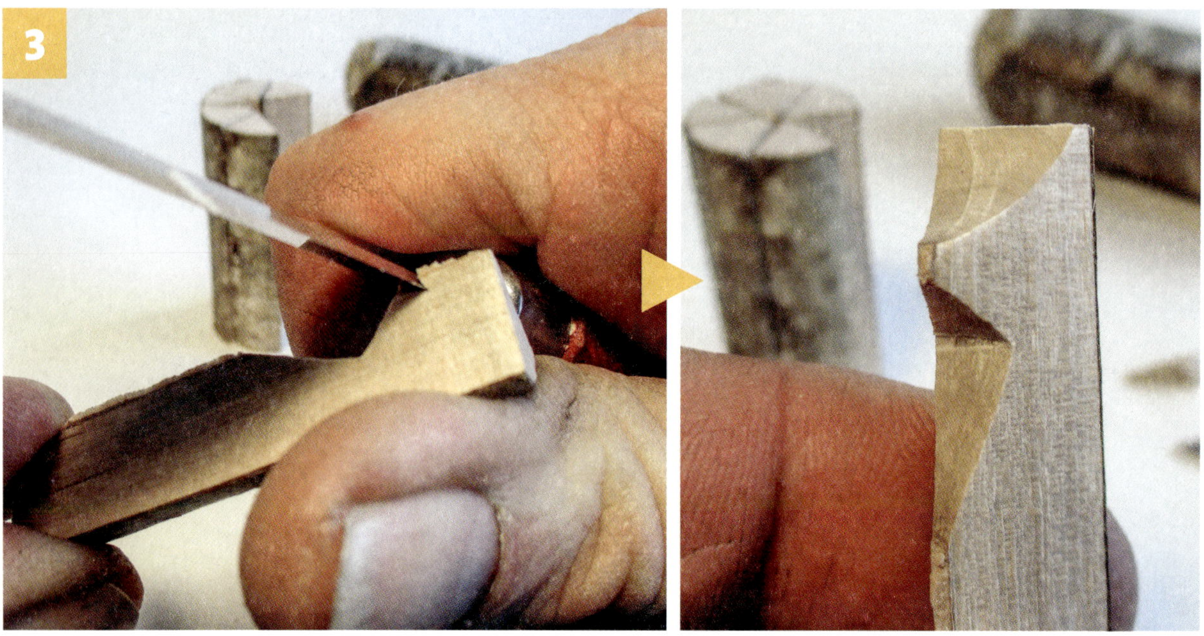

Das Gesicht ausarbeiten. Das Messer vom ersten Schnitt leicht nach oben führen, um Holz für die Nase stehenzulassen. Zur oberen Ecke hin in einer wischenden Bewegung schneiden, um das abfallende Gesicht und die spitzen Ohren zu schnitzen.

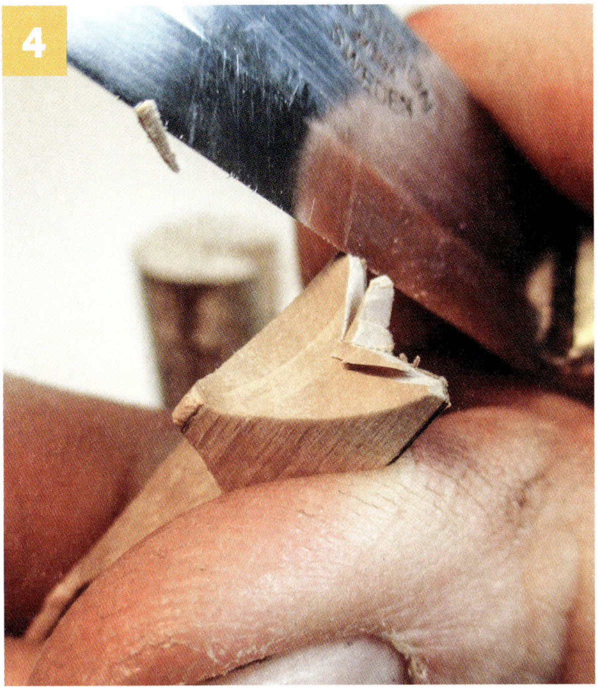

Die Ohren schnitzen. Vier kleine Schnitte (je zwei auf jeder Seite) ausführen, um das Holz zwischen den Ohren zu entfernen. Wenn Sie es mit nur je einem Schnitt versuchen, brechen die Ohren ab.

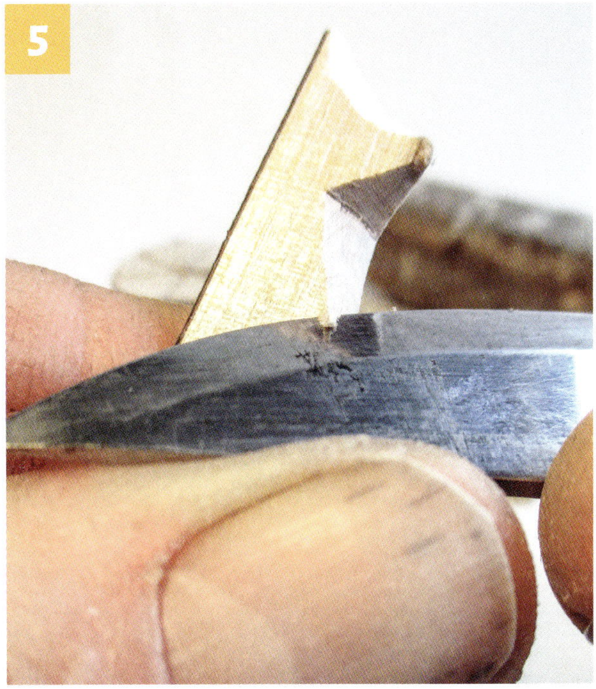

Gesicht und Brustbereich verbreitern. Die scharfen Ecken von den Rändern der Brust entfernen. Ebenso für die Kanten des Gesichts vorgehen.

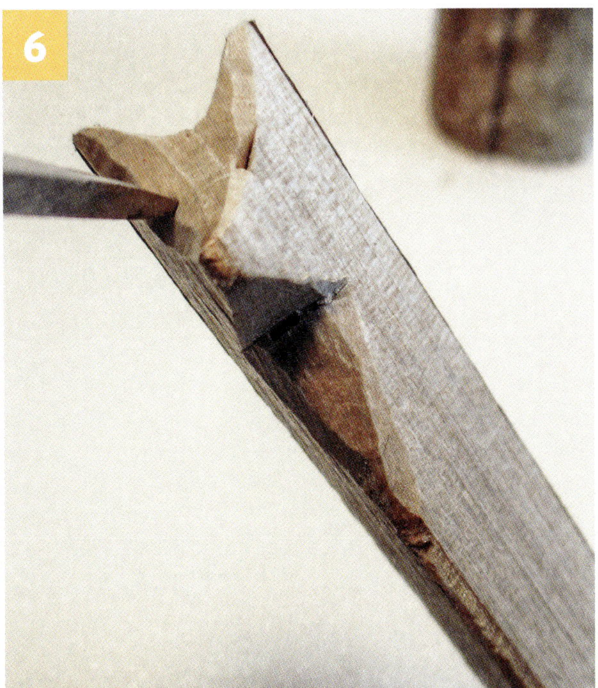

Details hinzufügen. Die Augen, Ohren, Nase und Schnurrhaare schnitzen oder brandmalen. Die Füchse wieder zusammenbinden und die Bleistiftzahl ausradieren, abwaschen oder abschmirgeln.

Tipp: Einen Webeleinstek knoten

In ein Stück Lederschnur oder Zwirn 2 Schlingen legen. Eine Schlinge unter die andere schieben und den Ast durch beide Schlingen stecken. An den Enden festziehen.

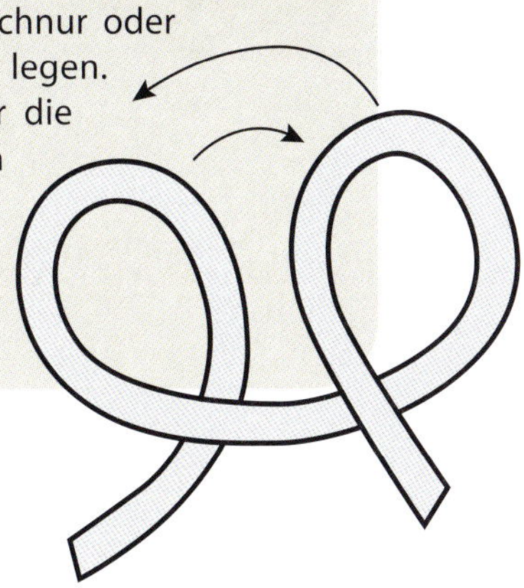

Pfeilspitze als Klingenschutz

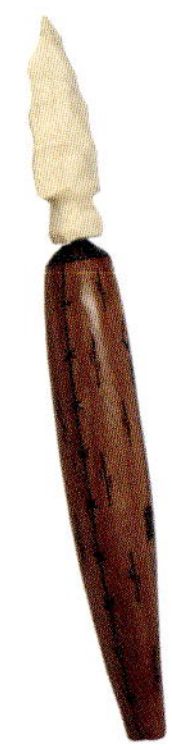

Ein simpler Trick sorgt dafür, dass dieser Klingenschutz an seinem Platz bleibt, um Ihre Klinge zu schützen.
von Gary Fenton

Wenn Sie so sind wie ich, heben Sie Ihr Schnitzmesser im Werkzeugkasten auf, wo die Klinge durch den Kontakt mit anderen Werkzeugen schartig oder stumpf werden und Schaden nehmen kann. Um Schäden an der Schneidkante (und Schnitte an Ihren Fingern) zu vermeiden, verwenden Sie einen dekorativen Klingenschutz, der sich leicht abnehmen und aufsetzen lässt.

Die meisten Klingenschutze bauen auf einen festen Sitz der Klinge im Schlitz, damit die Abdeckung nicht verrutscht. Ich setze einen kleinen Magneten in das Holz ein, wodurch der Schlitz größer ausfallen kann und verhindert wird, dass die Scheide mit der Zeit ihre feste Passform verliert. In den Griff meines Messers ist das Gesicht eines amerikanischen Indigenen eingraviert, daher schien es angemessen, eine Pfeilspitze als Klingenschutz zu verwenden. Sie können ihn aber auch ganz nach Ihren Wünschen verzieren.

MATERIAL

- Lindenholz, 32 mm x 64 mm x 6 mm
- Lindenholz, 32 mm x 64 mm x 5 mm
- Magnet: Ø 6 mm
- Kleber: Holzleim, Epoxidkleber
- Lack: Eichen-Gelbeize gemischt mit Ölfarbe in Mendocino-Rot

WERKZEUG

- Schnitzmesser
- Klemmen/Zwingen
- Bleistift

Vorlage auf Seite 25.

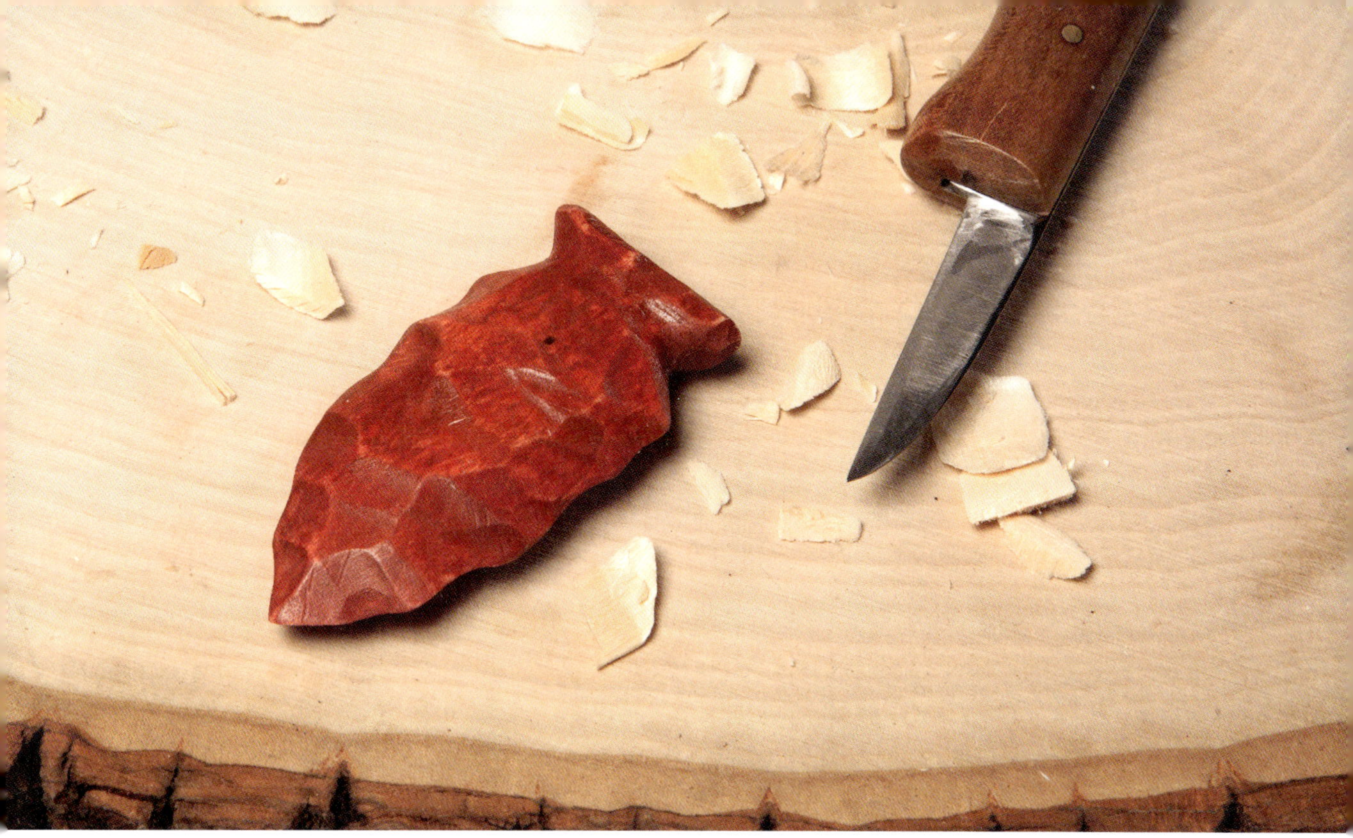

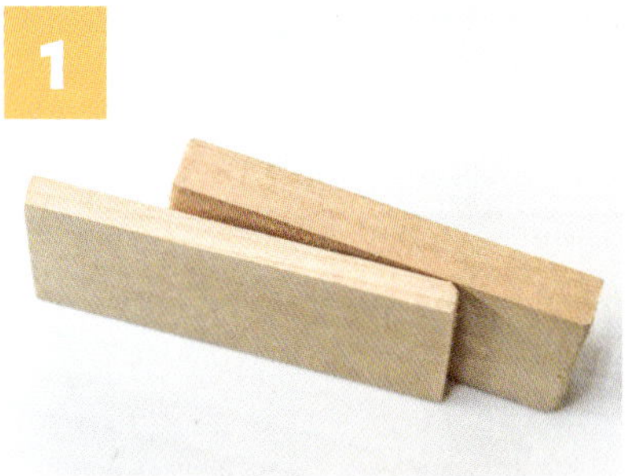

Die beiden Hälften des Klingenschutzes vorbereiten. Eine Hälfte wird 2 mm dicker als die andere und erhält den Schlitz; so müssen nicht zwei Aussparungen in beiden Hälften aufeinander ausgerichtet werden.

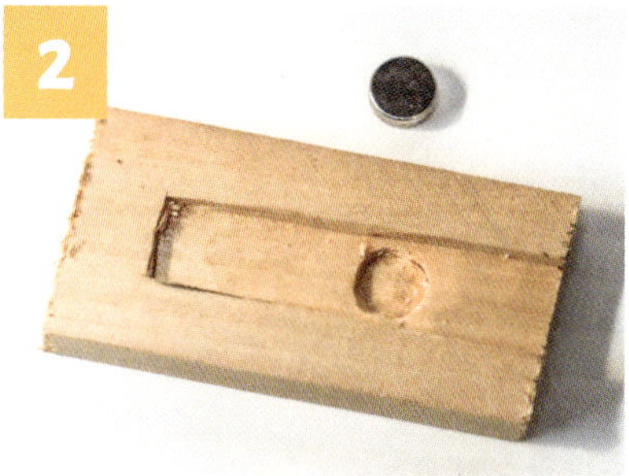

Die Klinge auf der dickeren Hälfte anzeichnen und den Schlitz dafür schnitzen. Dann ein Loch für den Magneten bohren oder schnitzen und diesen mit Epoxidkleber befestigen.

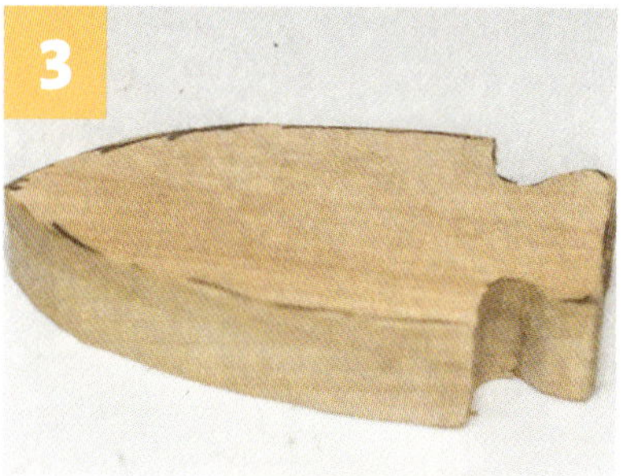

Die beiden Hälften verleimen und festklemmen. Dann die Pfeilspitze auf das Holz zeichnen. Sie muss nicht perfekt symmetrisch sein – echte Pfeilspitzen sind dies auch nicht immer. Die Grundform schnitzen.

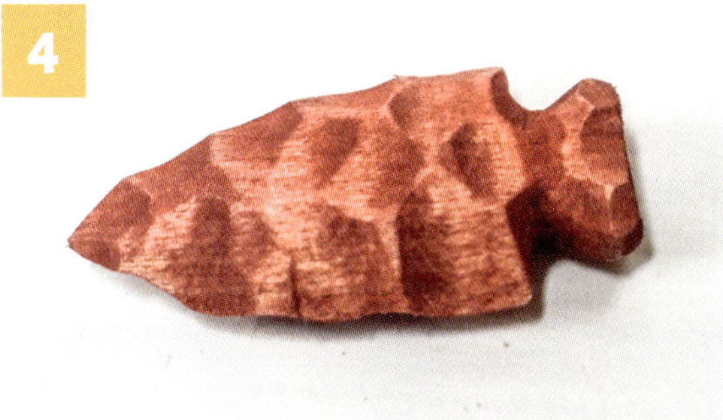

Einige grobe Schnitte an willkürlichen Stellen ausführen, um es wie eine behauene Pfeilspitze wirken zu lassen. Das Ergebnis bemalen. Ich vermische Eichen-Gelbeize mit Ölfarbe in Mendocino-Rot, damit die Pfeilspitze wie Zedernholz aussieht.

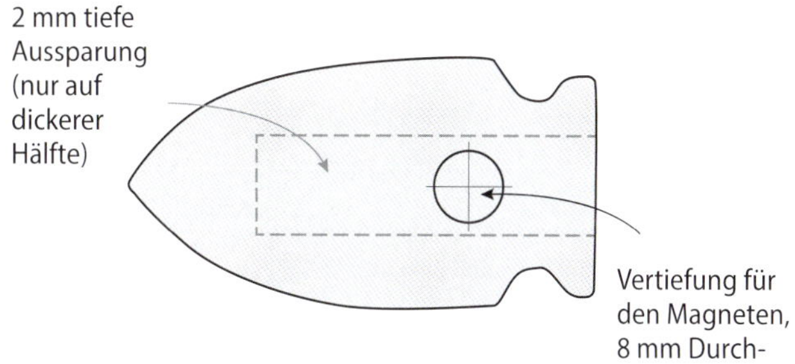

Vorlage Pfeilspitze als Klingenschutz

Engel für den Weihnachtsbaum

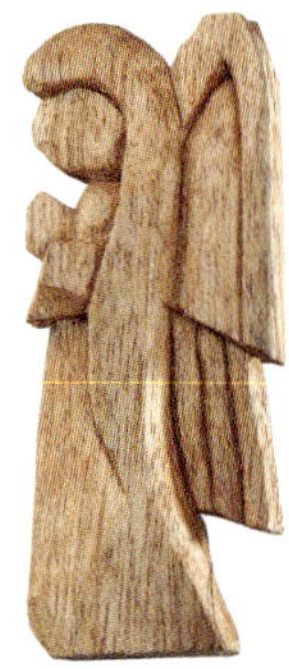

Dieses hübsch stilisierte Design schnitzen Sie an einem Nachmittag.
von Douglas Schauer

Als ich mit dem Schnitzen begonnen habe, träumte ich davon, Jahr für Jahr einzigartigen Christbaumschmuck zu gestalten, um ihn mit Freunden und Familie zu teilen. Dieser hier lässt sich leicht reproduzieren und ist ein gern gesehenes Weihnachtsgeschenk.

Wahl des Holzes

Ich schnitze meine Engel aus Mahagoniholz – wegen der schönen goldenen Farbe, die es nach dem Wachsen annimmt. Sie können Ihren aber aus so gut wie jedem Holz schnitzen und auch bemalen.

Vorbereitung

Die Vorlage auf beide Seiten des Holzstückes übertragen. An Unterseite und Seiten im Abstand von ca. 3 mm vom Rand Hilfslinien zeichnen. Dann die Konturen des Engels schneiden oder schnitzen. Die Hände an dieser Stelle noch nicht ausarbeiten, um sie nicht abzubrechen. Etwaige abgeschnittene Hilfslinien nachzeichnen.

MATERIAL

- Mahagoni oder Holz der Wahl, 51 mm x 102 mm x 25 mm
- Holzpolitur
- Faden
- Holzleim
- runder Zahnstocher

WERKZEUG

- Werkmesser
- Bohrer mit Aufsatz (Ø 1,2 mm)
- Bleistift

Vorlagen auf Seite 29.

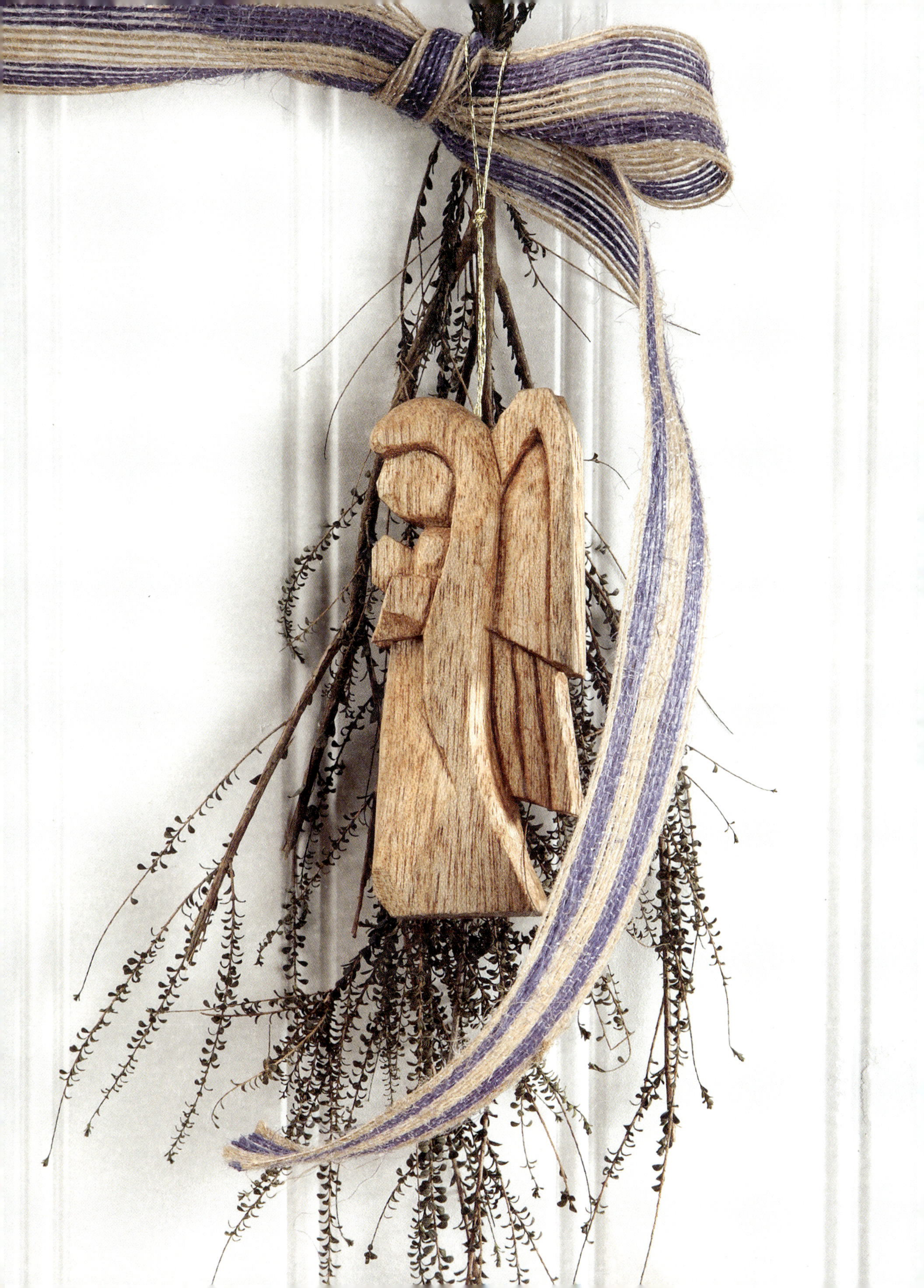

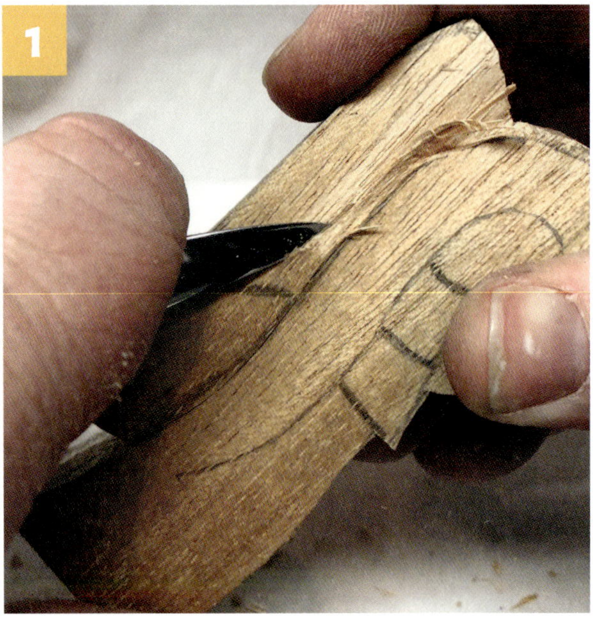

Stoppschnitte entlang der Linien schnitzen und die Flügel vom Körper trennen. Die Flügel an den Hilfslinien auf den Körper treffen lassen. Den Oberteil mit Stoppschnitten entlang der Linien vom Unterteil trennen und diesen bis hinauf zu den Stoppschnitten verschmälern.

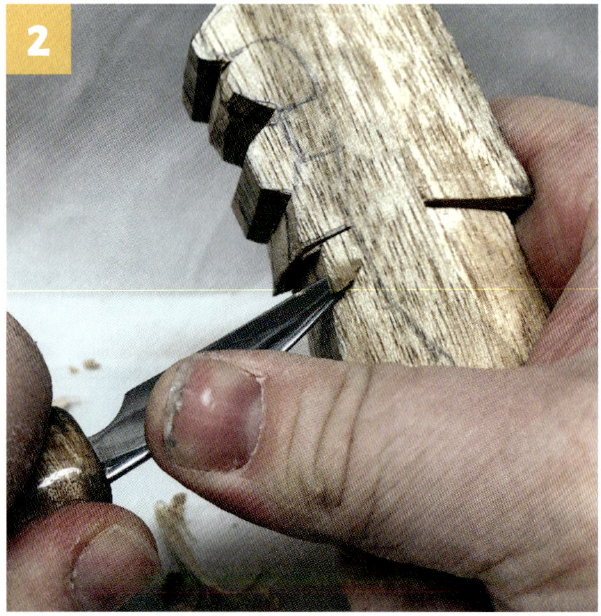

Stoppschnitte entlang der Linien schnitzen, die das Kleid vom Rest des Körpers trennen. Dann Stoppschnitte entlang der Ärmelunterseiten ausführen. Das Holz spitz zulaufen lassen bis zu dem Punkt, wo diese an die Hilfslinie für den Rock reichen.

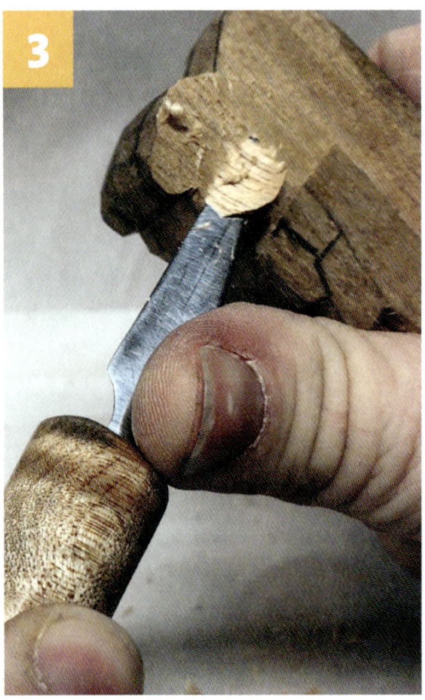

Auf beiden Seiten eine allmähliche Verjüngung von den Schultern bis zur Kopfoberseite schnitzen. Schnitzen, bis der Kopf die Hilfslinien erreicht. Die Linie, die das Gesicht vom Schleier trennt, erneut anzeichnen.

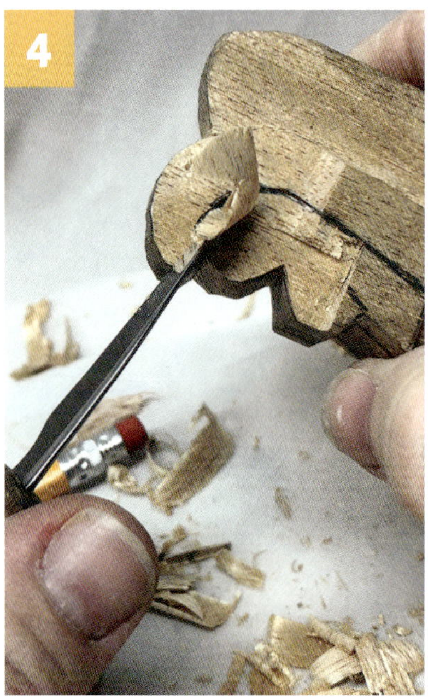

Stoppschnitt machen, wo sich Gesicht, Schleier und Halslinie treffen. Das Gesicht auf beiden Seiten verschmälern. An der Ärmeloberseite einen Stoppschnitt ausführen und den Oberkörper oben bis an die Hilfslinien verschmälern. Die Ärmel vom Schleier absetzen und das Gesicht abrunden.

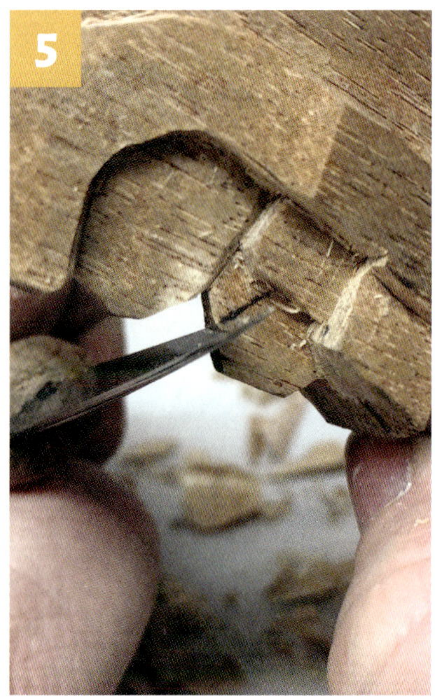

Die Hände dünner gestalten und formen. Dies ist der zerbrechlichste Teil der Schnitzarbeit, achten Sie daher auf die Maserungsrichtung und wenden minimale Kraft auf! Dann die Ärmelunterseiten trennen und abrunden.

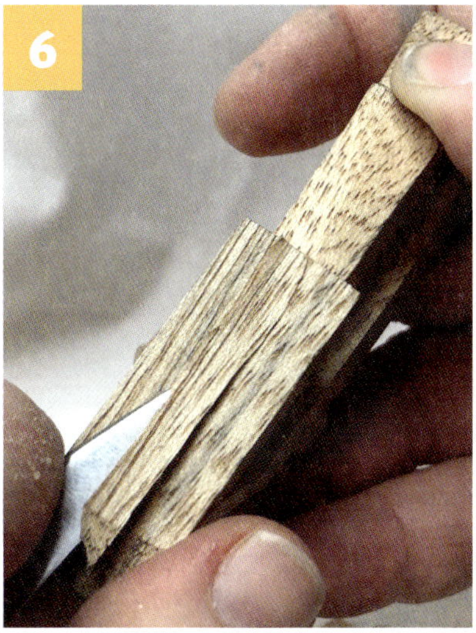

Die Flügel am Rücken trennen. Einen Keil von den Hilfslinien bis zur Mitte schnitzen. **Anmerkung:** Der Keil verläuft über die gesamte Flügellänge, verjüngt sich aber ein wenig im unteren Flügelbereich.

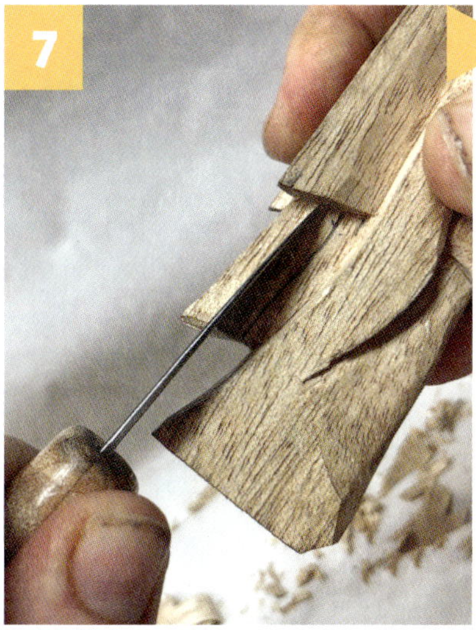

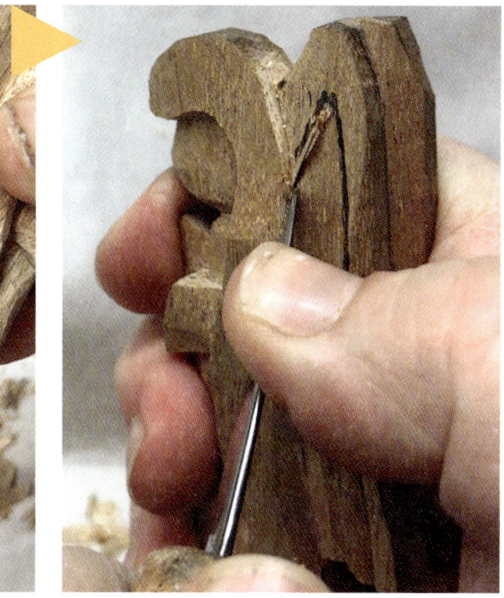

Die Flügel ausarbeiten. Stoppschnitte entlang der Linien für die Details und für den Eindruck von Tiefe eine schmale Kerbe schnitzen. Den Bereich, an dem Flügel und Kopf aufeinandertreffen, verfeinern, um eine stärkere Trennung zu kreieren. Scharfe Kanten abrunden und auch die Ränder von Kleid und Schleier sowie alle Schnitte versäubern.

Fertigstellung des Engels

Ein kleines Loch in die Kopfrückseite bohren und zwei Fadenenden hineinstecken. Das Loch mit einem mit Kleber versehenen Zahnstocher stopfen und den Faden so darin befestigen. Nach dem Trocknen den Zahnstocher bündig abbrechen. Wie gewünscht schleifen und eine Schicht Politur auftragen.

Vorlage Engel für den Weihnachtsbaum

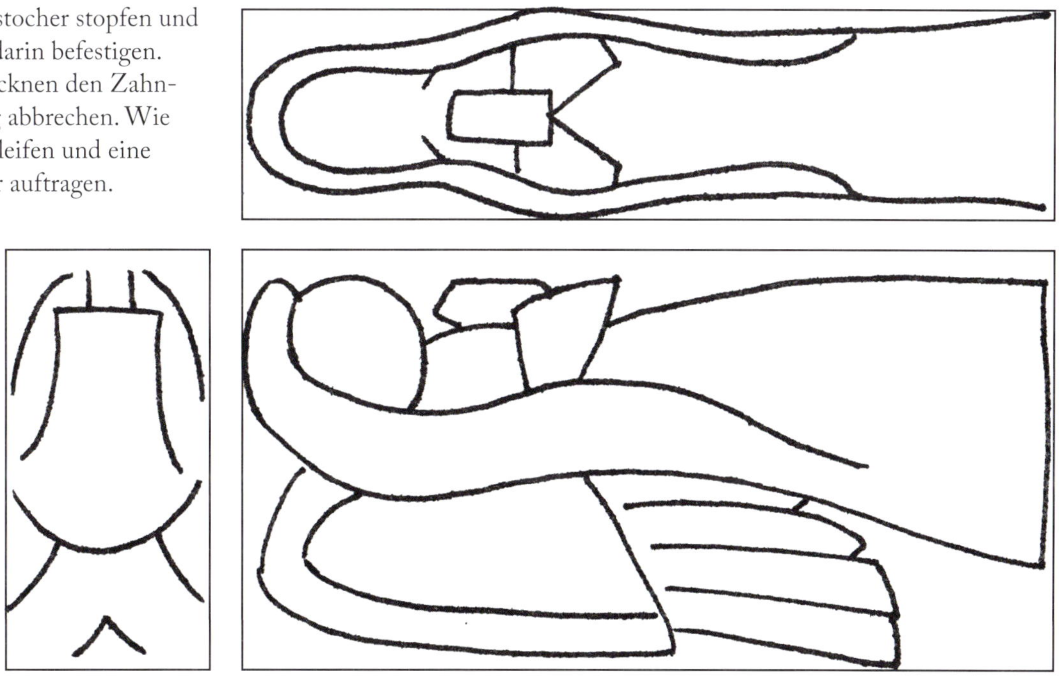

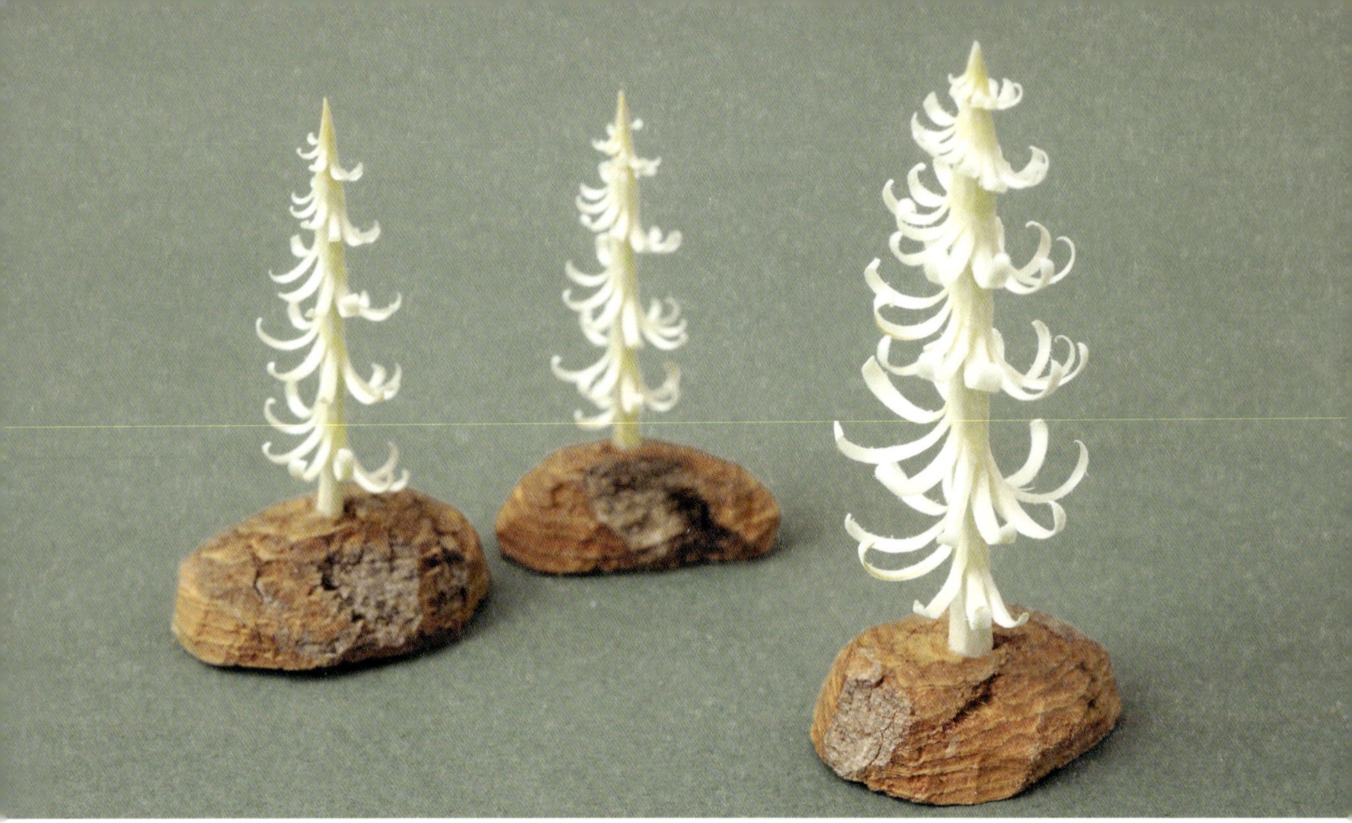

Zweigbäumchen

Schneiden Sie kringelige Ästchen für ein Miniaturbäumchen.
von Chris Lubkemann

Dieses Projekt erfordert einiges an Konzentration, macht aber eine Menge Spaß. Nicht nur, dass viele Menschen gern diesen Baum schnitzen – er ist auch bei Nichtschnitzern beliebt: Jeder einzelne, den ich geschnitzt habe, hat einen Käufer gefunden. Dieses Minibäumchen ähnelt jenen, die man vielleicht aus Europa kennt, doch die Äste wachsen in einer Spirale nach unten anstatt in übereinanderliegenden Schichten aus Ästen, die dem Stamm auf derselben Höhe entspringen.

Vorbereitung

Für diesen Baum brauchen Sie einen geraden, astfreien Zweig.

MATERIAL

- Zweig mit gerader Maserung
- Rinde
- Superkleber

WERKZEUG

- Messer

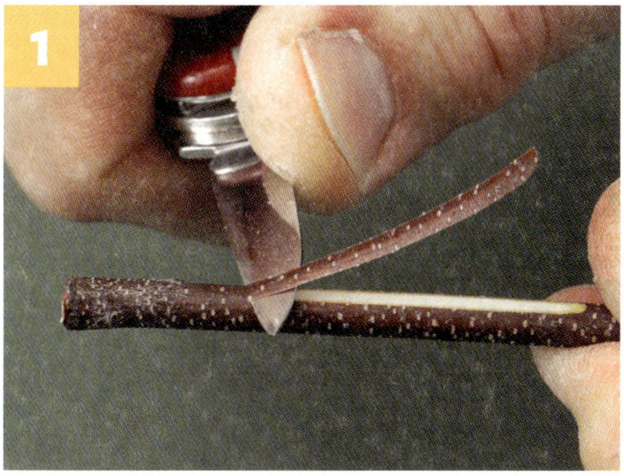

Den Zweig vorbereiten. Mit langen, geraden Strichen die gesamte Rinde entfernen (kurze, abgehackte Striche sorgen für ein ungleichmäßiges, schwer kontrollierbares Schnittbild).

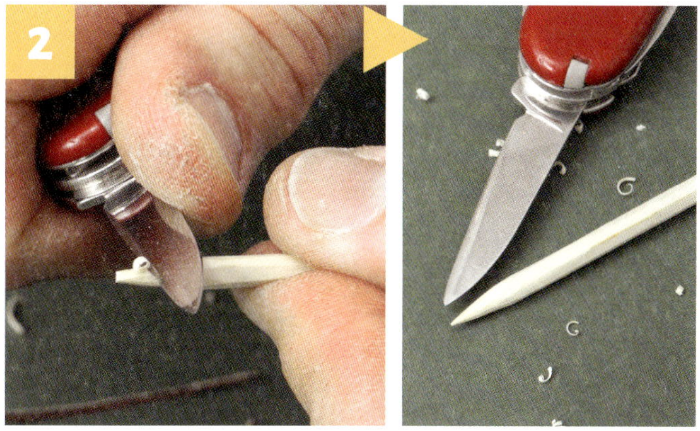

Die Baumspitze formen. Die Spitze des Zweiges anspitzen, als würden Sie einen Bleistift auf altmodische Weise spitzen.

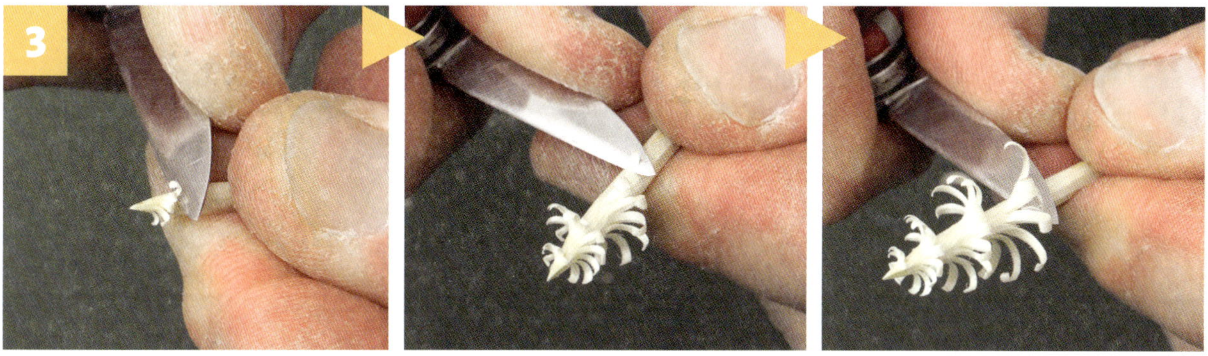

Die Zweige schnitzen. Den Daumen der Hand mit dem Messer an den Fingern der Hand, die den Zweig hält, abstützen und sehr kleine, kontrollierte, abschälende Schnitte in Richtung Zweigspitze ausführen. Für die Spirale entlang des Baumstammes den Zweig während des Schnitzens leicht drehen. Jeder Zweig sollte immer etwas länger sein als der vorangegangene. Die Hand mit dem Messer immer mindestens am Zeigefinger der Haltehand abstützen. Tun Sie dies nicht und versuchen es mit „Freihandschnitten", verlieren Sie wahrscheinlich die Kontrolle und schneiden ein paar bereits fertige Äste ab!

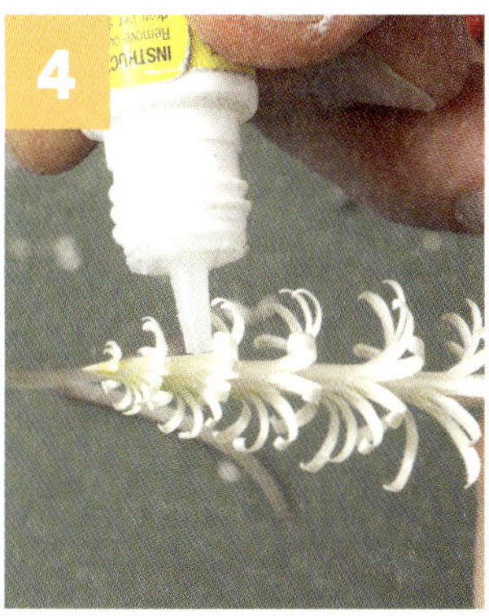

Die Schnitzerei verstärken. Den Ansatz der Äste mit ein bisschen Superkleber verstärken. Der Kleber zieht ein und „versteinert" sie.

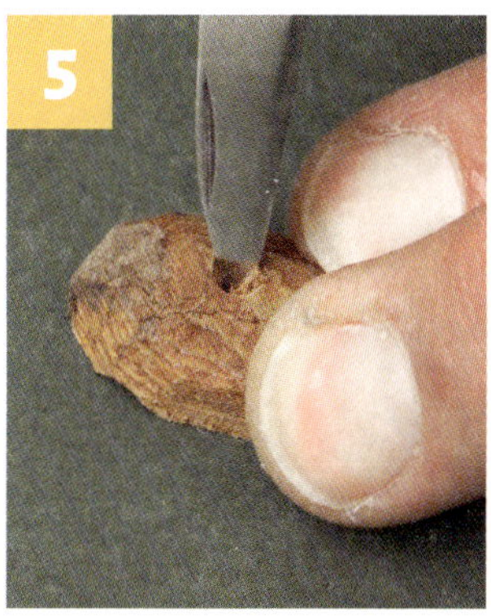

Den Boden vorbereiten. Den Baum vom Stab abschneiden und beiseitelegen. Ein Stück Rinde vorsichtig abrunden, um den Boden zu bilden. Mit der Messerspitze ein Loch zum Einsetzen bohren.

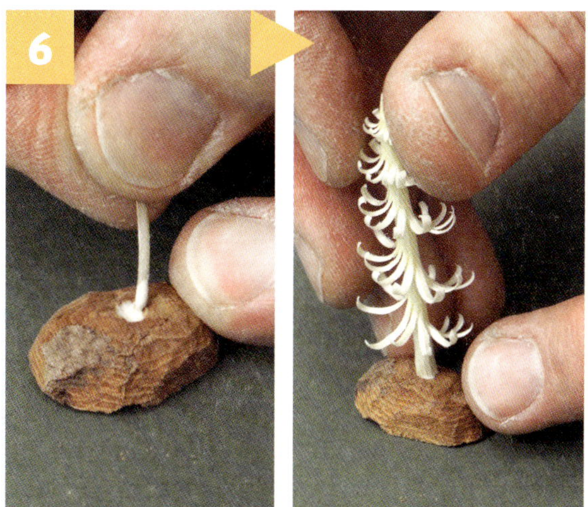

Den Baum ankleben. Holzleim verwenden und aus allen Blickwinkeln prüfen, ob der Baum gerade steht.

Seifenbär

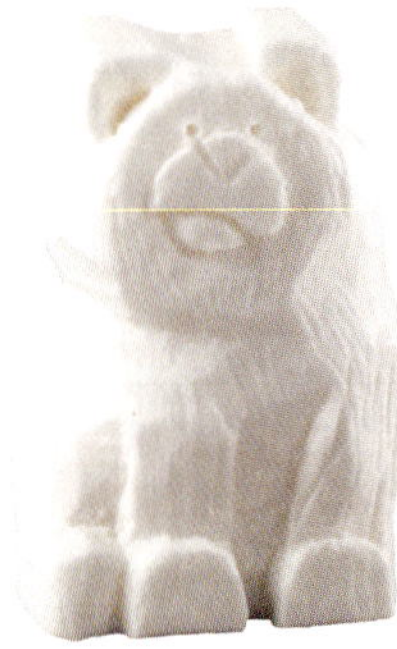

Zu lernen, wie man einen einfachen Seifenbären schnitzt, kann zu einem lebenslangen Vergnügen führen.
von Janet Bolyard

Ich gebe es zu, ich habe eine Schwäche für Bären – vor allem für die weichen, flauschigen, niedlichen und freundlichen. Bären verleihen jeder Almhütte (oder auch einer Stadtwohnung) einen rustikalen Charme.

Dieses Projekt zeigt Ihnen, wie Sie in Ebenen schnitzen, um Nase, Mund und Ohren auszuarbeiten. Sind die grundlegenden Merkmale einmal geformt, können Sie lernen, dem Bären eine Felltextur zu schnitzen. Weitere Tipps und Tricks zum Thema Seifenschnitzen finden Sie in meinem Buch *Complete Guide to Soap Carving.*

MATERIAL

- 1 Seifenstück pro Bär
- verschiedene Acrylfarben (optional)

WERKZEUG

- Messer
- Stechbeitel: 6 mm, Stich 3 (optional)
- Stechbeitel: 13 mm, Stich 5 (optional)
- Markierwerkzeug: Nadel oder Zahnstocher
- kleiner V-förmiger Stechbeitel (optional)
- Pinsel

Vorlage auf Seite 35.

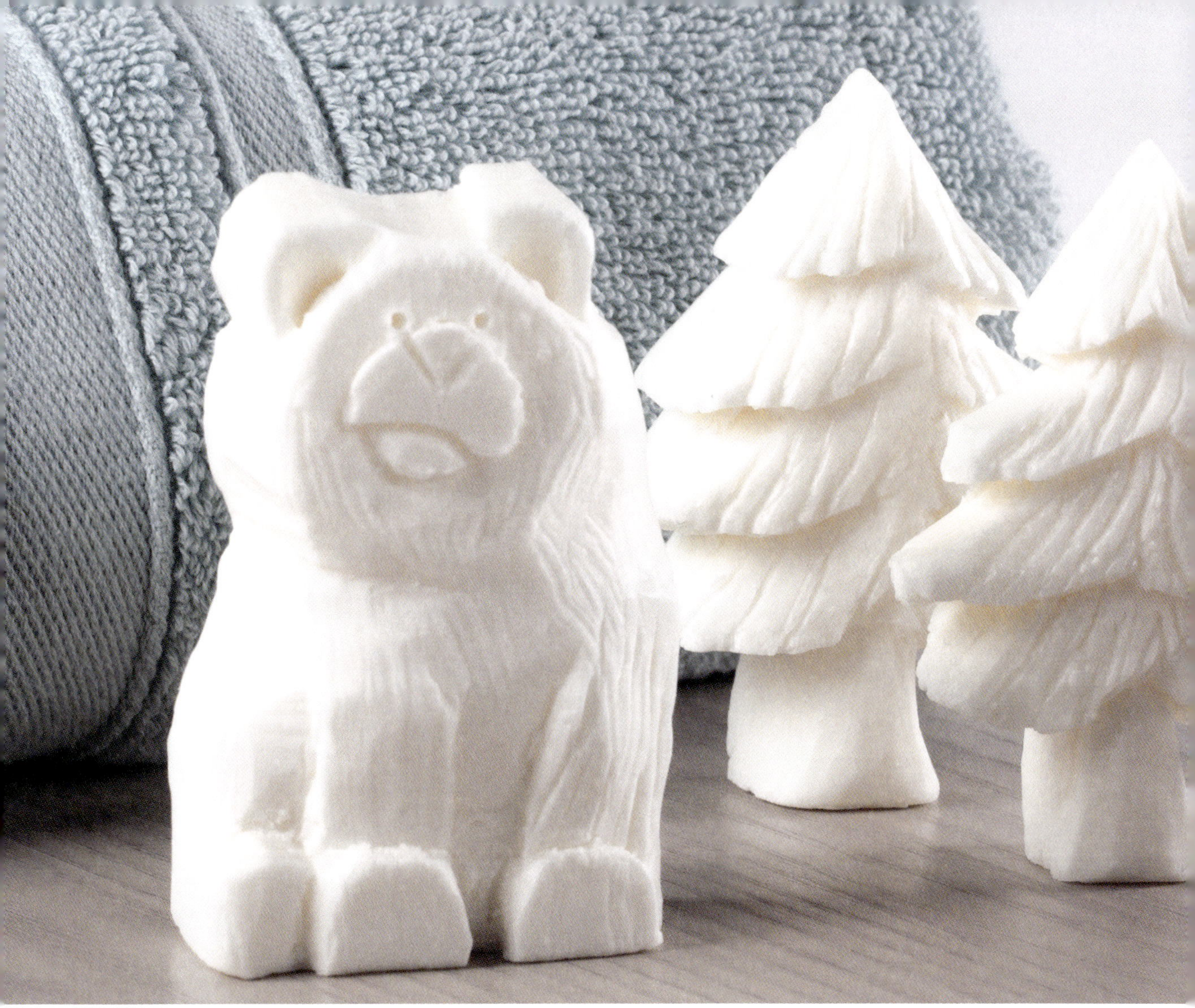

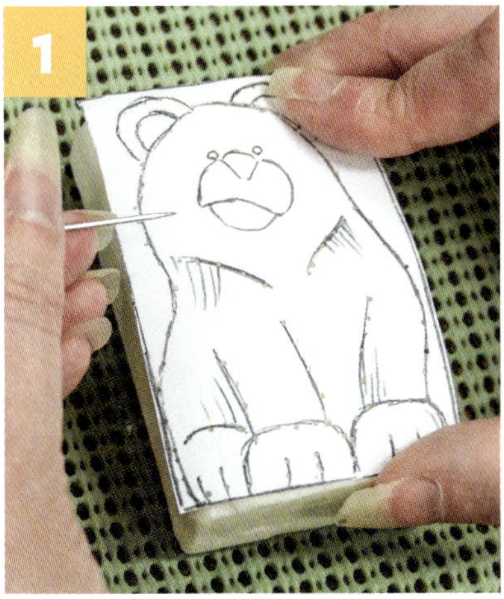

Die Vorlage auf dem Seifenstück zentrieren und mit dem Markierwerkzeug Ihrer Wahl übertragen. Ich steche eine Nadel durch die Vorlage, um die wesentlichen Punkte anzuzeichnen.

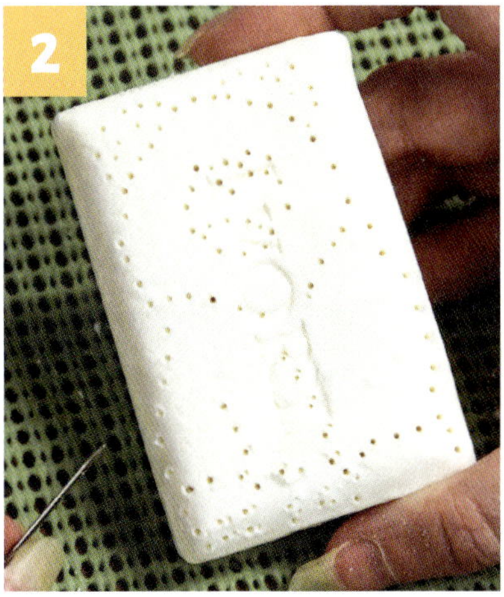

Das Muster entfernen. Zum Vorschein kommt eine gepunktete Kontur Ihres Bären.

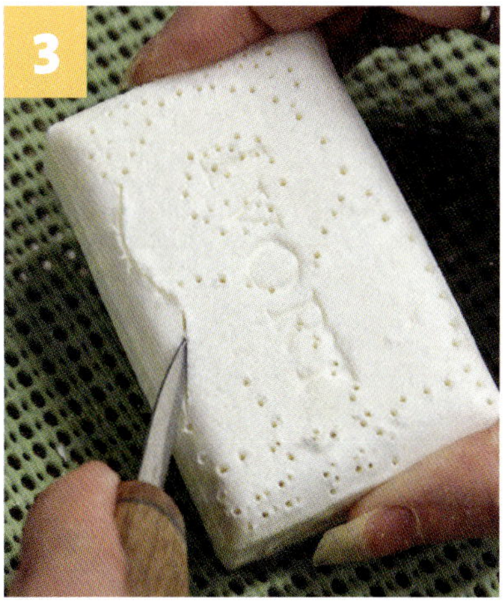

Beginnen, die Punkte mit einem Messer zu verbinden (oder mit einem Eisstiel – mit einem Messer eine Klinge am Ende des Stäbchens formen und durch Schleifen mit 220er-Schleifpapier schärfen).

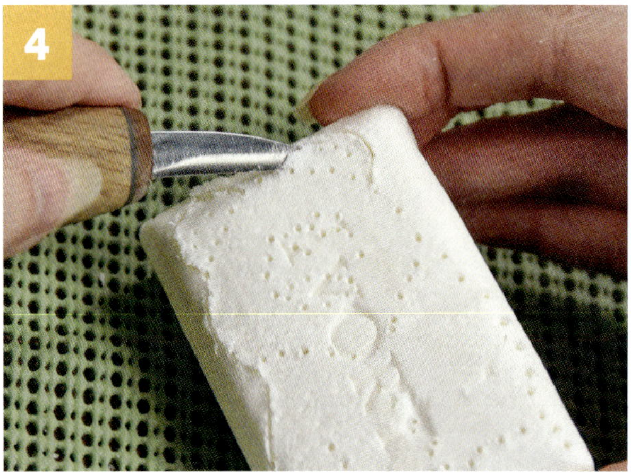

Einen Stoppschnitt um die Ohrenoberseite ausführen. Das Messer oder einen mittelgroßen Stechbeitel Ihrer Wahl verwenden (ich bevorzuge 13 mm und Stich 5).

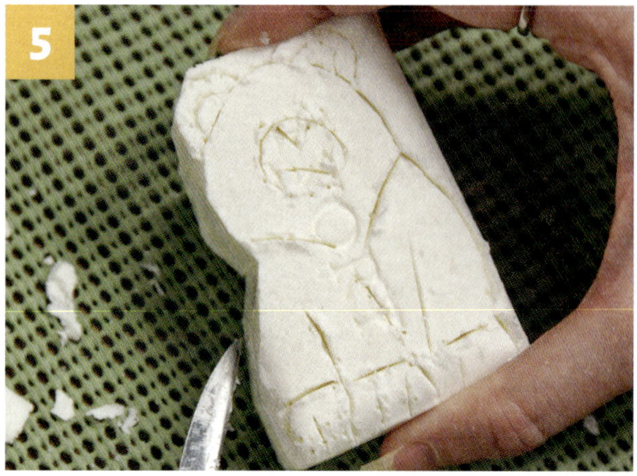

Die Form aufbauen. Die Seife rund um den Bärenkörper entfernen, bis die gewünschte Form erreicht ist. Mit dem Messer arbeiten und die Details (z. B. Schnauze und Füße) für später stehen lassen.

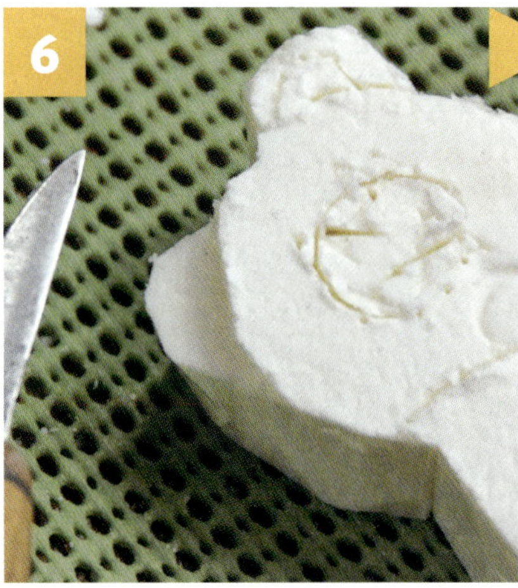

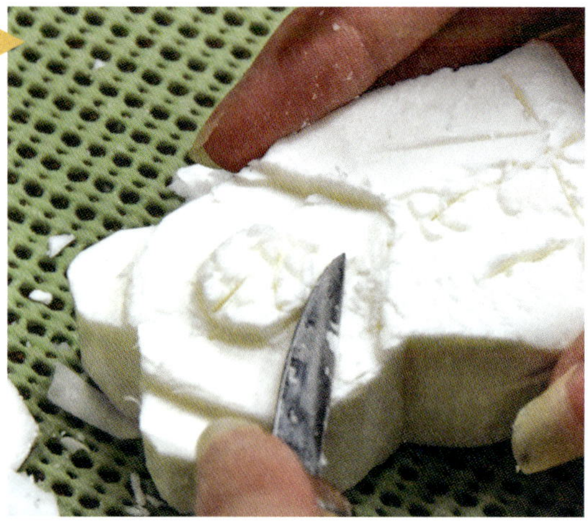

Stoppschnitte zwischen Kopf und Ohren ausführen. Die Ohren mit dem Messer leicht zurücksetzen, damit sie sich vom Scheitel abheben. Dann mit den Gesichtsdetails beginnen und die Gesichtszüge mit behutsamen Stoppschnitten ausarbeiten. Das Gesicht leicht zurücksetzen, damit die Schnauze hervorsteht.

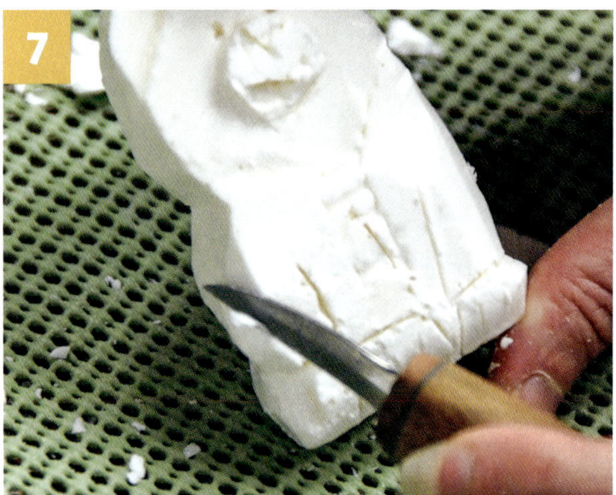

Mit Beinen und Füßen beginnen. Dazu das Messer verwenden oder – falls gewünscht – auf den Stechbeitel (13 mm, Stich 5) zurückgreifen (ich bleibe einfach beim Messer). Abrunden und glätten.

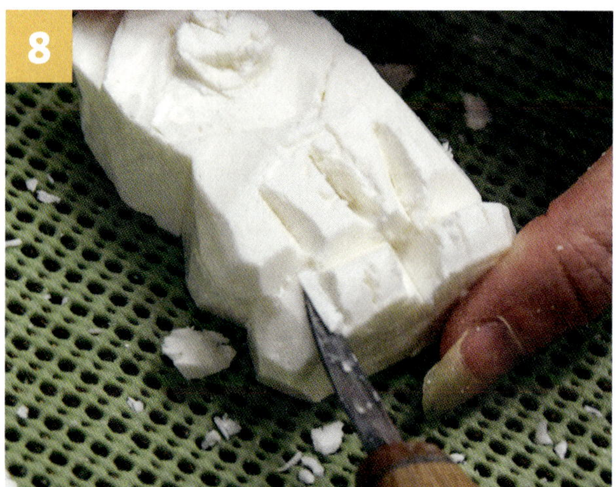

Die Details weiter ausarbeiten und überschüssiges Material abtragen, damit Beine und Füße hervortreten.

9

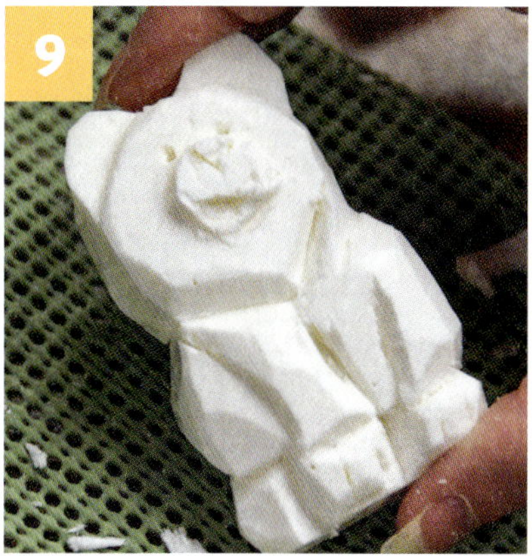

Mit den Details und dem Glätten der Ränder fortfahren. Das Messer oder einen kleinen Stechbeitel (6 mm, Stich 3) verwenden.

10

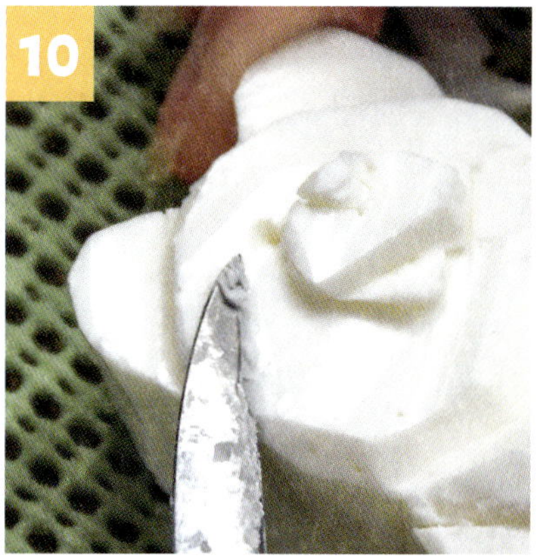

Restliche Details der Schnauze mit einem kleinen Messer ausarbeiten. Nase und Unterlippe von der Oberlippe trennen. Nur leichten Druck ausüben, damit die Nase nicht abbricht.

11

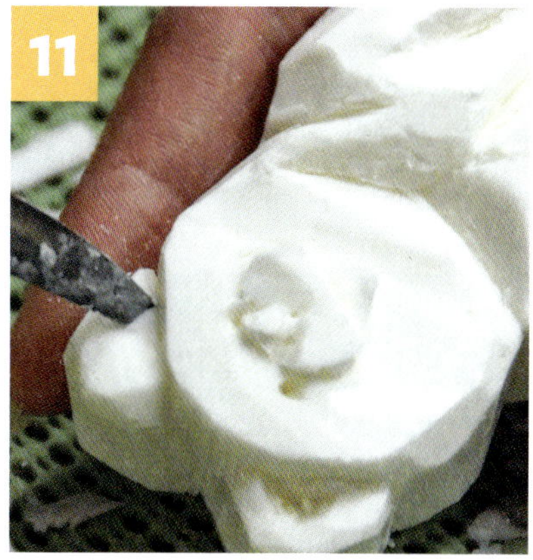

Die Ohren formen und versäubern. Dafür das Messer oder den Stechbeitel (13 mm, Stich 5) verwenden.

12

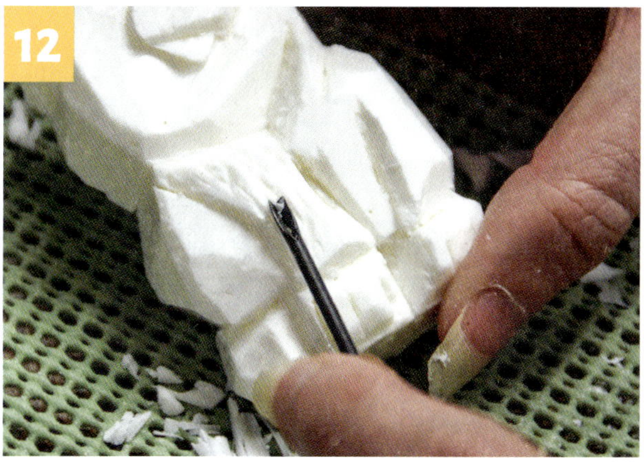

Die Textur des Pelzes ausarbeiten. Die Linien für das Fell mit einem kleinen, V-förmigen Stechbeitel gestalten. Je nach Wunsch mit Acrylfarben bemalen.

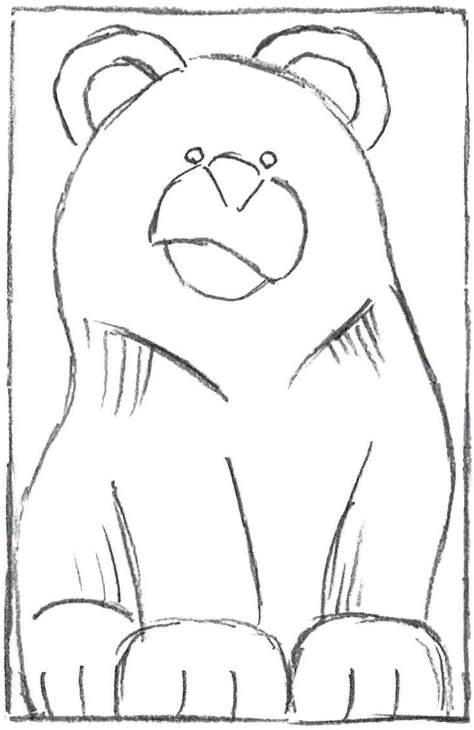

Vorlage Seifenbär

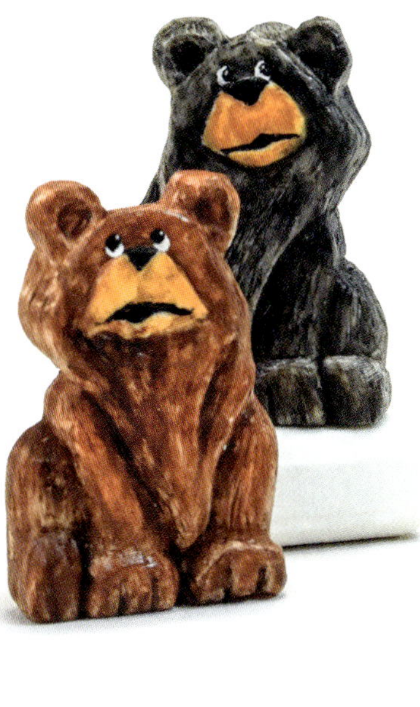

Anmerkung:

Das Bemalen der fertigen Schnitzarbeit ist optional. Sie ist dann nur noch zum Ausstellen, nicht jedoch zur Verwendung in Waschbecken oder Badewanne gedacht.

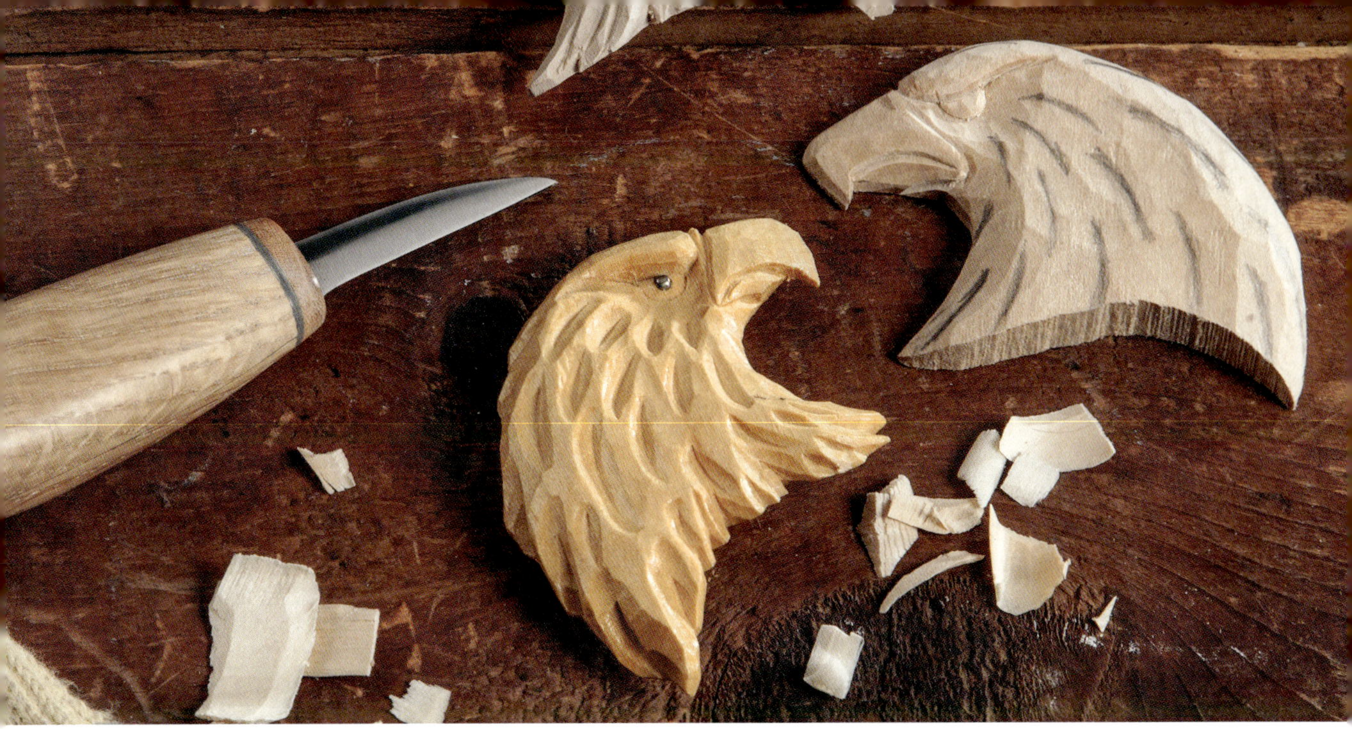

Adler-Anstecknadel

Feiern Sie Ihre Begeisterung für die USA mit diesem schnellen Schnitzwerk!
von Peter Zanauskas

Diese einfach zu schnitzenden Adlerköpfe erinnern an Memorial Day, 4. Juli und Veteranentag. Einfach mit der Bandsäge in die Rohling-Massenproduktion gehen und sie zum Schnitzen für unterwegs mitnehmen. Zum Befestigen einen Magneten, eine Anstecknadel oder einen Ring für ein Halstuch anbringen. Die Adler sehen sowohl mit Farbe als auch unbemalt großartig aus!

MATERIAL

- Lindenholz (für 3 Anstecknadeln): 51 mm x 64 mm x 19 mm
- Silberperle
- Klebstoff
- Acrylfarbe: Sonnengelb (Augen), Mandarinenorange (Schnabel), Antikweiß und Cremeweiß (Federn)
- Schlussbehandlung: klarer Sprühlack, matt oder seidenmatt
- Anstecknadel oder Magnet

WERKZEUG

- Bandsäge
- Messer
- Stechbeitel mit rundem Griff, 6 mm, Stich 9 (optional)
- Stechbeitel mit kleinem V-Stich
- Ahle oder Bar-Eispickel
- Bohrer, 2 mm
- Bleistift

Vorlage auf Seite 37.

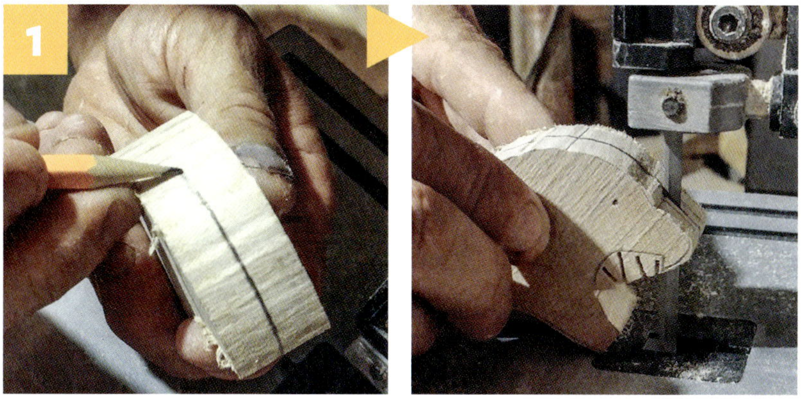

Die Vorlage auf den Rohling übertragen. Ich verwende ein dickes Brett, das ich zu dünneren Rohlingen schneide. Um die Konturen des Adlers sägen. Dann den Anschlag der Bandsäge einstellen und das Brett in 6 mm dicke Rohlinge schneiden. Mit einem Messer die Ränder des Adlers versäubern.

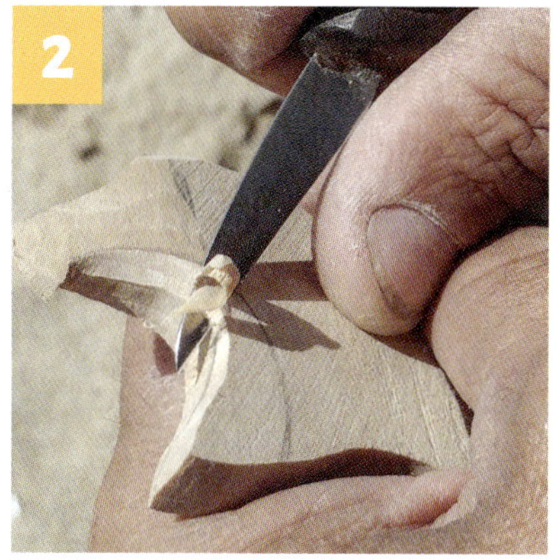

Den Schnabel bis zur Linie verjüngen. Dann ein wenig Holz vom unteren Teil des Schnabels abnehmen. Die scharfen Kanten von Hals und Hinterkopf entfernen.

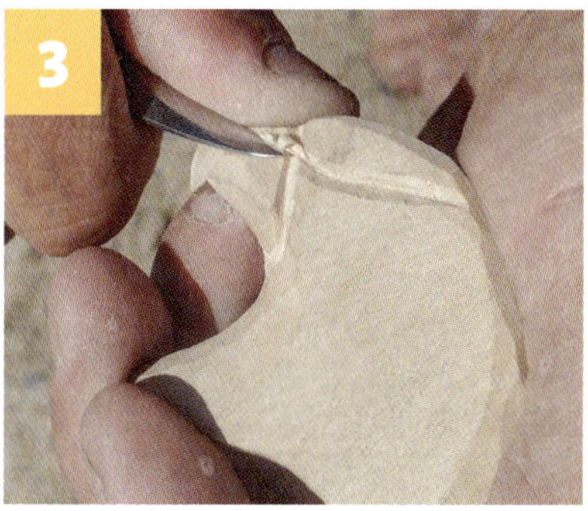

Die Augenbraue zeichnen. Einen V-Schnitt mit einem Messer oder Stechbeitel auf der Linie schnitzen. Das Holz unter dem Auge und in Schnabelnähe entfernen. Eine Holzscheibe von der Schnabeloberseite entfernen, um ihn vom Rest des Kopfes zu trennen.

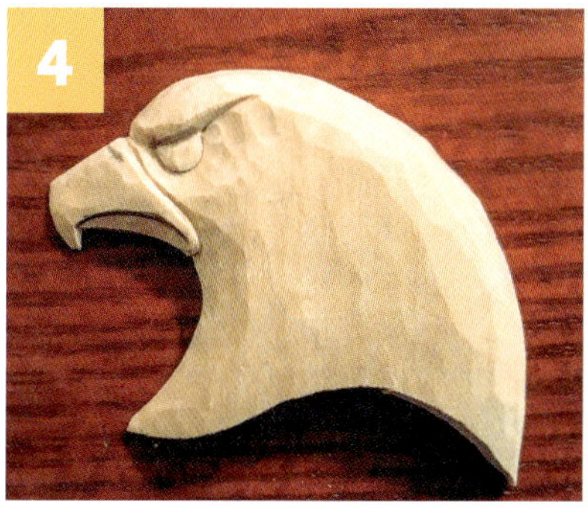

Stoppschnitt rund ums Auge. Bis dorthin schnitzen, um die Augenpartie vom Kopf zu trennen, dann das Auge runden. Das Nasenloch schnitzen. Einen Stoppschnitt entlang der Schnabeloberseite ausführen und entlang des Unterkiefers arbeiten.

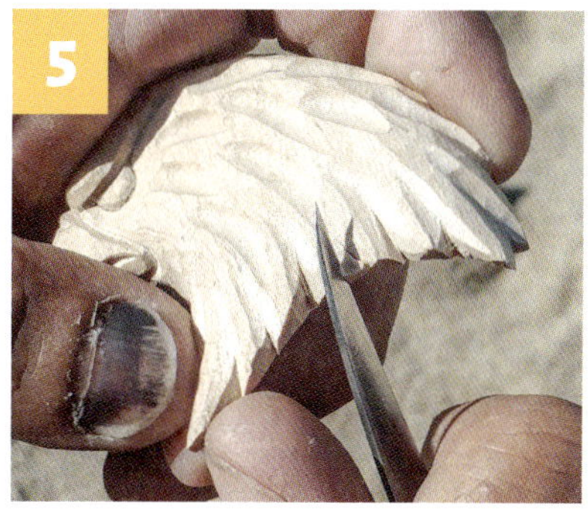

Das Federkleid ausarbeiten. Die Federn grob schnitzen. Ich verwende einen Stechbeitel (Stich 9); es geht auch mit dem Messer. Dann leicht unter die Halsunterseite schnitzen und an den Enden der Federn Vertiefungen ausarbeiten. Die Federstruktur mit Messer oder Stechbeitel (V-Form) vertiefen.

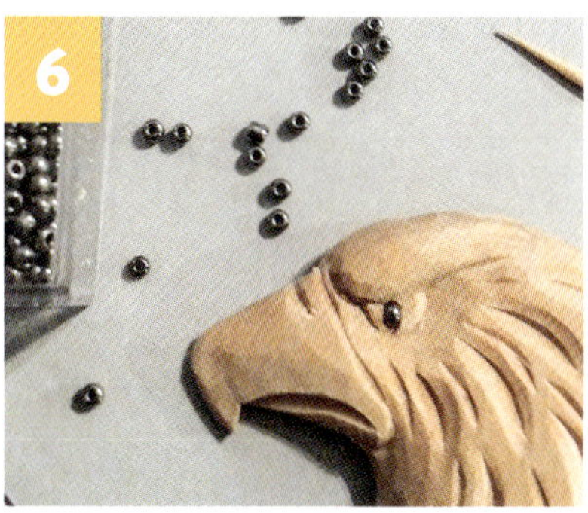

Die Position der Pupille markieren. Dazu eine Ahle oder einen Bar-Eispickel nutzen. Mit einem Bohrer (2 mm) händisch ein kleines Loch für die Perle im Auge bohren und diese einkleben. Je nach Wunsch einen Magneten oder eine Anstecknadel auf die Rückseite kleben. Den Adler bemalen und mit seidenmattem oder mattem Klarspray lackieren.

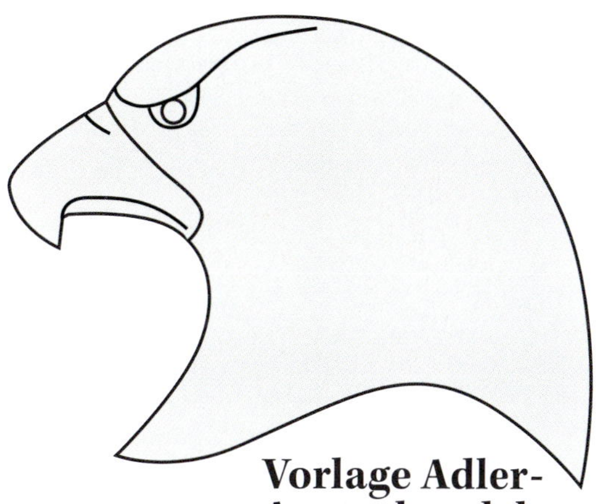

Vorlage Adler-Anstecknadel

Camping-gabel & -messer

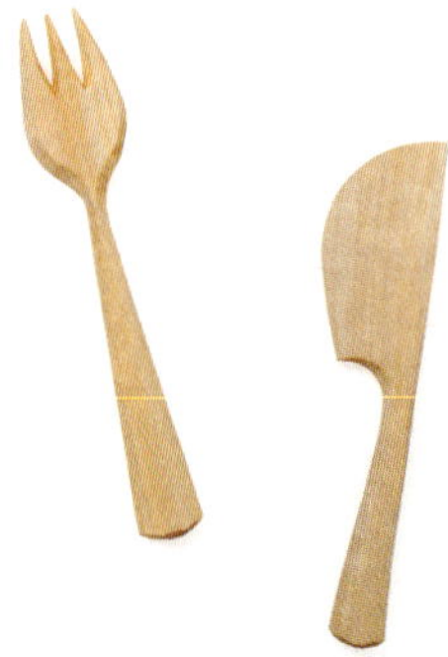

Das Essen mit selbst angefertigtem Besteck fühlt sich großartig an!
von James Miller

Das Schnitzen von Besteck hat auf der ganzen Welt eine lange Tradition. Auch wenn wir natürlich einfach alles mit der Hand essen könnten, zeigt uns die moderne Medizin die Vorzüge davon, einen Gegenstand zwischen Essen und Hände zu bringen. Diese Gabel ist ein tolles Beispiel für so einen angenehmen Mittelsmann.

Sie bietet einige wichtige Lernmöglichkeiten für Neueinsteiger und erweist sich dennoch als spaßiges und nützliches Projekt. Das dazugehörige Buttermesser ist noch einfacher, da es ohne Stoppschnitte wie die zwischen den Gabelzinken auskommt, kann aber durch geschickt ausgeführte Schnitte zum kunstvollen Projekt avancieren.

Vorbereitung

Zeichnen Sie die Vorlage auf eine Fläche des Blocks, stützen Sie Ihren Finger auf einer Seite neben der Vorder- oder Rückseite ab und zeichnen Sie die Mittellinie rundherum. Wünschen Sie ein einfacheres Design, können Sie die Anzahl der Zinken für die Gabel von drei auf zwei reduzieren – auch Gabeln mit zwei Zinken funktionieren gut!

MATERIAL

- Lindenholz, 38 mm x 13 mm x 159 mm
- lebensmittelechter Lack (optional)

WERKZEUG

- Schnitzmesser
- Handschuh
- Bleistift

Vorlagen auf Seite 41.

Anmerkung:

Möchten Sie diese Teile zum Essen verwenden, das Holz entweder unbehandelt lassen oder einen lebensmittelechten Lack verwenden.

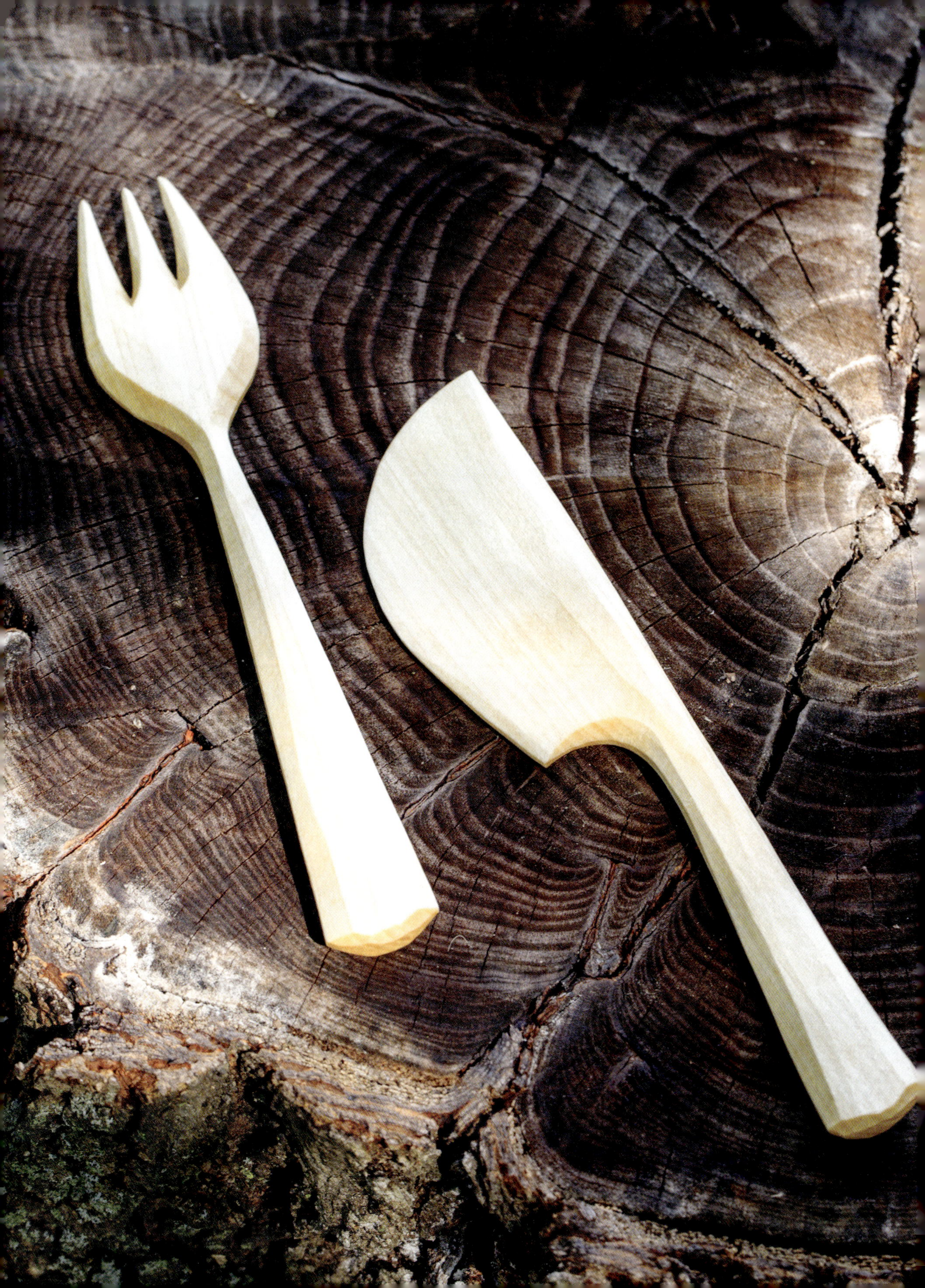

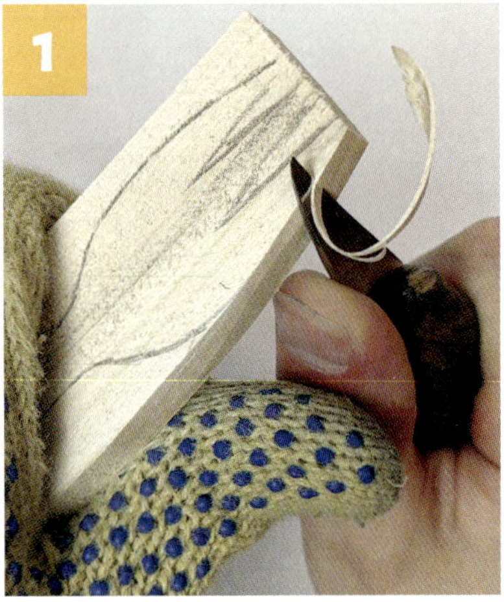

Die Zinken rund schnitzen. Das Holz von einer Seite der Zinken abtragen, indem Sie das Messer an der dicksten Stelle der Kelle ganz durch das Hirnholz schieben. Bei diesen Schnitten damit beginnen, die Rundung nach innen auszuarbeiten. Auf der anderen Seite wiederholen.

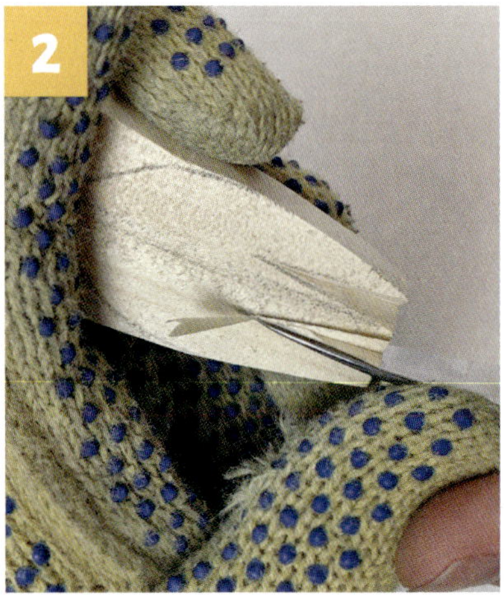

Die Zinken trennen. Beginnend mit einigen Stoppschnitten mit der Messerspitze in Griffrichtung zwischen die Zinken schnitzen. Die daraus resultierenden V-Schnitte an den Enden der Zinken vertiefen.

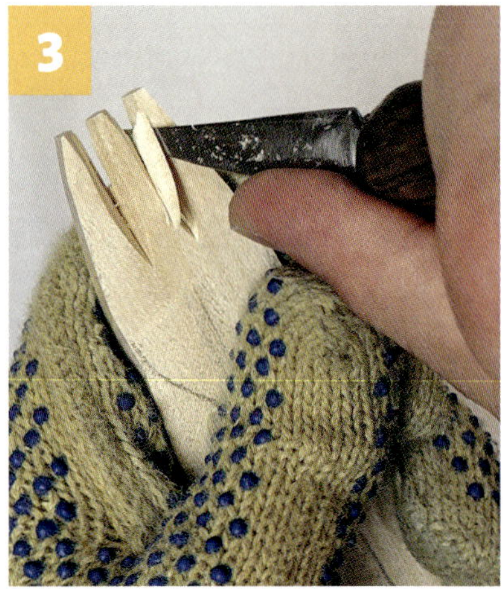

Die Zinken innen abrunden. Nun mit der Messerspitze weiter die Innenseiten der Zinken formen. Dünne Scheibchen abtragen, um die Zinken nicht versehentlich durchzuschneiden.

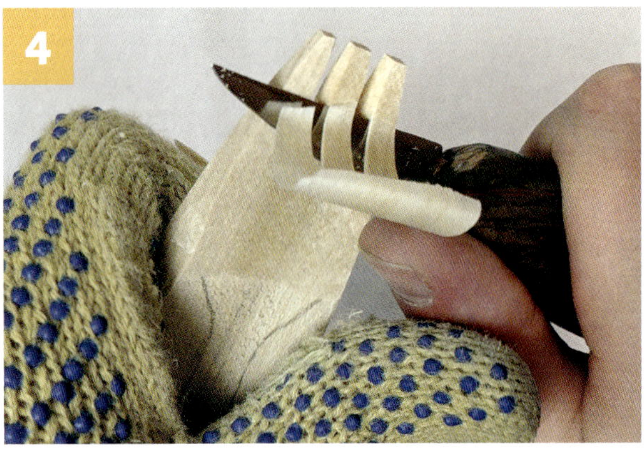

Die Kelle schmaler schnitzen. Nun, wo die Zinken an Ort und Stelle sind, die Kelle auf ca. 3 mm am Ende der Zinken verschmälern. Den Ansatz der Kelle fast bei voller Stärke belassen.

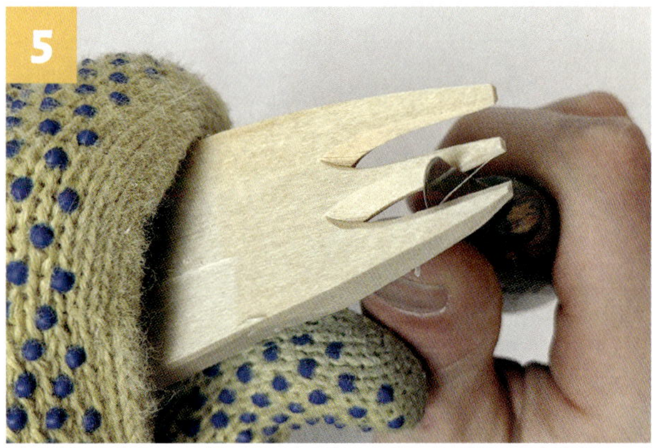

Die Zinken ausarbeiten. Wenden Sie sich wieder den Zinken zu, um sie weiter abzurunden und ihre Form zu verfeinern. Mit dem oberen Viertel der Messerklinge schneiden, um Kontrolle und feine Schnitte sicherzustellen. Je nach Wunsch können die Zinken gerade bleiben; ich habe sie für eine interessantere Optik leicht geschwungen.

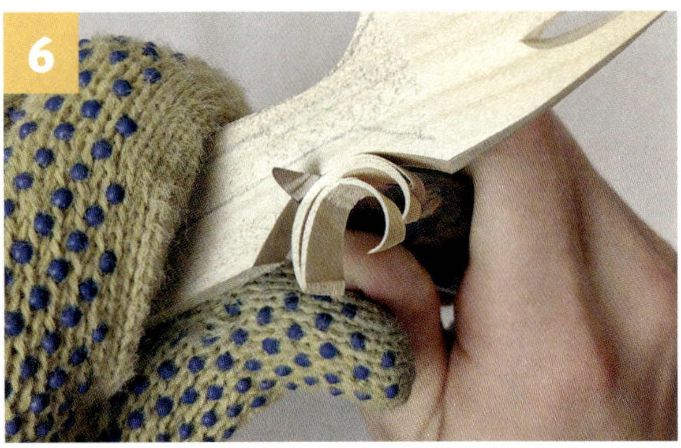

Kelle und Griff voneinander absetzen. Mit dem Abtragen einer geschwungenen Linie an einer Seite der Gabel etwa 25 mm unterhalb der Kelle beginnen. Das Messer wieder herausziehen und diesen Schnitt spiegeln, also direkt unter der Kelle nach unten schneiden, bis die Schnitte in der Mitte aufeinandertreffen. Diese Schnitte einige Male vor und zurück wiederholen, bis die daraus resultierende Biegung relativ sauber ist. Es ist schwierig, die Schnitte in perfekter Symmetrie zu setzen, aber ein fließender Übergang ist möglich! Auf der anderen Seite wiederholen.

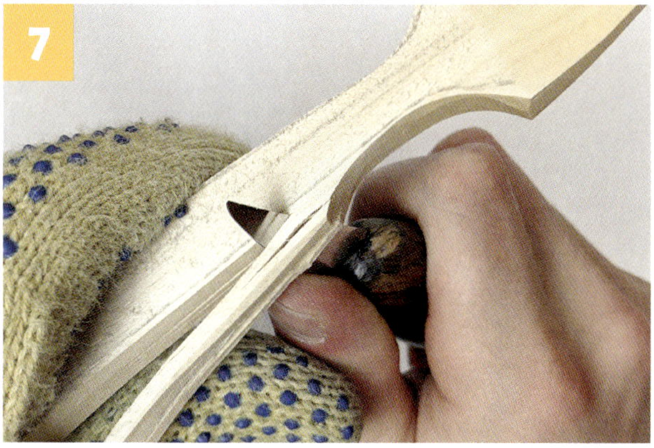

Den Griff verschmälern. Direkt über der eben geschnitzten Kurve das Holz am Griff entlang in Richtung Kopf abtragen. Allmählich bis zur Linie der Vorlage arbeiten. Dort angelangt für eine schöne Oberfläche das Holz in langen, dünnen Spänen abtragen. Auf der anderen Seite wiederholen.

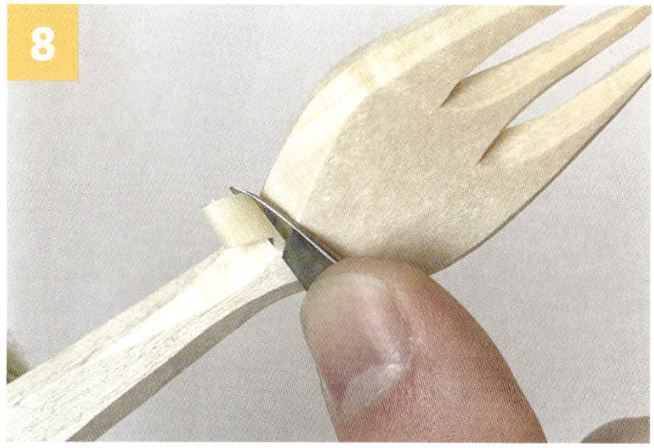

Die Kanten abrunden. An der Kelle schnitzen, um alle Kanten zu entfernen. Zum Schnitzen in Richtung Unterseite der Kelle müssen Sie das Messer wie in Schritt 6 in Form einer Kurve führen.

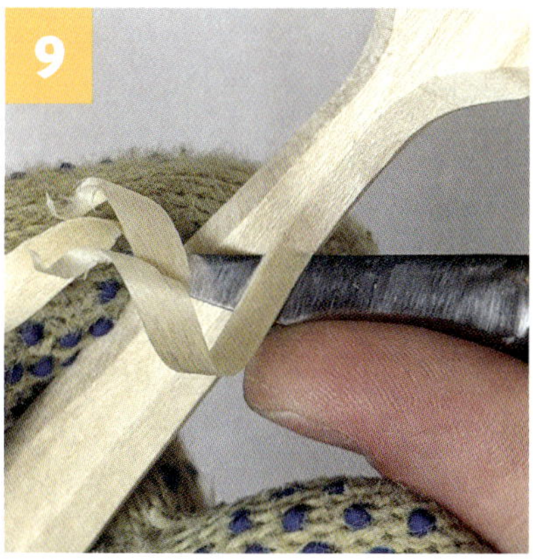

Den Griff abrunden. Die übrigen Kanten der vorigen Arbeitsschritte abrunden oder anschrägen. Ich lasse gern 3 mm breite geschwungene Abschrägungen rundherum stehen, doch jede Art des Kantenbrechens ist willkommen.

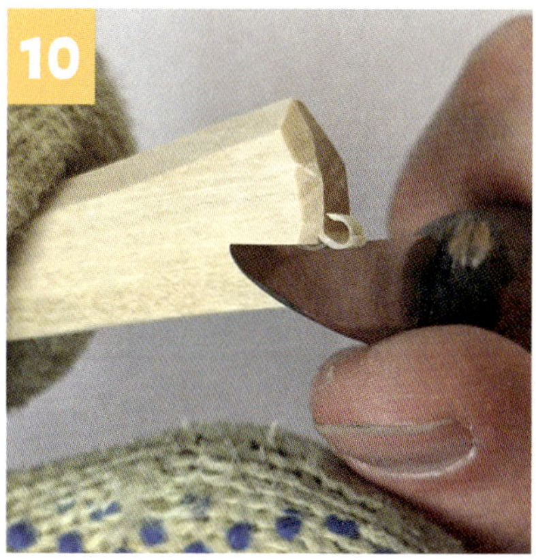

Das Ende abrunden. Die Kanten am Ende abrunden oder abschrägen. Diese Schnitte können in Maserungsrichtung oder quer dazu ausgeführt werden und folgen der Rundung.

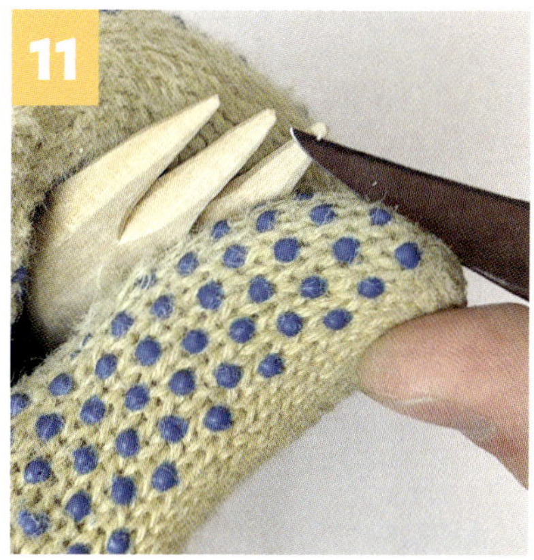

Die Zinken abstumpfen. Damit schmale oder scharfe Spitzen nicht abbrechen, die Zinken mit sehr feinen Schnitten stumpf schnitzen. Sie sollten immer noch Spitzen haben, diese sollten jedoch das Ergebnis feiner Fasen mit flachem Winkel sein.

Vorlagen Campinggabel und -messer

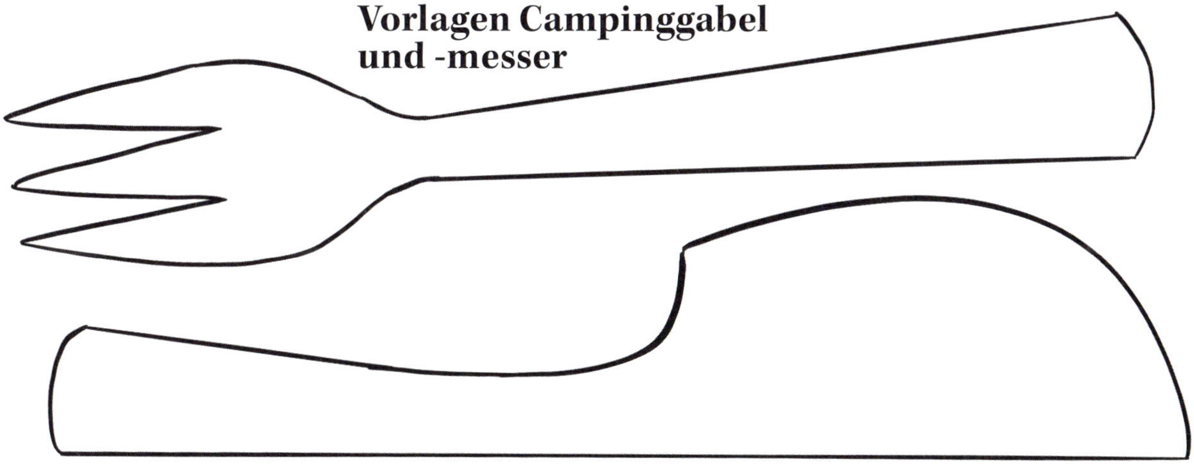

Hui-Maschine

Verwandeln Sie einen Stock (oder gleich zwei) in ein lustiges Spielzeug.
von Chris Lubkemann

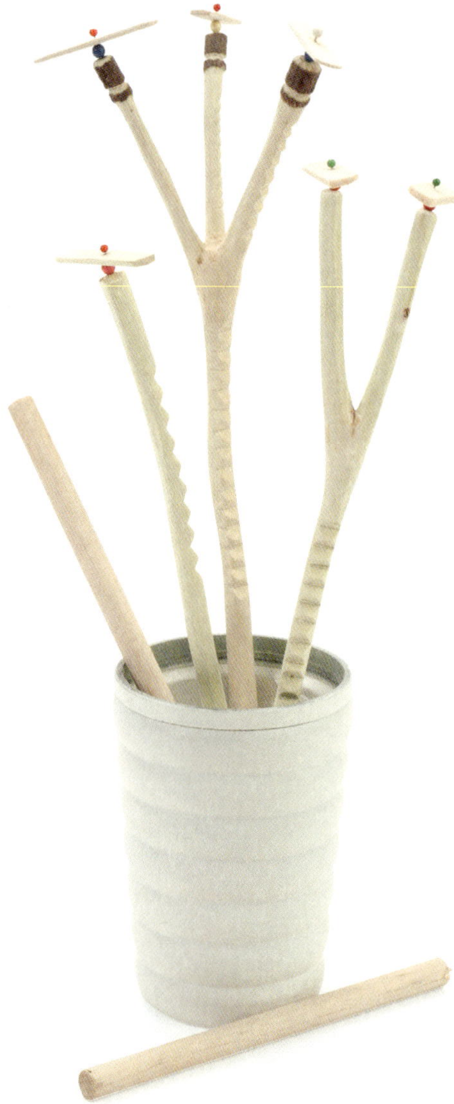

Dieses Zwirbelspielzeug hat in Teilen der Appalachen eine lange Geschichte. Oft ersinne ich Geschichten darüber, wie dieser kleine komische Apparat von den einheimischen Bergbewohnern wohl verwendet wird, aber ich denke, dass ich mir diese für meine Live-Schnitzshows aufspare. (Meine Frau schilt mich immer für einige der Bären, die ich den Menschen aufbinde!) Es genügt zu sagen, dass der Propeller sich in die eine Richtung dreht, wenn Sie den Stock mit der Einkerbung an einem anderen reiben und Daumen und Zeigefinger in einer bestimmten Position an dem Stock mit Kerbe halten. Auf Ihr Kommando dreht er sich plötzlich in die andere Richtung. Für eine anspruchsvollere Hui-Maschine können Sie einen gegabelten Ast verwenden und je einen Propeller an jedes Ende der Gabelung setzen. Sie müssen ein bisschen an den Propellerwinkeln tüfteln, damit sie gleichzeitig funktionieren.

MATERIAL

- gerader Stock oder Rundholz, Ø 10–13 mm, 200–255 mm lang
- gerader Stock, Ø 13–19 mm, 76 mm lang
- je ein kleiner Nagel oder eine kleine Schraube oder Stecknadel mit Glaskopf (Ø 3 mm) pro Gabel (dient als Beilagscheibe zwischen Propeller und Stock)
- bei Stecknadel mit Glaskopf je 1 Bastelperle (Ø 3 mm) pro Gabelung; dient als Beilagscheibe zwischen Propeller und Stock

WERKZEUG

- Messer

1

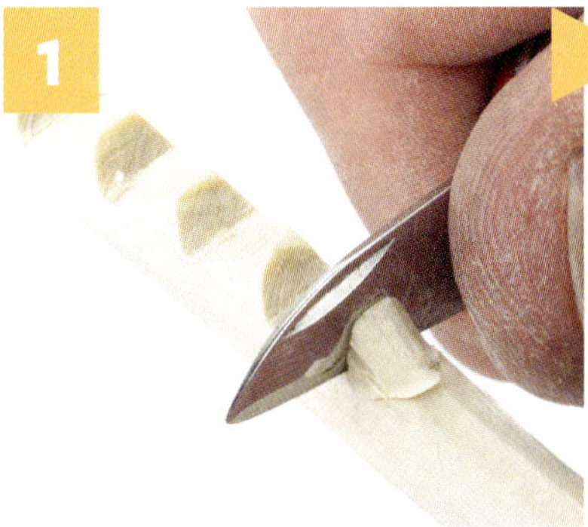

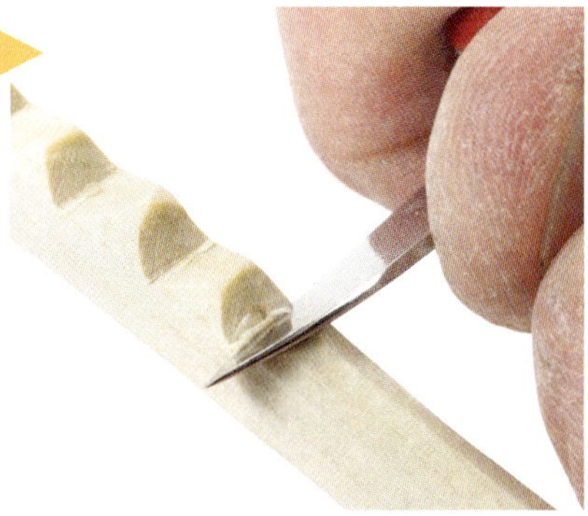

Den ersten Stock entrinden (feste Rinde kann auch dranbleiben). Überprüfen, dass ein Ende gerade und glatt abgeschnitten ist; dies wird die Seite mit dem Propeller. Das Messer dann im 45°-Winkel halten und einige V-Kerben in den Stock schnitzen. Sie sollen direkt nebeneinander liegen. Mindestens die halbe Stocklänge mit Kerben versehen.

2

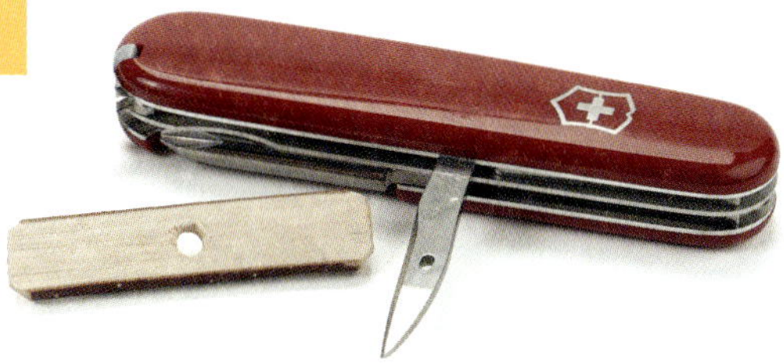

Eine dünne Scheibe (5 mm) aus der Mitte eines kürzeren Stocks für den Propeller schneiden. Die Enden abrunden. Ein kleines Loch in die Mitte des Propellers stechen oder bohren.

3

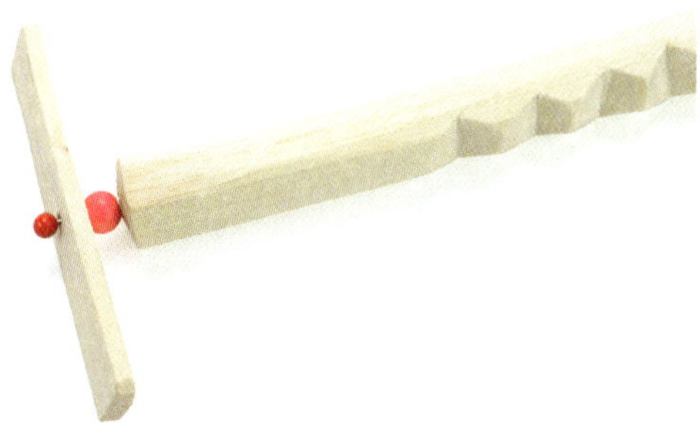

Eine Bastelperle neben dem Propeller auf die Stecknadel fädeln. Diese dann in das gerade Ende des geschnitzten Stabs drücken. (Nötigenfalls dazu ein Loch bohren.) Vielleicht müssen Sie sie ein wenig verbiegen, damit der Propeller sich frei dreht.

4

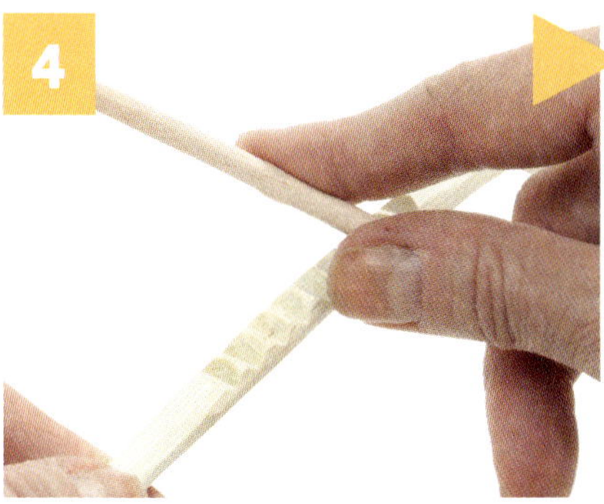

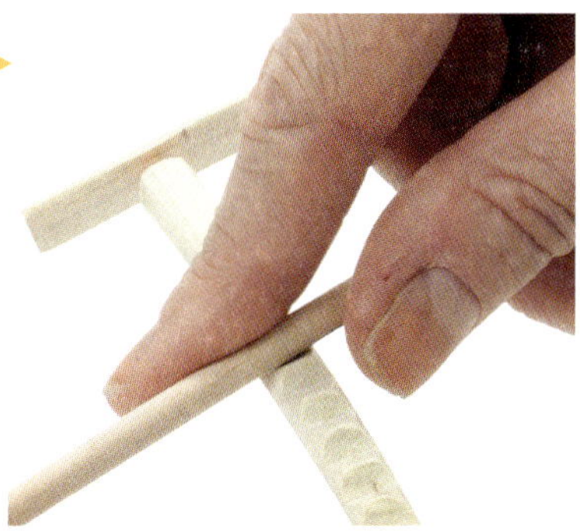

Einen zweiten dünnen Stab in die Hand nehmen und über die Kerben reiben. Experimentieren Sie mit der Fingerhaltung, bis der Propeller sich dreht. Schaffen Sie es, dass er die Richtung ändert?

So funktioniert's

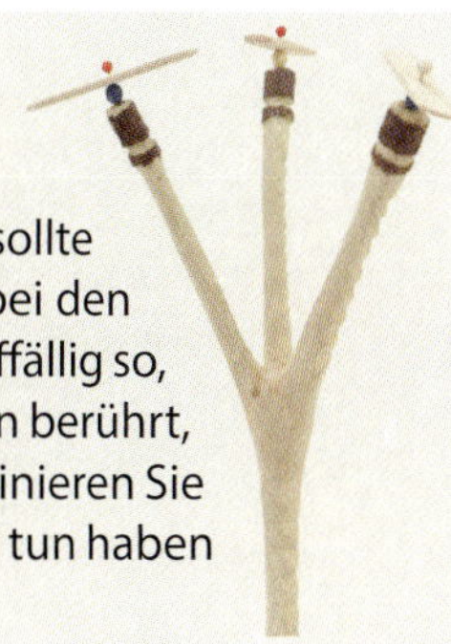

Den Stab zum Reiben in der dominanten Hand halten; der Zeigefinger ragt über eine Seite des Stabes, der Daumen unten über die andere. Zwischen Daumen und Zeigefinger sollte eine fingerbreite Lücke sein. Den Stab so über die Kerben reiben, dass der Daumen dabei den Propellerstab berührt. Der Propeller beginnt sich zu drehen. Bewegen Sie Ihre Hand unauffällig so, dass der Daumen sich ausklinkt und der Zeigefinger den Stab mit den Kerben beim Reiben berührt, und der Propeller ändert die Richtung. Üben Sie diese Bewegung ein bisschen und kombinieren Sie sie mit Stimmkommandos (die klarerweise absolut nichts mit den Richtungswechseln zu tun haben – aber unerlässlich für eine gute Geschichte sind!).

Sitzendes Eichhörnchen

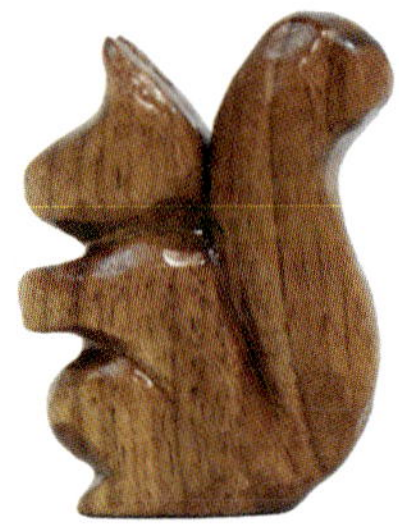

Schnitzen Sie ein süßes Gartentierchen in nur acht kurzen Schritten.
von Gene Messer

Einer meiner liebsten Zeitvertreibe ist es, die Vögel am Vogelhäuschen zu beobachten, während ich meine morgendliche Tasse Kaffee trinke. Die Eichhörnchen aus der Gegend machen bei diesem Spaß nur zu gern mit. Auch wenn die Vogelhäuschen „eichhörnchensicher" konzipiert wurden, schaffen diese schlauen Tierchen es immer wieder, an ein paar Körner zu kommen. Zu dieser schnellen Schnitzarbeit haben mich die Eichhörnchen inspiriert, die ich morgens dabei beobachte, wie sie an einer eben erbeuteten Nuss knabbern.

Vorbereitung

Die Vorlage mit Bleistift und Durchschreibpapier auf das Holz übertragen und dann mit einer Bandsäge ausschneiden. Prüfen Sie, ob Ihr Werkzeug scharf ist, bevor Sie mit dem Schnitzen beginnen, und halten Sie es durch regelmäßiges Abziehen scharf. **Anmerkung:** Tragen Sie immer einen Schnitzhandschuh und einen Daumenschutz. Die Fotos wurden ohne aufgenommen, um die Hand- und Messerpositionen klar darzustellen.

MATERIAL

- Graue Walnuss (Butternuss), 64 mm x 76 mm x 32 mm
- Durchschreibpapier
- Schleifpapier (verschiedene Körnungen)
- Staubbindetuch
- Oberflächenbehandlung Ihrer Wahl (ich habe seidenmatten Klarlack verwendet)

WERKZEUG

- Bandsäge
- Schnitzmesser
- Bleistift

Vorlage auf Seite 47.

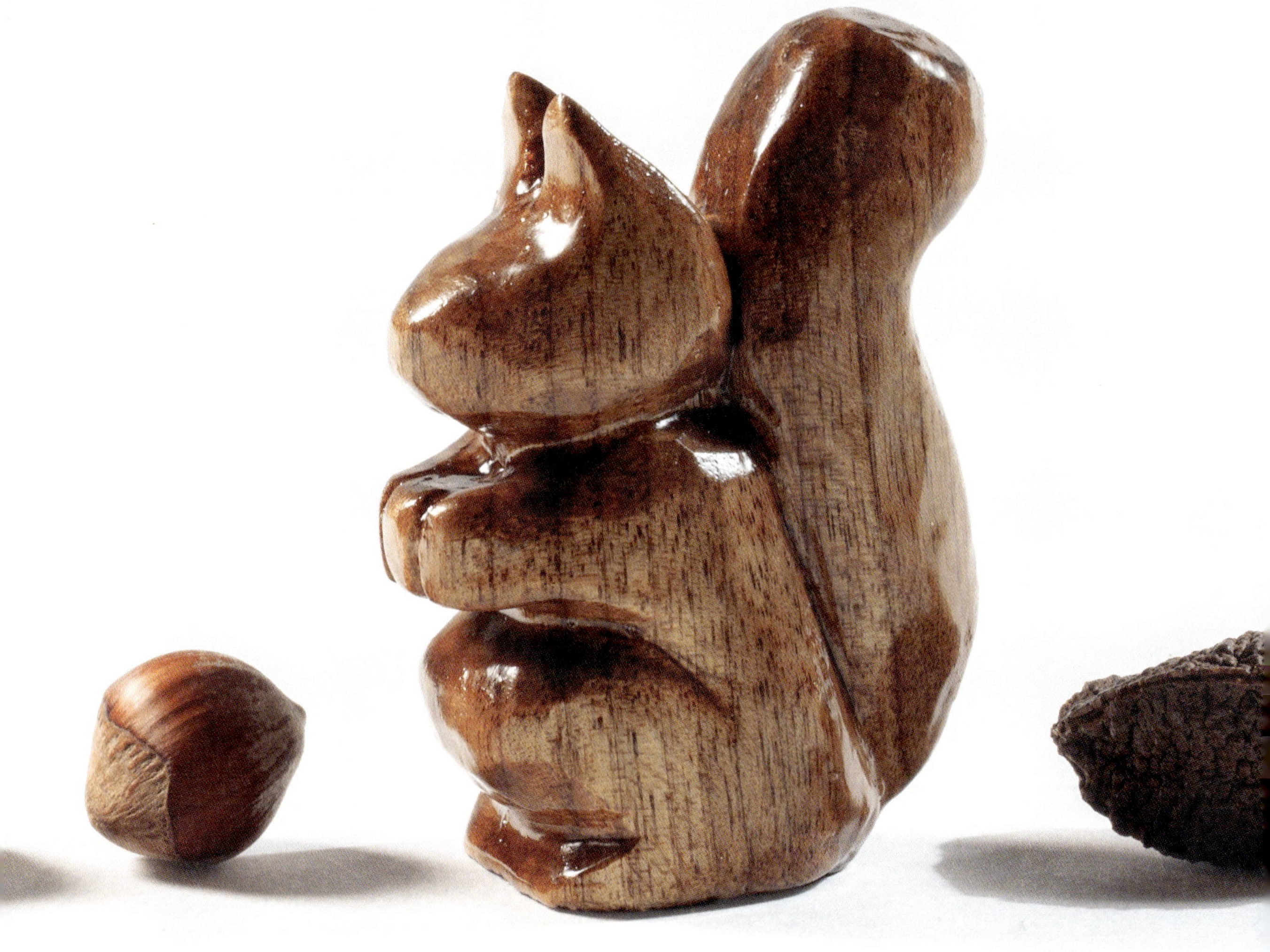

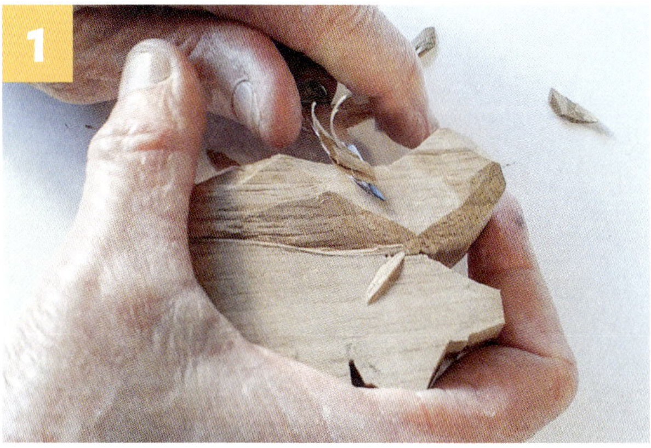

Den Schweif grob formen. Mit dem Schnitzmesser einen Stoppschnitt rund um den gesamten Schweif ausführen, um ihn vom Körper zu trennen. Dann eine Mittellinie den Schweif hinunterziehen und mit dem Messer das Holz von beiden Seiten der Linie aus gleichmäßig abtragen. Die Schweifunterseite zum Rumpf hin verjüngen.

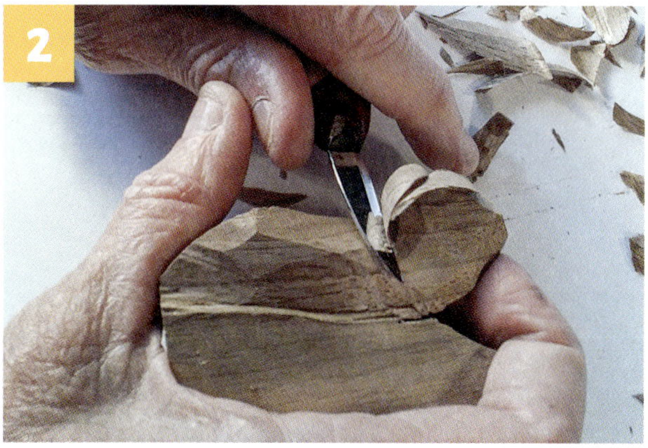

Den Schweif ausarbeiten. Mit dem Messer einen Stoppschnitt in der Rundung des Schweifs ausführen und dann zu dieser Linie hinauf- bzw. hinunterschnitzen. Die Schweifspitze abrunden und die gebogene Form akzentuieren. Oben mehr Holz stehen lassen, damit der Schweif buschig wirkt.

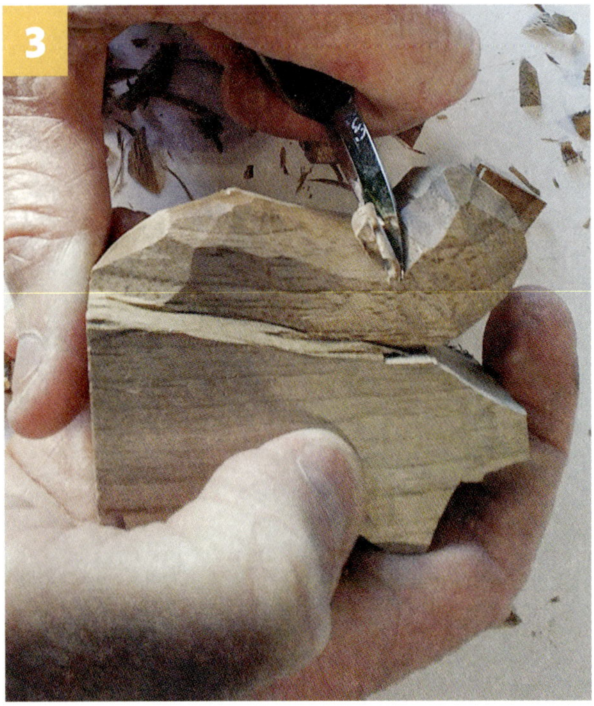

Weiter abrunden und formen. Mit dem Messer weiter von unten nach oben schnitzen, bis Ihnen die Form gefällt. Die Trennung zwischen Körper und Schweif vertiefen.

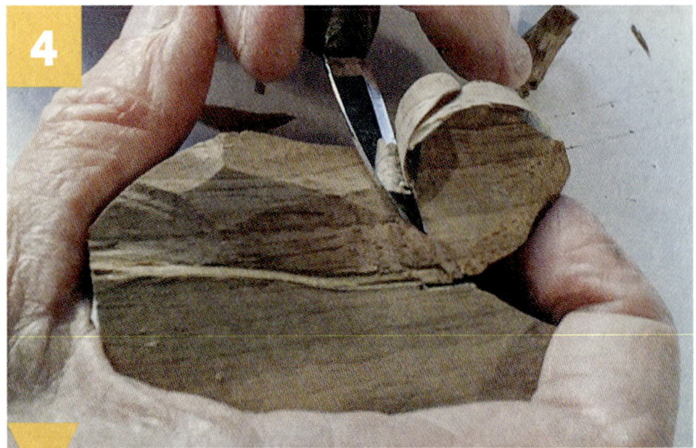

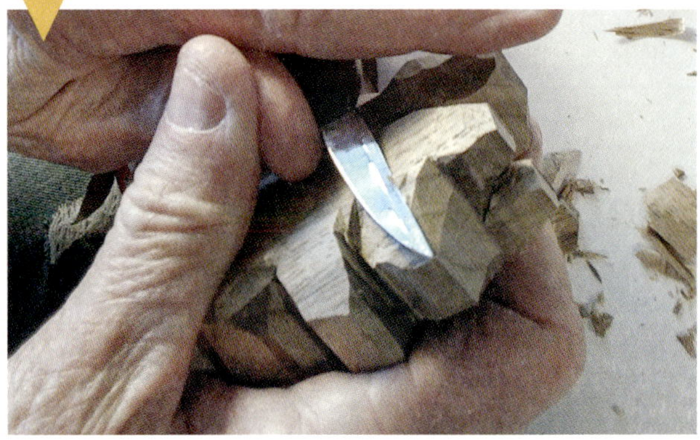

Den Körper zuschneiden. Mit dem Messer alle Kanten brechen. Dann die Seiten des Körpers zum Schweif hin abrunden. Einen Stoppschnitt entlang der Halslinie ausführen. Zu dieser Linie hinauf- bzw. hinunterschnitzen und so den Kopf vorsichtig runden.

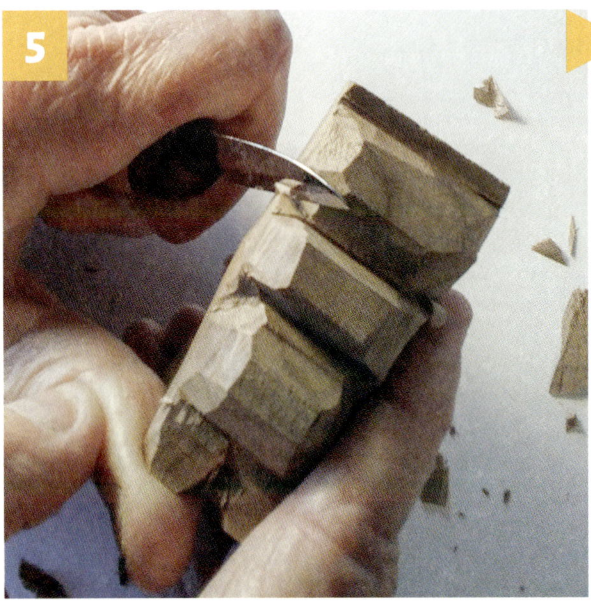

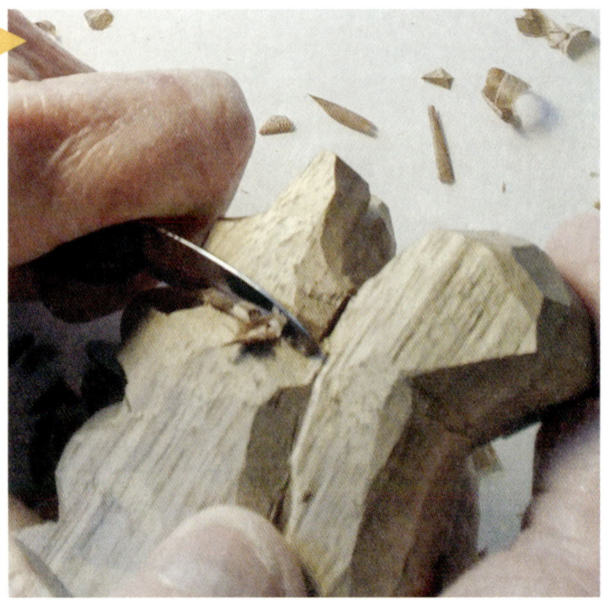

Die Arme trennen. Mit dem Messer zwei tiefe Stoppschnitte ausführen: einen unter dem Kinn und einen über dem Bauch. Die Linien mit V-Schnitten einschneiden, um die Armoberseiten vom Kopf und die Unterseiten vom Bauch zu trennen. Gerade tief genug schnitzen, um eine rundliche Form zu erhalten. Vorn genug Material für die Nuss in den Pfoten stehenlassen. Die Hände behutsam zu den Armen hin und die Arme zu den Schultern hin abrunden. Dann die Schultern zur Halslinie hin verjüngen und den Kopf rund in die Ohren fließen lassen.

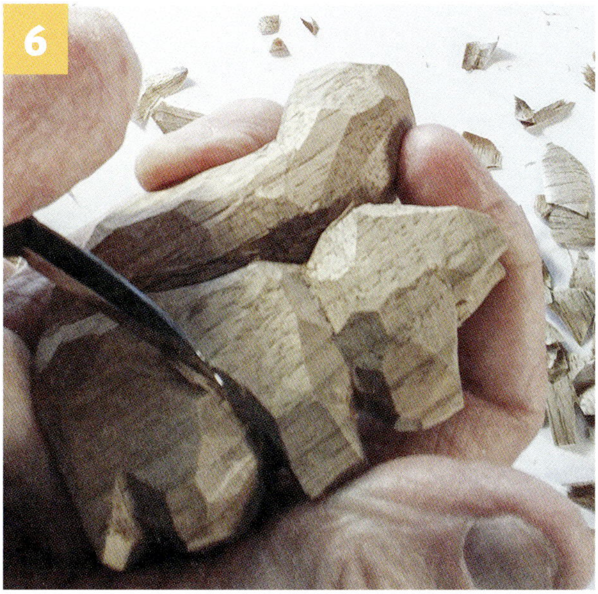

Den Bauch formen. Holz unter den Armen und Pfoten entfernen, um die Trennung zwischen Armen und Bauch zu vertiefen. Selbiges bei Bauchunterseite und Füßen vornehmen. Dann den Bauch mit dem Messer abrunden. Die Kanten der Füße brechen und behutsam zum Körper hin runden.

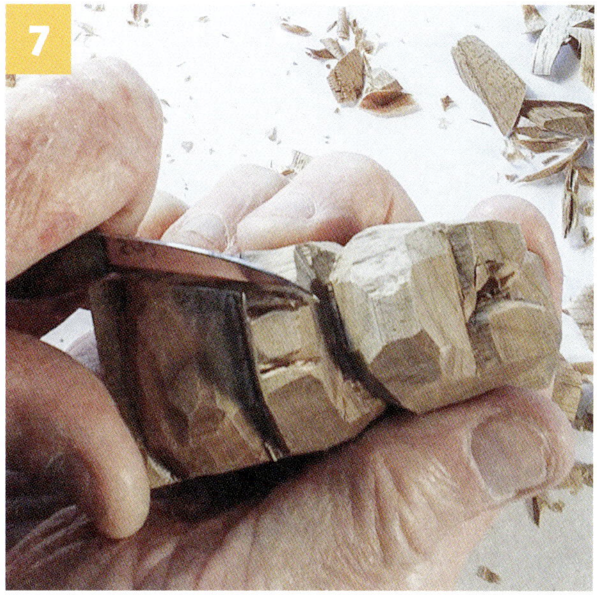

Die Ohren trennen. Einige V-Schnitte zwischen den Ohren ausführen, um sie zu trennen. Den Stoppschnitt an der Halslinie vertiefen und dann über und unter dieser Linie schnitzen. Die Ohrenvorderseite zur Stirn hin abrunden und die Bäckchen vorsichtig in Richtung Nase verjüngen. Die Schnitte glätten und das Gesicht zum Kopf hin abrunden. Zwei kleine Einschnitte zum Formen der Leckerei in den Pfoten ausführen.

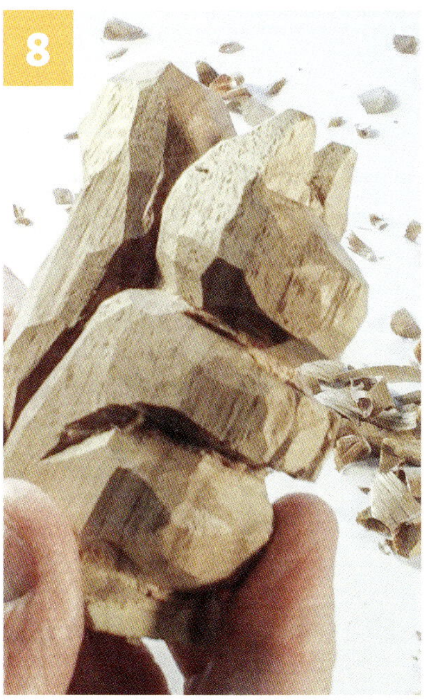

Die Pfoten formen. Die in Schritt 7 geschnittenen Linien für die Nuss oder eine kleine Frucht vorsichtig abrunden; dann die Pfoten abrunden, damit sie aussehen, als hielten sie die Leckerei. Mit der Messerspitze Material hinter den Pfoten und unter dem Kinn entfernen.

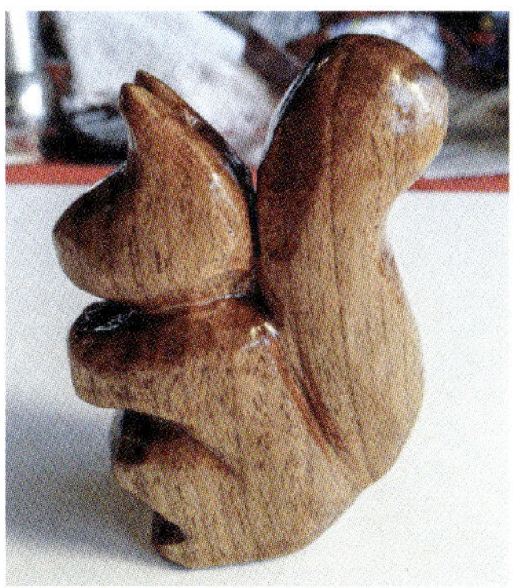

Oberflächenbehandlung

Die Schnitzarbeit für die Oberflächenbehandlung vorbereiten. Das Eichhörnchen leicht mit Schleifpapier (Körnung 220) glattschleifen. Staub mit einem Staubbindetuch entfernen, dann drei Schichten seidenmatten Klarlack auftragen und zwischen den einzelnen Schichten leicht anschleifen.

Vorlage Sitzendes Eichhörnchen

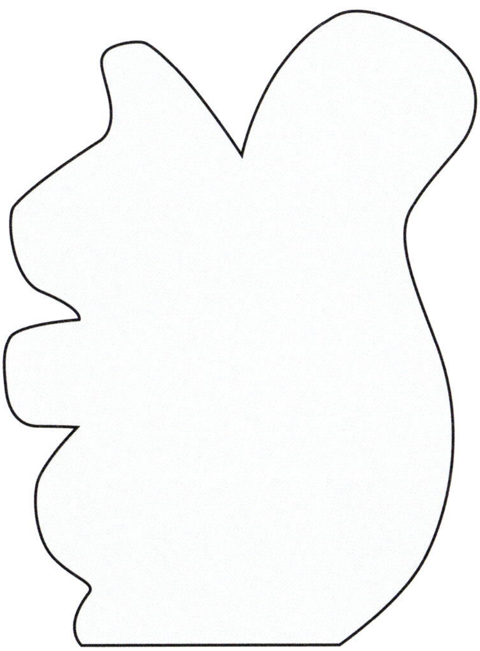

Mini-Einhorn

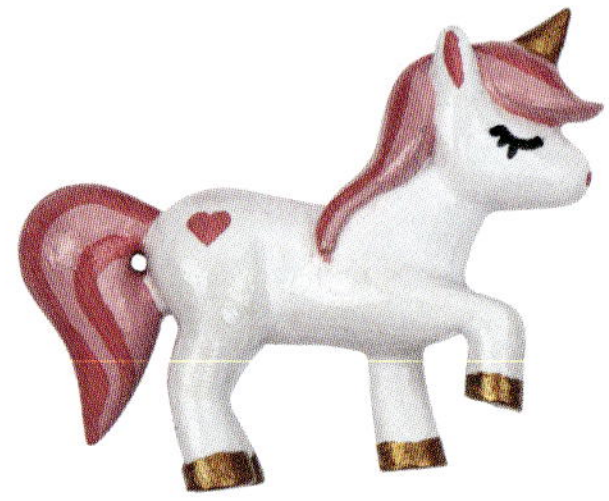

Dieses zierliche Projekt ist nach nur sieben Schritten fertig.
von Lieve Roelants

Für mich ist das Schnitzen ein bisschen wie Magie – Sie verwenden ein einfaches Werkzeug, um ein Ding in ein anderes zu verwandeln. Für noch mehr Magie habe ich ein Wesen entworfen, das auch in ein Märchen passen könnte. Es ist ein perfektes Projekt für Einsteiger, da es in nur einer Sitzung fertiggestellt werden kann. Schon bald werden Sie so viele Einhörner zaubern, dass sie Ihre gesamte Werkstatt bevölkern! **Anmerkung:** Tragen Sie beim Schnitzen immer einen Schutzhandschuh. Für besser sichtbare Hand- und Messerpositionen wurde er auf den Fotos weggelassen.

Vorbereitung

Die Vorlage kopieren und die Form mit längs durch den Körper laufender Maserungsrichtung auf den Rohling übertragen. (Sie können auch verschiebbaren Sprühkleber verwenden, wenn Sie möchten.) Dann mit einer Band-, Dekupier- oder Bogensäge zuschneiden.

MATERIAL

- Lindenholz, 40 mm x 60 mm x 19 mm
- verschiebbarer Sprühkleber (optional)
- Schleifpapier (verschiedene Körnungen bis 320)
- Acrylfarben
  - Schwarz
  - Messing
  - Rosa
  - Pink
  - Weiß
- Oberflächenbehandlung: glänzender Klarlack
- Staubbindetuch

WERKZEUG

- Bogen-, Band- oder Dekupiersäge
- Schnitzmesser
- Bohrer mit Aufsatz (2 mm)
- verschiedene kleine Pinsel
- Druckluftspray (optional)
- Stift

Vorlage auf Seite 50.

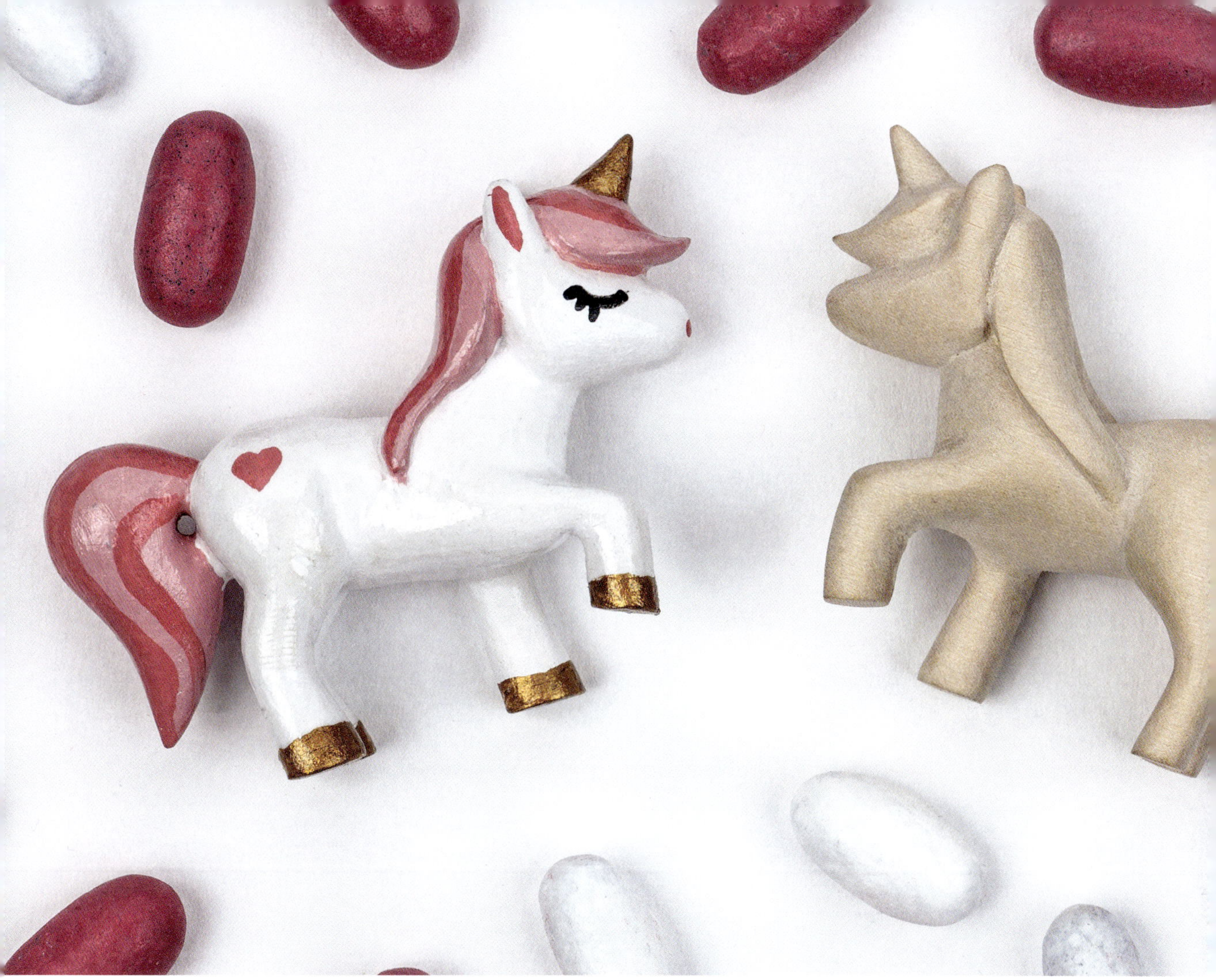

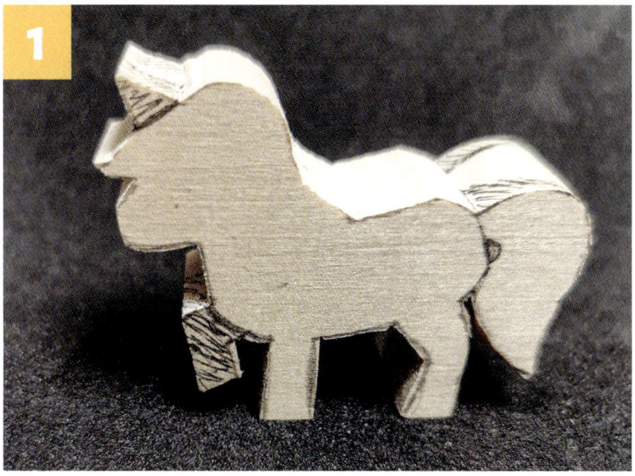

Den Rohling markieren. Mit einem Stift die Bereiche ausmalen, die Sie entfernen wollen – die Seiten des spitzen Horns, die Seiten des Schweifs, an jeder Seite ein Vorderbein und den Raum zwischen den Hinterbeinen. **Anmerkung:** Da sich das Einhorn gerade mitten in der Bewegung befindet, schnitzen Sie auf einer Seite das erhobene Bein und auf der anderen das stehende Bein weg.

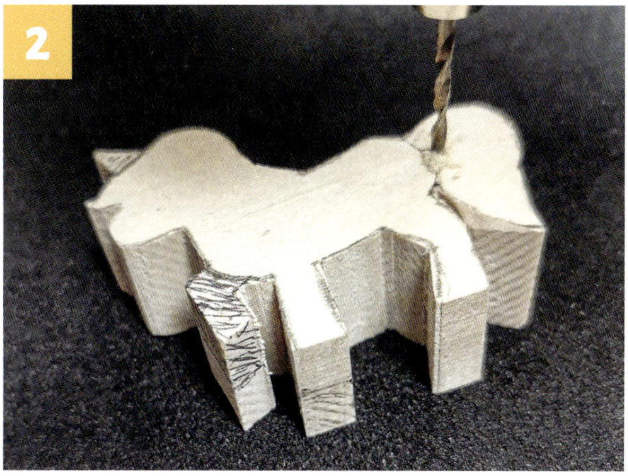

Das Loch zwischen Rumpf und Schweif bohren. Ich habe eine Kleinbohrmaschine verwendet.

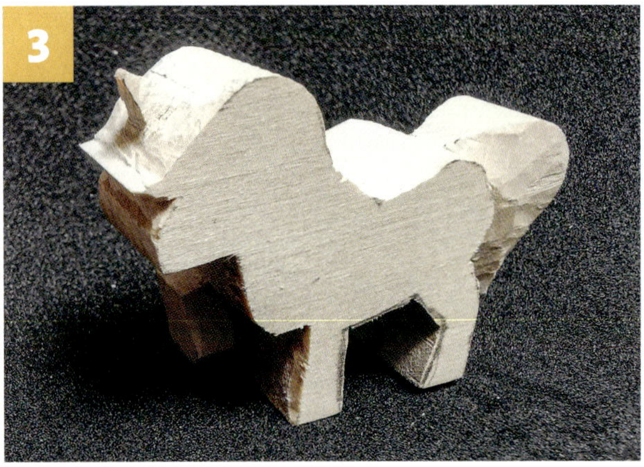

Die markierten Bereiche abtragen. Mit dem Schnitzmesser das Horn in Richtung Spitze verjüngen. Beim Schnitzen der Beine besondere Vorsicht walten lassen, da diese leicht abbrechen können.

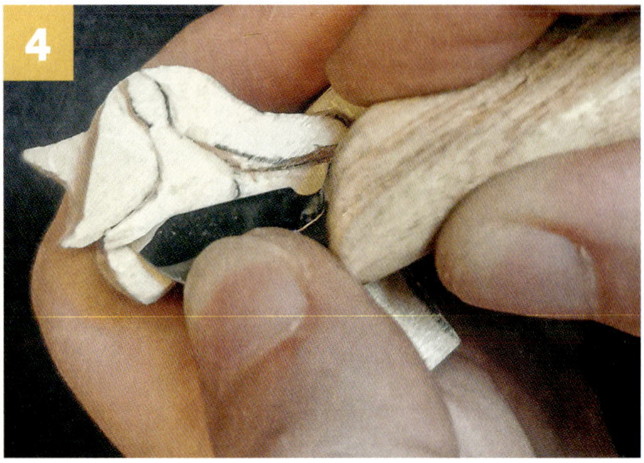

Mähne, Ohren und Kiefer anzeichnen. Diesen Linien dann mit Stoppschnitten folgen. Vom Gesicht zur Mähne schnitzen, damit diese hervorsteht. Von der Mähne zu den Ohren schnitzen und diese ausarbeiten. Dann vom Hals zum Kiefer schnitzen, um diesen auszuformen. Bei dieser heiklen Arbeit nur kleine Schnitte verwenden.

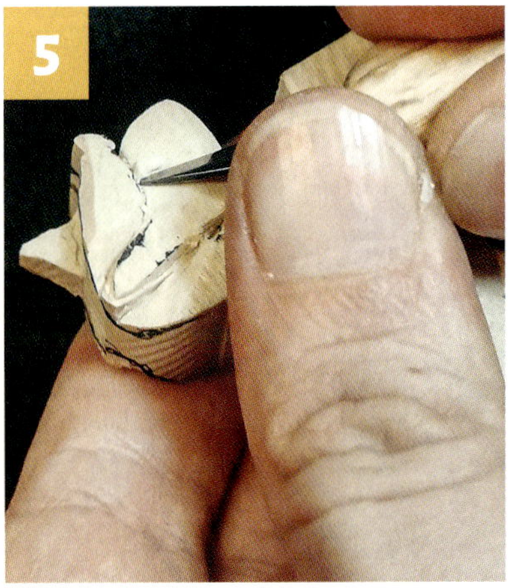

Die Details der Vorderseite ausarbeiten. Gesicht, Brust, Mähne und Horn ausarbeiten. Dann die Kruppe abrunden.

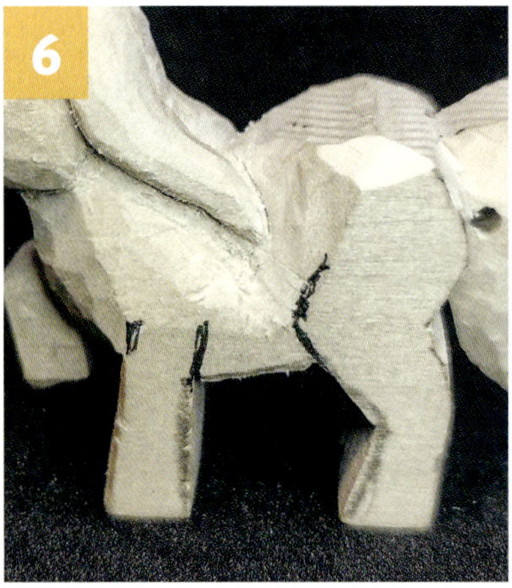

Die Oberschenkelpartie ausarbeiten. Die Linien markieren, wo die Beine sich vom Körper abheben, und diesen mit Stoppschnitten folgen. Dann vom Bauch aus in Richtung Stoppschnitte schnitzen, damit die Oberschenkelpartie hervorsteht.

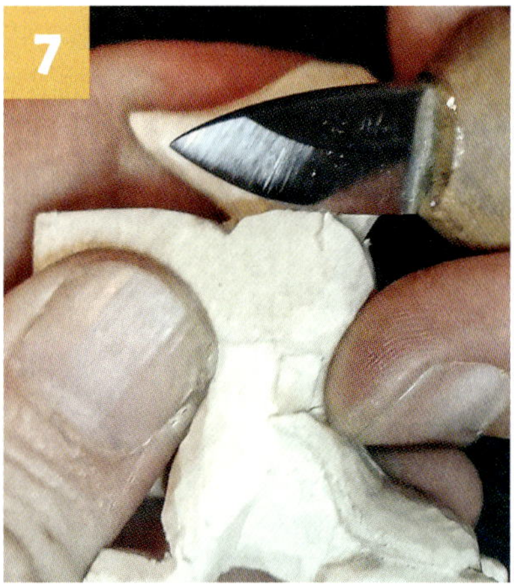

Beine, Rücken und Schweif verfeinern. Verleihen Sie dem Schweif Bewegung und Schwung, indem Sie ihn beinahe spitz zulaufen lassen. Mit sehr kleinen Schnitten weiterschnitzen, bis das gesamte Stück möglichst glatt ist.

Vorlage Mini-Einhorn

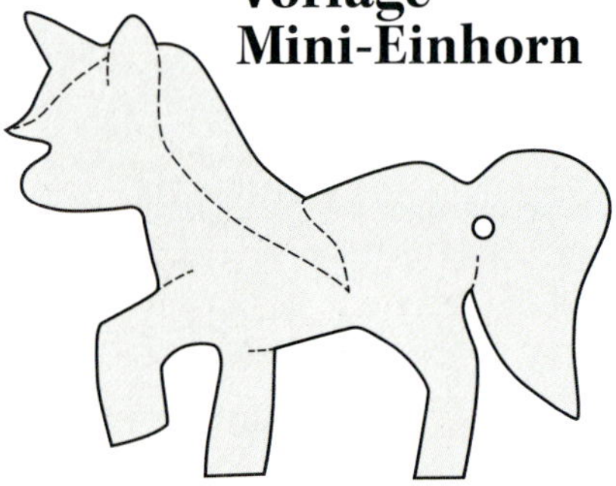

Tipp: Kleine Schnitzereien schleifen

Beim Schleifen kleinerer Schnitzarbeiten finde ich es nützlich, Schleifpapier in kleine Streifen zu schneiden (ca. 3–6 mm breit). Die Streifen aufrollen und an den engen Stellen verwenden. Die Korngrößen auf das Schleifpapier schreiben, um den Überblick zu behalten.

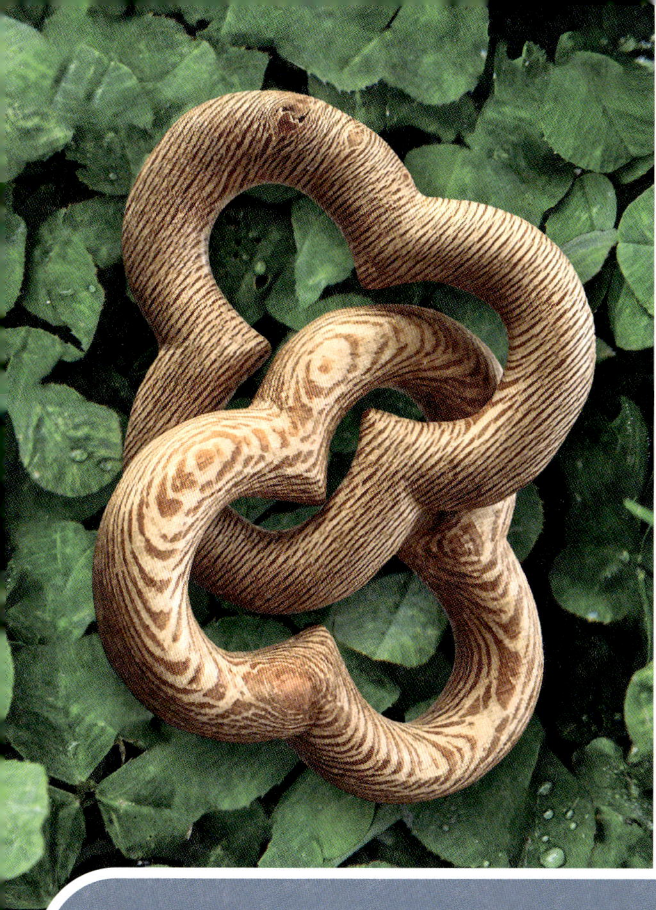
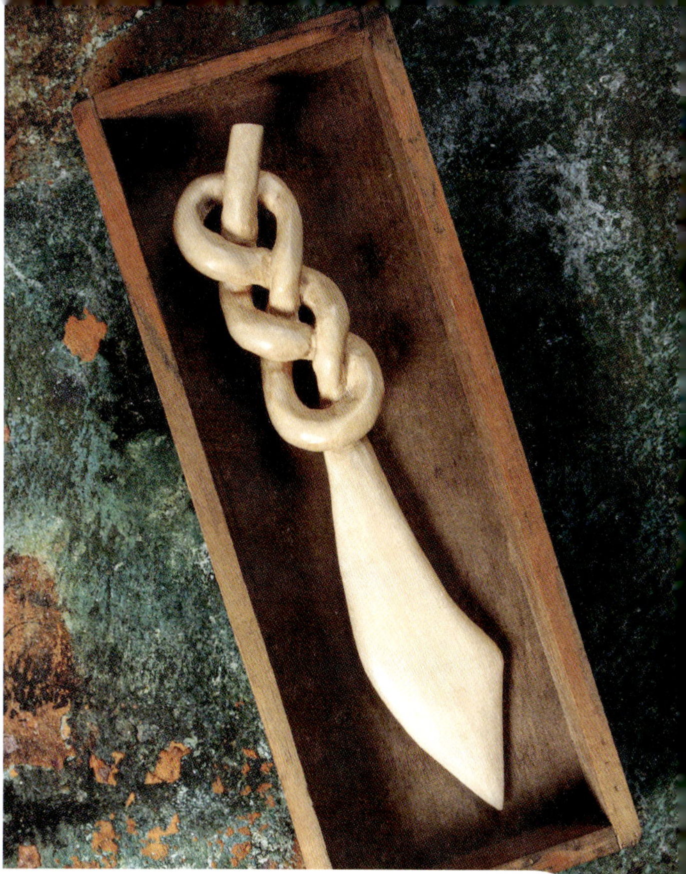

Mittelschwere Projekte

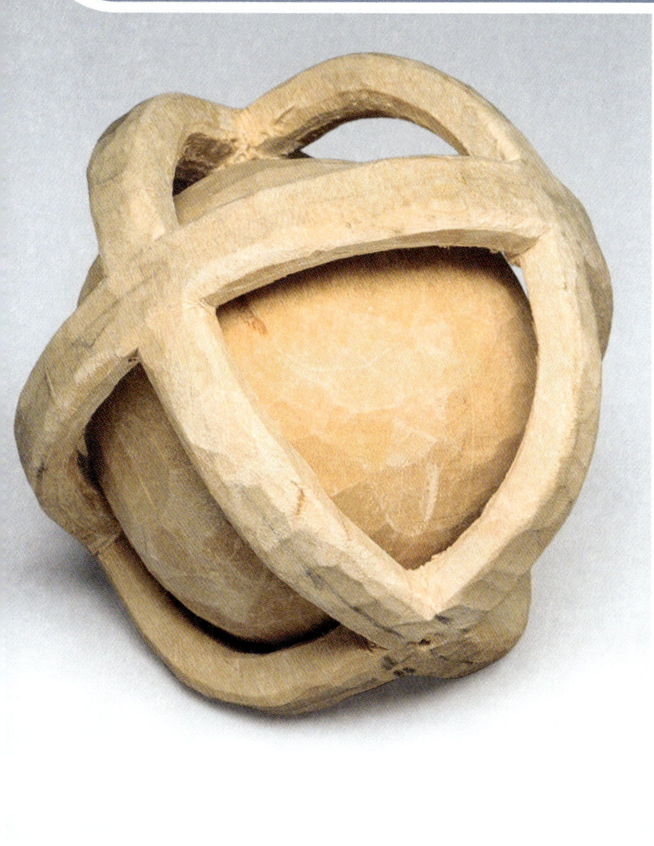
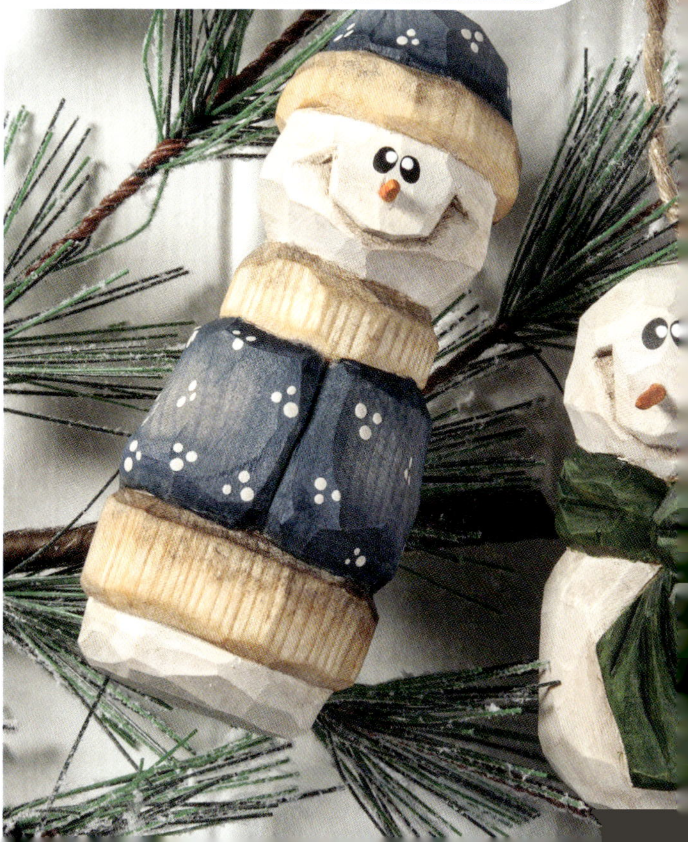

Eierigel

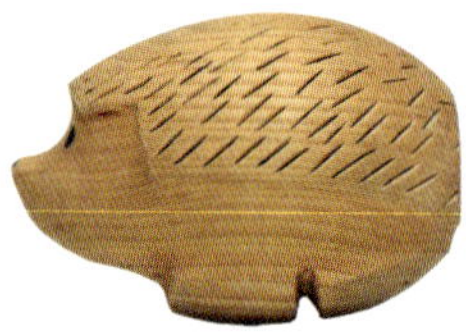

Handschmeicheltierchen lassen sich leicht mit Lindenholzeiern und einer einfachen Vorlage fertigen.
von Steven Kulp

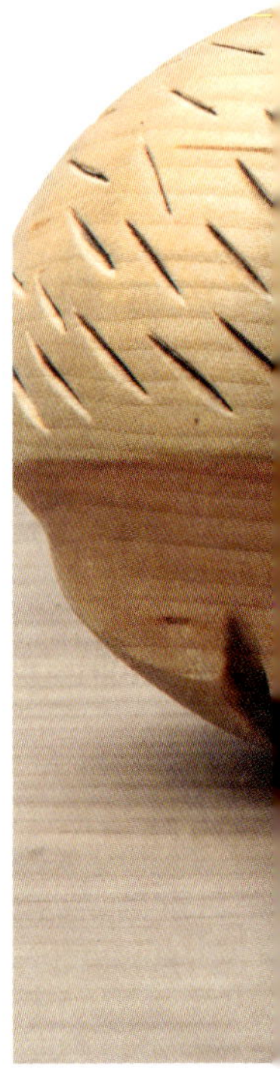

Lindenholzeier sind leicht in die Tasche oder den Rucksack gesteckt, und dieser Igel ist ein lustiger Zeitvertreib auf Wanderungen. Falls Sie kein Ei haben, schnitzen Sie einen Ast oder einen Holzrest oval zu und können schon loslegen.

Vorbereitung

Kaufen Sie ein Ei aus Linde oder Grauer Walnuss (Butternuss) zum Schnitzen; probieren Sie dies nicht mit billigen, gedrehten Eiern aus dem Bastelladen. Verwenden Sie einen Permanentstift, um einen Punkt auf die Spitze des Eies zu malen (Nase). Er wird der Referenzpunkt während des Schnitzens – nicht abwischen!

MATERIAL

- Holzei (Linde oder Graue Walnuss/Butternuss) in zum Schnitzen angenehmer Größe; ich habe eines in Hühnereigröße verwendet
- gekochtes Leinsamenöl
- Farbe: schwarz (optional)
- Perlen: 2 Stück, schwarz (optional)
- Superkleber (optional)

WERKZEUG

- Messer
- Permanentmarker schwarz mit feiner Spitze
- kleiner Bohrer (optional)
- Holzmalkolben (optional)
- Bleistift

Vorlage auf Seite 55.

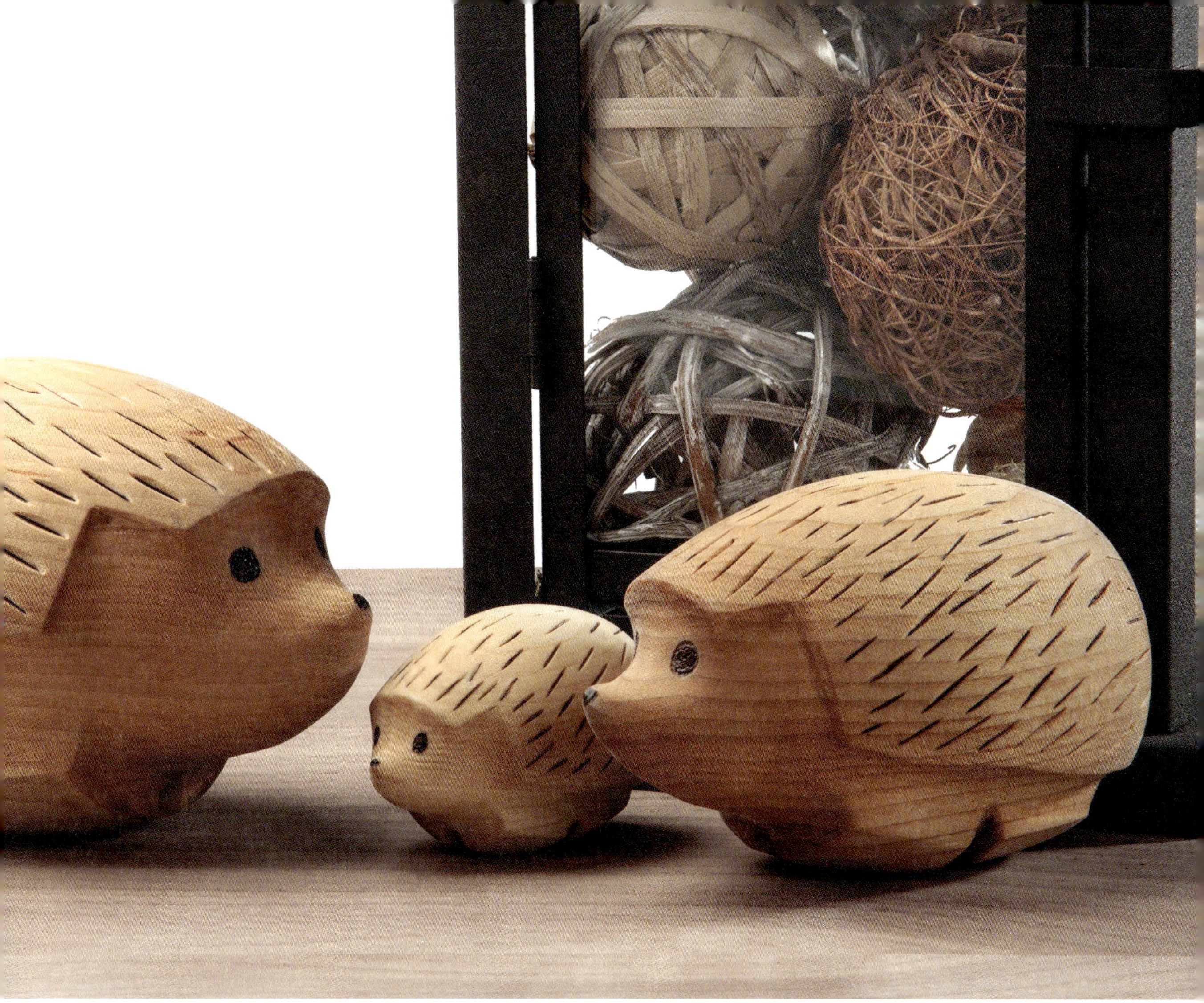

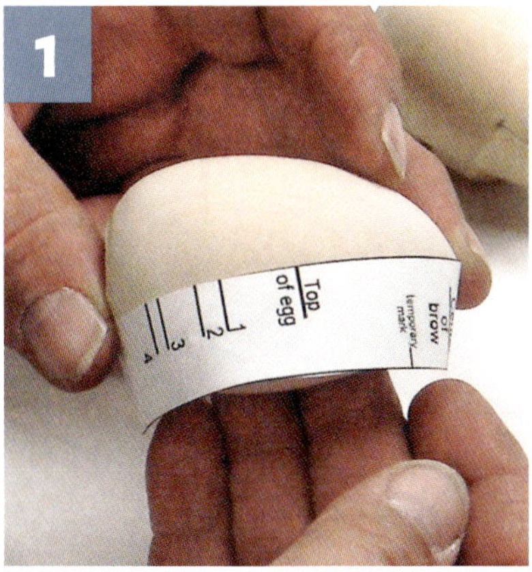

Eine Linie von der Spitze des Eies bis an den Rand der flachen Seite ziehen. Den Rand der Vorlage oder ein Stück Klebeband als biegsames Lineal benutzen. Die Linie stellt den unteren Rand des Stachelkleides des Igels dar.

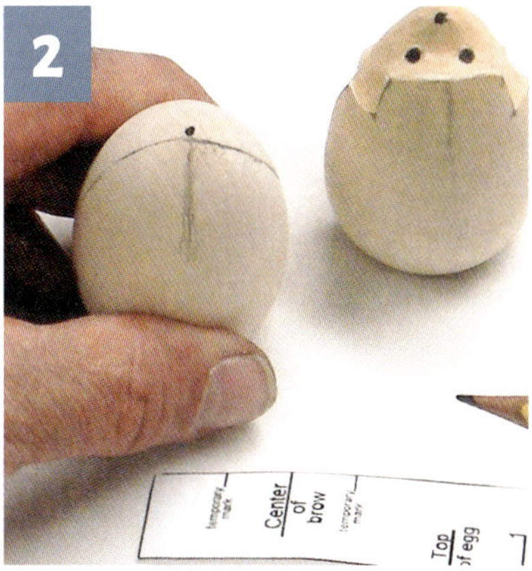

Auf der Eioberseite eine Mittellinie von der Nase bis zum Schwanz ziehen. Die Vorlage an dieser Linie ausrichten.

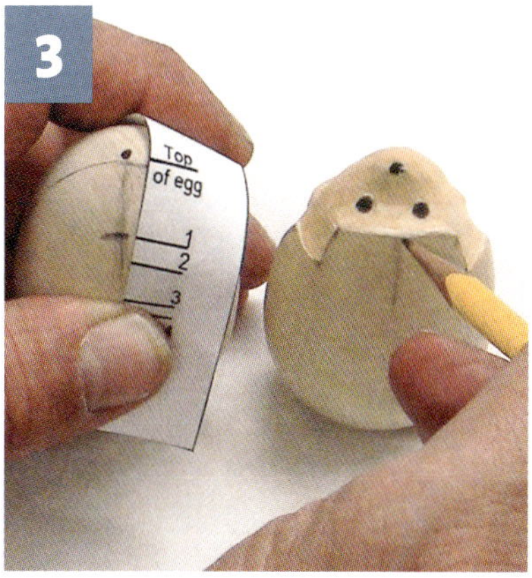

Die Markierung „Eioberseite" der Vorlage auf dem Nasenpunkt positionieren. Die Vorlage an der Mittellinie ausrichten und den Schnittpunkt von Linie 1 mit der Mittellinie markieren.

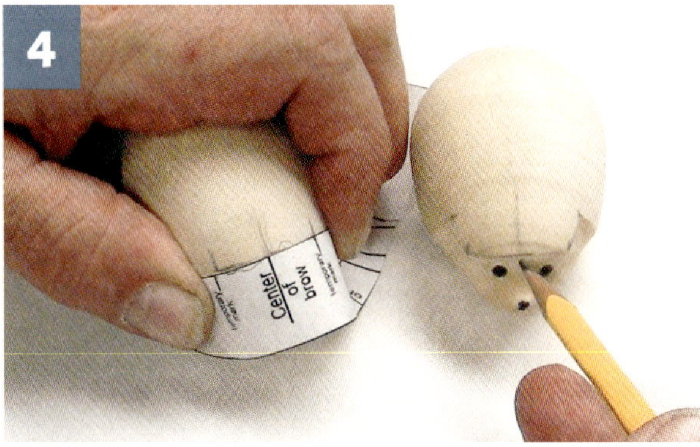

Die Markierung „Brauenmitte“ am Schnittpunkt von Linie 1 und Mittellinie ausrichten. Die Vorlage um 90° drehen, die beiden temporären Markierungen anzeichnen und eine Linie dazwischen ziehen.

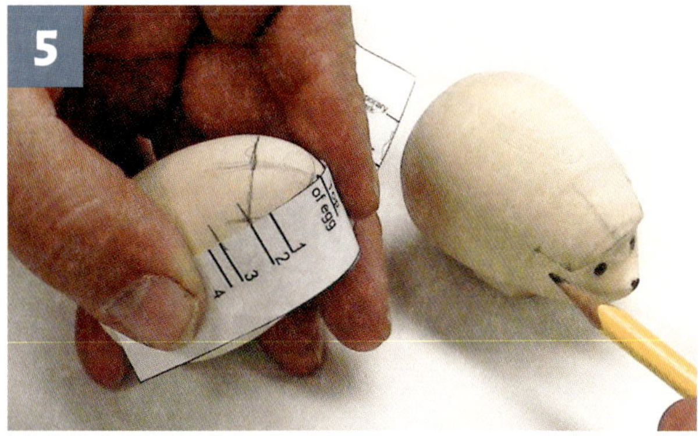

Die Markierung „Eioberseite“ auf dem Nasenpunkt positionieren. Den Rand der Vorlage an einer der temporären Markierungen aus Schritt 4 ausrichten. Linie 2 sollte damit übereinstimmen. Wenn nicht, prüfen Sie, ob Sie auf der anderen Seite ein bisschen danebenliegen. Evtl. adjustieren und an beiden Seiten entlang des Vorlagenrandes eine Linie von Linie 2 zu Linie 3 ziehen.

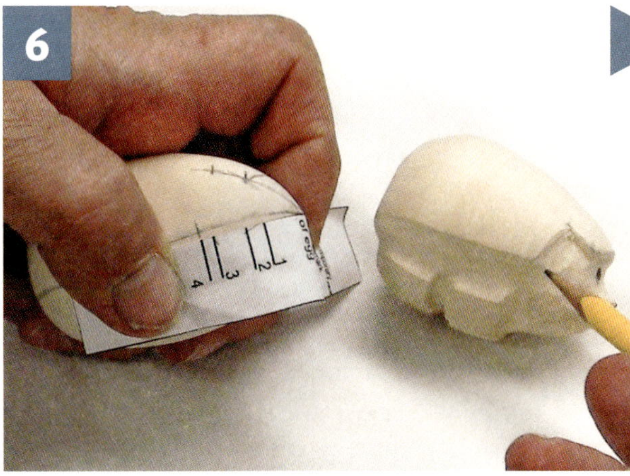

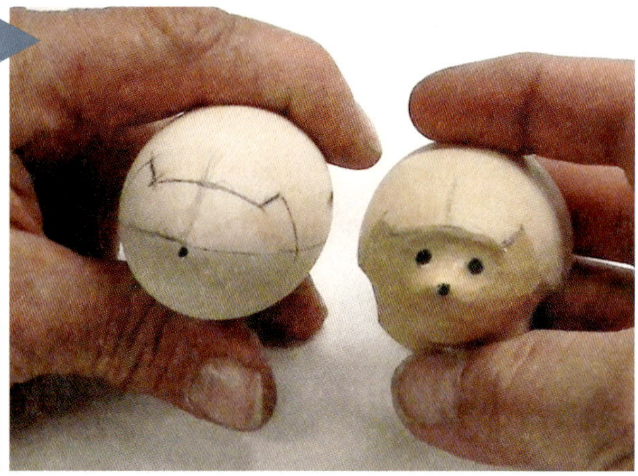

Die Markierung für die Eioberseite auf den Nasenpunkt legen. Die Vorlage am Rand des Igelfells ausrichten und auf beiden Seiten eine Markierung auf Linie 4 zeichnen. Für die Ohrrückseiten Linien zwischen Linie 3 und 4 ziehen.

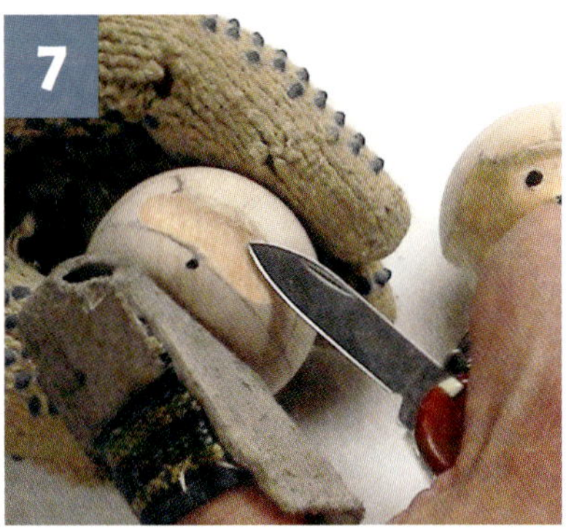

Von der Braue hinunter zum Nasenpunkt schnitzen. Mit einem wischenden Schnitt der Nase eine Hakenform verleihen. Den Punkt nicht wegschnitzen; wir brauchen ihn noch als Orientierungspunkt.

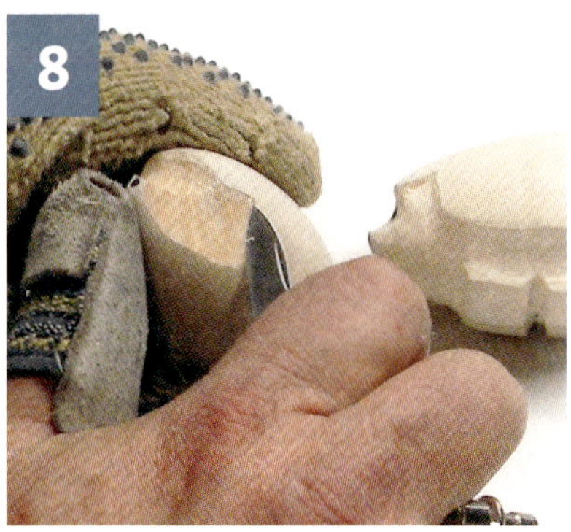

Auf beiden Seiten von der Ohrlinie in Richtung Nasenpunkt schnitzen. Eine V-förmige Kerbe auf der Linie gestalten und dann an beiden Seiten in Richtung Punkt schmaler schnitzen. Beide Seiten symmetrisch halten.

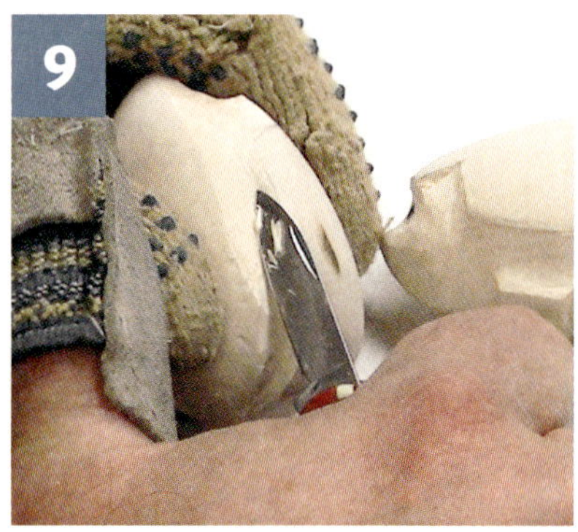

Das Holz unterhalb der Linie des Stachelkleides abtragen. Dies formt die Außenseite der Beine. Auf beiden Seiten gleich viel Holz entfernen, sonst kippt der Igel auf eine Seite (was schwer zu reparieren ist).

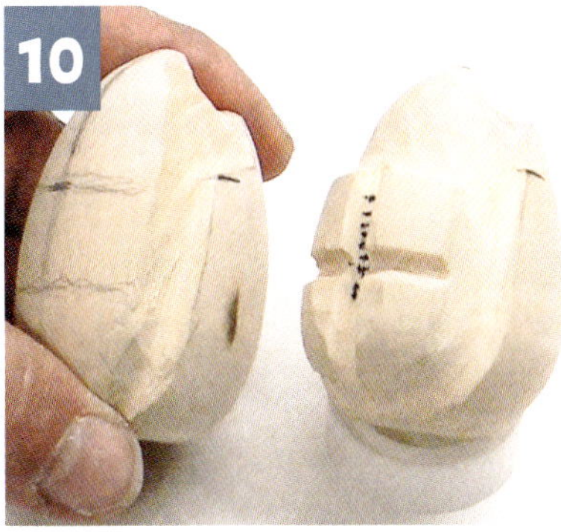

Eine Mittelline vom Nasenpunkt zur Mitte der Unterseite zeichnen. Dies markiert die Trennung der rechten und linken Beine. Kurz hinter den Ohrrückseiten eine Linie für die Fußvorderseite zeichnen. Eine weitere Linie in der Mitte zwischen Vorder- und Hinterfüßen zeichnen, um diese voneinander zu trennen.

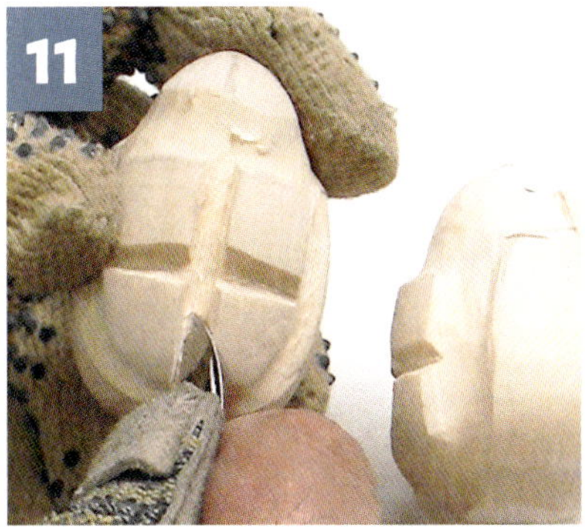

Von der Vorderbein- in Richtung Eivorderseite schnitzen. Zwischen die linken und rechten Beine sowie die Vorder- und Hinterbeine Rillen schnitzen. Üblicherweise mache ich die Kerbe zwischen den rechten und linken Beinen groß genug zum Signieren des Stückes.

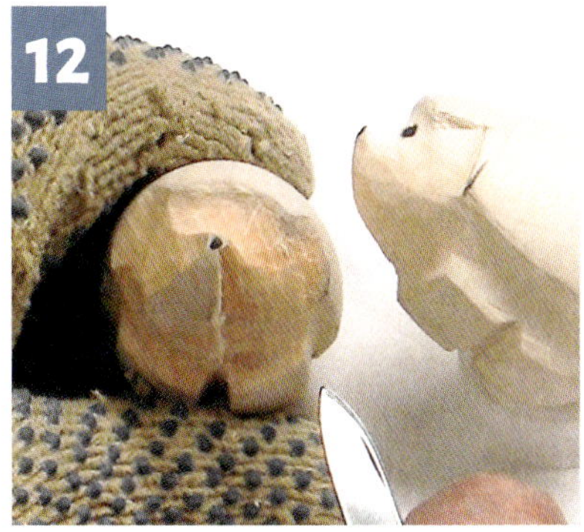

Das Holz vor den Vorderbeinen ausarbeiten. Der Eiform folgen und eine Rundung schnitzen. Den Rest der Schnitzerei um das Gesicht herum versäubern und abrunden.

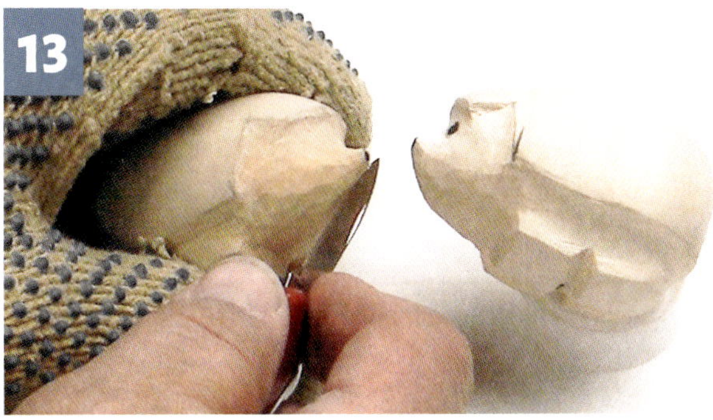

Von der unteren Rundung zur Eispitze schnitzen. Eine nach oben führende Wischbewegung gestalten, die den Eindruck erzeugt, der Igel würde herumschnüffeln. Die flache Stelle an der Eiunterseite abrunden und etwaige raue Stellen versäubern.

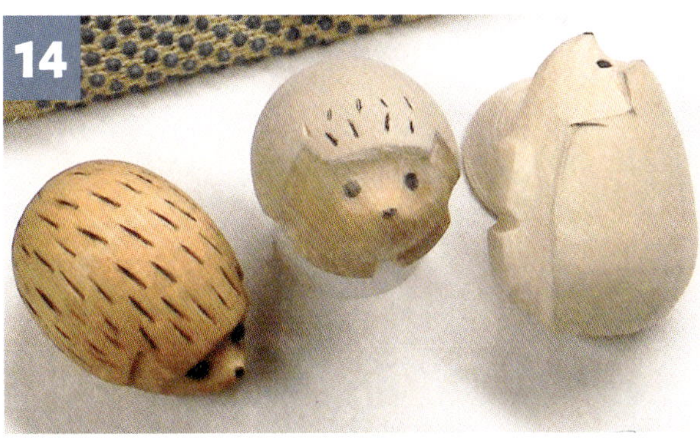

Die Details hinzufügen. Die Stacheln ausstechen, aufmalen oder brandmalen. Die Augen aufmalen oder brandmalen; sie befinden sich mittig zwischen dem Mittelpunkt des Gesichtes und der Brauenkante (etwas über der Nase). Die Nasenspitze mit Farbe oder einem Holzmalkolben schwärzen. Manchmal bohre ich ein kleines Loch und klebe mit Superkleber kleine Perlen für die Augen ein. Eine Schicht gekochtes Leinöl auftragen, um die Schnitzarbeit fertigzustellen.

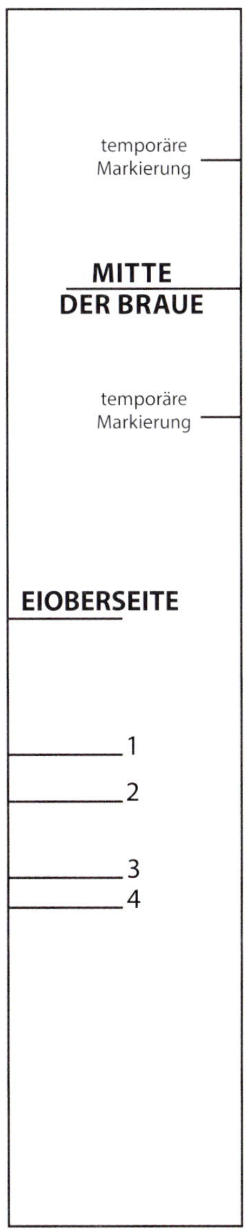

Tipp: Verwendung der Vorlage

Diese Vorlage ist für ein hühnereigroßes Ei gedacht. Dennoch aufgrund etwaiger Größenunterschiede prüfen, dass der Abstand zwischen der Vorlagenunterseite, neben das Ei gelegt (nicht darum gewickelt), bis zur Markierung für die „Eioberseite" der Länge von Eiunterseite bis -oberseite entspricht. Die Vorlage wie benötigt anpassen: Die Vorlage für ein Taubenei auf 76 % (50 mm) verringern, für ein Gänseei auf 115 % (76 mm) vergrößern. Dann die Vorlage wie beschrieben überprüfen und gegebenenfalls anpassen.

Ozark-Ansteck-nadel

Üben Sie das Schnitzen von Karikaturen mit diesem niedlichen Hutzelmännchen.
von Chris Morgan

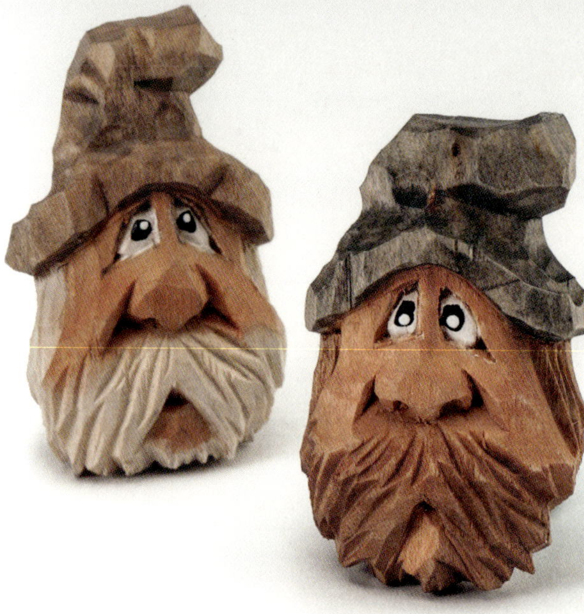

Ich mag seit jeher Pins, die Orte zeigen, die man besucht hat, oder Dinge, die man mag. Darum habe ich beschlossen, selbst einen einfachen Pin zu entwerfen. Da ich im Ozark-Hochland in den zentralen USA lebe, wollte ich einen Bergbewohner porträtieren. Ich habe nur mit einem Messer und einem kleinen Stück Holz eine Karikatur geschnitzt. Es ist ein lustiges Projekt, und Sie können Ihren eigenen Stil ausleben.

Den Anstecker schnitzen

Beim Auflegen der Vorlage darauf achten, dass die Maserung von oben nach unten verläuft; so lässt sich das Gesicht leichter schnitzen. Ich halte das Gesicht einfach, mit gerade genug Details für das Wichtigste. Das Holz ist gerade dick genug, um ein kleines Nasenprofil und einige plastische Elemente ins Gesicht zu schnitzen. Beim Ausarbeiten des Bartes mit dem Messer V-förmige, unregelmäßig wirkende Schnitte ausführen. Ich gestalte den Hut gern ausgebeult und abgenutzt, indem ich Knicke und Falten schnitze, wo nötig.

Die Anstecknadel bemalen

Ich bemale die Schnitzerei mit verdünnter Acrylfarbe. 1 Tropfen Farbe mit 2–3 Tropfen Wasser verdünnen, damit die Farbe recht dünn ist und man die Holzmaserung sehen kann. Ich befeuchte außerdem die Schnitzerei vor dem Bemalen mit Wasser, wodurch die Farbe gleichmäßig über die Arbeit fließen kann. Für das Gesicht mische ich rotes Eisenoxid und gelben Ocker zu gleichen Teilen. Für Highlights an den Wangen unverdünntes rotes Eisenoxid auftragen und in die noch feuchte Gesichtsfarbe mischen. Die Augen mit unverdünnter Farbe malen.

MATERIAL

- Lindenholz, 38 mm x 51 mm x 13 mm
- Acrylfarbe
  - rotes Eisenoxid (Gesicht)
  - gelber Ocker (Gesicht)
  - helles Braun (Hut)
  - gedecktes Weiß (Bart)
  - glänzendes Weiß (Augen)
  - glänzendes Schwarz (Pupillen)
- Anstecknadel
- Epoxidkleber

WERKZEUG

- (Mini-)Schnitzmesser für Details
- Pinsel

Vorlagen Ozark-Karikatur

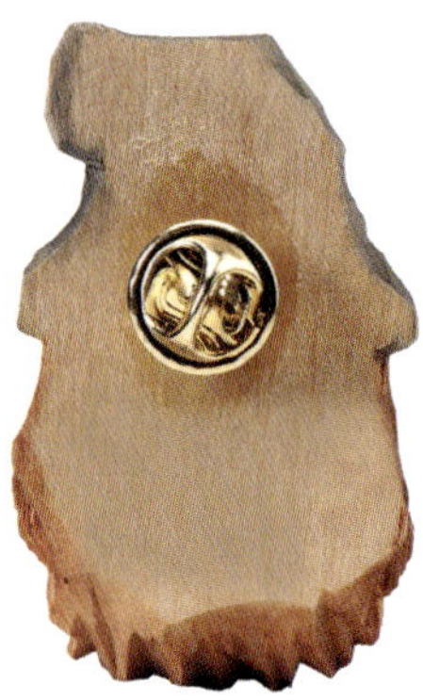

Nachdem die Farbe getrocknet ist, die Anstecknadel mit Epoxidharz ankleben.

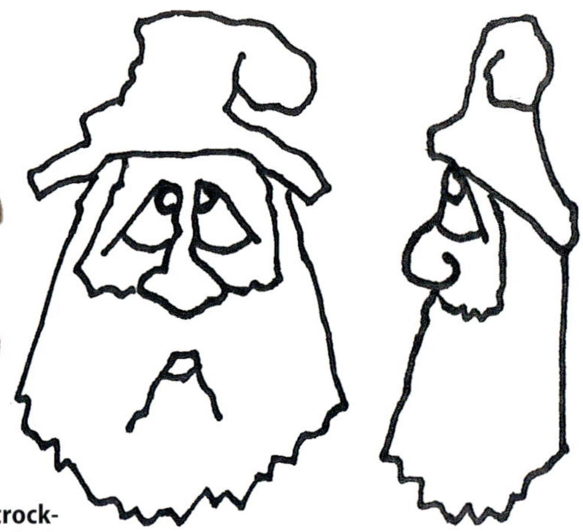

Kugel in der Kugel

Schnitzen Sie diese Neuinterpretation des Klassikers.
von Keith Randich

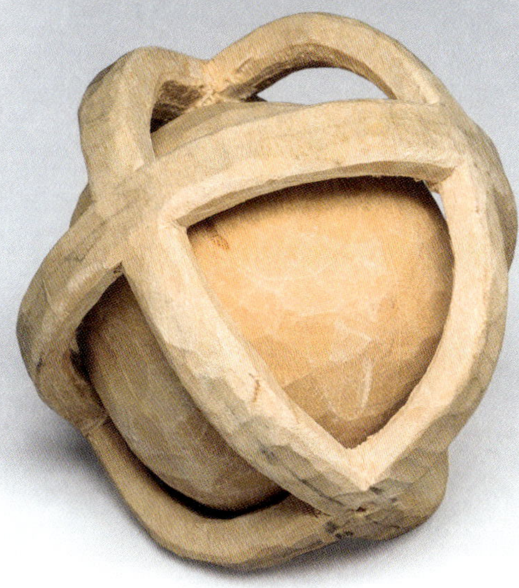

Man sieht heutzutage nicht mehr allzu viele Kugeln in der Kugel, Sie können also davon ausgehen, dass sich ein paar Köpfe nach diesem Stück umdrehen werden. Es ist nicht wirklich schwerer als die Kugel im Käfig – der Käfig ist bloß rund.

Schnitzarbeit

Zuerst müssen Sie eine Kugel schnitzen. Mit scharfer Klinge und einem Holzwürfel beginnen. Scharfe Kanten und Ecken rundherum entfernen. Dann die Ecken weiter entfernen, um der Rundung näher zu kommen.

Drei rechtwinklige Kreise rund um die Kugel zeichnen (für Kartografen: einen äquatorialen und zwei hemisphärische). Jede Linie nachzeichnen, sodass 1 cm breite Bänder entstehen. Sie stellen die Käfigstäbe dar.

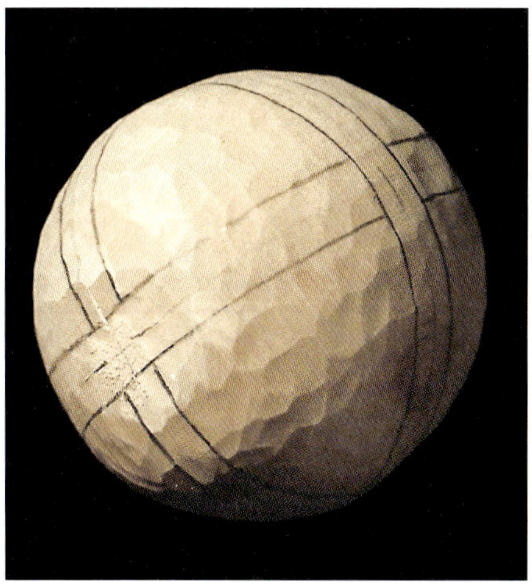

Die Fenster in diesem Käfig sind acht dreieckige Abschnitte. Erst nur wenig von jedem Fenster entnehmen, dann an der Freilegung der inneren Kugel arbeiten. Da die Fenster im Verhältnis zur inneren Kugel klein sind, muss man nicht so besorgt sein, die Kugel so groß wie möglich zu halten, wie es bei der traditionellen Kugel im Käfig der Fall ist. Außerdem hat die Breite der Stäbe eine direkte Auswirkung auf ihre Stärke. Bedenken Sie jedoch, dass die innere Kugel sich umso leichter befreien und rund schnitzen lässt, je dünner die Stäbe sind. Für mich funktionieren 10 mm breite und 6 mm dicke Stäbe bei einer Kugel von 50 mm gut.

Flache Stoppschnitte auf die Linien schnitzen und dann das Holz in jedem Fenster in der gleichen Tiefe abtragen. Ist die gewünschte Dicke für den Stab erreicht, nur mit der Messerspitze von der Seite darunter schnitzen, bis er von der Kugel getrennt ist. Weiterschnitzen und Material unter den Stäben abtragen, bis die innere Kugel vollständig gelöst ist. (Das wird ein Ereignis, glauben Sie mir!)

Die innere Kugel durch die Fenster hindurch perfekt rund formen. Sind Sie damit zufrieden, versäubern Sie die Stäbe und den Rest der äußeren Kugel. Das war's – Sie haben eine Kugel in der Kugel geschnitzt!

MATERIAL
- Lindenholz, Würfel 50 mm x 50 mm x 50 mm

WERKZEUG
- Bleistift
- Messer

Grünholz-pfeifchen

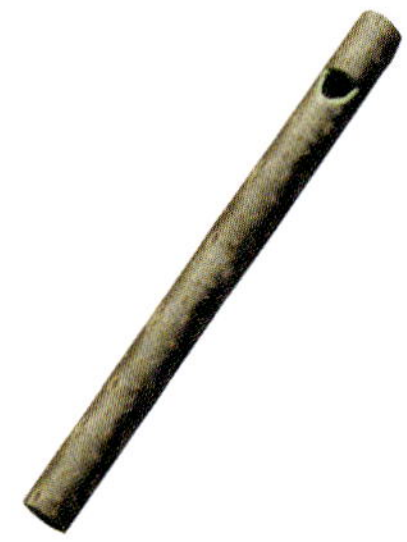

Dieser Kinderliebling ist schnell, einfach und wirklich richtig laut.
von Andrew Thomas-Price

Diese Pfeifen sind so simpel, dass jeder sie schnitzen kann. Man braucht nur einen frischen grünen Zweig, ein scharfes Messer und ein bisschen Übung. Ich erhalte immer noch Hassbriefe von Eltern und Lehrern, deren Kindern ich gezeigt habe, wie man diese hübschen Pfeifchen herstellt – weil sie unglaublich laut sind. Sie sind so laut, dass man sie im Notfall verwenden kann, um von potenziellen Rettern gehört zu werden. (Falls Sie je in eine solche Lage geraten sollten: Das internationale Notsignal sind sechs schnell aufeinanderfolgende Pfiffe).

Diese Pfeifenart wird in einigen Ländern, darunter Großbritannien, auch als Maipfeifchen bezeichnet, weil sie traditionellerweise am 1. Mai gefertigt werden. Vor allem in Cornwall und Wales scheint das bis heute weit verbreitet zu sein.

Vorbereitung

Die Pfeifen können aus Bergahorn, Weide, Esche oder Ahorn geschnitzt werden. Mir ist Bergahorn am liebsten, weil die Rinde sich in einem Stück abziehen lässt. Die besten und geradesten Zweige findet man bei Nachwuchs – insbesondere in Hecken oder an Orten, wo Bergahorn zurückgeschnitten wurde.

Diese Technik funktioniert nur mit im Frühling und Sommer geschnittenen, frischen grünen Zweigen, nicht jedoch im Winter (bzw. bei trockenem Holz), weil dann nicht genügend Pflanzensaft vorhanden ist, der ein Abziehen der Rinde ohne Splittern erlaubt.

Wahl des Zweiges

Versuchen Sie nicht, einen Zweig für Ihre Pfeife zu finden, indem Sie den Waldboden absuchen. Schauen Sie hinauf – die Bäume lassen sich am besten nach ihrem Blattwerk bestimmen. Hier sehen Sie die Blätter der Bäume, die gut für Grünholzpfeifchen geeignet sind.

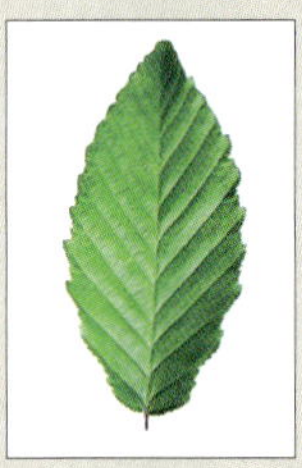

Erle

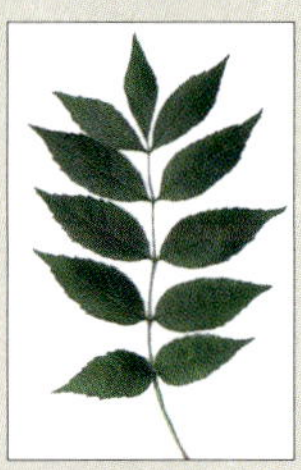

Esche

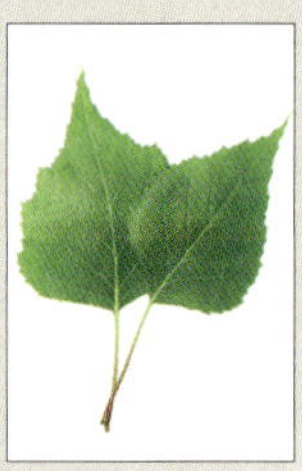

Birke

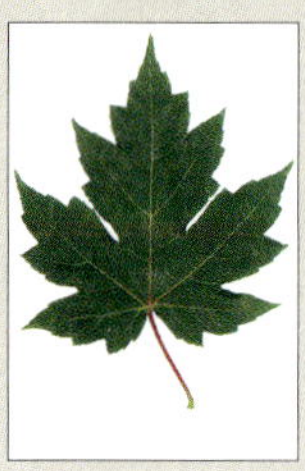

Ahorn

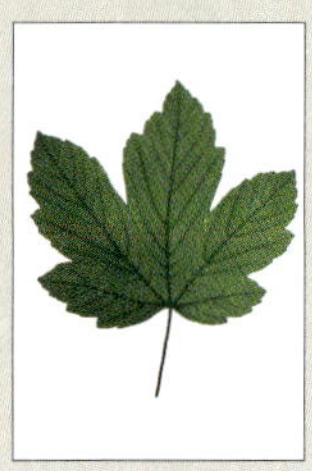

Bergahorn

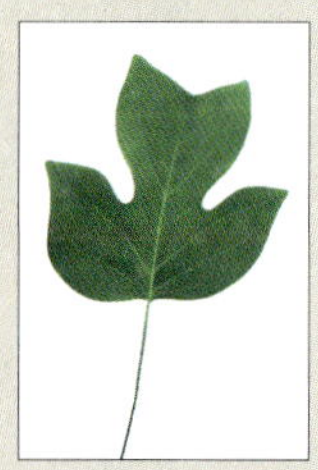

Amerikanischer Tulpenbaum

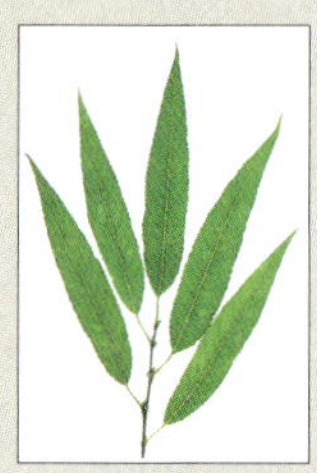

Weide

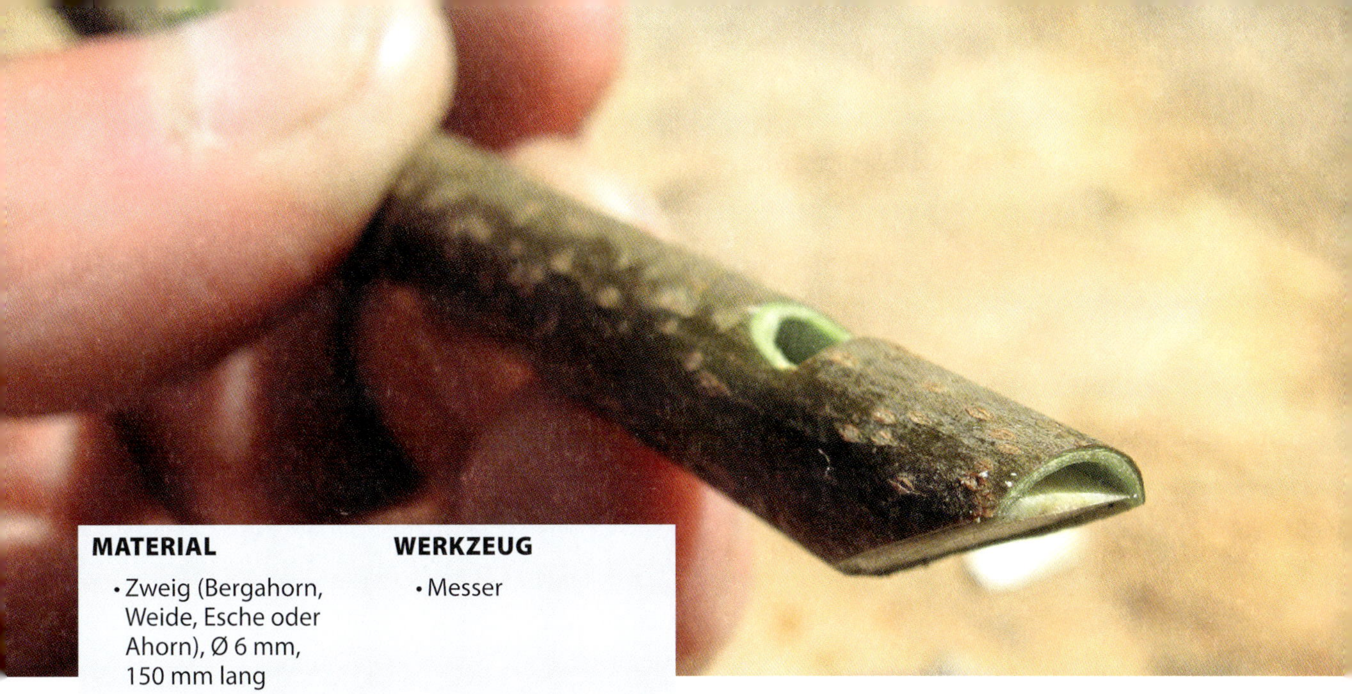

MATERIAL

- Zweig (Bergahorn, Weide, Esche oder Ahorn), Ø 6 mm, 150 mm lang

WERKZEUG

- Messer

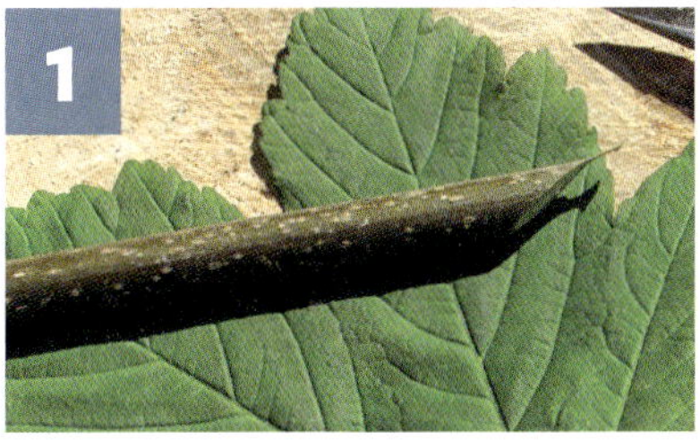

Einen etwa bleistiftdicken, 150 mm langen, geraden Holztrieb suchen. Möglichst nah am Boden abschneiden. Dies fördert künftiges Wachstum für die Pfeifenherstellung. An diesem Stück einen Bereich zwischen Astknospen suchen. Mit einem scharfen Messer direkt unter einer Knospe schräg schneiden. Die Schräge wird das Mundstück.

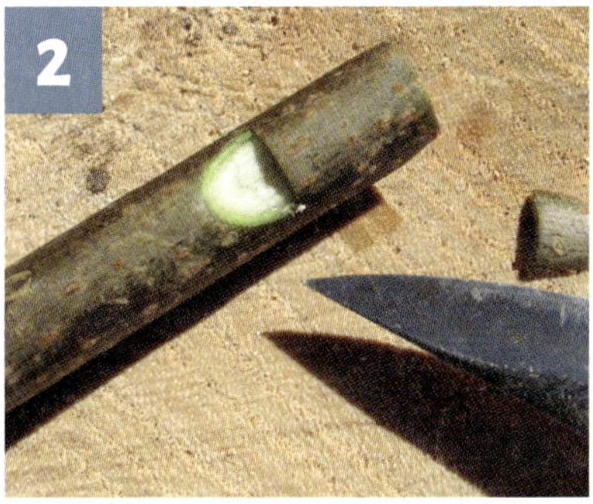

Eine Kerbe oben in die Pfeife schnitzen. Hier entweicht der Ton. Nehmen Sie sich Zeit; die Kerbe sollte nicht zu groß werden, da die Pfeife sonst nicht funktioniert. Das gerade Ende der Kerbe sollte tief genug sein, dass es das darunterliegende Holz des Zweiges einkerbt.

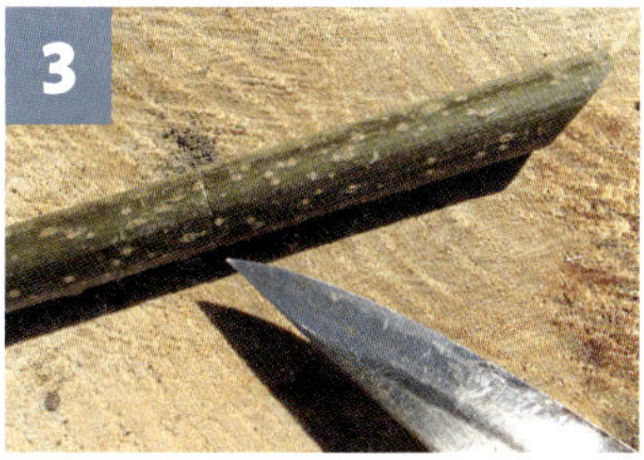

Den Zweig auf eine feste Oberfläche legen und die Rinde rundherum einschneiden. Dies etwa 40 mm vom Mundstück aus vornehmen. Mit dem Messergriff behutsam, aber fest auf die Oberfläche der Rinde klopfen. Dies beschädigt tieferliegende Rindenschichten (Kambium), wodurch diese sich lösen. Nehmen Sie sich die Zeit, die gesamte Oberfläche abzuklopfen.

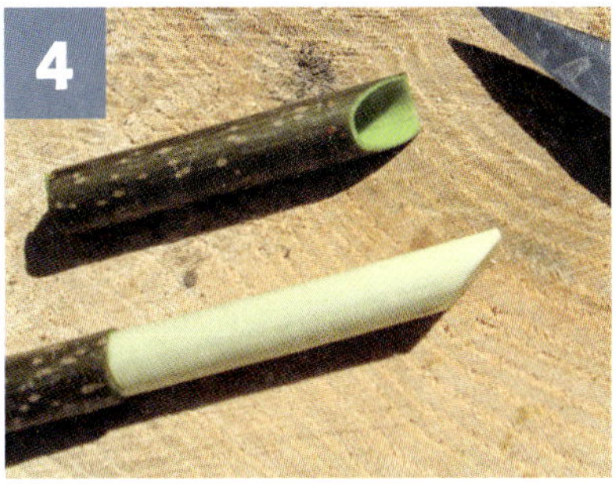

Den Pfeifenstiel festhalten und drehen. Ist die Rinde durch das Klopfen locker genug, sollte sie sich mit einem kleinen „Popp" vom darunterliegenden Holz lösen. Die empfindliche Röhre aus Rinde vorsichtig entfernen und sicher verwahren.

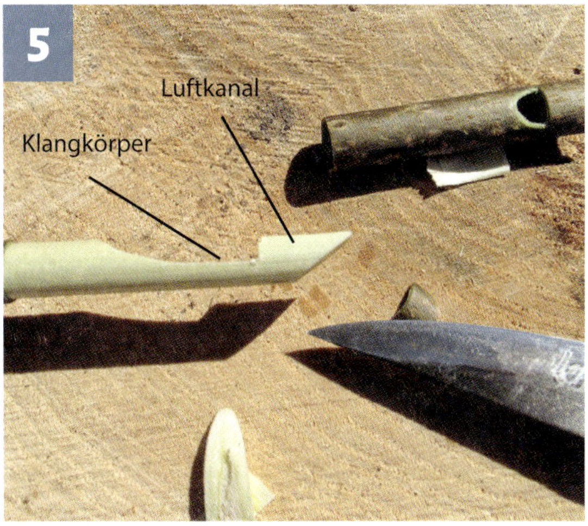

Eine 2–3 mm dicke Holzschicht von der Spitze der Pfeife abschneiden. Dies sorgt für einen Luftkanal in die Pfeife. Als Nächstes den Klangkörper schnitzen und so viel Holz wie möglich entfernen, ohne dass die Pfeife zerbricht. Dazu benötigt man Übung. Nach Fertigstellung des Klangkörpers die Rinde vorsichtig wieder an ihren Platz schieben. Und nun pfeifen Sie drauflos!

Brieföffner mit Keltischem Knoten

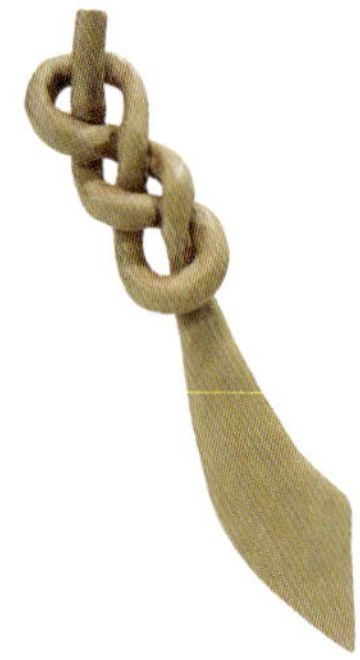

Bedienen Sie sich einfacher Techniken, um ein komplexes Knotenmuster zu gestalten.

von Bob Kozakiewicz

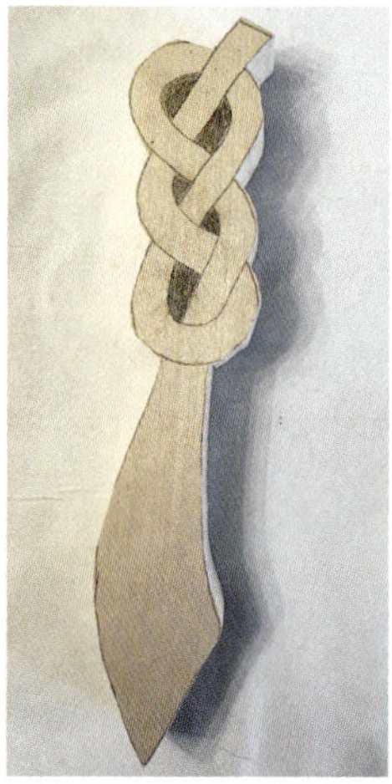

Keltische Knoten sind Schlingen ohne Anfang oder Ende. Seit Jahrtausenden wird dieses einfache Muster als Symbol für Loyalität, Treue, Freundschaft und Liebe verwendet. Mein keltisches Messer mag kompliziert aussehen, ist aber nicht schwierig zu schnitzen. Mit ein wenig Zeit und Hingabe können Sie es nur mit einem Messer fertigstellen.

Vorbereitung

Die Vorlage mit Durchschreibpapier und einem Bleistift auf den Rohling übertragen und dann mit einer Bandsäge ausschneiden. Prüfen Sie, ob Ihr Werkzeug scharf ist, bevor Sie mit dem Schnitzen beginnen, und halten Sie es durch regelmäßiges Abziehen scharf.
Anmerkung: Tragen Sie immer einen Schnitzhandschuh und einen Daumenschutz. Die Fotos wurden ohne aufgenommen, um die Hand- und Messerposition klar darzustellen.

MATERIAL

- Lindenholz, 57 mm x 279 mm x 25 mm
- Durchschreibpapier
- Fettlöser
- Schleifpapier (verschiedene Körnungen bis 320)
- Schleifstäbe (optional)
- Oberflächenbehandlung: Schellack
- Stahlwolle (Körnung 0000)
- Wachspaste
- weiches Tuch

WERKZEUG

- Bandsäge
- Tischbohrmaschine (optional)
- Bohrer mit Aufsatz (5 mm, 6 mm)
- Messer zur groben und feinen Bearbeitung
- Stechbeitel, Stich 3, 14 mm (optional)
- Diamantfeilen (optional)
- Schuhbürste (Pferdehaar)
- Rundholz (optional)
- Bleistift

Vorlage auf Seite 63.

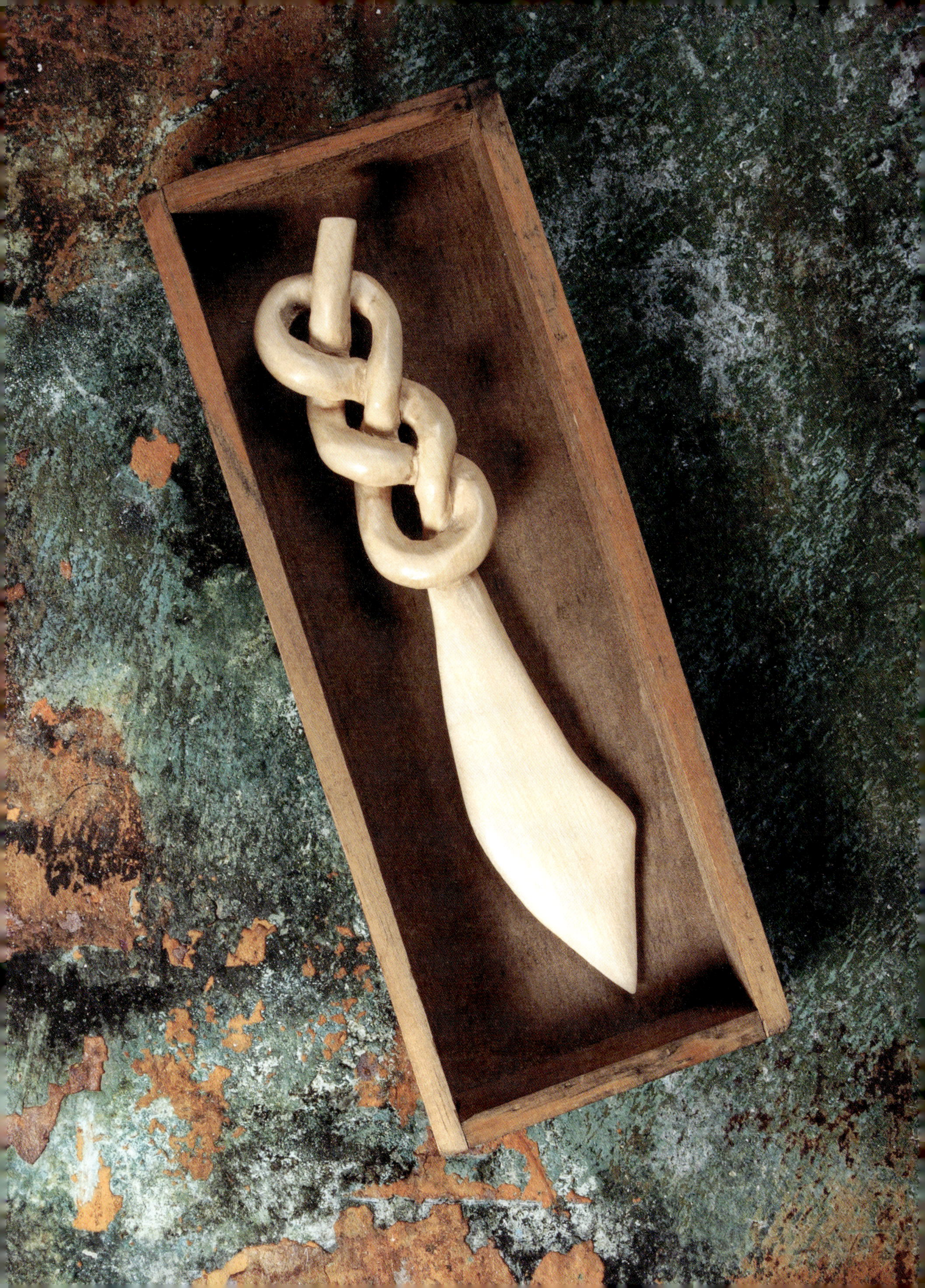

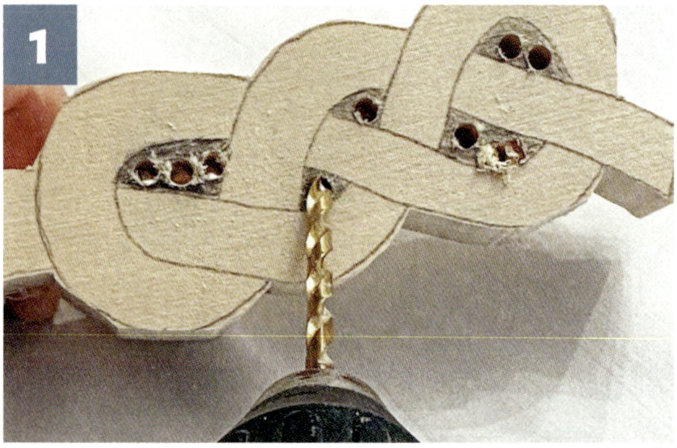

Den Rohling vorbereiten. Mit einer Hand- oder Standbohrmaschine die Eintrittslöcher in die auszuschnitzenden Bereiche der Vorlage bohren. Den Rohling umdrehen und mit dem Bleistift das Muster für die Rückseite des Griffes anzeichnen.

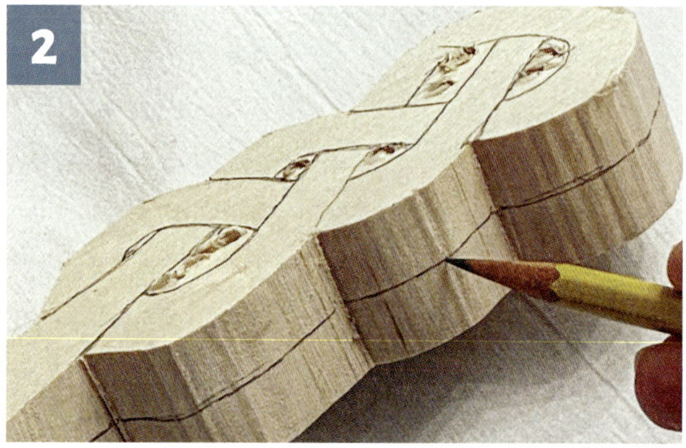

Den Griff anzeichnen. Eine Mittellinie um den gesamten Rohling zeichnen. Dann mit dem Messer zur groben Bearbeitung Stoppschnitte an beiden Seiten des Griffes entlang aller Linien schnitzen. Mit demselben Werkzeug bis zu den Stoppschnitten arbeiten. Diese sollten recht tief sein (fast bis zur Mittellinie auf beiden Seiten). Den Knoten formen. Hier kann ein Stechbeitel (14 mm, Stich 3) hilfreich sein, Sie können aber auch beim Messer bleiben.

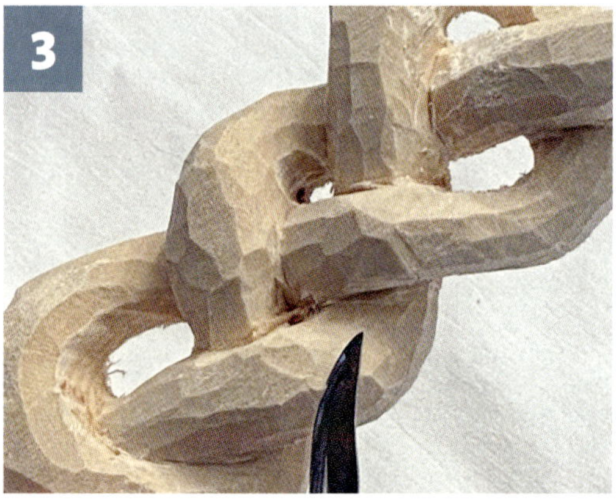

Den Knoten ausarbeiten. Mit je einem Messer für grobe und feine Bearbeitung weiterarbeiten, Stoppschnitte an jeder Überlappung ausführen und für Tiefe und Bewegung davor von der „Unterseite" hineinschnitzen. Die Bereiche im Knoteninneren öffnen und die Schlingen dünner schnitzen.

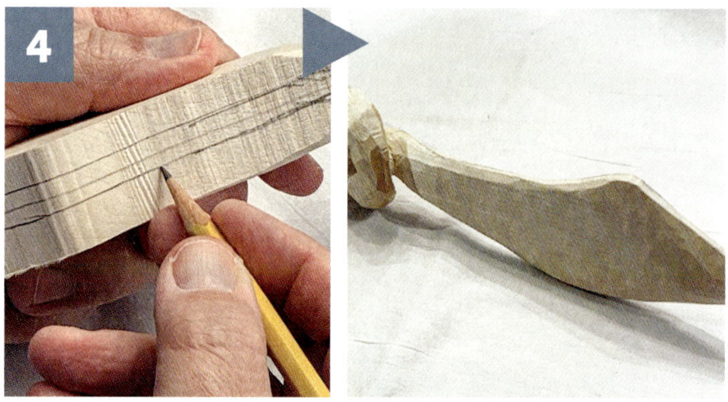

Die Klinge grob formen. Zwei Linien parallel zur Mittellinie, etwa 3 mm von den Rändern, über die Gesamtlänge der Klinge ziehen. Diese Linien während des Schnitzens der Klinge zur Orientierung nutzen.

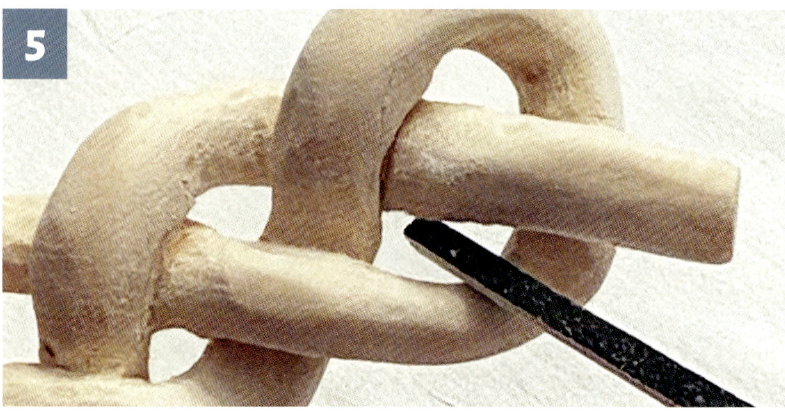

Den Griff ausarbeiten. Die Schnur des Fadens mit dem Messer weiter ausdünnen. Sieht der Griff aus wie gewünscht, mit Schleifpapier glattschleifen und nach und nach durch die Körnungen arbeiten, um Kratzer an der Oberfläche zu vermeiden. Falls notwendig, Schleifstäbe und Diamantfeilen verwenden oder das Schleifpapier auf ein Rundholz rollen, um an schwer erreichbare Stellen zu gelangen.

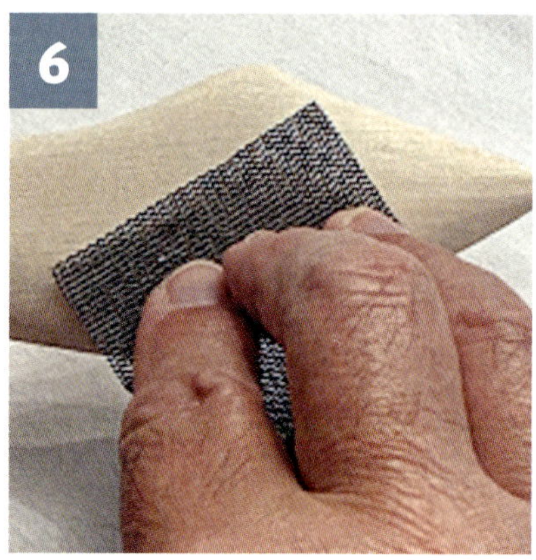

Die Klinge ausarbeiten. Mit dem Messer zur Grobbearbeitung und dem Schleifpapier die endgültige Form der Klinge glätten. Ober- und Unterseite zu messerartigen Kanten verjüngen.

Vorlage Brieföffner mit Keltischem Knoten

auf 125 % fotokopieren

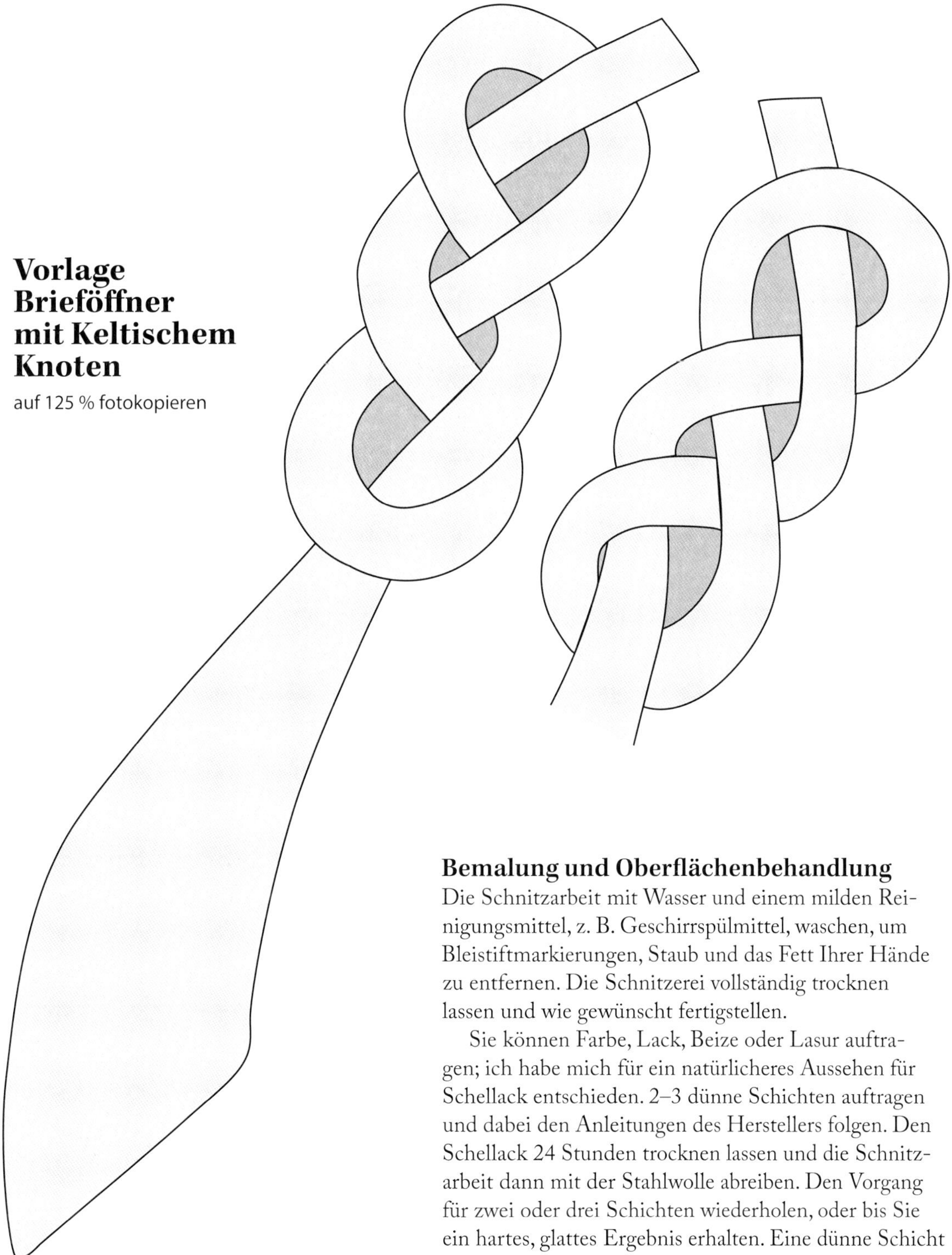

Bemalung und Oberflächenbehandlung

Die Schnitzarbeit mit Wasser und einem milden Reinigungsmittel, z. B. Geschirrspülmittel, waschen, um Bleistiftmarkierungen, Staub und das Fett Ihrer Hände zu entfernen. Die Schnitzerei vollständig trocknen lassen und wie gewünscht fertigstellen.

Sie können Farbe, Lack, Beize oder Lasur auftragen; ich habe mich für ein natürlicheres Aussehen für Schellack entschieden. 2–3 dünne Schichten auftragen und dabei den Anleitungen des Herstellers folgen. Den Schellack 24 Stunden trocknen lassen und die Schnitzarbeit dann mit der Stahlwolle abreiben. Den Vorgang für zwei oder drei Schichten wiederholen, oder bis Sie ein hartes, glattes Ergebnis erhalten. Eine dünne Schicht Wachspaste Ihrer Wahl auftragen und 30 Minuten trocknen lassen. Dann mit einem weichen Tuch und einer Schuhbürste aus Pferdehaaren polieren.

Avocado-Eule

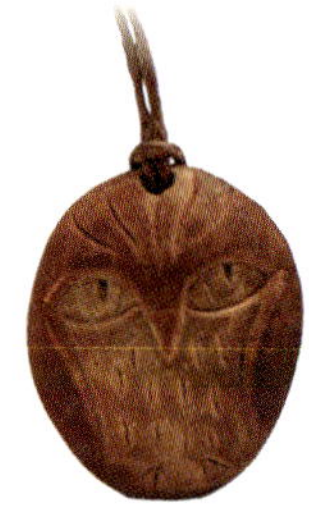

Warum schnitzen Sie nicht ein einzigartiges Schmuckstück, anstatt Ihre Lebensmittelreste wegzuwerfen?
von Anna Prikazchikova

Dieser Eulenanhänger ist ein einfaches Projekt für Schnitzneulinge, aber einzigartig genug, um erfahrene Schnitzer zu etwas Neuem anzuregen. Überdies lässt das Schnitzen eines Avocadokernes viel Spielraum für Kreativität und individuellen Ausdruck. Arbeiten Sie genau nach Vorlage oder versehen Sie die Form von Augen, Kopf, Körper und Flügeln mit eigenen Variationen. Schenken Sie dieses Einzelstück jemand Besonderem – oder behalten Sie es einfach selbst!

Vorbereitung

Den Rohling vorbereiten. Den entnommenen Avocadokern ein paar Tage liegenlassen. Die dünne, braune Haut abschälen und die Linie suchen, die den Kern halbiert. Beide Hälften voneinander trennen, indem Sie das Messer zwischen sie schieben und es vorsichtig drehen. Sobald eine Lücke entsteht, lässt sich der Kern mit den Fingern „öffnen".

MATERIAL

- Avocadokern
- Schleifpapier (Körnung 220)
- Oberflächenbehandlung, z. B. Dänisches Öl
- Baumwollschnur, braun (Ø 1 mm)
- Servietten oder Küchenrolle

WERKZEUG

- Schnitzmesser
- Pinsel
- Stift

Vorlage auf Seite 67.

Anmerkung zu Verfärbungen
Der Stahl Ihrer Klinge könnte mit dem Saft des Kerns reagieren und dunkle Streifen hinterlassen. Das ist in Ordnung. Außerdem ist es wahrscheinlich, dass der Kern dunkler wird, da er zu oxidieren beginnt. Seien Sie unbesorgt – auch das ist ein normaler Vorgang.

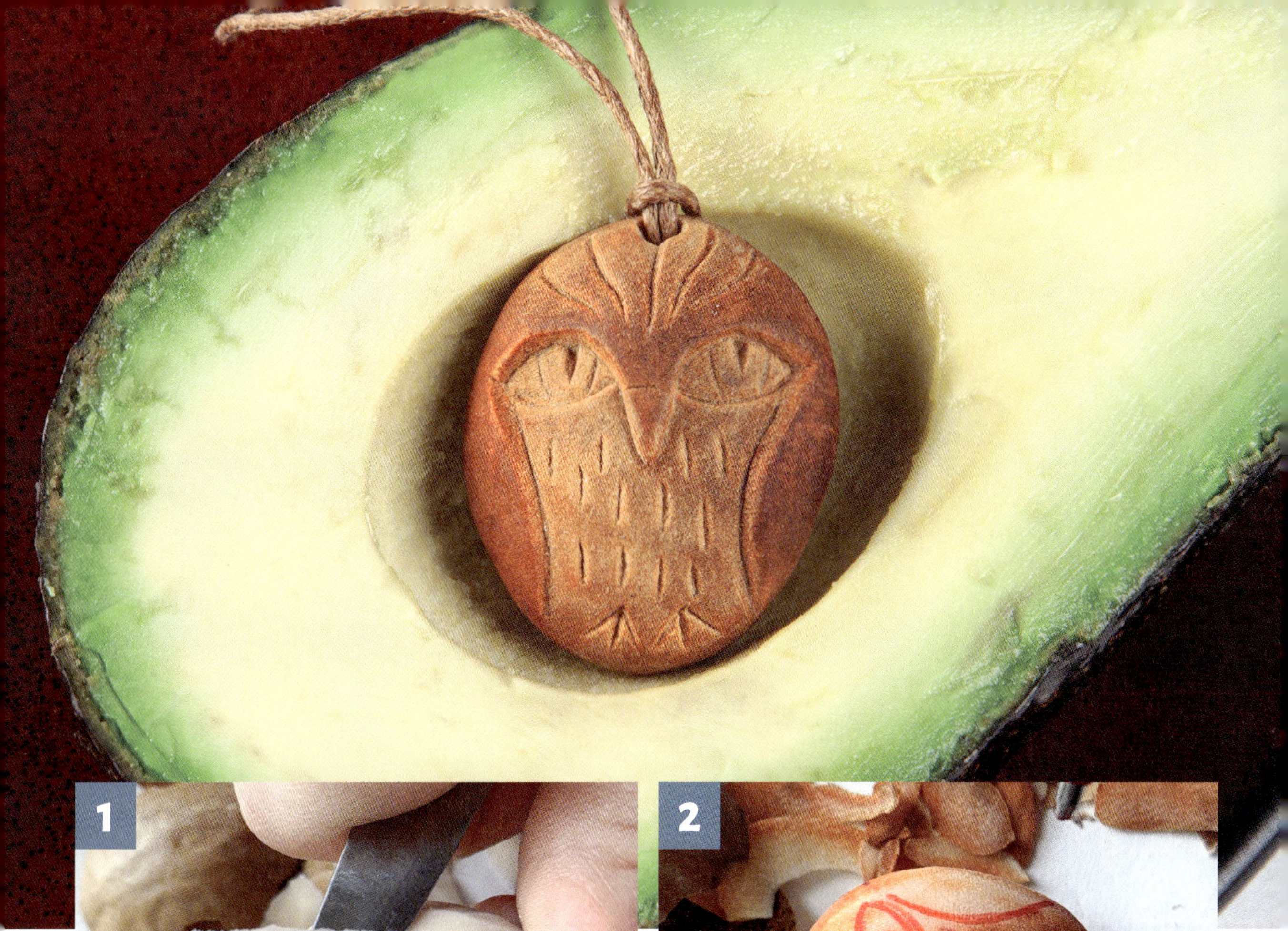

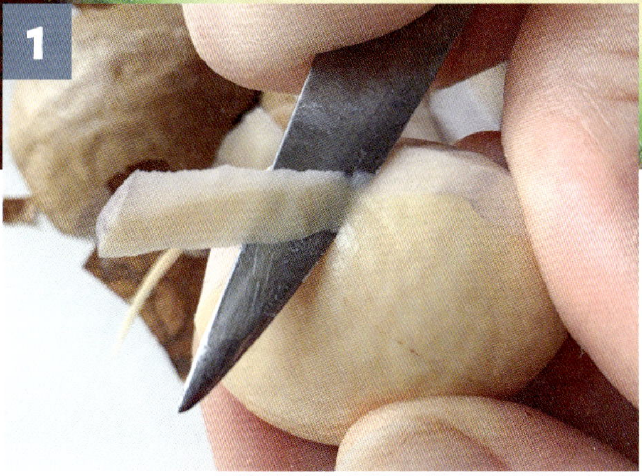

Eine Hälfte des Kernes zu einem Oval formen. Die oberste Schicht gleichmäßig mit dem Messer abtragen; dabei langsam arbeiten und flache Schnitte ausführen. Den Kern oben etwas breiter (dort wird der Kopf der Eule sein) und unten schmaler formen. Avocadokerne gibt es in vielen Formen und Größen, weshalb Sie nach eigenem Ermessen entscheiden sollten, wie viel Material entfernt werden muss. Vermeiden Sie unnötige Schnitte, da diese mit dem Trocknen des Kernes besser sichtbar werden (siehe Tipp rechts). **Anmerkung:** Selbst wenn Ihr Kern schon beim Schälen der braunen Haut eine perfekte ovale Form aufweist, ist es wichtig, diesen Schritt nicht zu überspringen. Die äußerste Schicht des Kerns muss entfernt werden, da sie eine andere Textur und einen anderen Farbton annimmt als der Rest des Kernes, wenn sie trocknet.

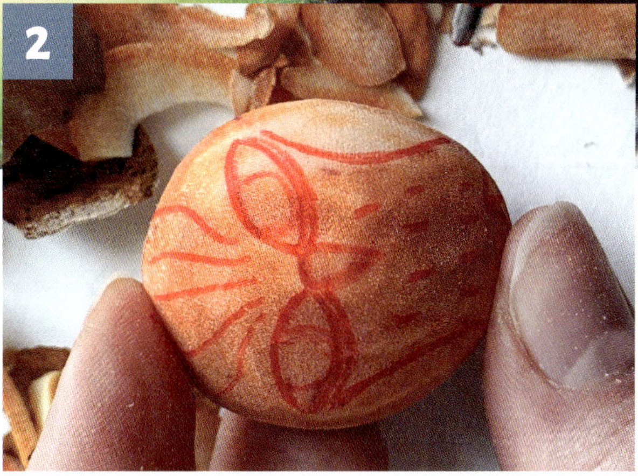

Die Vorlage anzeichnen. Ich habe einen roten Stift verwendet. Zum Korrigieren die Farbe vorsichtig mit einem feuchten Tuch abwischen.

Tipp: Austrocknen

Beim Herauslösen aus der Avocado darauf achten, dass der Kern frei von Schnitten und Kratzern bleibt. Auch wenn er sofort geschnitzt werden kann, ist es am besten, ihn ein paar Tage liegen zu lassen, damit er an Feuchtigkeit verliert. Außerdem trocknet die obere Hautschicht aus und lässt sich viel leichter abziehen.

3

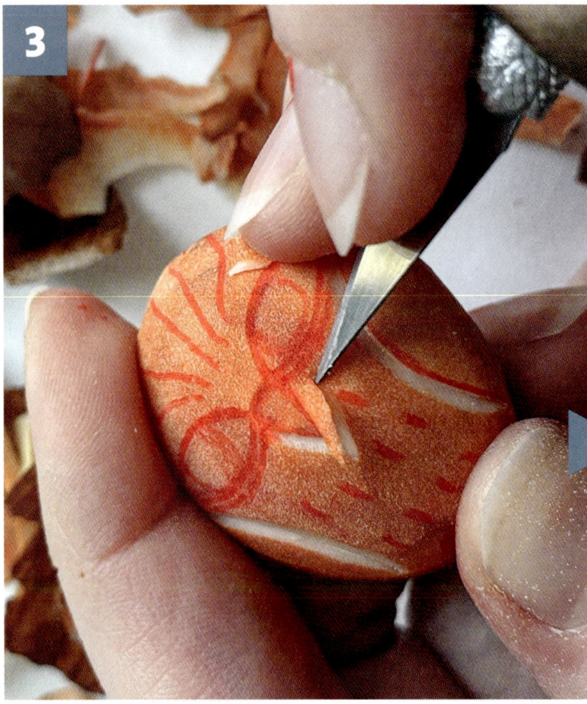

Die Federn am Bauch entfernen. Die Konturen für die Flügel, die Partie unter den Augen und den Schnabel in einem durchgehenden Stoppschnitt formen. Vorsichtig bis zur Linie schnitzen und das Material innerhalb der Linie entfernen. Den Bauchbereich ca. 1 mm vertiefen. Weggeschnitzte Teile der Vorlage wieder aufzeichnen.

Tipp: tiefe Schnitte

Die Klinge nicht zu tief in den Kern versenken. Wenn Avocadokerne trocknen, schrumpfen sie, wodurch sich jeder Schnitt und Kratzer „öffnet" und erkennbar wird, auch wenn er beim Schnitzen fast unsichtbar war. Daher ist es immer besser, mehrere Schnitte mit dem Messer auszuführen, um die benötigte Tiefe zu erreichen.

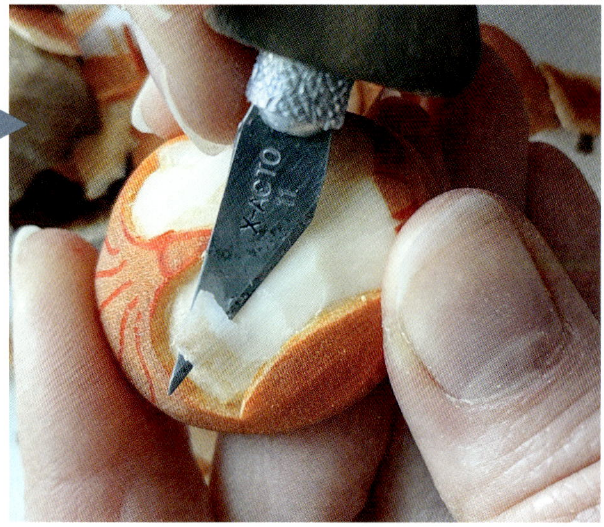

4

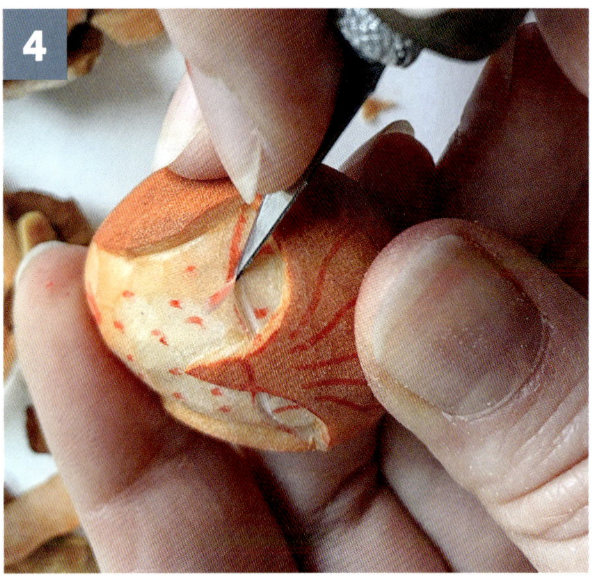

Die Augen schnitzen. Die Klinge ungefähr im 45°-Winkel halten und entlang des unteren Augenprofils schnitzen. Die Füße schnitzen, dann mit der Messerspitze die Kerben im Bauch und Linien aus V-Schnitten auf der Stirn ausarbeiten.

5

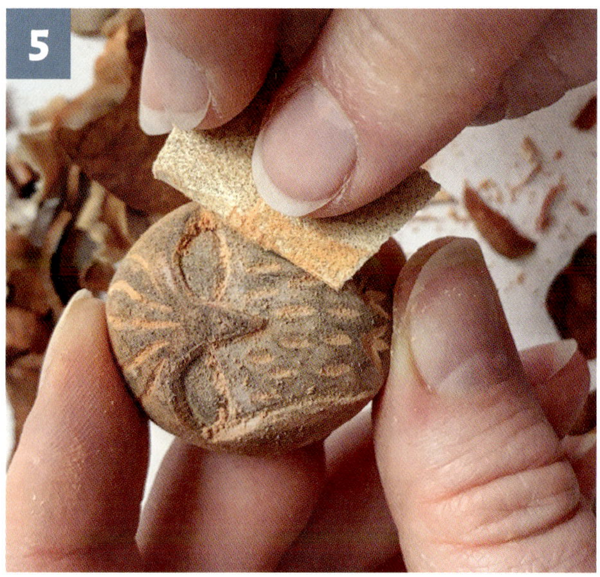

Das Werkstück über Nacht ruhen lassen. In dieser Zeit verdunstet die Feuchtigkeit der obersten Schicht des Kernes, wodurch er fast wie Holz wird. Mit einem kleinen Stück Schleifpapier (Körnung 220) das Innere der Augen glattschleifen und abrunden und dann den Rest des Eulenkörpers glätten.

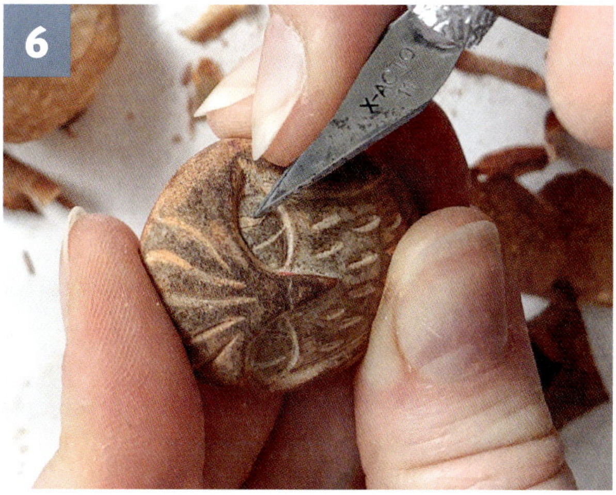

Details der Augen ausarbeiten. Mit der Messerspitze Iris und Pupillen schnitzen.

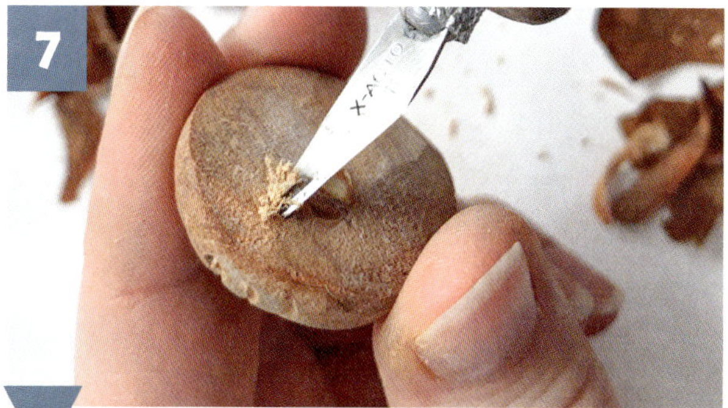

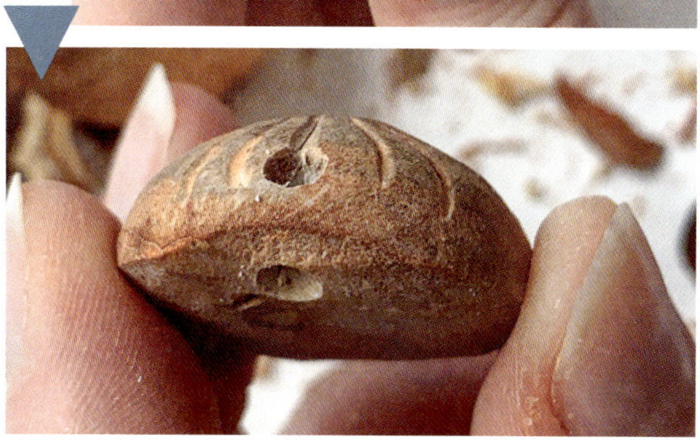

Ein Loch zum Aufhängen anbringen. Ein Loch für die Schnur an Vorder- und Rückseite des Kopfes markieren. Dann das Messer mit leichtem Druck an einer Seite in das Mark drücken. Diese Bohrbewegung auf der anderen Seite wiederholen. Die Seiten abwechseln, bis Sie ein Loch mit einem Ø von 2 mm haben.

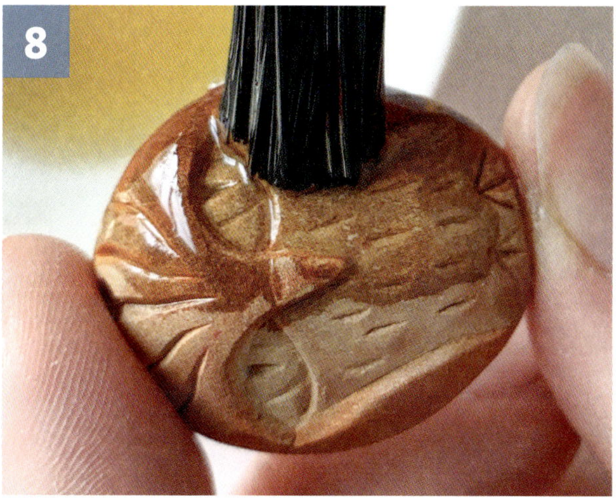

Für die Schlussbehandlung vorbereiten. Die Arbeit an einem kühlen, gut belüfteten Ort einige Tage trocknen lassen. Durch Zusammendrücken zwischen den Fingern auf vollständige Trocknung überprüfen. Im Zweifel lieber einen Tag länger warten – je nach Feuchtigkeitsgehalt, Dicke und Witterung dauert es zwischen einem Tag und eineinhalb Wochen. Das Werk ab und an von einer Seite auf die andere drehen, damit es schneller trocknet und nicht schimmelt. Nach dem Trocknen eine Oberflächenbehandlung auftragen; ich habe Dänisches Öl verwendet. Nach ca. 20 Minuten überschüssiges Öl mit einem Papiertuch abwischen. Den Vorgang für zwei weitere Schichten wiederholen.
Anmerkung: Ölgetränkte Tücher der Herstelleranleitung entsprechend entsorgen, da sie sich spontan entzünden können.

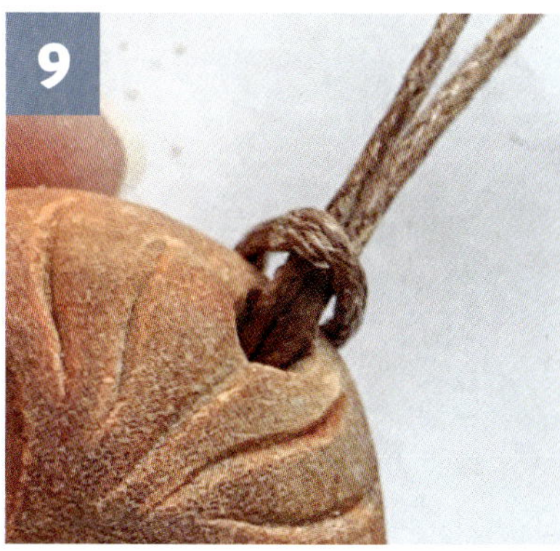

Eine Schnur anbringen. Die Schnur auf die gewünschte Länge in zwei Hälften falten und das gefaltete Ende durch das Loch stecken. Die losen Enden der Kordel durch die Schlaufe führen und die Schnur vorsichtig festziehen. Am losen Ende der Kordel einen Knoten machen.

Vorlage Avocado-Eule

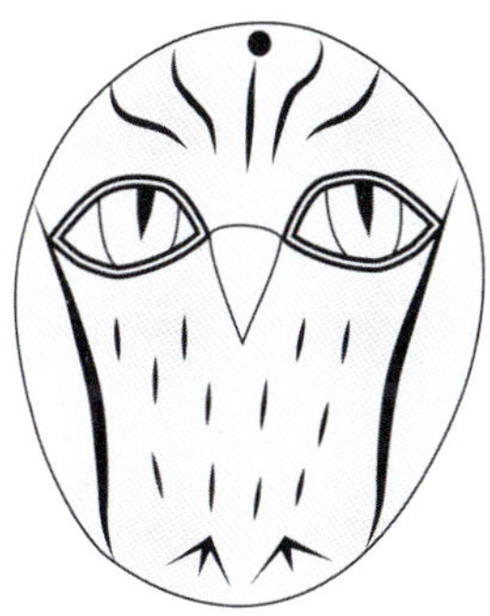

Schneemann-Christbaumschmuck

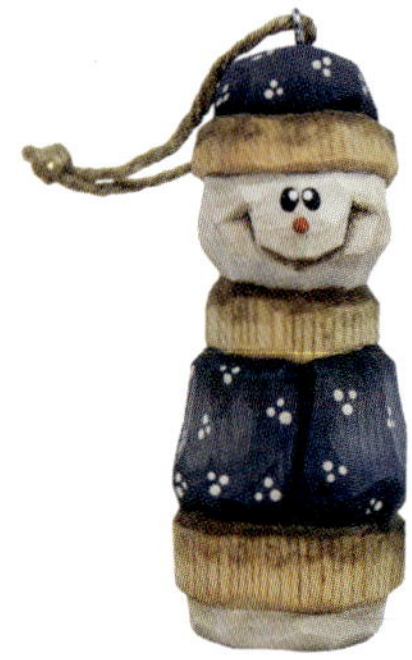

Mit diesem süßen Kerlchen werden Sie den Saal das ganze Jahr lang festlich geschmückt haben wollen.

von Sara Barraclough

Mit dem Holz, das mir gerade zur Verfügung steht, ein Design umzusetzen, hat mir immer schon Freude bereitet. Dieser Schneemann entstand, als ich eine Handvoll windschiefer Endschnitte übrig hatte, die ich einfach nicht wegwerfen konnte.

Wenn Sie einen oder zwei Schneemänner schnitzen, sollten Sie es schaffen, mit verschiedenen Größen und Accessoires zu experimentieren. Viel Freude dabei! Damit der Spaß nicht zu kurz kommt, habe ich zwei zusätzliche Vorlagen beigefügt. Sie lassen sich alle nur mit einem Messer fertigstellen, wobei ich auch eine Kleinbohrmaschine verwendet habe (neben meinen Schnitzmessern mein meistverwendetes Werkzeug).

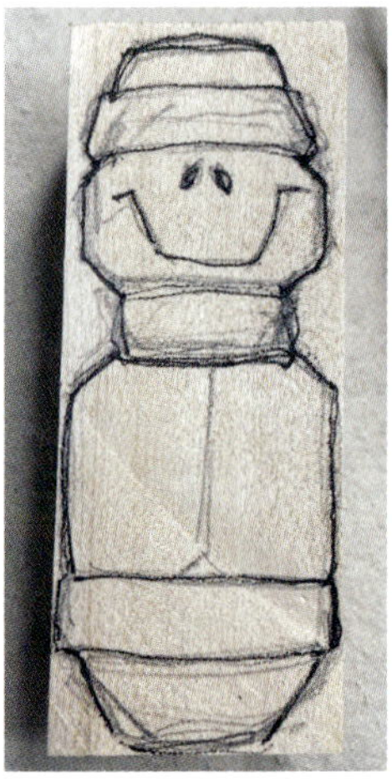

Vorbereitung

Die Vorlage mit einem Bleistift auf den Rohling übertragen.

MATERIAL

- Lindenholz, ca. 38 mm x 38 mm x 102 mm
- Holzleim
- gekochtes Leinöl
- Papiertücher oder Lappen
- Acrylfarben
  - Blau
  - gedecktes Weiß
  - Titanweiß
  - Schwarz
  - Marineblau
  - Mandarine
- Zwirn oder Schnur
- Öse

WERKZEUG

- Schnitzmesser
- Bandsäge
- Kleinbohrmaschine mit Aufsatz
- verschiedene Pinsel
- Bleistift
- Fineliner (optional)
- Zahnstocher

Vorlagen auf Seite 71.

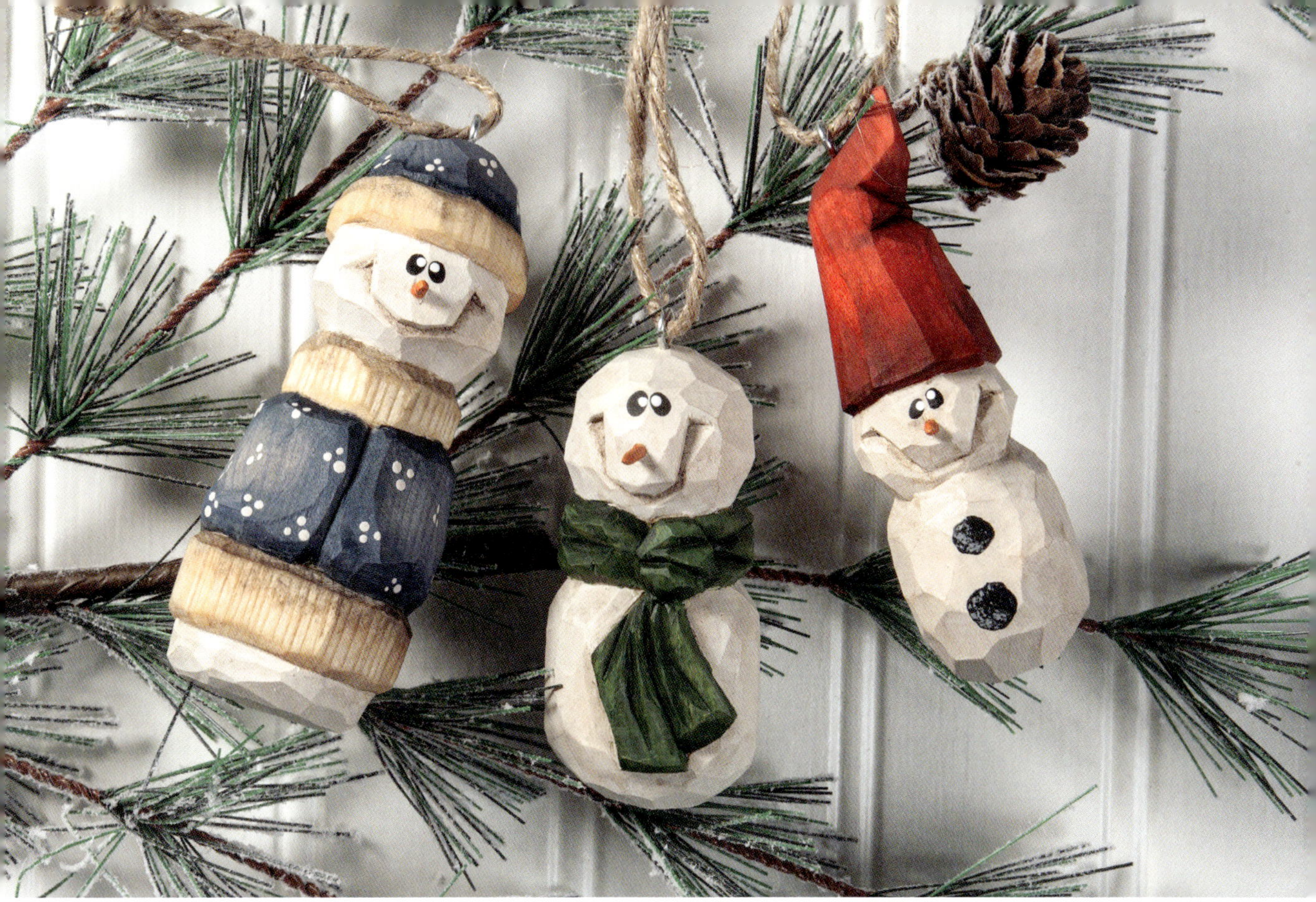

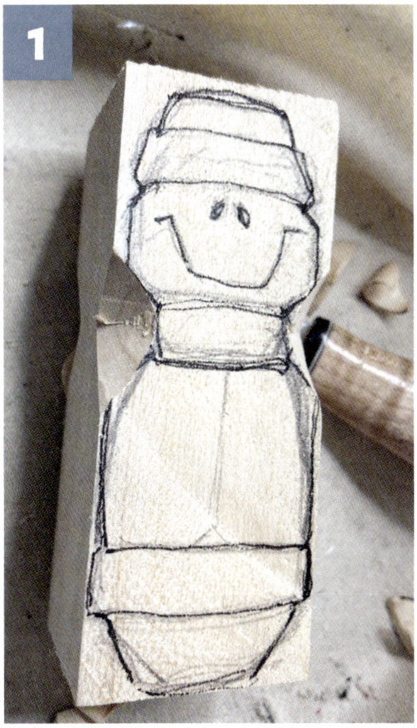

Den Kopf grob bearbeiten. Den Kopf durch Entfernen von Holz in Halsnähe trennen. Ich nehme gern erst Späne an den vier Ecken ab, um den Weg rundherum vor mir zu haben.

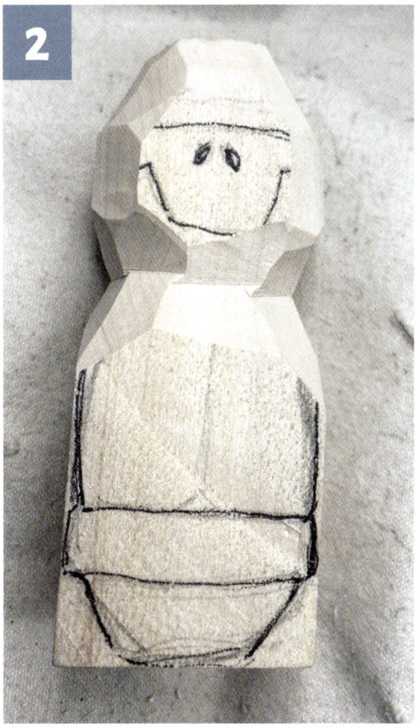

Den Kopf formen. Material an Ecken und Seiten entfernen; dabei den Kopf in Hals und Schultern hinein abrunden. Bedenken, dass der Schneemann eine Mütze trägt, und den Oberkopf etwas höher lassen, statt ihn vollständig abzurunden.

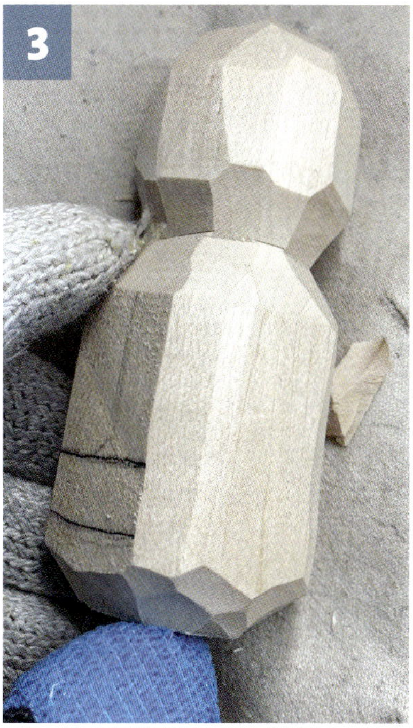

Den Körper rund formen. Dabei lange, geschwungene Schnitte anstreben. Man muss nicht viel von den Seiten abnehmen, sondern scharfe Kanten entfernen und die unteren Ecken abrunden.

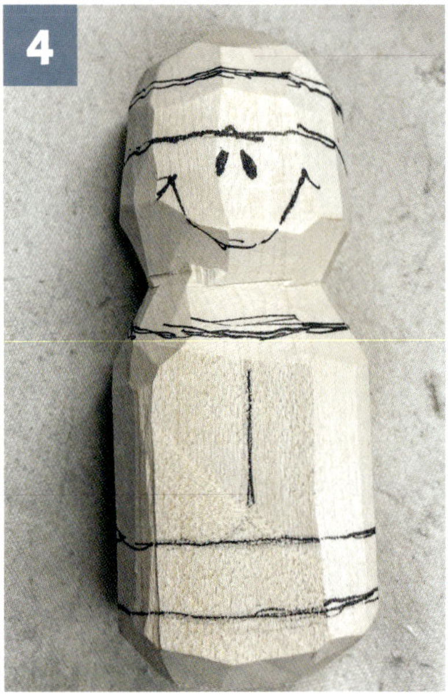

Die Linien nachziehen. Augen, Lächeln und Schnitt von Mütze und Pullover aufzeichnen. Kopf und Körper sollten nun grob geformt sein.

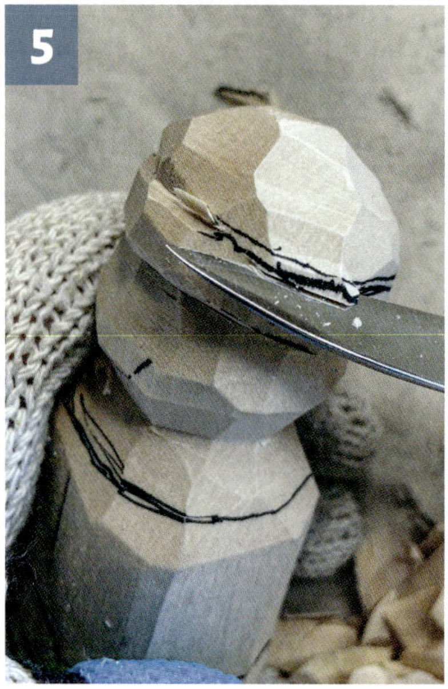

Die Mütze formen. Ich habe mit einigen Stopp- und V-Schnitten die Ober- und Unterseite der Mütze ausgearbeitet. Für die Trennlinie direkt unter der Hilfslinie nach oben und direkt über der Hilfslinie nach unten schnitzen, um auf den ersten Schnitt zu treffen. Rundherum wiederholen.

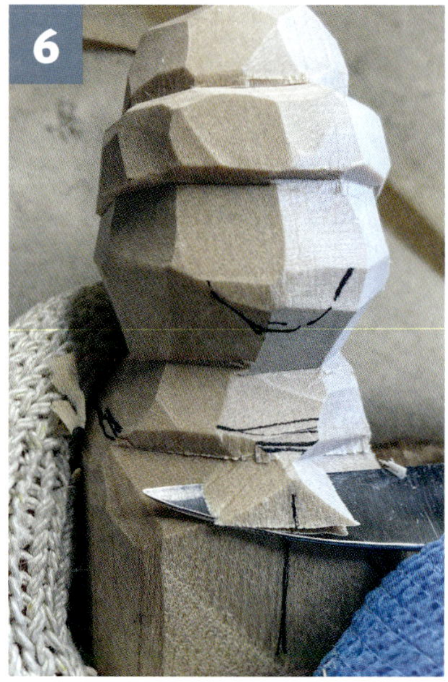

Den Schnitt des Pullovers formen. Hals und Kragen des Pullovers wie in Schritt 5 gestalten. Dieser Bereich sollte der schmalste Teil des Körpers sein. Den Vorgang für die Pulloverunterseite wiederholen.

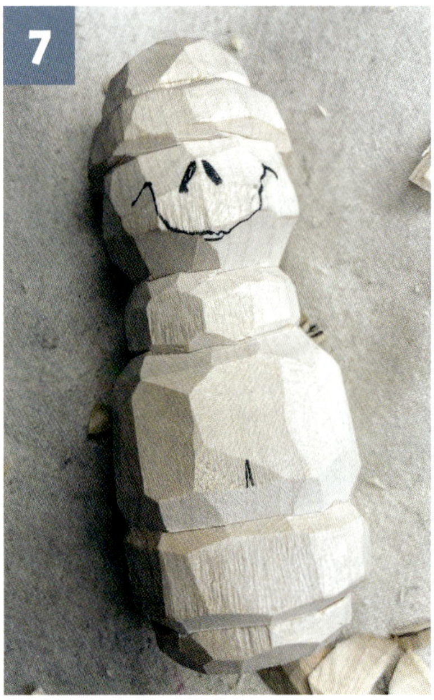

Den Gesamteindruck ausarbeiten. Die bestehenden Schnitte vertiefen und den Saum vom Pullover und die Mütze vom Kopf trennen. Dann das Holz von den Seiten der Unterseite des Schneemanns abtragen, damit es aussieht, als würde der Pullover überstehen.

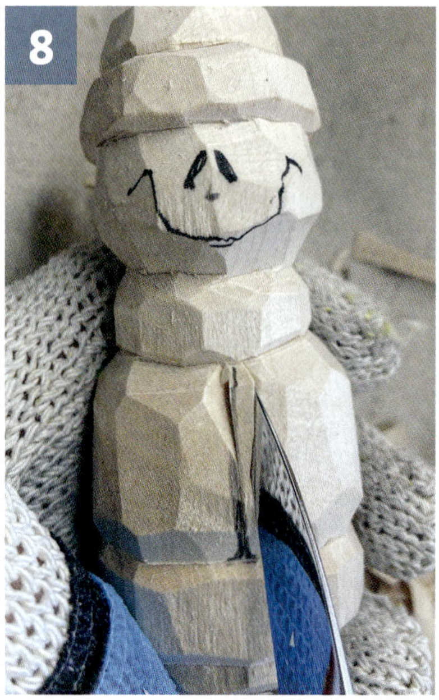

Vorn am Pullover eine Trennlinie schnitzen. Dieser Linie mit einem tiefen V-Schnitt folgen.

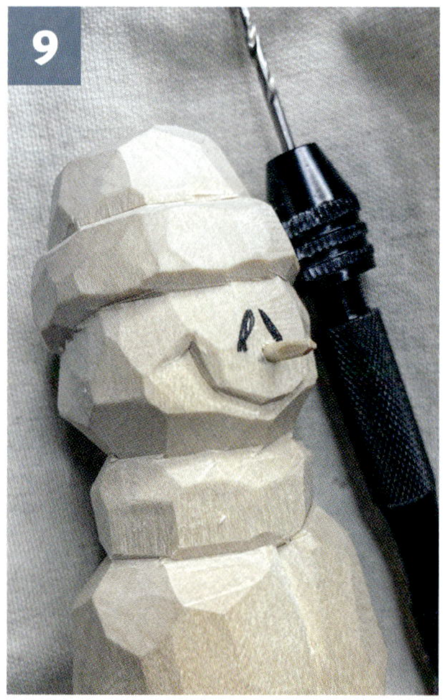

Ein Lächeln hinzufügen. Einen Stoppschnitt entlang der Linie ausführen und dann von unten einschneiden. Mit der Kleinbohrmaschine ein kleines Loch für die Nase bohren; ich habe ca. 0,4 mm tief gebohrt. Einen Zahnstocher in das Loch stecken und entsprechend zuschneiden. Noch nicht einkleben.

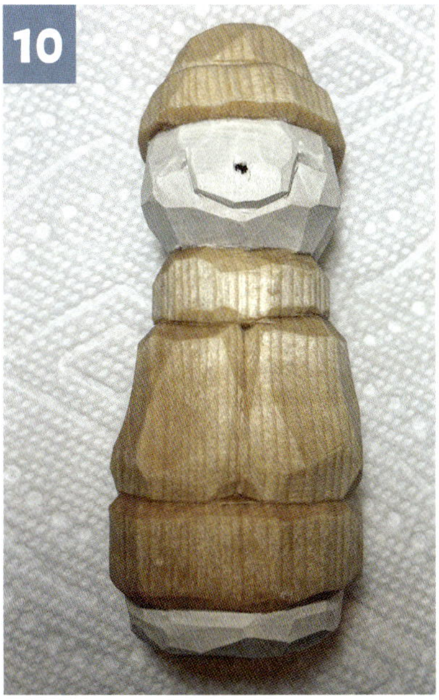

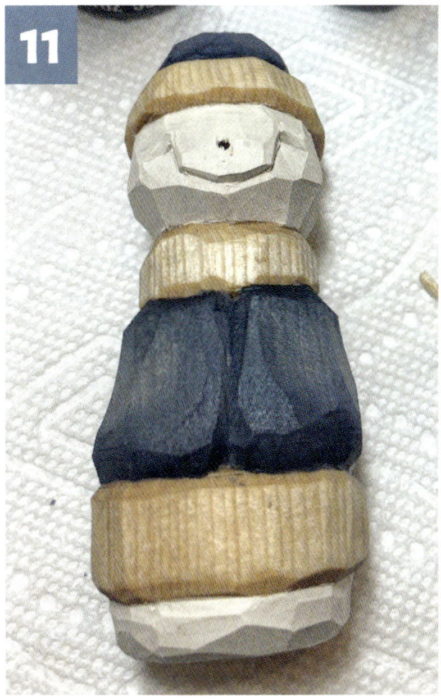

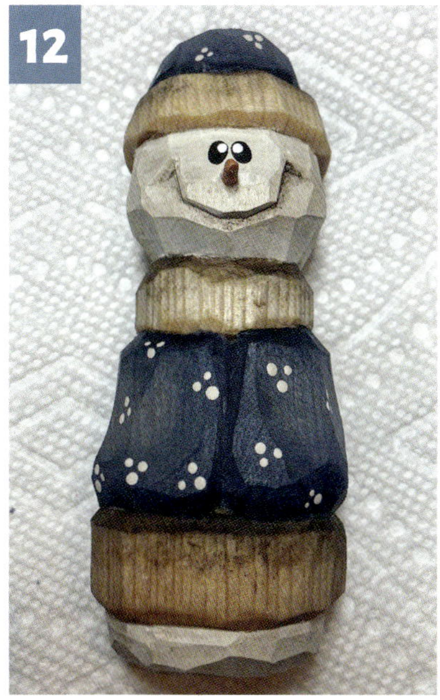

Die Schnitzarbeit zum Bemalen vorbereiten. Das gesamte Werkstück mit gekochtem Leinöl benetzen und einige Minuten einwirken lassen. Überschuss abwischen. Vor dem Lackieren ca. 24 Stunden trocknen lassen. **Anmerkung:** Ölgetränkte Tücher der Herstelleranleitung entsprechend entsorgen, da sie sich spontan entzünden können. Dann den Kopf und den Teil unter dem Pullover mit gedecktem Weiß im Verhältnis 4:1 von Wasser zu Farbe bemalen.

Die Kleidung bemalen. Den Pullover mit Blau im Verhältnis 2:1 von Wasser zu Farbe bemalen. Während die Farbe noch feucht ist, Marineblau auf die Falten auftragen, um einen „Schatten" zu erzeugen, wo der Pullover auf das Futter trifft. Für den oberen Teil der Mütze wiederholen.

Letzte Details hinzufügen. Mit einem Stift oder einem Zahnstocher mit gedecktem Weiß Punkte auf Mütze und Pullover auftragen. Die Nase mit Mandarine bemalen. Die Augen mit Schwarz aufmalen und vor dem Auftragen der Linsenreflexion mit Titanweiß vollständig trocknen lassen. Die Nase einkleben. Oben am Kopf ein kleines Loch bohren und einen Ösenhaken ins Loch kleben. Eine Schnur oder einen Zwirn an der Öse befestigen und wie gewünscht aufhängen.

Vorlage Schneemann-Christbaumschmuck

auf 125 % kopieren

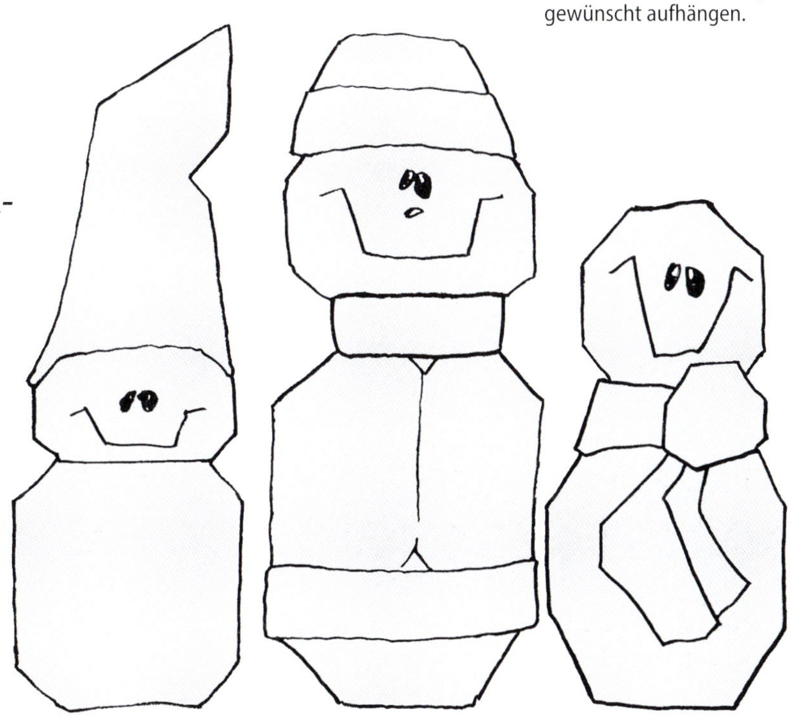

Fischer aus Alaska

Mit diesem einsteigerfreundlichen Projekt trotzen Sie der Hitze!
von Nikki Reese

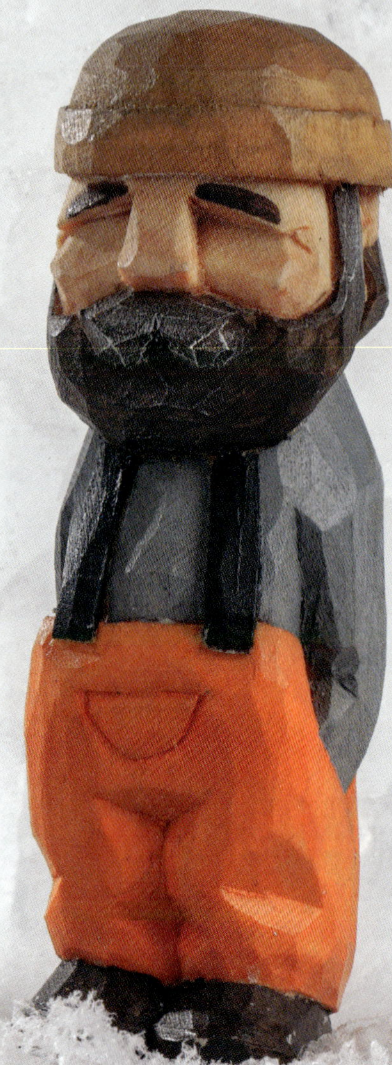

Ich bin in Alaska geboren und aufgewachsen. Dieses Projekt ist von meiner Kindheit dort inspiriert. Während mein Vater, ein Fischer, auf Booten ausfuhr, um Lachs und Heilbutt zu fangen, verbrachte ich meine Zeit in den Camps. Meine Babysitter waren oft bärbeißige und goldige Fischer, die aufpassten, dass ich mir nicht zu viel Ärger einhandelte.

Ich habe unzählige Fischer geschnitzt – als Ode an meine Abenteuer in Alaska. Diese leichte Ein-Messer-Schnitzerei ist geeignet für Schnitzer aller Erfahrungsstufen. Ich möchte Sie dazu ermuntern, Ihre eigenen Details hinzuzufügen und Ihr eigenes Design zu gestalten.

Vorbereitung

Mit einer Handsäge zuschneiden oder mit einem vorgeschnittenen Rohling beginnen. Auf scharfes Schnitzwerkzeug achten und dieses durch regelmäßiges Abziehen scharf halten.

MATERIAL

- Lindenholz, 25 mm x 25 mm x 89 mm
- gekochtes Leinöl
- Papiertücher
- Lappen
- Acrylfarben
  - Kamelbeige
  - Kardinalrot
  - Grau
  - Lakritzschwarz
  - Orange
  - Braun
  - Narzissengelb
  - Ockergelb
  - Weidenweiß
- Oberflächenbehandlung: klares Wachs

WERKZEUG

- Handsäge
- Messer zur Grobbearbeitung
- verschiedene Pinsel
- Bleistift
- Lineal

Vorlagen auf Seite 75.

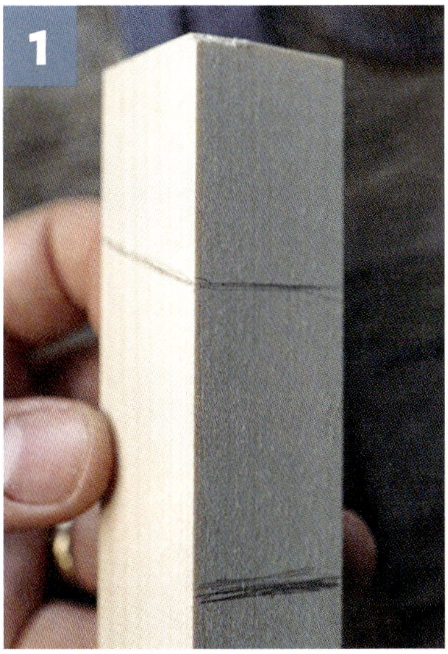

Den Rohling vorbereiten. Den Kopf und die Linien für die Stiefel mit einem Bleistift aufzeichnen. Mit einem Lineal ca. 32 mm von der Kante aus eine horizontale Linie für die Bartunterkante ziehen – je tiefer die Linie, umso länger der Bart. Auf der Rückseite ca. 25 mm nach unten anzeichnen. Die Markierungen rundherum mit einer Linie verbinden.

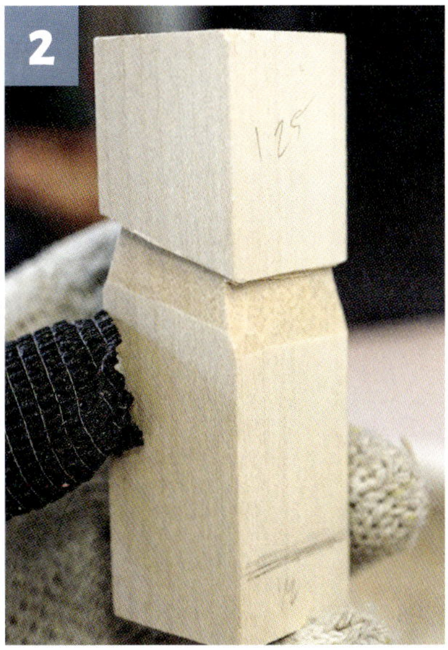

Den Kopf grob herausarbeiten. Die Kopflinie aus Schritt 1 mit einem Messer rundherum in einen Stoppschnitt verwandeln. Bis zu diesem Schnitt von unten schräg hinaufschnitzen, damit Kopf und Körper sich voneinander absetzen.

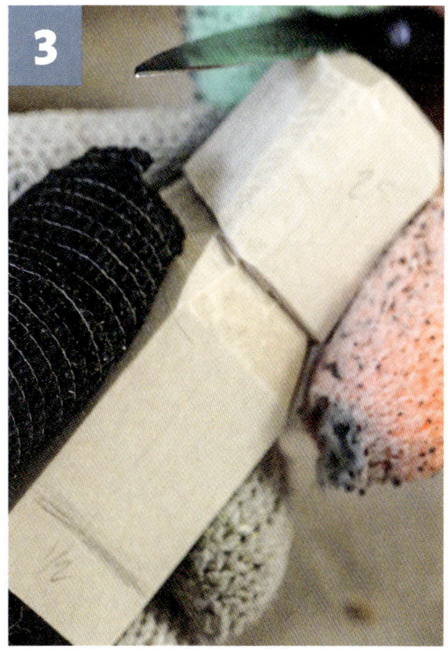

Den Kopf formen. Scharfe Kanten an Oberseite und Seiten abrunden.

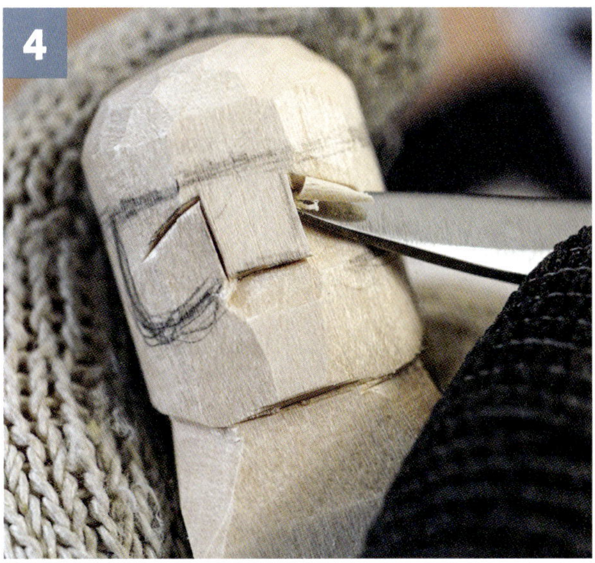

Das Gesicht grob herausarbeiten. Die Linien für Mütze, Haare, Nase, Bart, Augen und Ohren anzeichnen und mit dem Messer auf diesen Linien Stoppschnitte schnitzen. Mit Nase und Augen beginnen. Von unten erst hinauf zur Nase und dann bis zu den Augen schnitzen. Haben Sie die gewünschte Tiefe erreicht, die Nase abrunden.

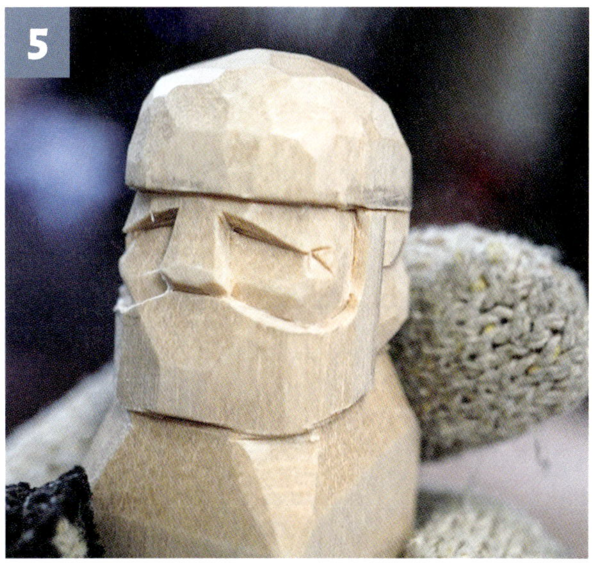

Das Gesicht verfeinern. Die Wangen schräg hinunter in die Bartlinie und die Koteletten bis zum Saum der Mütze hinaufschnitzen. Für mehr Tiefe den Mützenrand stirnaufwärts schnitzen. Das Gesicht in Bart und Mütze versenken. Diese Schnittarten für Ohren und Haaransatz auf der Rückseite wiederholen. Jeden Augenwinkel mittels kleiner V-Schnitte mit leichten Falten versehen. Den Schnauzbart anzeichnen und die Konturen mit dem Messer ausarbeiten. Bis zu diesen Linien schnitzen und dann den Bart formen.

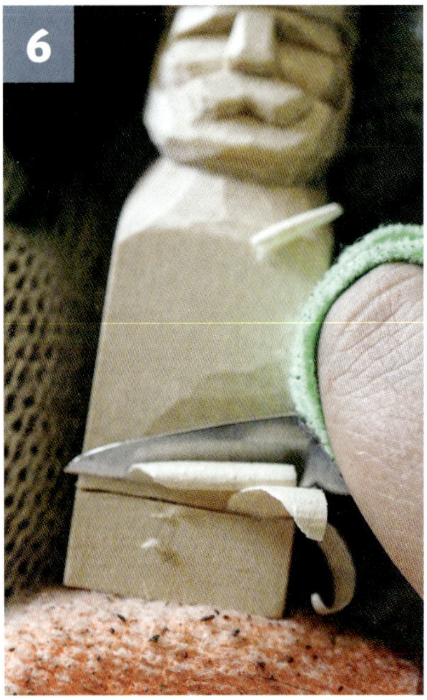

Die Stiefel formen. Die Linie für die Stiefel zum Stoppschnitt schnitzen. Für die Form der Beinvorderseiten und Stiefel nach unten schnitzen. Wie steil Sie schnitzen, bestimmt Haltung und Größe der Stiefel. Die Fertigstellung erfolgt später.

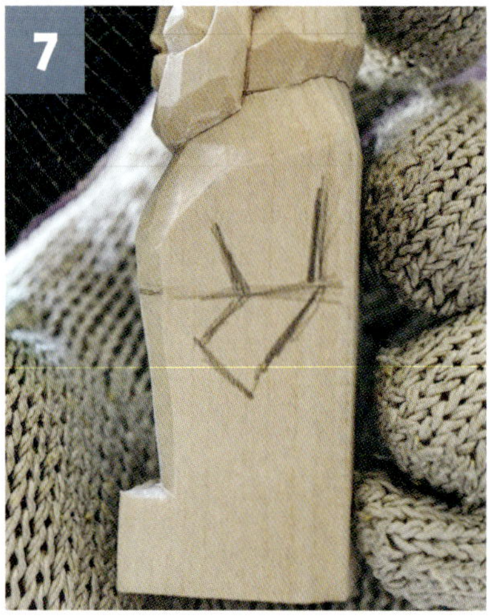

Arme hinzufügen. Die Arme entlang der Seiten mit einer Linie für die Hosentasche am Ende anzeichnen. **Anmerkung:** Eine horizontale Mittellinie rund um die Taille ziehen, um den Ellenbogenwinkel anzuzeichnen und damit die Arme symmetrisch bleiben. Aus diesen Linien Stoppschnitte schneiden; mit einem dreieckigen Reliefschnitt den Bereich von der Armvorderseite bis hinunter zur Hosentasche ausarbeiten. Brust- und Bauchbereich mit dem Messer abrunden.

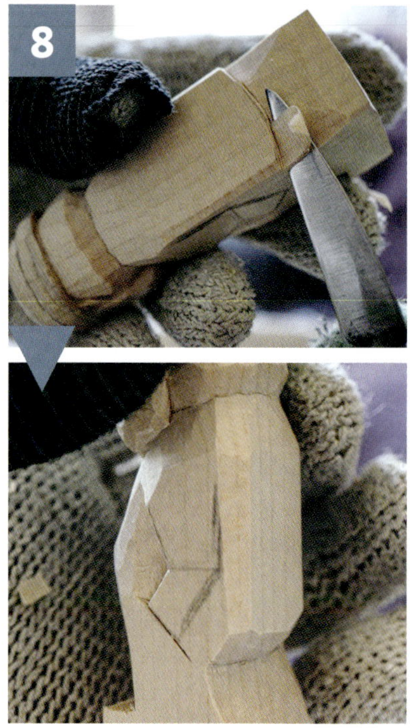

Den Rücken ausarbeiten. Auf der Rückseite der Schnitzerei etwa 13 mm von der Unterkante entfernt eine gebogene Linie für das Gesäß anzeichnen und als Stoppschnitt schnitzen. Bis zu dieser Linie hinaufschnitzen. Nach Erreichen der gewünschten Tiefe das Gesäß behutsam abrunden.

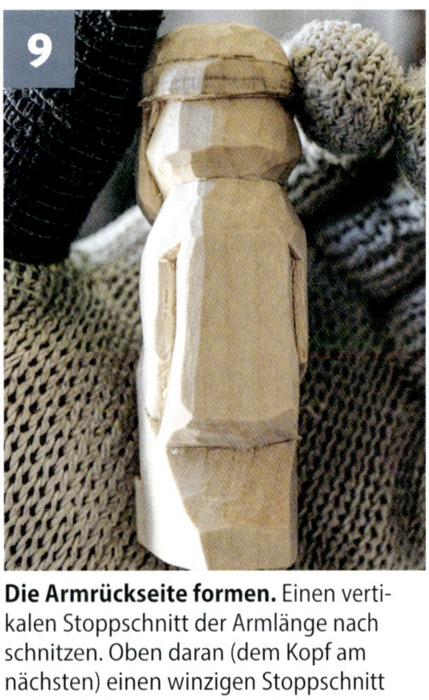

Die Armrückseite formen. Einen vertikalen Stoppschnitt der Armlänge nach schnitzen. Oben daran (dem Kopf am nächsten) einen winzigen Stoppschnitt leicht schräg nach oben in Richtung Rückenmitte ausführen. Bis zu diesem schnitzen, damit der Arm dicker wird; an dieser Stelle soll das Messer beim Aufwärtsschnitzen stoppen. Rücken und Schultern abrunden und bis zum Haaransatz hinaufschnitzen.

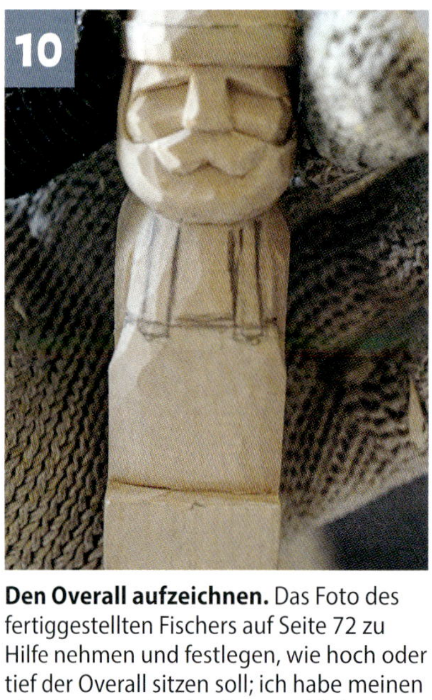

Den Overall aufzeichnen. Das Foto des fertiggestellten Fischers auf Seite 72 zu Hilfe nehmen und festlegen, wie hoch oder tief der Overall sitzen soll; ich habe meinen eine Linie mit den Armbeugen bilden lassen. Aus den Linien Stoppschnitte machen und vom Hemd aus in deren Richtung schnitzen, damit der Overall über dem Hemd sitzt. Etwaige scharfe Kanten oder Ecken ausgleichen.

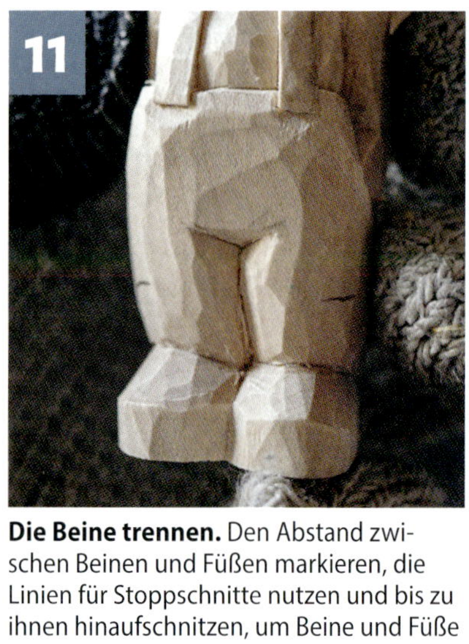

Die Beine trennen. Den Abstand zwischen Beinen und Füßen markieren, die Linien für Stoppschnitte nutzen und bis zu ihnen hinaufschnitzen, um Beine und Füße zu trennen. Mit kleinen V-Schnitten Falten in die Kleidung schnitzen. Letzte Details hinzufügen; ich habe vorn am Overall eine Tasche gestaltet. Die Stiefel abrunden, eine Sohle ausarbeiten und in die Stiefelseiten zum Trennen von Sohle und Absatz kleine Kerben schnitzen.

12

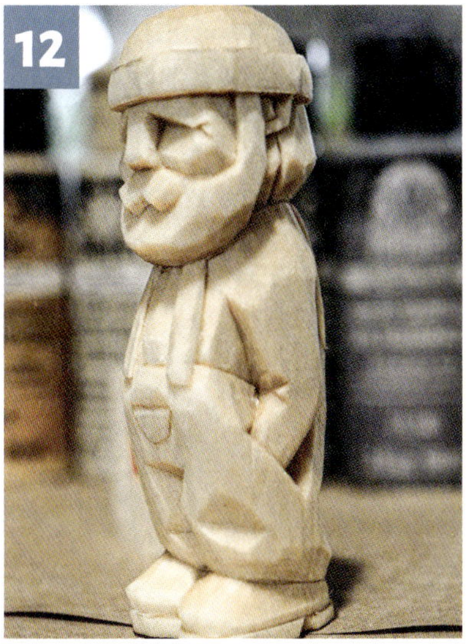

Vorbereiten zum Bemalen. Das gesamte Werk mit gekochtem Leinöl versehen und sauberwischen. **Anmerkung:** Papiertücher fachgerecht entsorgen; ölgetränkte Papiertücher und Lappen können sich spontan entzünden. Die Arbeit vor dem Bemalen über Nacht trocknen lassen.

13

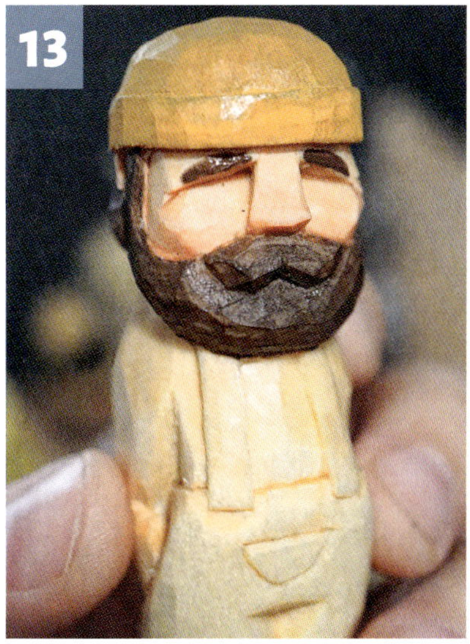

Die Schnitzerei bemalen. Die Haut mit einer stark verdünnten Mischung aus Narzissengelb und Kardinalrot bemalen. **Anmerkung:** Die Farben vor dem Bemalen des Werkes auf einem Holzrest testen. Das Haar braun und die Mütze ockergelb bemalen. Für das wettergegerbte Aussehen ein wenig Kardinalrot auf Wangen und Nase auftragen.

14

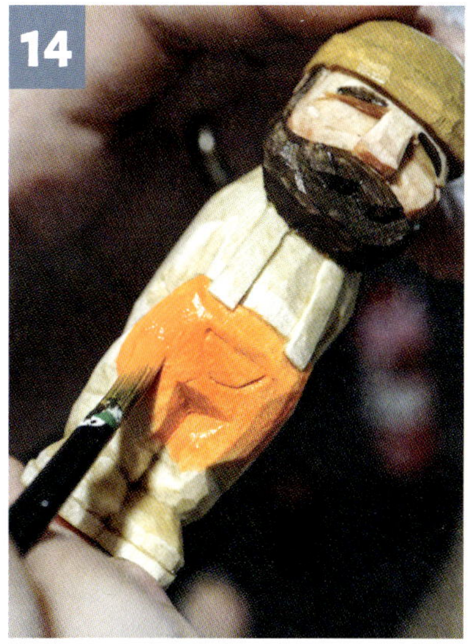

Die Kleidung bemalen. Den Latz mit verdünntem Orange und die Hosenträger mit Lakritzschwarz bemalen. Das Hemd mit Grau versehen.

15

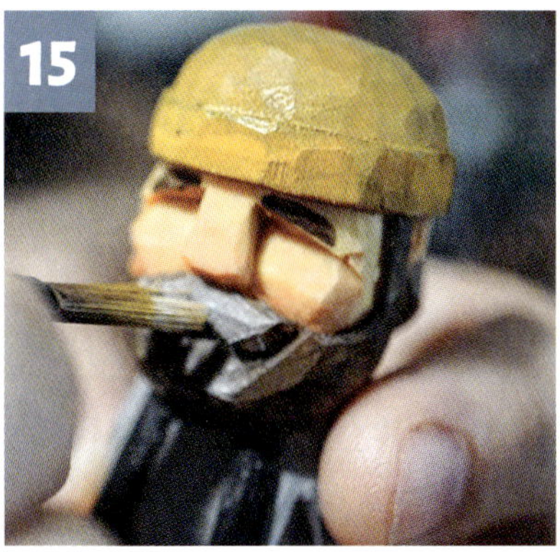

Letzte Details. Die Stiefel mit Braun und die Sohlen mit Kamelbeige bemalen. Weidenweiß mit trockenem Pinsel auf Bart und Koteletten streichen.

Fertigstellung

Über Nacht trocknen lassen. Das Werk dann mit klarem Wachs versiegeln. Eine dicke Wachsschicht mit einem Pinsel auftragen und darauf achten, dass es sich nicht in den Ritzen sammelt. Über Nacht einziehen lassen und mit einem weichen Tuch polieren. Für eine dickere Oberflächenbehandlung mehrere Schichten auftragen.

Vorlagen Fischer aus Alaska

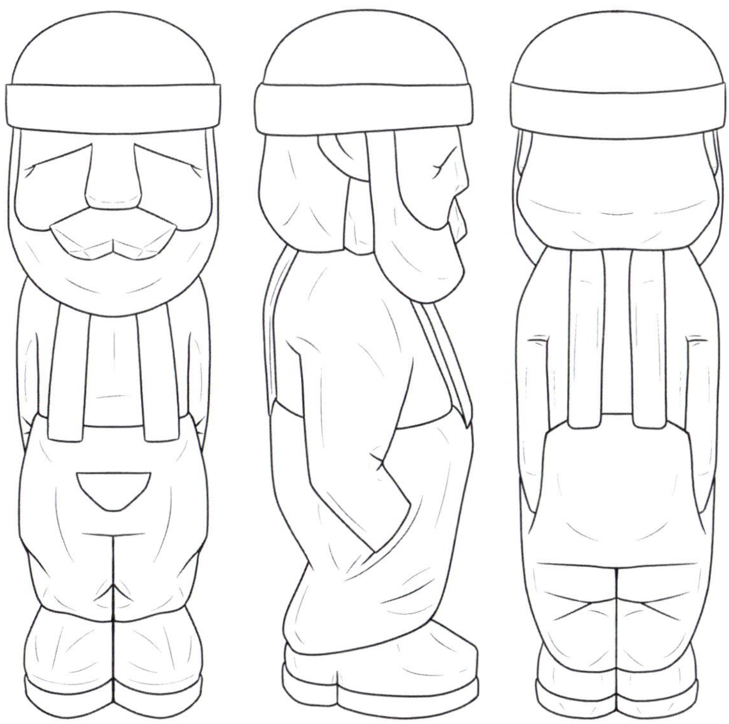

Kleeblattkette

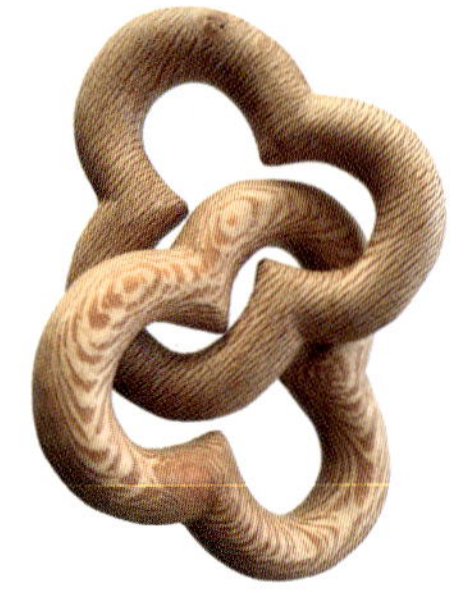

Stellen Sie sich dieser Variante der traditionellen geschnitzten Kette in nur acht Schritten!
Von Bjarne Jespersen

In meiner Arbeit ziele ich auf Symmetrie, Eleganz und Ebenheit ab. Natürlich sollte ich auch noch „Magie" hinzufügen, da es das ist, was meine Schnitzwerke am besten beschreibt. Die Magie liegt darin, aus einem einzigen Stück Holz zwei oder mehr Teile zu schnitzen, die lose sind, aber nicht voneinander gelöst werden können und so das Auge täuschen.

Wer mein Buch „Magische Schnitzereien" kennt, erkennt diesen Ansatz der optischen Täuschung wieder. Diese Kleeblattkette folgt den gleichen Grundsätzen, ist aber für Fortgeschrittene zu schaffen. Die angegebenen Maße sind für eine zweigliedrige Kette gedacht; haben Sie diese geschafft, können Sie so viele Kettenglieder schnitzen, wie Sie wollen!

Wahl des Holzes

Mit den Jahren habe ich viele Holzsorten, heimische und exotische, gesammelt. Bergahorn (*Platanus occidentalis*) ist in vielen europäischen Städten allgegenwärtig. Ich hatte ein kleines Stück davon und wollte aufgrund der interessanten Maserung etwas daraus schnitzen. Bergahorn lässt sich nicht schwer schnitzen, bedenken Sie jedoch, dass er splittern könnte, wenn Sie nahe an einer Kante arbeiten. **Anmerkung:** Immer Schnitzhandschuh und Daumenschutz tragen! Die Fotos wurden zur besseren Hand- und Messerposition ohne aufgenommen.

MATERIAL

- Holz, z. B. Bergahorn, 44 mm x 44 mm x 51 mm
- Schleifpapier (verschiedene Körnungen bis 320)
- sauberes Tuch
- Oberflächenbehandlung (z. B. Bienenwachs)
- Acrylfarben (optional)
- Schnürsenkel
- dünnes Rundholz oder Rührstäbchen

WERKZEUG

- Zugsäge oder Handsäge
- Laubsäge (optional)
- kleiner Bohrer (optional)
- Schnitzmesser
- Feilen oder Raspeln (optional)
- Schraubstock
- Pfeifenreiniger
- Ton (optional)
- Bleistift

Vorlage auf Seite 79.

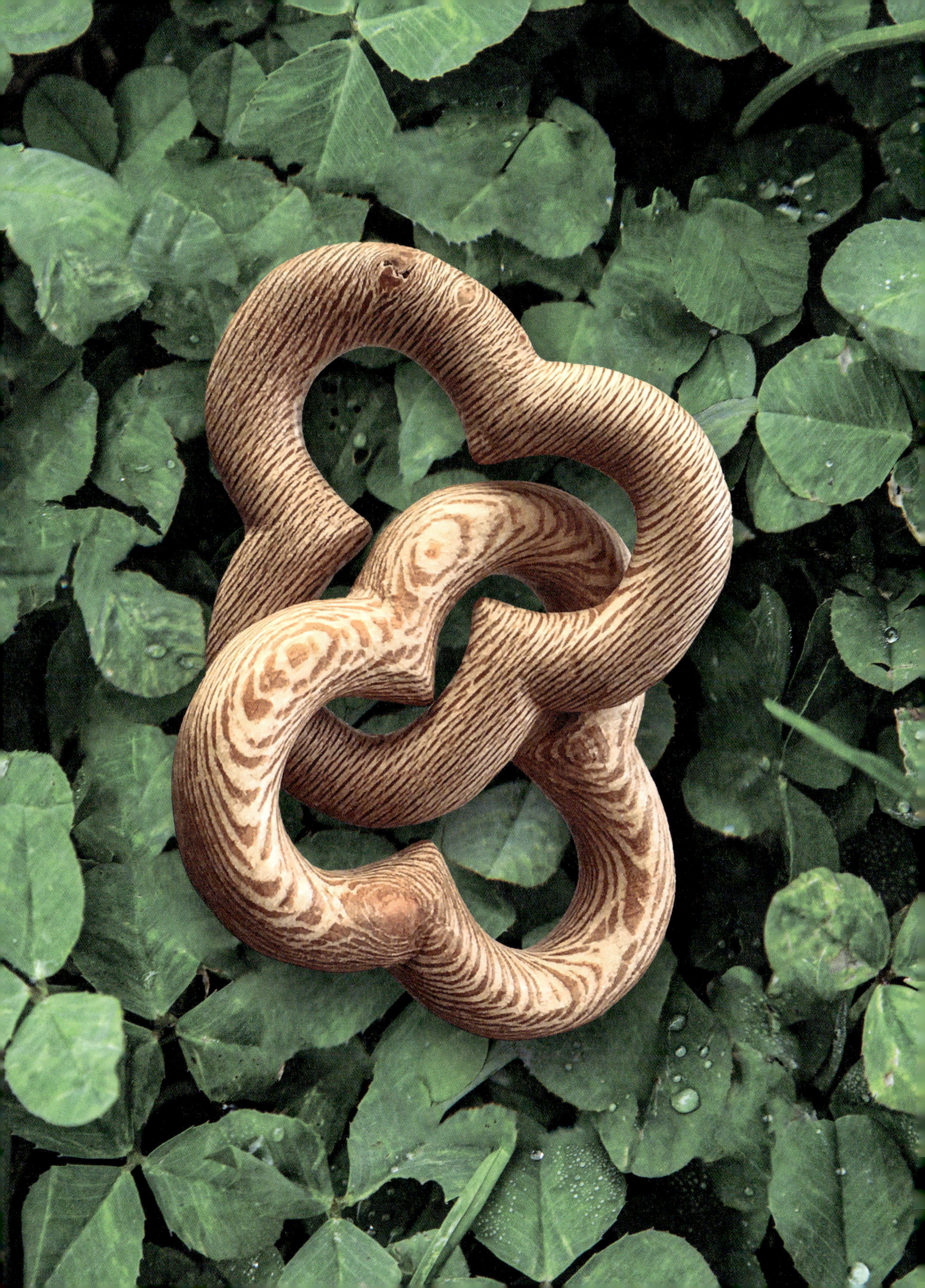

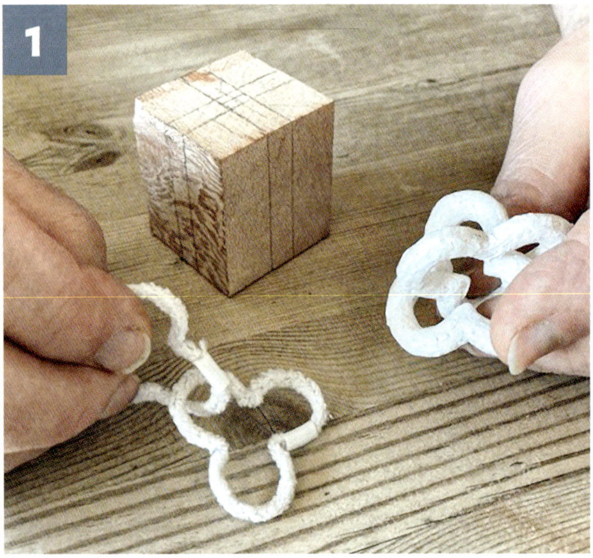

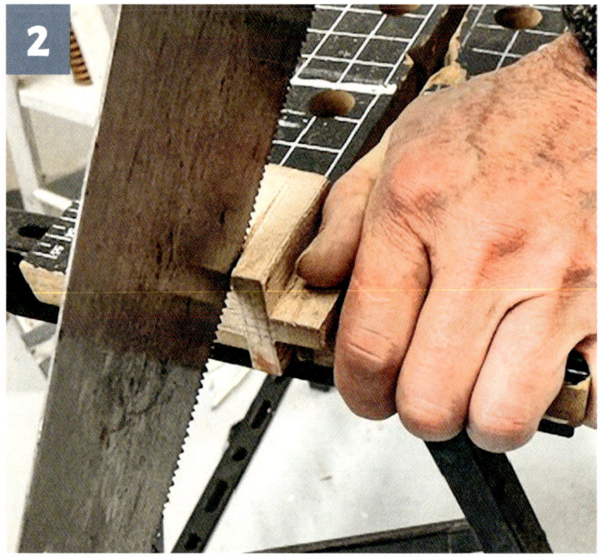

Einen Prototyp herstellen und den Rohling vorbereiten. Ich habe Pfeifenreiniger verwendet, um ein Gefühl dafür zu bekommen, wie echte Kettenglieder ineinander verschlungen sind; mit Ton funktioniert es auch. Beim Schnitzen zur Orientierung verwenden. Die X-Form auf die kurzen Seiten des Rohlings zeichnen und diesen Linien entlang der langen Seiten folgen, um die Kreuze zu verbinden.

Den Rohling sägen. Das Holz in einen Schraubstock spannen und mit einer Hand- oder Zugsäge den Rohling entlang der Linien für die Kreuze zuschneiden. Knapp vor dem Bereich stoppen, an dem die Linien aufeinandertreffen; sichergehen, mehr Material als notwendig stehenzulassen. **Anmerkung:** Als Faustregel immer etwas mehr stehen lassen, das man mit Schleifpapier entfernen kann.

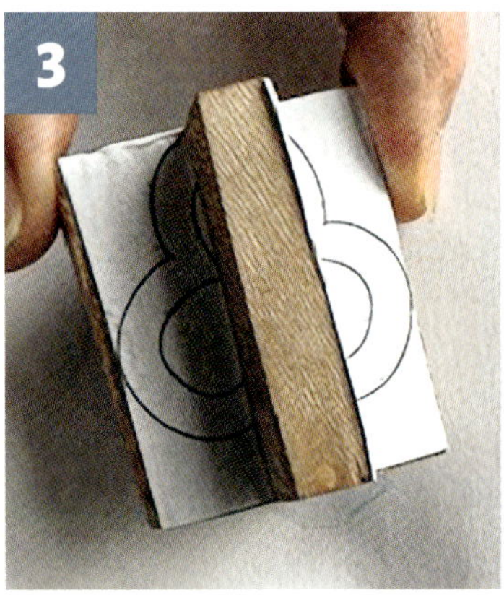

Die Vorlagen für den Klee anbringen. Vier Kopien anfertigen, jede in der Mitte falten, dann mit verschiebbarem Sprühkleber an allen vier 90°-Winkeln des Rohlings anbringen. Dabei darauf achten, dass jede Mitte perfekt mit einer Ecke übereinstimmt.

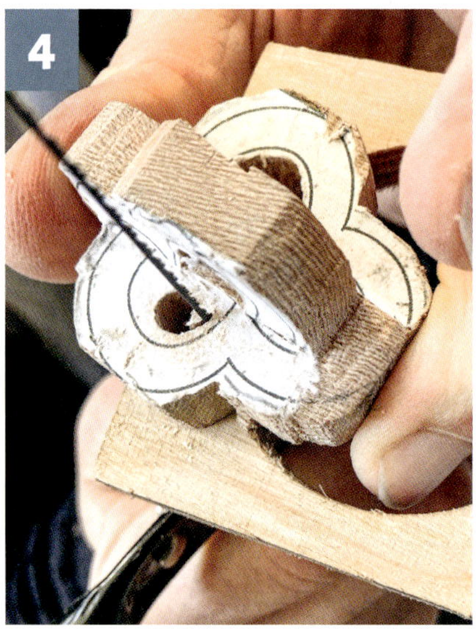

Die Grundform zuschneiden. Grob mit einem Messer ausarbeiten oder, wie ich, eine Laubsäge verwenden. Den Rohling auf einen Holzrest mit Loch in der Mitte für das aufrechte Kleeblatt legen. Genug Holz zum Formen stehenlassen. Beim Umsägen des aufrechten Kleeblattes mit dem Sägeblatt oder der Klinge nicht zu nahe kommen, da dies unschöne Spuren hinterlassen kann. Dann das Innere abtragen. Die Anfangslöcher können mit einem Messer gestochen werden; ich habe ein Loch gebohrt und die Laubsäge benutzt.

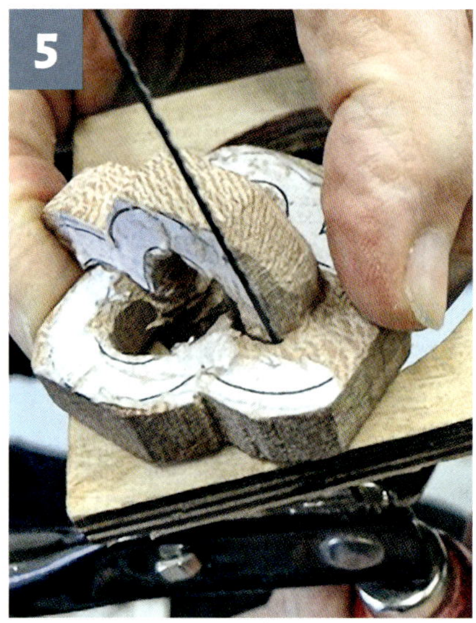

Die Formen trennen. Mit dem Messer oder einer Laubsäge die dünnen Grate trennen, die die Teile noch verbinden. Sie müssen das Werkstück einige Male drehen, um alle Verbindungen zu kappen.

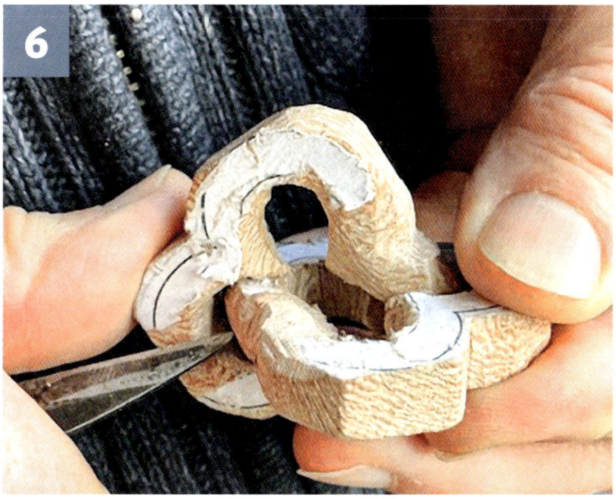

Die Kleeblätter schnitzen. Mit dem Messer jedes Kleeblatt abrunden und dabei die Linien der Vorlage zur Bemessung der gewünschten Stärke nutzen. Die inneren Bereiche ausweiten. Für völlige Bewegungsfreiheit zwischen den einzelnen Stücken die Stärke nur nach und nach reduzieren, damit die Kleeblätter symmetrisch bleiben.

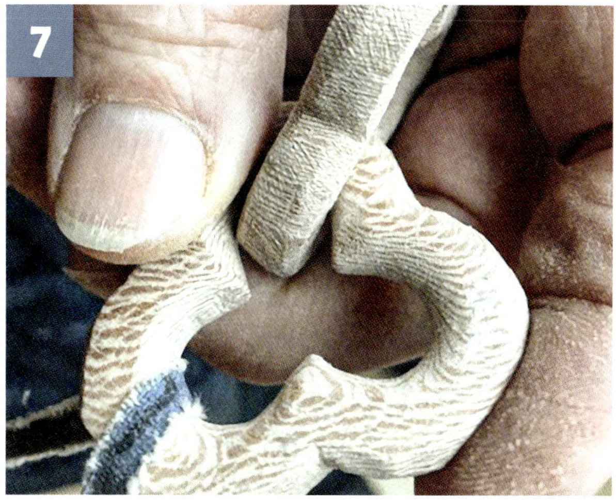

Innenseiten versäubern. Nutzen Sie Messer und Schleifpapier, um die Innenseiten der Kleeblätter zu glätten. Achten Sie darauf, nicht zu viel Holz zu entfernen, um die gleichmäßige Rundung zu erhalten.

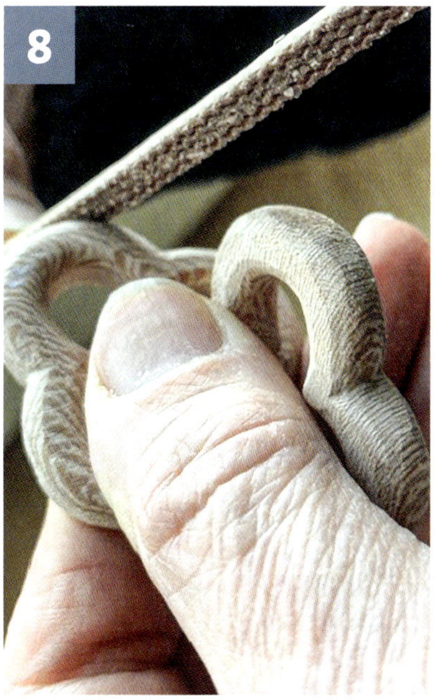

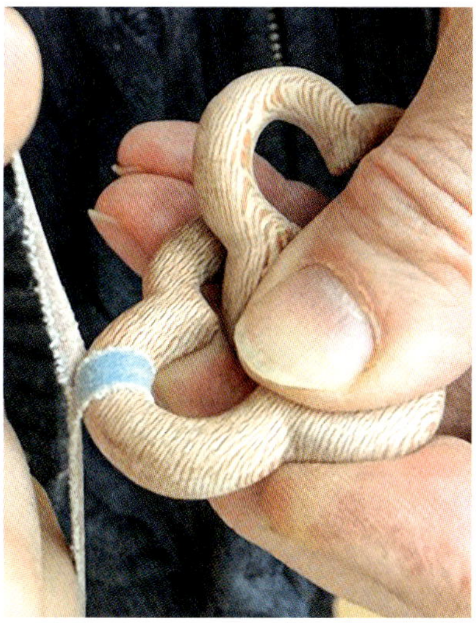

Das Projekt fein ausarbeiten. Rundherum die gleiche Stärke erhalten und darauf achten, dass die drei Vertiefungen eines jeden Kleeblatts gleich groß und tief sind. Für kleinere Erhebungen verwende ich ein dünnes Rundholz oder ein Rührstäbchen mit aufgeklebtem Schleifpapier; mehrere Stäbchen mit unterschiedlichen Körnungen sind hilfreich. Verklebt ein Ende mit Sägemehl, dieses einfach abschneiden. Sie können auch Feilen oder Raspeln verwenden.

Schleifen und Oberflächenbehandlung

Außen- und Innenseite jedes Kettengliedes schleifen und dabei nach und nach durch die Körnungen von 150 bis 320 arbeiten. Dann überschüssigen Staub mit einem sauberen Tuch abwischen und eine Schicht Bienenwachs auftragen. Ich finde einen in Wachs getränkten Schnürsenkel praktisch für kleinere Ritzen. Die Kette mit einem natürlichen Holzöl behandeln oder eine Acrylfarbe mit Struktur auftragen.

Vorlage Kleeblattkette

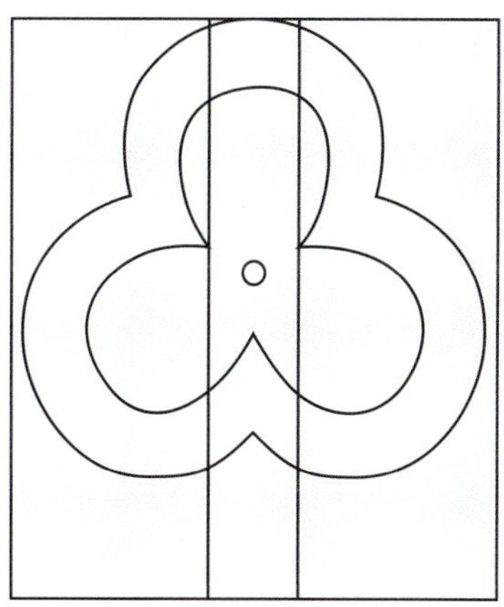

Vogel im Käfig

Mit ein paar simplen Schnitten sorgt ein klassisches Design für Furore.
von Daniel Breeding

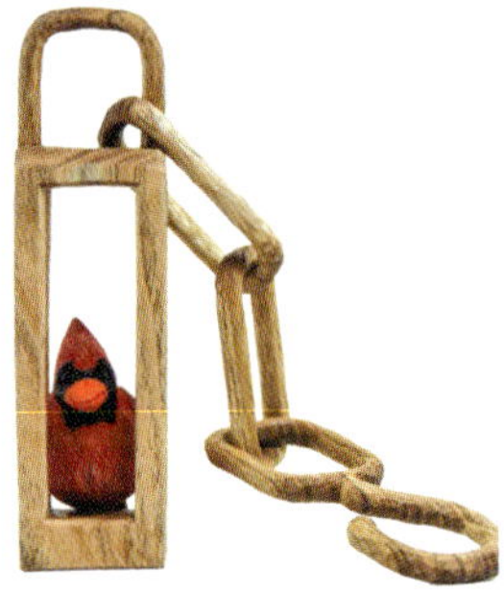

Ich erinnere mich, wie ich als kleiner Junge meine Großeltern besuchte und voller Erstaunen eine Kugel im Käfig bewunderte, die sie im Regal stehen hatten. Ich habe jahrelang über dieses Stück gegrübelt. Als ich zu schnitzen begann, wusste ich, ich würde eines Tages eine für mich schnitzen, und bin seitdem in den Genuss gekommen, einige anzufertigen. Diese Schnitzerei ist inspiriert von dieser lieben Erinnerung – die Neuinterpretation eines Klassikers. Mit Geduld lässt sich dieses Werk nur mit dem Messer fertigen. Die Details des Vogels sind minimal, lassen sich aber natürlich je nach Kreativität erweitern

Vorbereitung

Wählen Sie ein Holz; ich mag Graue Walnuss (Butternuss) aufgrund der schönen Maserung. Die Vorlage mit Durchschreibpapier und einem Bleistift auf zwei nebeneinanderliegende Seiten des Rohlings übertragen. Einige grundlegende Anhaltspunkte auf die anderen beiden Seiten zu zeichnen, kann sich als hilfreich erweisen, um beim Schnitzen auf der richtigen Spur zu bleiben. Die Vorlage des Vogels ist etwas übergroß, um am Ende Platz für letzte Schnitte zu lassen. Seine endgültige Größe ist nicht wichtig, solange er groß genug ist, dass er hinter den Käfigstäben bleibt. **Anmerkung:** Tragen Sie immer einen Schnitzhandschuh und einen Daumenschutz. Die Fotos wurden ohne aufgenommen, um die Hand- und Messerpositionen klar darzustellen.

Material
- Holz, z. B. Linde, 38 mm x 38 mm x 292 mm
- Durchschreibpapier
- braune Papiertüte
- Schleifpapier in verschiedenen Körnungen (optional)
- Frischhaltefolie (optional)
- Acrylfarben
  - Schwarz
  - Orange
  - Rot
- Oberflächenbehandlung, z. B. Lack
- Wachspaste

WERKZEUG
- Schnitzmesser
- kleiner Stechbeitel (optional)
- Schrägbeitel (optional)
- verschiedene Pinsel
- Feilen oder Raspeln (optional)
- Schraubstock
- Bleistift

Vorlagen auf Seite 83.

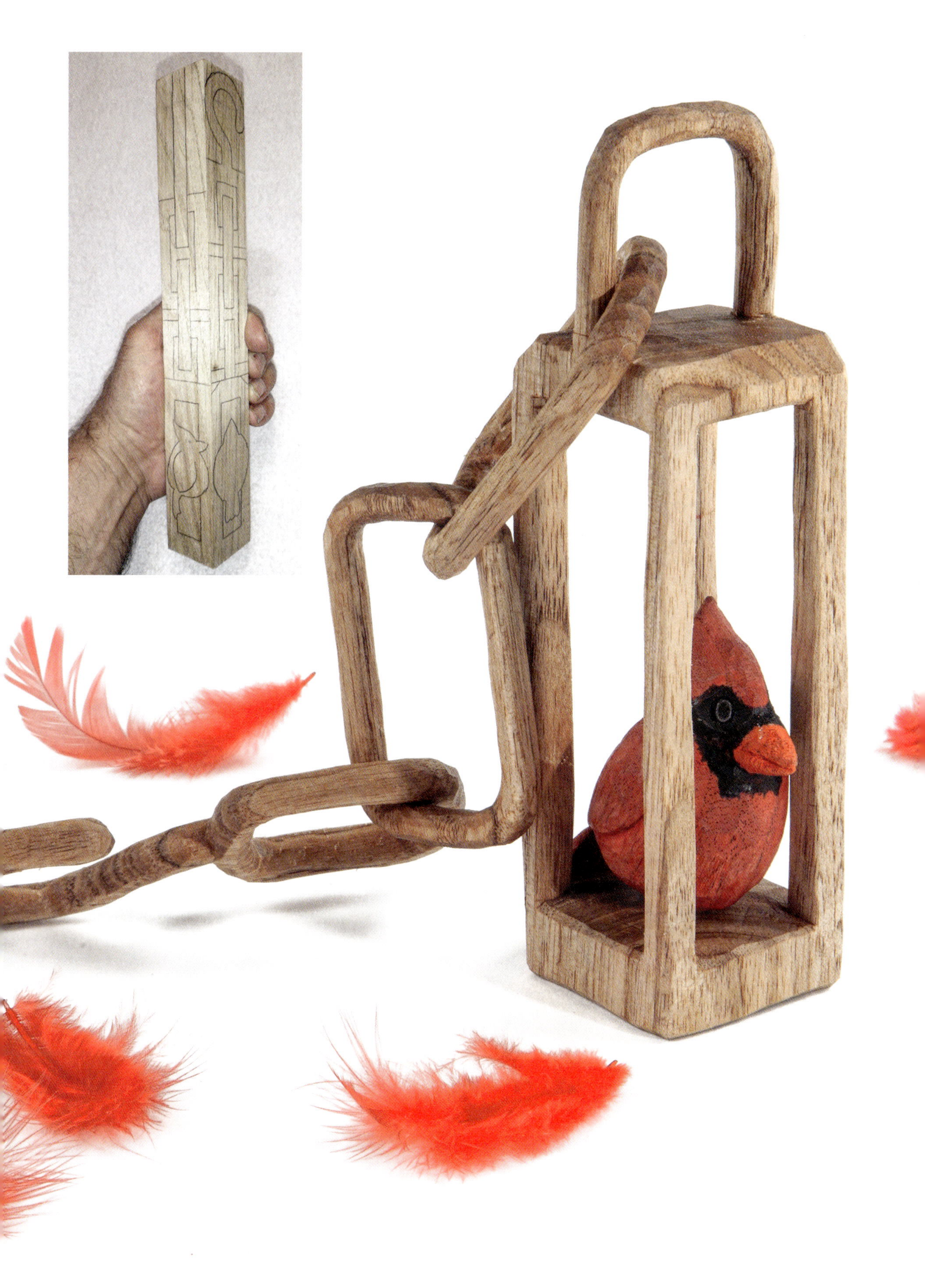

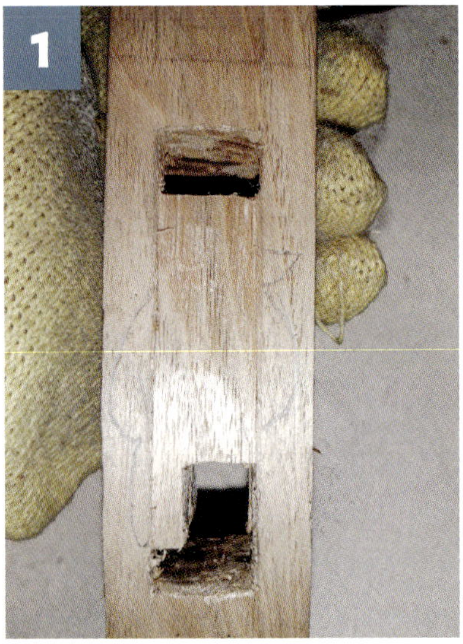

Den Käfig formen. Mit einem Schnitzmesser großzügig das Holz über und unter dem Vogel entfernen. Die Maserungsrichtung im Blick behalten. Ein Schrägbeitel kann hier praktisch sein. Das Stück zum Formen der Käfigstäbe aus jedem Winkel bearbeiten. Keine Sorge über Genauigkeit in diesem Stadium – dies ist nur grobe Formgebung.

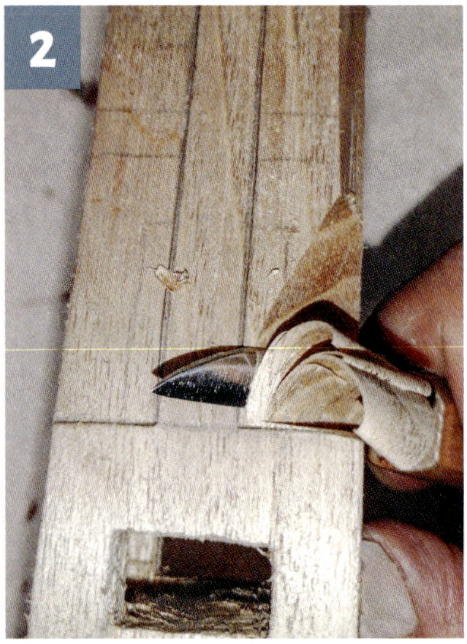

Den oberen Bereich des Rohlings formen. Parallele Linien im Mittelteil aller vier Seiten anzeichnen, vom Käfig bis zum Ende, an dem der Haken sein wird. Die Stärke der Kettenglieder nach Vorlage markieren. Überschüssiges Holz dort entfernen, wo die Kettenglieder und der Haken sein werden. Ich habe dies mit einigen V-Schnitten gemacht.

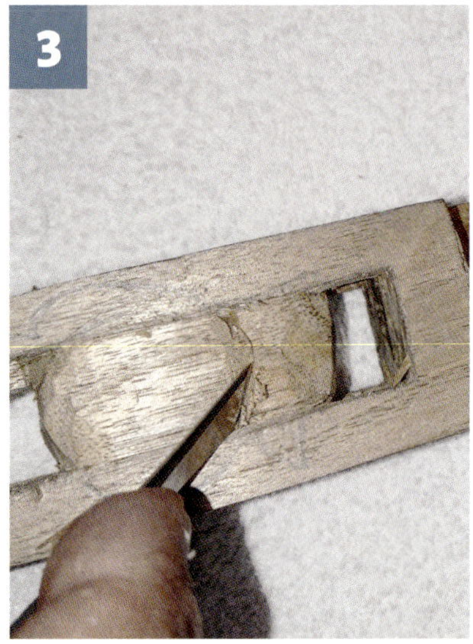

Den Vogel formen. Tiefe Einschnitte in die Käfigstäbe vermeiden. Das Messer um den Vogel herum bewegen und beide Seiten bearbeiten, um nicht zu viel Holz in einem Bereich zu entfernen.

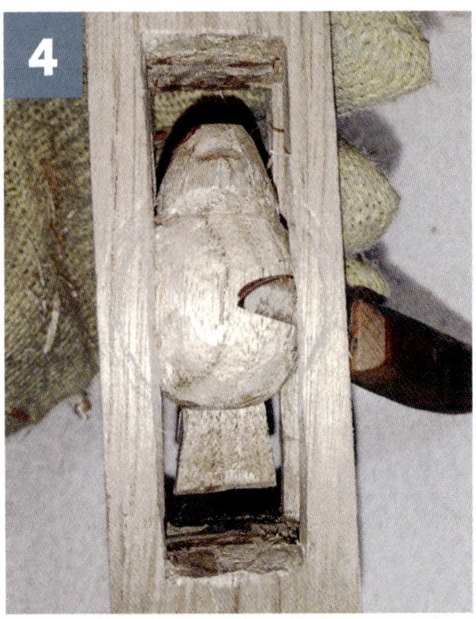

Den Vogel vom Käfig befreien. Weiter je Schnitt wenig Holz entfernen und den Vogel runder gestalten. Nun den Vogel vom Holzstück lösen, wodurch er sich im Käfig auf und ab bewegen kann. Die Seiten der Stäbe bearbeiten, damit sie parallel und gerade sind. Ich lasse den Vogel lieber in Ruhe und stelle ihn später fertig, wenn ich ihn besser bewegen und mit Blick auf die Maserung schnitzen kann. Das ist aber Geschmackssache.

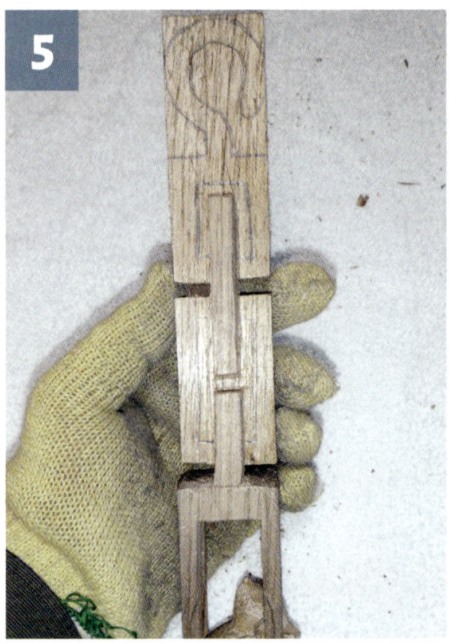

Die Kette schnitzen. Zuerst (evtl. mit einem kleinen Stechbeitel) zwischen die Kettenglieder stechen. Immer nur wenig abtragen und von allen Seiten um alle Glieder herumarbeiten. Diese nun mit V-Schnitten befreien. Je schmaler die Schnitte, umso näher können die Glieder beieinander liegen und umso mehr Holz bearbeitet werden. Das Ziel sind zarte, dünne Kettenglieder.

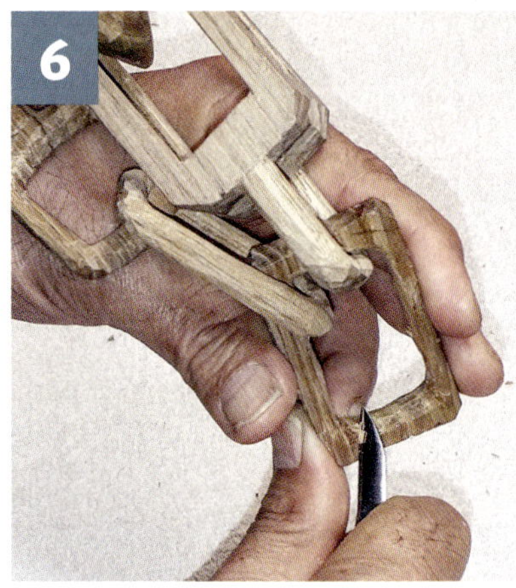

Die Kettenglieder ausarbeiten und den Haken schnitzen. Ich beginne auf der Innenseite mit dünnen, schneidenden Strichen für die Bögen. Das Holz ist hier sehr zerbrechlich, daher muss es abgestützt und behutsam mit wenig Druck geschnitzt werden. Innen liegende Rundungen können wegen der Maserung schwierig sein; man muss die Richtung des Messers ändern, um ein Ausreißen zu vermeiden. Die äußeren Rundungen sind leichter. Die Maserung dennoch beachten und das Messer scharf halten! Kettenglieder und Haken nach Belieben schnitzen.

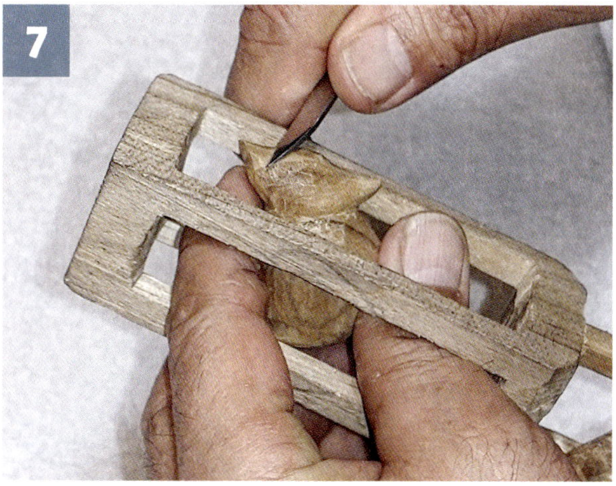

Den Vogel ausarbeiten. Darauf achten, rund um den Vogel zu schnitzen, und ihn dabei kontinuierlich drehen, damit er symmetrisch bleibt. Auch hier auf die Maserungsrichtung achten. Wenn der Vogel kleiner wird, wird es einfacher, ihn im Käfiginneren zu bewegen, um bessere Schnittwinkel zu bekommen. Prüfen Sie immer wieder die Größe an allen vier Seiten, damit er nicht durch die Stäbe rutscht.

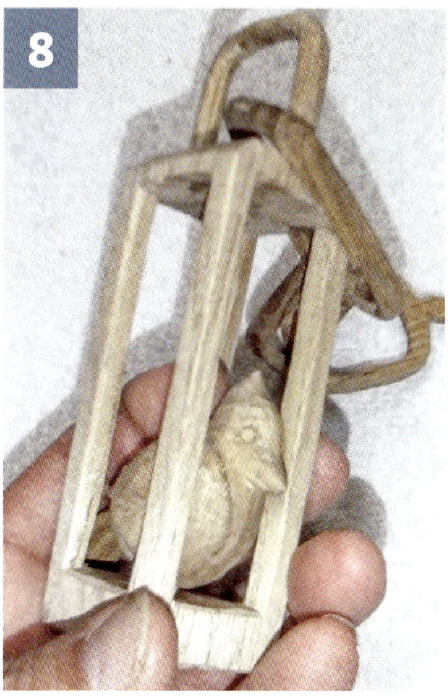

Letzte Schnitte ausführen. Einen Flügel und ein Auge auf beide Seiten des Vogels und den Mund auf den Schnabel zeichnen. Ich schnitze die Konturen der Flügel und den Mund mit V-Schnitten (ein kleiner Stechbeitel ist hier praktisch). Den Kreis für die Augen und kleine Schlitze für die Pupillen schnitzen. Die gesamte Schnitzerei versäubern. Ich breche alle scharfen Kanten meiner Werke, schleife sie aber nicht, da ich die Werkzeugspuren gern sichtbar lasse. Falls gewünscht, mit Schleifpapier schleifen.

Vorlagen Vogel im Käfig

auf 125 % kopieren

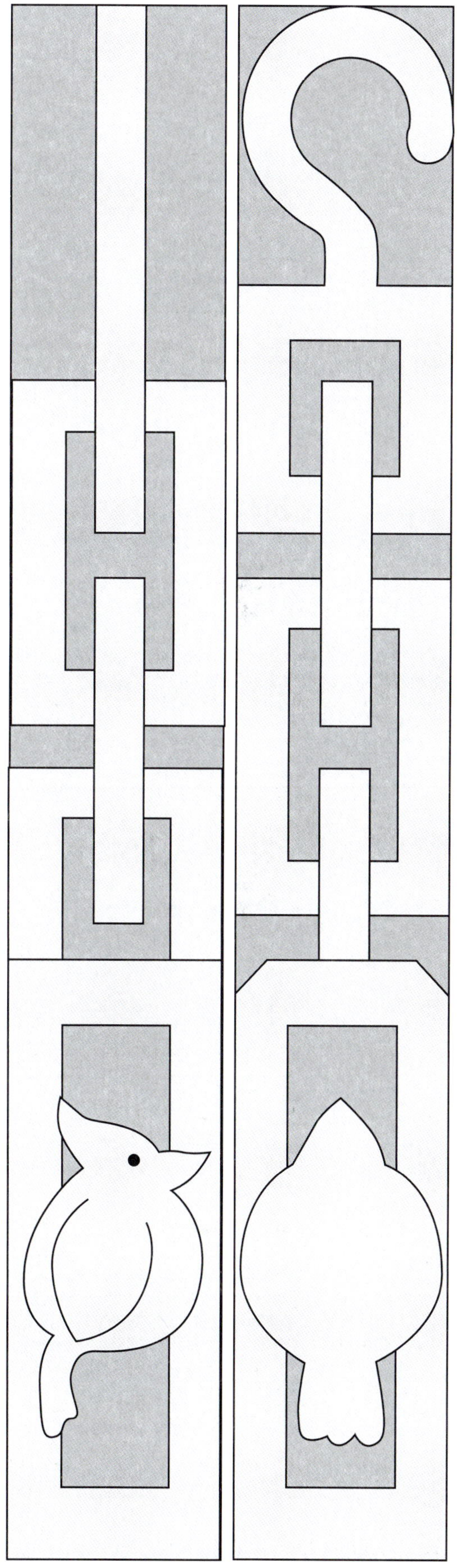

Bemalen und Schlussbehandlung

Das Werk zum Bemalen vorbereiten. Das Holz mit einer braunen Papiertüte auf Glanz polieren. Vor dem Bemalen des Vogels die Käfigstangen zum Schutz z. B. mit Frischhaltefolie umwickeln. Ich wollte aus meinem Vogel einen Roten Kardinal machen. Für den Körper habe ich Rot verdünnt, für den Schnabel Orange, die Maske und die Augen des Vogels sind schwarz. Trocknen lassen, dann für den Glanz einen kleinen Tropfen Klarlack auf jedes Auge auftragen. Das restliche Werk mit Wachspaste versehen und trocknen lassen.

Hexe Helga

Schnitzen Sie eine verrückte Hexe aus einem vorgedrechselten Rohling!
von Lori Dickie

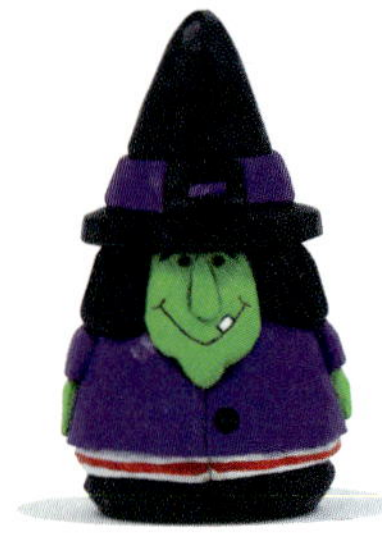

Diese lustige Karikatur ist perfekt für Halloweenfreunde. Bearbeiten Sie ein Holzstück grob mit dem Messer oder sparen Sie sich ein bisschen Zeit, indem Sie ein Stück gedrehtes Lindenholz kaufen!

Anmerkung zu Farben

- **Hut, Haare, Schuhe: Schwarz**
- **Zahn, Streifen: Weiß**
- **Streifen: Hellrot**
- **Kleid, Hutband: Lavendel**
- **Gesicht, Hände: Apfelgrün**

Tipp: Details ergänzen

Für das Haar ungleichmäßige Schnitte mit dem kleinen Stechbeitel schnitzen – einige länger und einige tiefer als andere. Vor dem Bemalen an den Linien mit dem Brandmalkolben arbeiten, damit die Farben nicht ineinander rinnen.

MATERIAL

- kleiner Lindenholzrohling für einen Weihnachtsmann: Größe 2 (44 mm x 92 mm) (für eine größere Hexe einen größeren Rohling (89 mm x 146 mm) verwenden und die Vorlage auf 200 % kopieren)
- Durchschreibpapier (optional)
- Farbe
  - Apfelgrün
  - Schwarz
  - Hellrot
  - Lavendel
  - Weiß
- Oberflächenbehandlung: matter Klarlack

WERKZEUG

- Schnitzmesser
- kleiner V-förmiger Stechbeitel
- Holzmalkolben mit Schreibspitze
- Bleistift
- Pinsel

Vorlagen auf Seite 85.

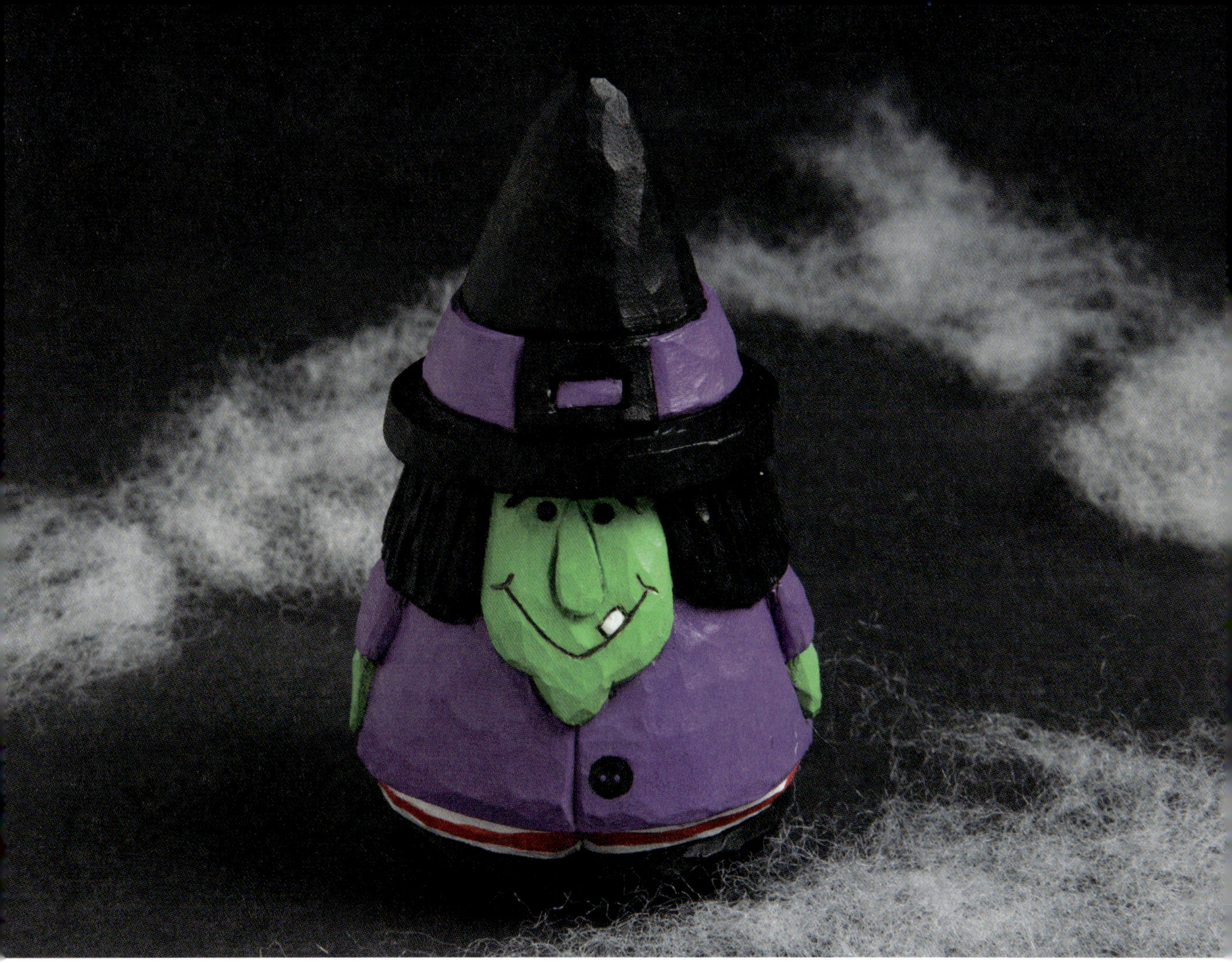

Vorlagen Hexe Helga

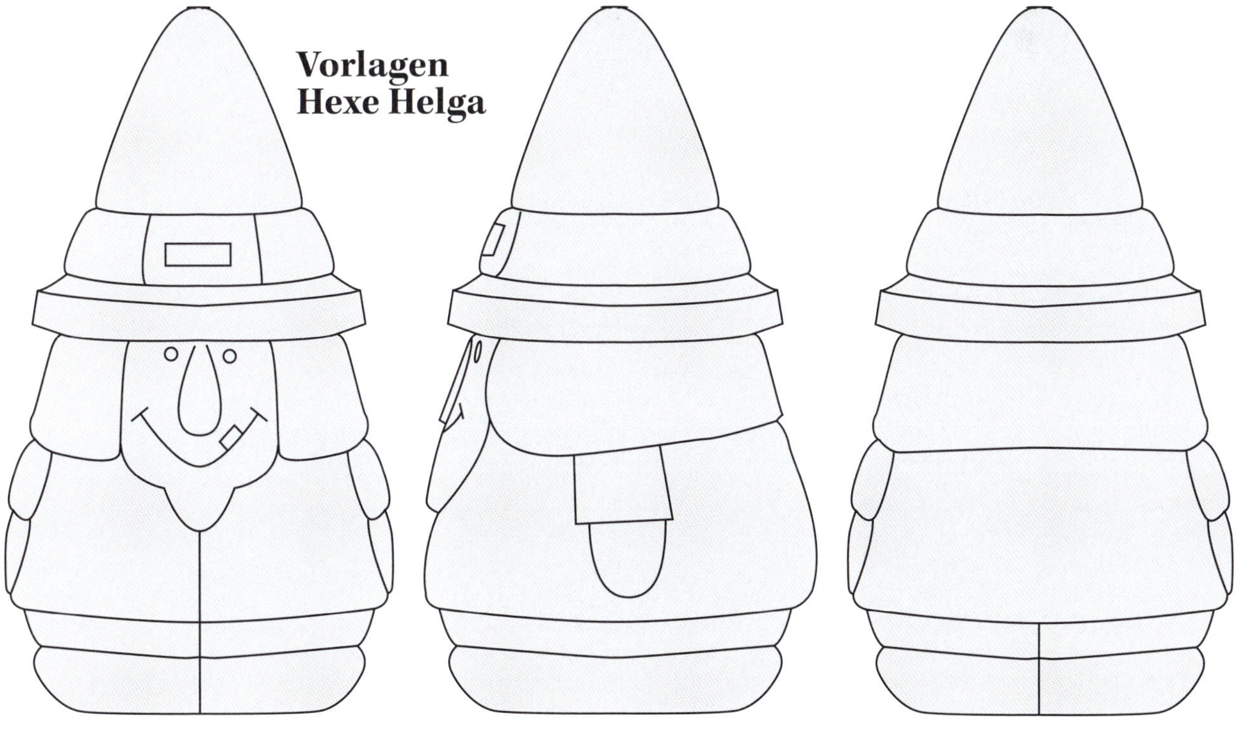

Schwarz-pappel-rindenwald

Gestalten Sie neckische Tannenbaum-Magnete aus den Resten von Schwarzpappelrinde.

von Betsy Elswit

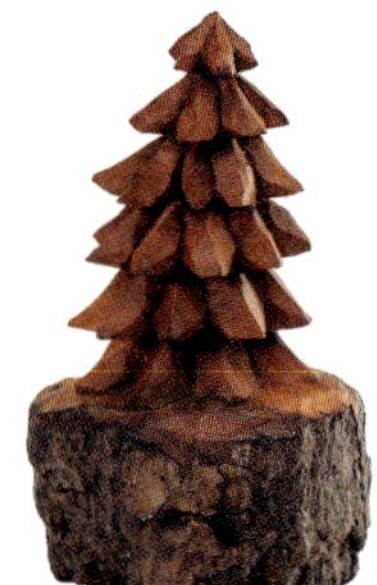

Ich liebe das Schnitzen mit Schwarzpappelrinde, aber in meiner Gegend haben die meisten Schwarzpappeln keine besonders dicke Rinde. Manchmal bekomme ich ein paar gute Stücke von einer unserer Kanadischen Schwarzpappeln. Ich habe einmal ein kleines Reststück gefunden und überlegt, was ich daraus machen könnte. Und es hat geklappt! Als ich immer mehr kleine Dinge aus Rinde schnitzte, versuchte ich mich an verschiedenen Ideen. Was mir Spaß macht, sind Tannenbäume – fabelhafte Schnitzereien, die man nur mit einem Messer anfertigen kann. Ich habe bei Waldspaziergängen oft ein Messer und ein kleines Stück Rinde dabei und halte inne, um etwas zu schnitzen.

Diese Stücke sind schnell geschnitzt und kommen ohne Maße aus. Eines der nettesten Dinge an ihnen ist, dass man keine Gedanken daran verschwenden muss, ob sie perfekt gleichmäßig werden. Das Endergebnis wirkt besser, wenn es krumm und schief ist. Wird es nicht wie gewünscht, werfen Sie es weg und versuchen Sie es nochmal. Bei Fundholz verlieren Sie auch kein Geld durch einen Fehler.

Vorbereitung

Die meisten meiner Holzreste liegen in der Länge zwischen 75 mm 130 mm, in der Breite zwischen 50 mm und 75 mm und sind 25 mm bis 50 mm dick. Ich teile diese Stücke in Drittel, schnitze dann zwei Drittel des Rohlings und lasse das untere Drittel ungeschnitzt.

MATERIAL

- Schwarzpappelrinde, 25 mm bis 50 mm dick (verschiedene Reste)
- Oberflächenbehandlung, z. B. Holzcreme
- Tücher oder Papiertücher (zum Auftragen)
- Magnet
- Epoxidharz

WERKZEUG

- Messer mit guter Spitze für Details
- Stechbeitel (10 mm, Stich 3) (optional)

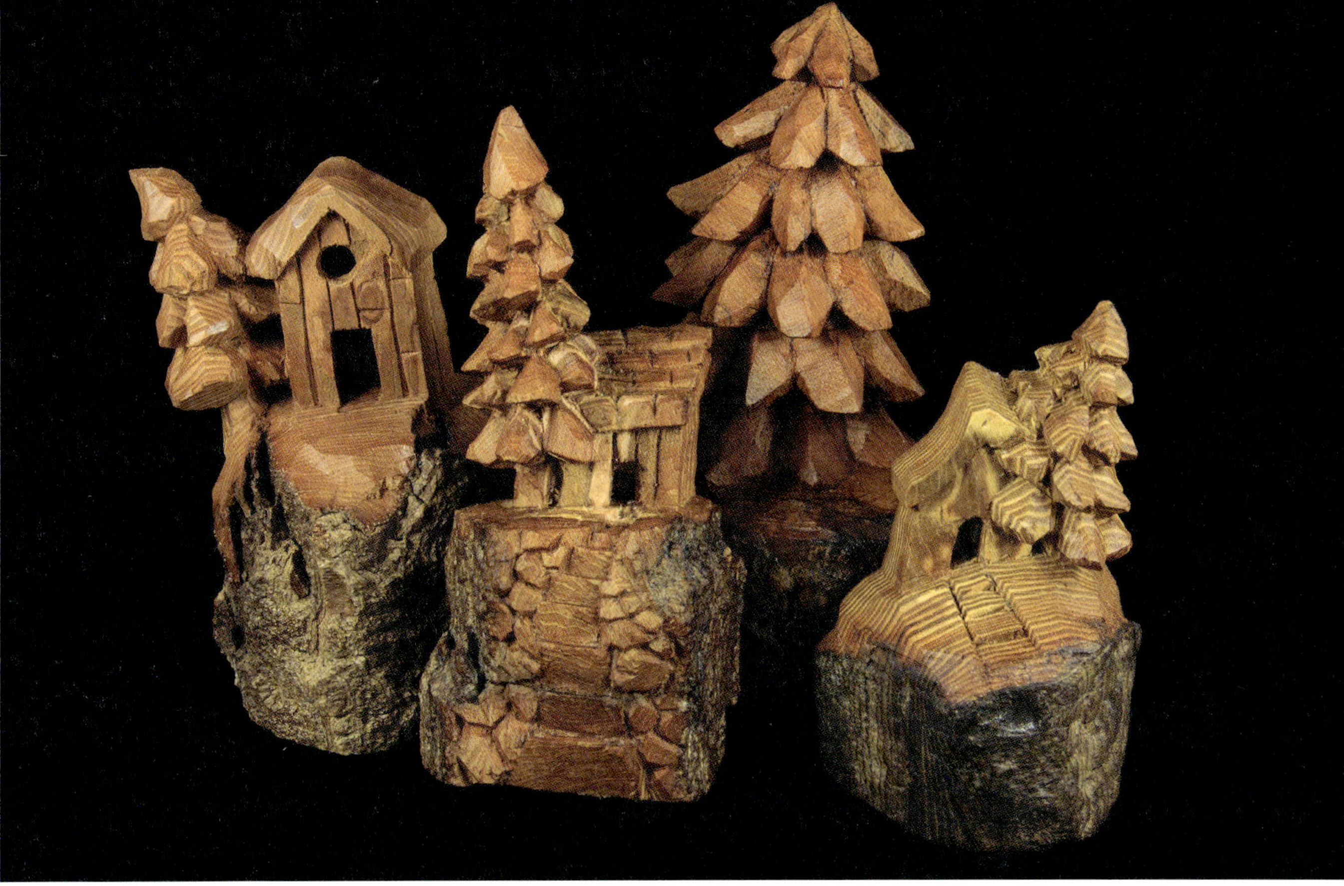

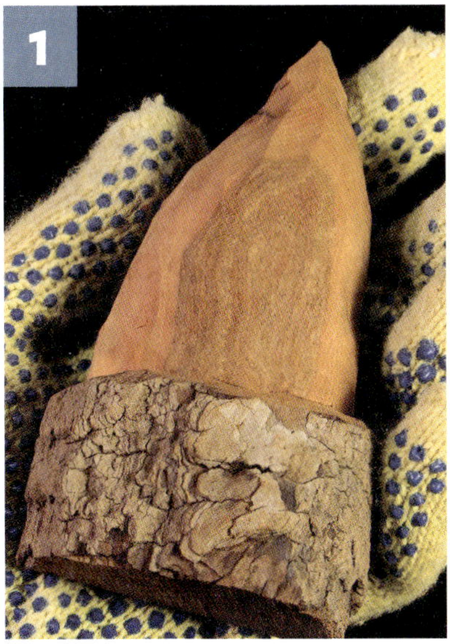

Den Baum grob bearbeiten. Die äußere Rinde an den zwei oberen Rohlingdritteln entfernen. Die Rinde zum Kegel formen, aber die Rückseite flach lassen. Wird der Baum lang und dünn, eine Biegung fertigen, um Bewegung zu erzeugen. Die Zweige können bis zum Boden reichen, die unterste Reihe kann man aber auch wegschnitzen, um einen Blick auf den Stamm freizugeben.

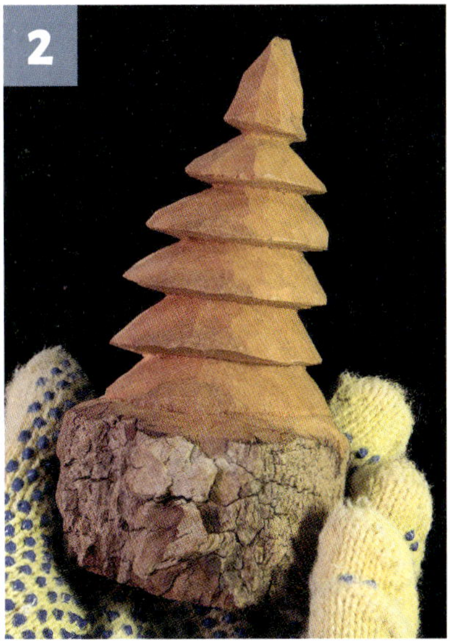

Die Äste grob bearbeiten. Rund um den Baum horizontale Linien für die Äste anzeichnen. Diese im Abstand von 5–15 mm anordnen (näher aneinander bei einem kleinen Baum, weiter auseinander bei einem großen). Auf jeder Linie einen Stoppschnitt ausführen und nach oben verjüngen, damit die Äste wirken, als stünden sie übereinander.

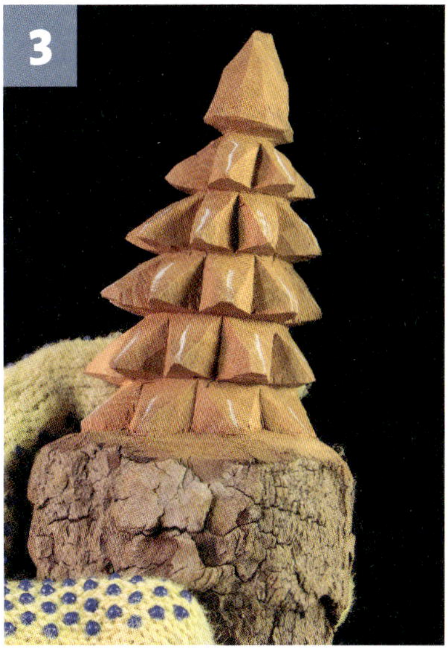

Die Äste trennen. Vertikale Linien anzeichnen, die die Äste in Zweige unterteilen. Die Linien versetzen, um nicht eine Linie von oben nach unten zu haben. Mit dem Messer oder dem Stechbeitel eine tiefe, V-förmige Kerbe an jeder Linie schnitzen.

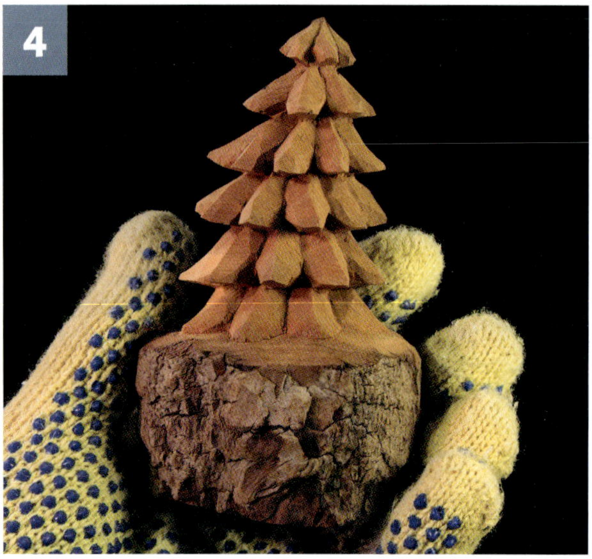

Die Äste ausarbeiten. Die Seiten jedes Astes nach unten in die Kerbe oder zum Ast darüber verjüngen. Die Zweige in kleinen Schwüngen nach links, rechts, oben oder unten geneigt ausarbeiten. Für Schatten und mehr Effekt unten Kerben in die Zweige schnitzen, wo sie aufeinandertreffen.

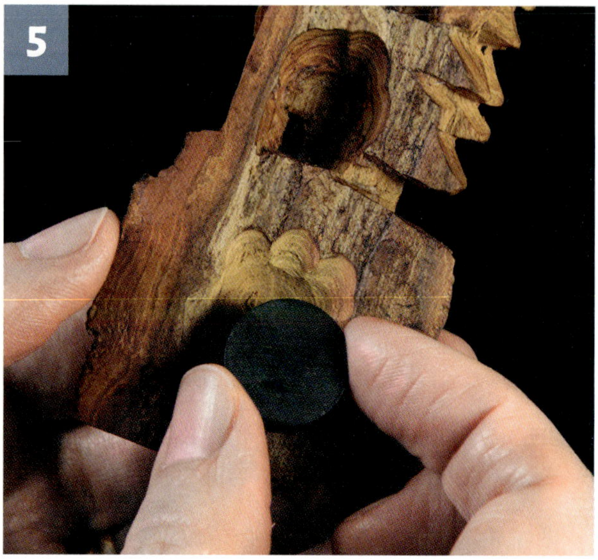

Den Magneten anbringen. Auf der Rückseite des Baumes eine kleine Vertiefung für den Magneten schnitzen und diesen dann mit Epoxidkleber einkleben.

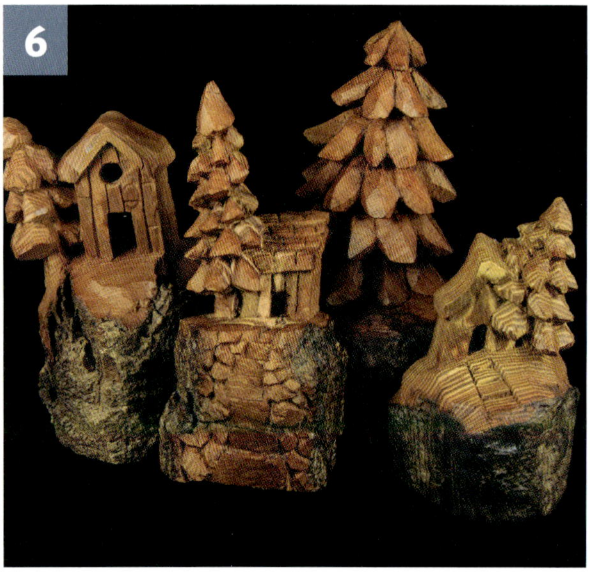

Übrigen Platz verschönern. Bäume sind für sich sehr nett, wenn Sie aber noch Platz auf der Rinde haben, können Sie ein Haus, noch einen Baum oder alles, was Ihnen sonst noch einfällt, hinzufügen. Ist der Baum klein oder die Rinde weich, die Äste stärker abrunden, um sie widerstandsfähiger zu machen.

Fertigstellung des Baumes

Ich verwende Holzcreme für meine Schwarzpappelrindenprojekte. Sie unterstreicht die Farben der Rinde, sorgt für einen netten Glanz und riecht neutral.

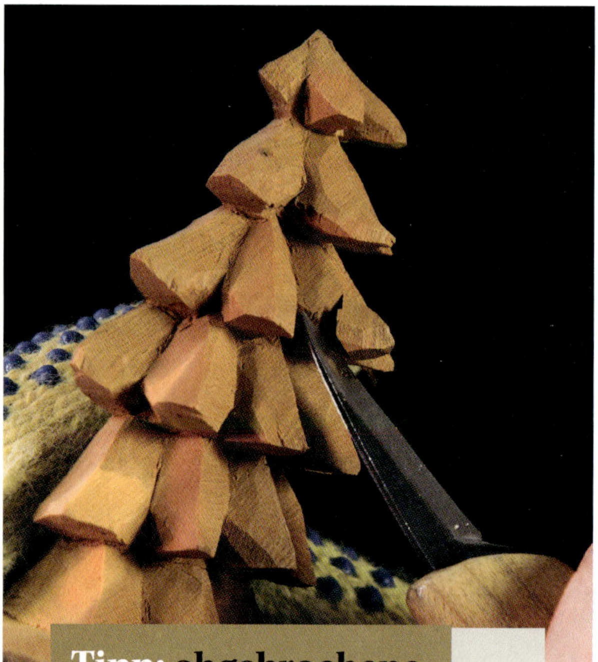

Tipp: abgebrochene Zweige

Schwarzpappelrinde kann weich und brüchig sein. Wenn ein Ast abbricht, in das Bruchstück einen kleineren Ast schnitzen oder es ganz abschneiden. Bäume wirken realistischer, wenn sie nicht symmetrisch sind.

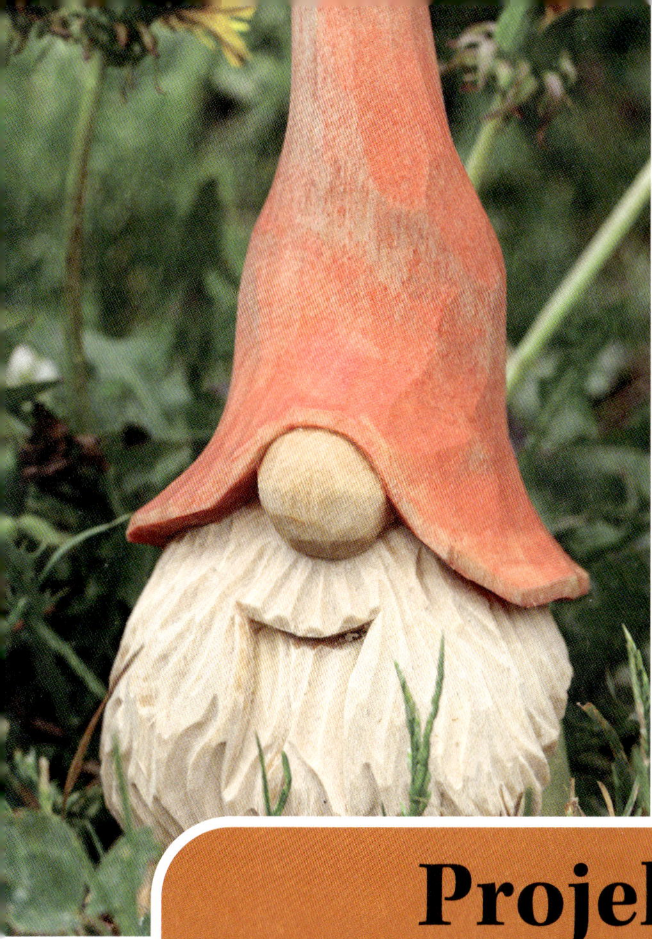

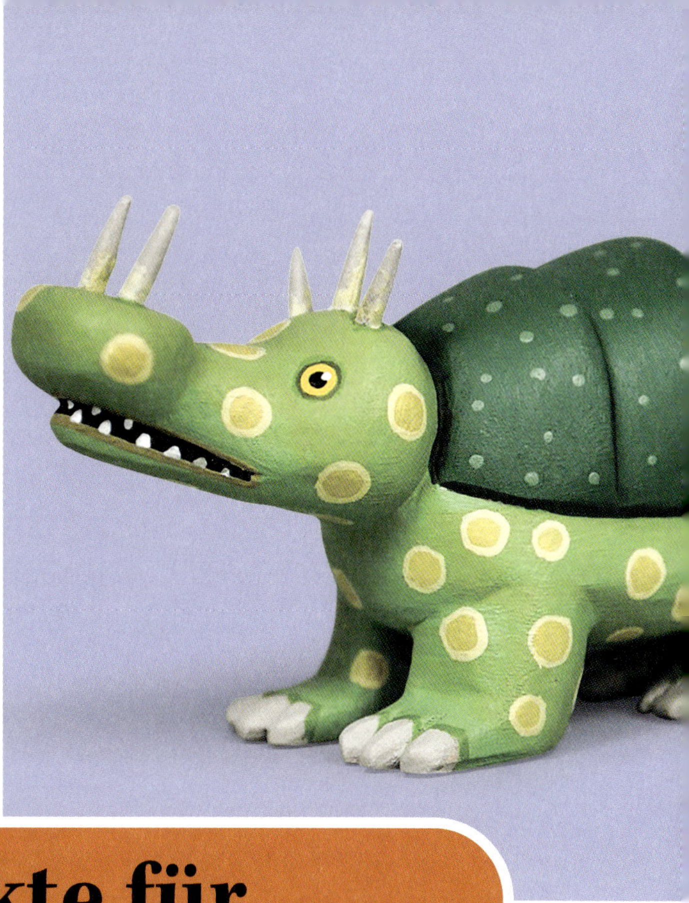

Projekte für Fortgeschrittene

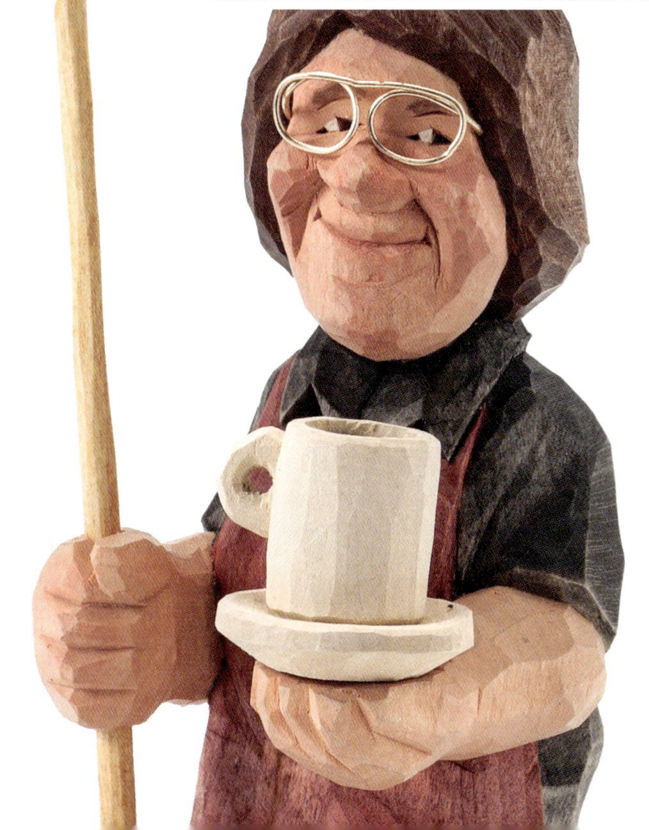

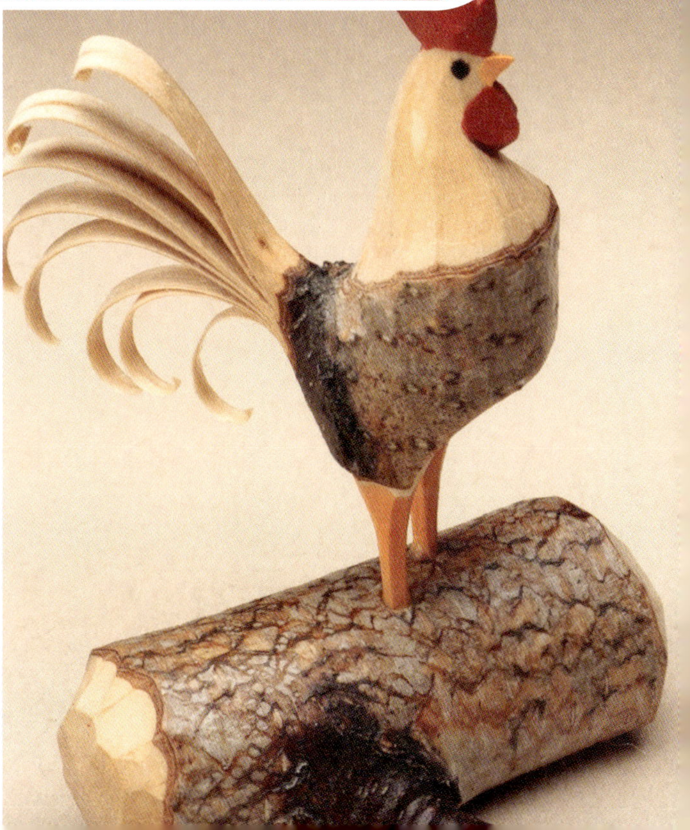

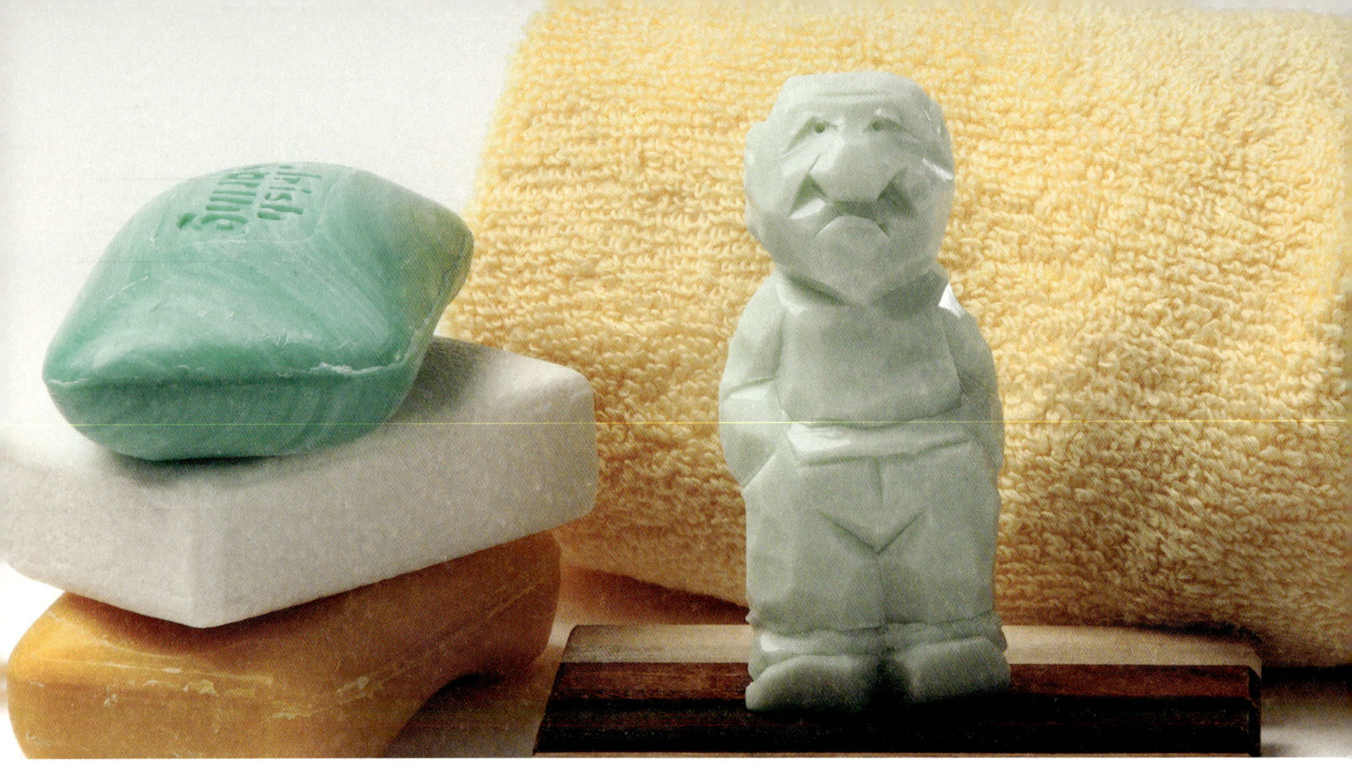

Grummeliger Seifenmann

Polieren Sie Ihre Schnitzkünste mit diesem süß duftenden Einsteigerprojekt auf.
von Chris Morgan

Diese Schnitzarbeit mit so vielen oder wenigen Details gestalten, wie Sie wollen. Manchmal haben einfache Schnitzereien wie diese die größte Wirkung. Verschiedene Seifen ausprobieren, um die für Sie richtige zu finden.

Vorbereitung

Die Mitte des Seifenstücks markieren.

MATERIAL	WERKZEUG
• Seifenstück (ca. 110 g)	• Messer • Marker • Bleistift

Vorlage auf Seite 91.

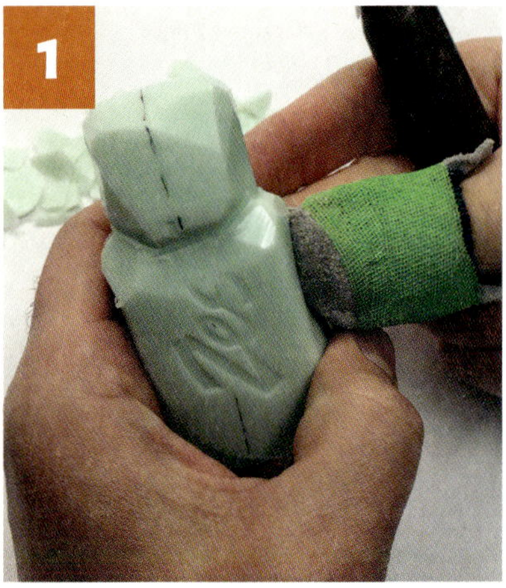

Den Kopf formen. Rund um das Seifenstück für den Kopf V-Schnitte ca. 25 mm von der Oberkante abwärts ausführen. Den Kopf dünner gestalten und auf beiden Seiten der Mittellinie einen Schnitt ausführen, um einen Winkel für das Gesicht zu schaffen.

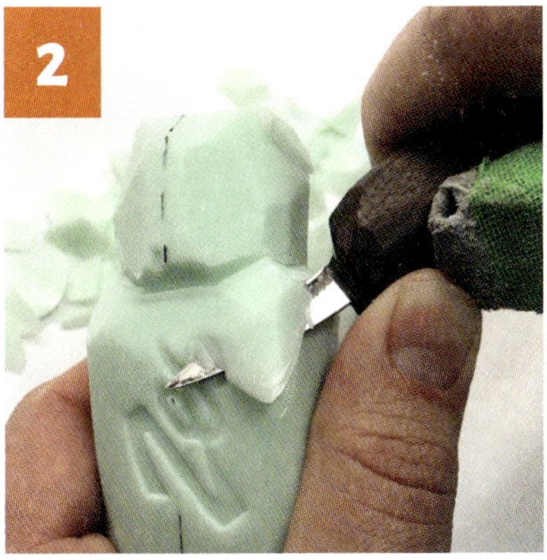

Den Körper zum Kopf hin rundherum verjüngen. Die Arme mit Blick auf die Vorlage anzeichnen.

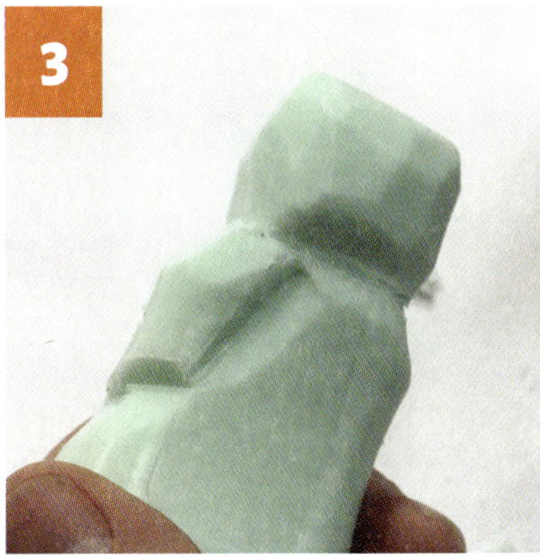

Eine V-förmige Vertiefung an der Armlinie schnitzen. Auf der Rückseite beginnen und für jeden Arm rundherum nach vorn arbeiten.

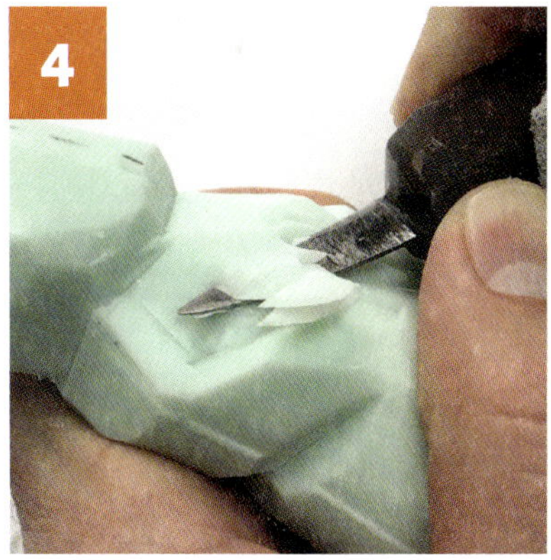

Den Brustbereich dünner schnitzen. So treten die Arme etwas stärker hervor. Für gerade Seiten unten im Beinbereich einen Bogen abschneiden. Die Mittellinie erneuern.

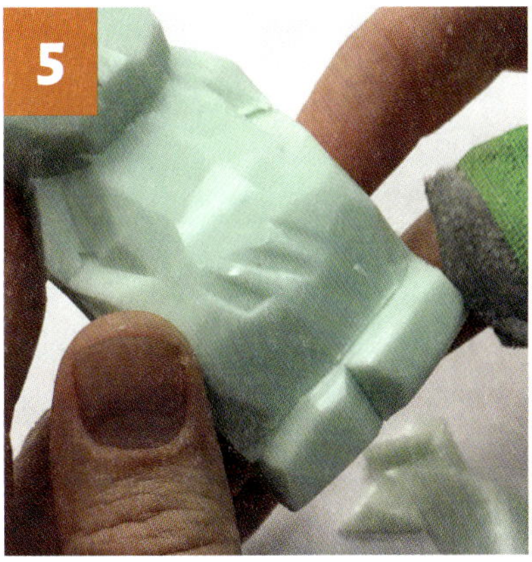

Die Beinvorder- und -rückseite anzeichnen. Die Seife unten gerade abschneiden, sodass die Figur stehen kann. Einige V-Schnitte entlang der Markierungen ausführen, um Schuhe und Beine auszuarbeiten.

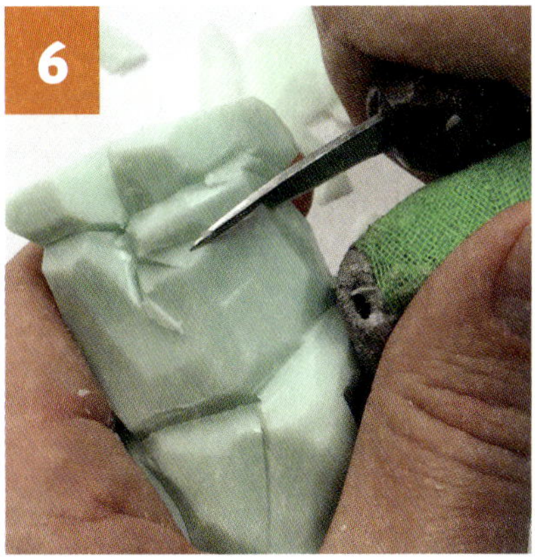

Falten unten in die Hose schnitzen. Die Hände in den Taschen mit V-Schnitten ausarbeiten. Auf jeder Seite des Gürtels V-förmige Vertiefungen schnitzen und alle gewünschten Details hinzufügen.

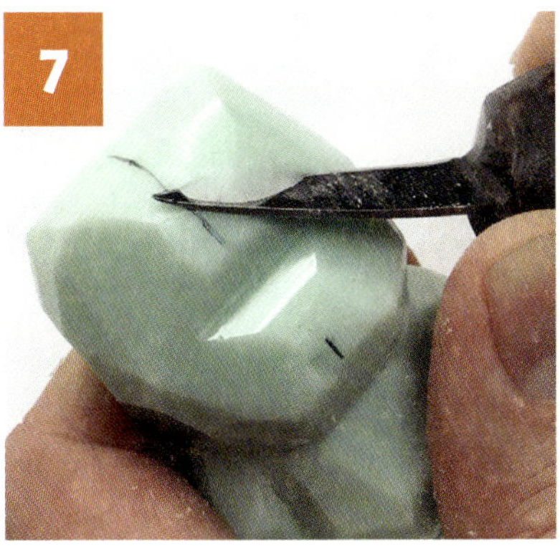

Den Kopf runder schnitzen. Die Größe an die Figur anpassen. Unterseite und Seiten der Nase anzeichnen und mit V-Schnitten ausarbeiten. Für die Nasenbreite ein kleines Dreieck an beiden Seiten entfernen.

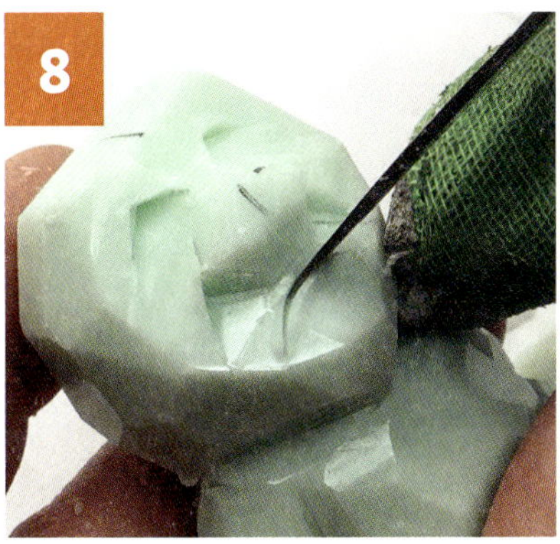

Dreieckige Augenhöhlen mit der Messerspitze schnitzen. Das Dreieck stellt die oberen Augenlider dar. Eine verkehrte, U-förmige Kerbe im V-Schnitt als Mund schnitzen. Den Haaransatz mit V-Schnitten ausarbeiten, simple Ohren gestalten und mit einem Bleistift die kleinen Augen eindrücken.

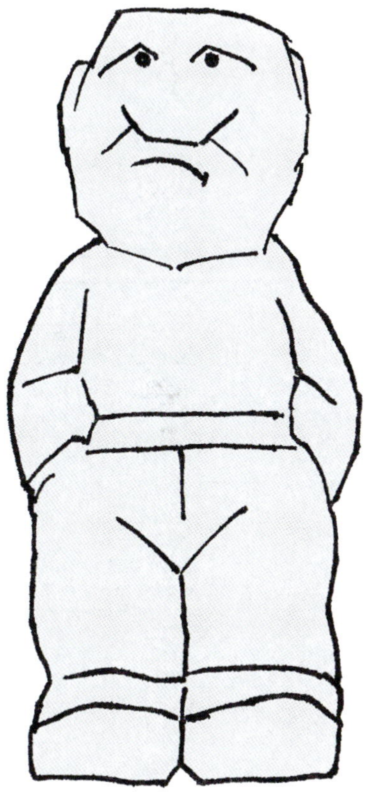

Vorlage Grummeliger Seifenmann

Seeungeheuer

Verbinden Sie Teile verschiedener Tiere zu Ihrem eigenen ausgedachten Monster.
von Steve Tomashek

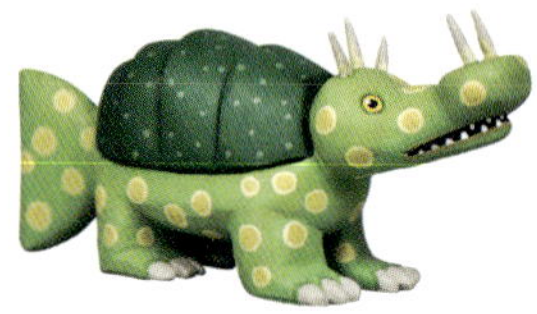

Ich habe die Bilder von Meereskreaturen auf alten Landkarten schon immer geliebt. Aus Seemannsgarn entsprungen, sind Ungeheuer das Gesicht der Gefahr in Geschichten menschlicher Tapferkeit.

Seeungeheuer sind auch fruchtbarer Boden für eine lebhafte Vorstellungskraft und können vielfältig angeordnete Körperteile haben. Die Evolution meiner Kreatur durchlief mehrere Wandlungen und mündete in eine Kombination aus Alligator, Gürteltier und Fisch, mit ein paar Stacheln als Draufgabe. Ich möchte Sie dazu animieren, Ihre Lieblings-Kombo für Ihren eigenen Leviathan zu finden. Nutzen Sie meine Arbeit als Ausgangspunkt.

Vorbereitung

Die Vorlage auf den Rohling übertragen. Die Maserung soll der Länge nach verlaufen. Ich habe das Design direkt mit einem Bleistift auf den Rohling gezeichnet, Sie können aber auch Durchschreibpapier zum Abpausen der Vorlage auf das Holz verwenden.

MATERIAL

- Lindenholz, 35 mm x 83 mm x 25 mm
- Zahnstocher
- Schleifpapier (mittlere und feine Körnung)
- Acrylfarbe
  - Dunkelgrün
  - Hellgrün
  - Moosgrün
  - Gelb
  - Schwarz
  - Weiß
  - Senfgelb
  - Lohbraun
- Durchschreibpapier

WERKZEUG

- Messer
- Schraubstock mit Bohrer (2 mm)
- Pinsel
- Bleistift

Vorlage auf Seite 95.

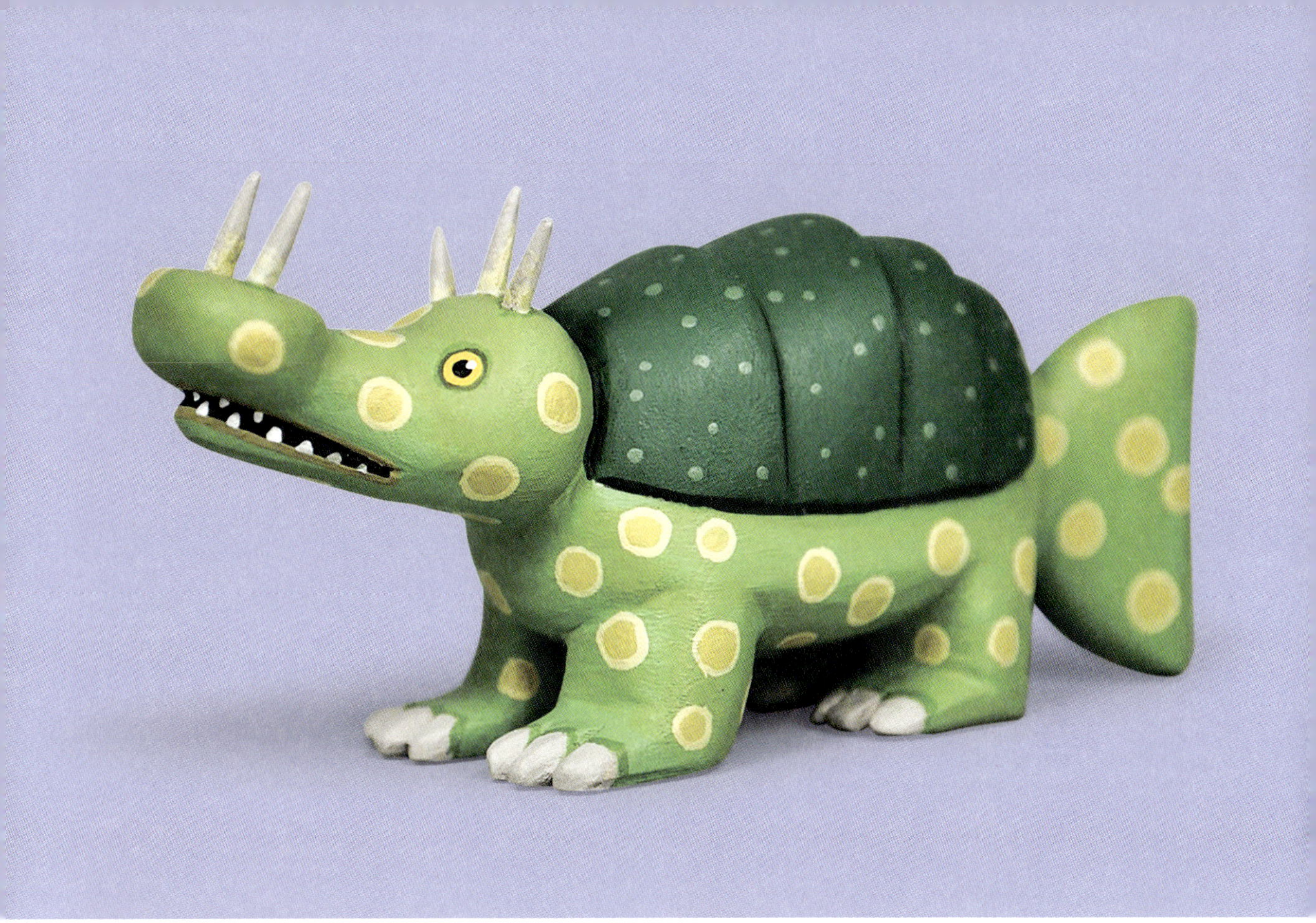

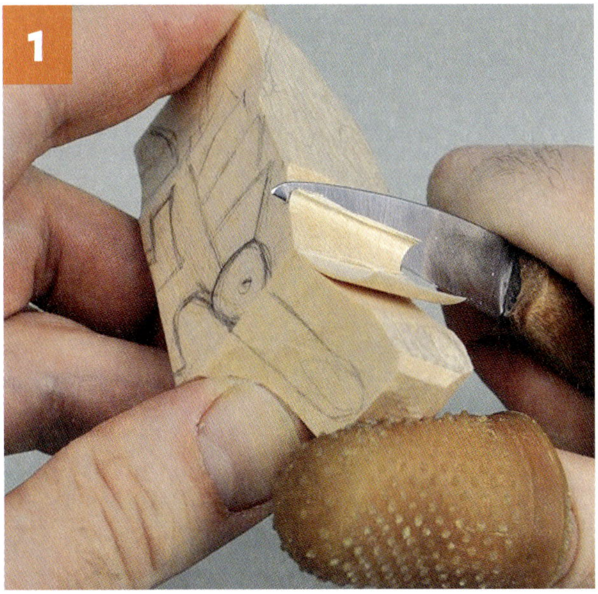

Kopf und Körper grob formen. Mit Stopp- und Schälschnitten den Kopf an dem Bereich herausarbeiten, wo er mit dem Körper verbunden ist.

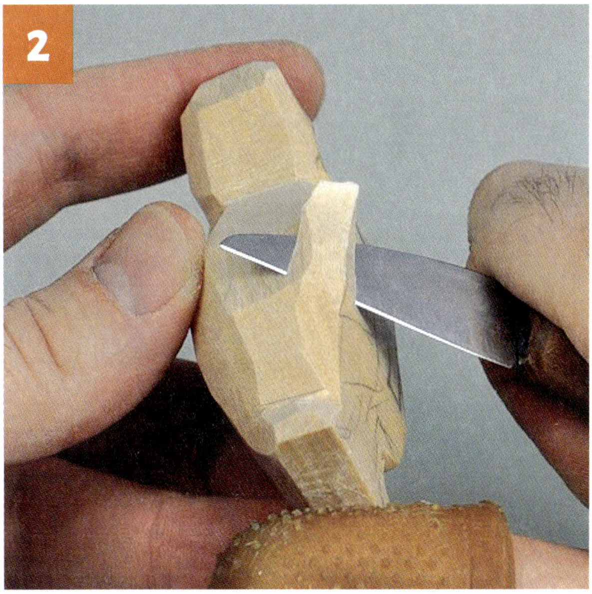

Die Körperoberseite rund gestalten. Lange Schälschnitte ausführen und dabei darauf achten, genug Material für den Schwanz stehenzulassen.

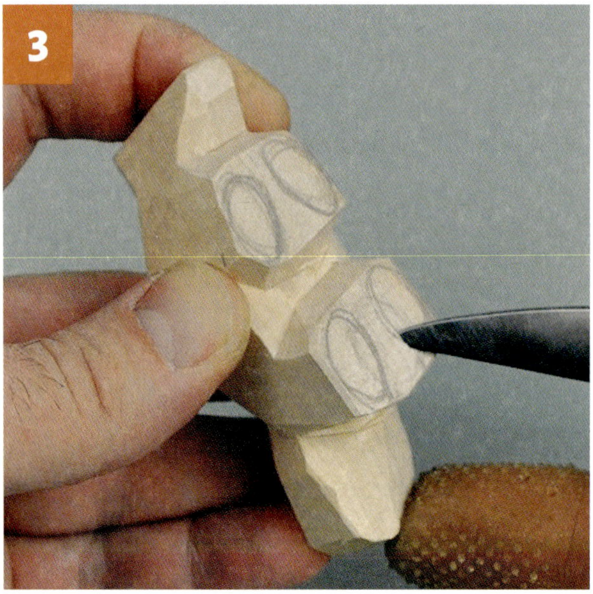

Vorder- und Hinterbeine trennen. Schräge Stoppschnitte zwischen Vorder- und Hinterbeinen ausführen, um eine V-förmige Ausnehmung zu schnitzen Diese weiter bis zum Bauch vertiefen und an den Kanten der Beine rechtwinklig gestalten. Mit einer ähnlichen Technik die rechten von den linken Füßen trennen.

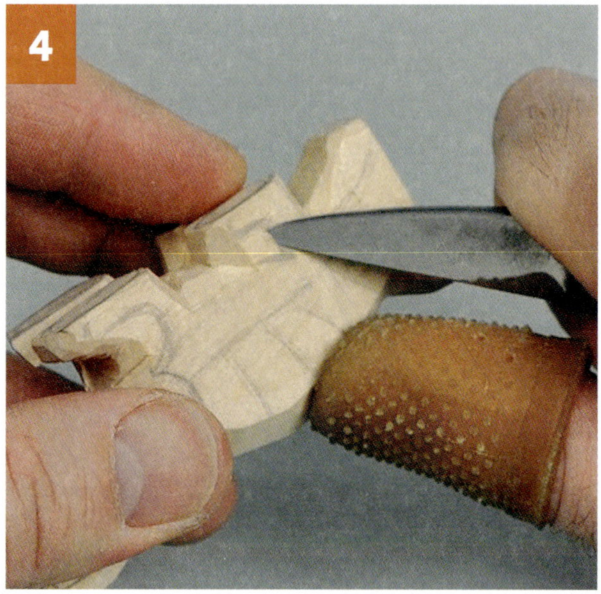

Die Füße formen. Mit der Messerspitze einen Stoppschnitt entlang eines Beines und der Oberseite eines Fußes ausführen. Stoppschnitte schräg nach unten schnitzen, um eine V-förmige Kerbe zu erhalten. Diese erweitern, bis sich das Holz über dem Fuß und am Bein entfernen lässt. Für die anderen Füße wiederholen.

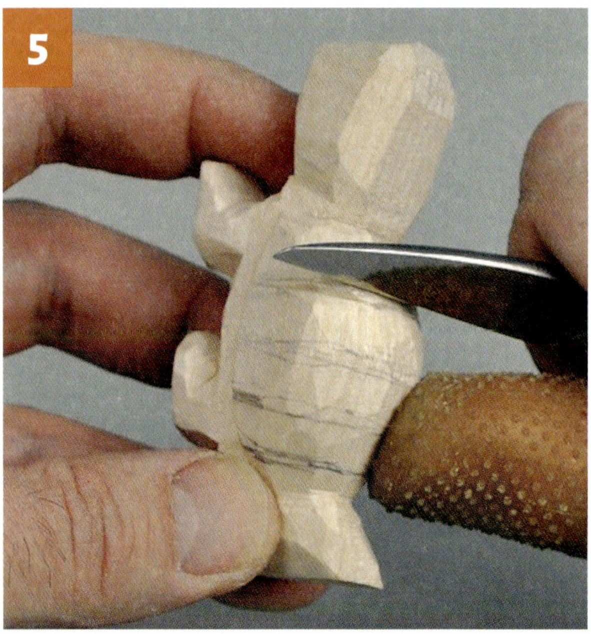

Die Panzerplatten formen. Flache, V-förmige Kerben an allen Linien des Schuppenpanzers schnitzen. Diese als Stopps nutzen und die Schuppen formen. Dann die Körperrückseite unter und hinter der letzten Panzerplatte formen.

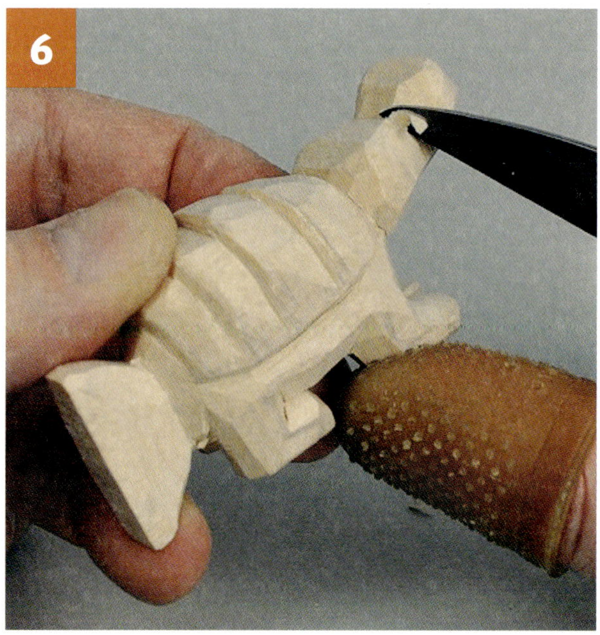

Details am Kopf ausarbeiten. Mit Schälschnitten und V-förmigen Kerben Nase und Kopf schnitzen. Dann Augen und Maul hinzufügen.

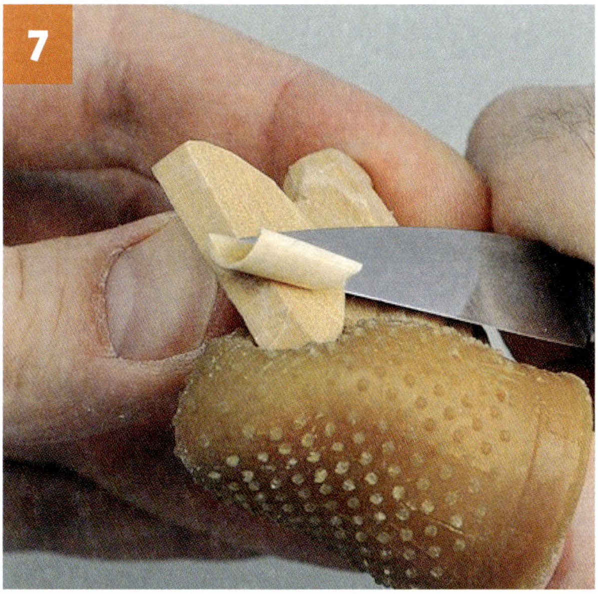

Den Schwanz formen. Den Schwanz mit Schälschnitten dünner schnitzen. Die Konturen glätten und nach Belieben zusätzliche Details hinzufügen.

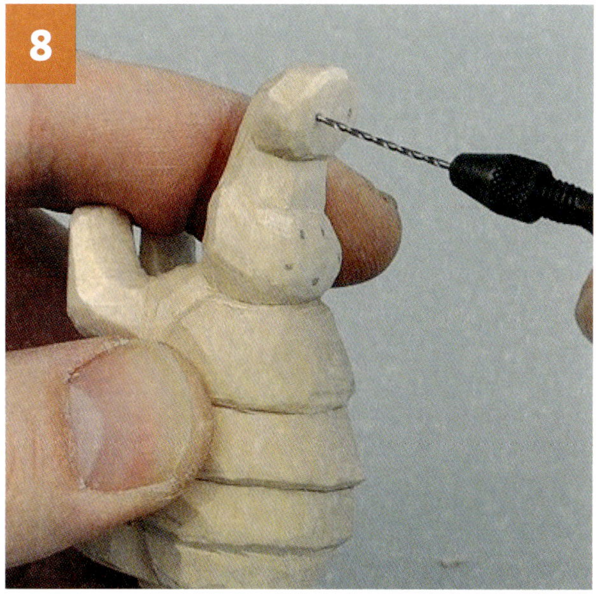

Die Stacheln anbringen. Am Foto orientieren und kleine Löcher für die Stachel bohren; ich verwende einen Bohrer (2 mm) in einem Mini-Schraubstock. Kurze Zahnstocherstücke zuschneiden und in die Löcher kleben.

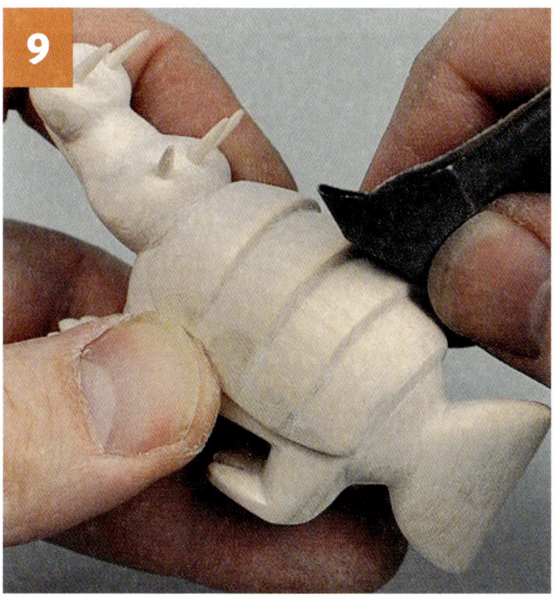

Schlussbehandlung des Ungeheuers. Raue Stellen mit einem Messer bereinigen und das Monster dann glattschleifen. Mit mittlerem Schleifpapier beginnen und dann zu feinerem Papier übergehen. Die Schlussbehandlung Ihrer Wahl auftragen. Ich habe mein Seeungeheuer mit Acrylfarbe bemalt.

Vorlage Seeungeheuer

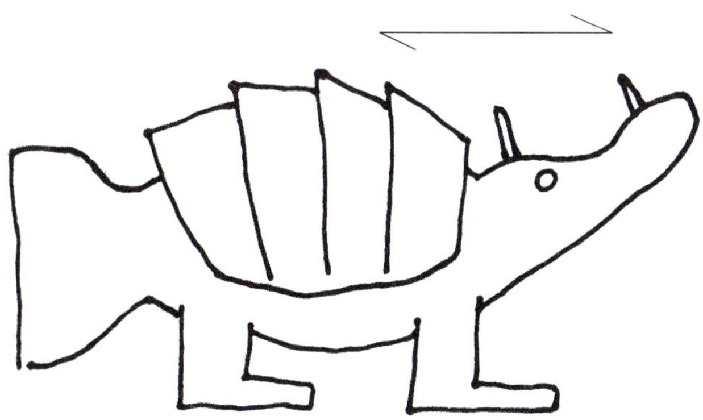

Mokka-Marie

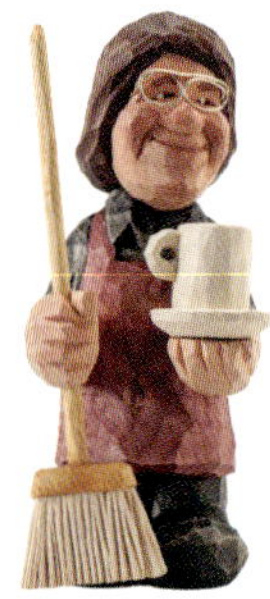

Diese entzückende Cafébesitzerin lässt sich mit angeklebten Accessoires personalisieren.
von Harley Refsal

Marie hat immer hart gearbeitet und es in all ihren zahlreichen Berufen an die Spitze geschafft: als Studentin, Archäologin, Lebensmittelhändlerin, Bibliothekarin, Rennfahrerin und Blockhaus-Restauratorin. Doch nichts verschafft ihr die Freude und Zufriedenheit, die sie erlebt, seit sie vor ein paar Jahren ein Café eröffnet hat. Natürlich ist das harte Arbeit; sie muss früh aufstehen, um Kaffee zu kochen und die Muffins in den Ofen zu schieben. Aber punkt 6:30 Uhr schließt Marie die Tür auf und ihre treuen Gäste kommen herein – erst tröpfchenweise, dann in Strömen. Ah, ihre erweiterte Familie, die sie nicht gesehen hat seit … gestern. Mokka-Maries Tag hat offiziell begonnen und das Café ist zum Leben erwacht.

Hier ist Marie dargestellt, wie sie bereit ist, ihrem Mann Java-Johann eine Tasse Kaffee zu servieren. Er begann, im Café zu schnitzen – zusammen mit Harley, dem eigentlichen Kaffeehausschnitzer. Die Gäste waren fasziniert von den kleinen Figuren aus Lindenholz, den Schnitzmessern und den Holzspänen, wenn die beiden Charaktere und Persönlichkeiten des Cafés schnitzten. Marie und ihr engagiertes Team würden die Späne am Ende des Tages wegfegen.

MATERIAL

- Lindenholz, 76 mm x 140 mm x 64 mm
- Lindenholz: verschiedene Reste für Besen, Tasse und Untertasse
- Acrylfarbe
  - Hautfarbe
  - Braun
  - Gelb
  - Rot
  - Schwarz
  - Weiß
- goldfarbener Draht
- Oberflächenbehandlung zum Schutz, z. B. Wachspaste, flüssiges Wachs oder Dänisches Öl
- Holzleim

WERKZEUG

- Messer
- Pinsel

Vorlagen auf Seite 99.

Mokka-Marie schnitzen

Java-Johann wurde 2013 im Schnitz-Special der *Woodcarving Illustrated* vorgestellt, und viele Empfehlungen, die auf Johann zutreffen, gelten ebenso für Marie. Beide bieten sich für den flachen skandinavischen Stil ohne Abrundungen an, wodurch die gesamte Figur nur mit einem Messer geschnitzt werden kann. Natürlich können Sie aber die Werkzeuge verwenden, wie Sie mögen.

Vor dem Zuschneiden des Rohlings muss entschieden werden, was Marie mit ihren Händen tut. Am Foto und in der Vorlage hält die rechte Hand einen (separat geschnitzten) Besen, die Linke ist waagerecht geöffnet, um eine Tasse samt Untertasse halten zu können. Ich habe Tasse und Untertasse separat geschnitzt, bemalt, aneinandergeklebt und dann auf ihre bereits bemalte Hand geklebt. Sie kann aber auch andere Dinge mit ihren Händen tun – sie muss ja keinen Besen halten, sondern könnte beide Hände vor sich haben und ein großes Tablett tragen. Dieses könnte einige Dinge beherbergen und Marie zu einer Figur für jeden Anlass machen: eine Geburtstagstorte, Kuchen, einen Truthahn, einen frischen Laib Brot, Kaffee und Donuts usw. Oder der Besen bleibt, wo er ist, und man steckt ein paar geschnitzte Donuts auf den Stiel. Lassen Sie Ihrer Fantasie freien Lauf, aber denken Sie daran, an der Vorderseite genug Holz für die Hände stehenzulassen.

Marie blickt nach links. Sie kann natürlich auch geradeaus schauen, aber falls Sie noch nie einen gedrehten Kopf geschnitzt haben, lassen Sie es auf einen Versuch ankommen! Zuerst die Mittellinie so oben auf den Kopf zeichnen, dass sie in eine Richtung zeigt statt geradeaus. Den Kopf auch nur 10° bis 15° nach rechts oder links zu drehen erzeugt den Eindruck von Bewegung und verleiht der Figur einen entspannteren Ausdruck.

Sind Kopf, Arme und Hände aufgezeichnet (die grobe Anatomie), die gesamte Figur grob bearbeiten, um sicherzugehen, dass alle Körperteile an den richtigen Stellen sind. Dann die Schnitzerei fertigstellen und die Details hinzufügen.

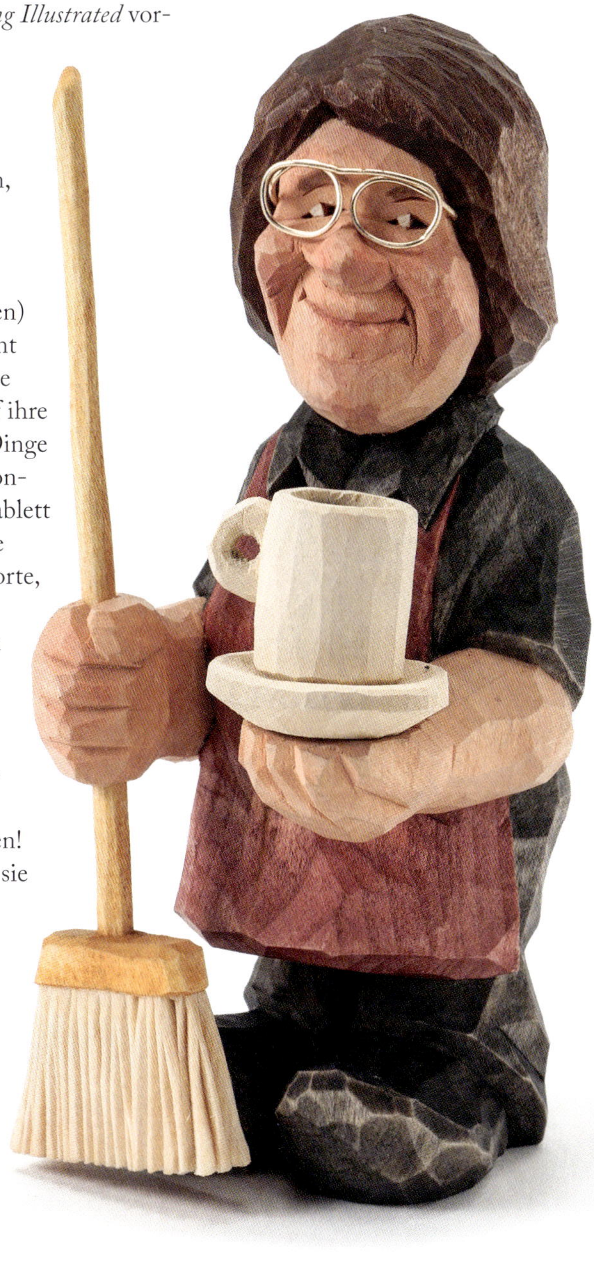

Tipp: Flachschnitzen

Das Flachschnitzen hat seinen Namen von den flachen Facetten auf der Oberfläche. Diese verräterischen Male entstehen durch Allzweckmesser mit großer Klinge, wie sie für gewöhnlich von der Landbevölkerung des stark bewaldeten Skandinavien im Goldenen Zeitalter der Volkskunst, dem vorindustriellen 18. und frühen 19. Jahrhundert, getragen wurden.

Bemalung von Mokka-Marie

Ich verwende gewöhnliche Acrylfarben, die ich mit Wasser im Verhältnis von 1 Teil Farbe zu 5 bis 7 Teilen Wasser verdünne. Diese Farbkonsistenz erzeugt den Effekt gefärbter Beize, wodurch die Holzmaserung durchscheint. Nach dem Bemalen der Figur trage ich ein Schutzbehandlung auf, z. B. Wachspaste, flüssiges Wachs oder Dänisches Öl. Achten Sie auf die fachgerechte Entsorgung aller Tücher, die Sie dazu verwendet haben. Nachdem die Farbe getrocknet ist, vorsichtig den goldfarbenen Draht zu einer Brille biegen und auf Maries Gesicht setzen.

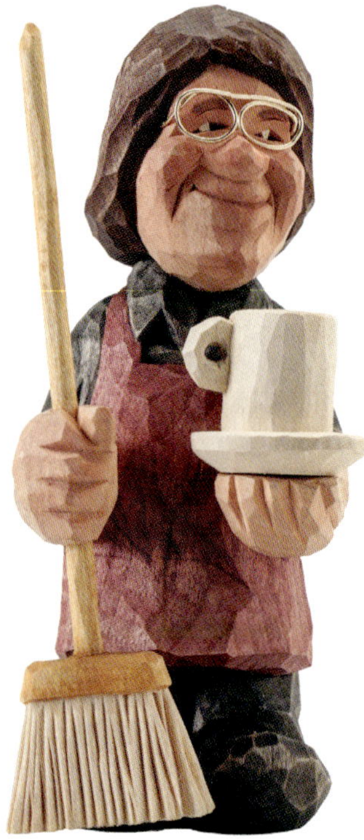

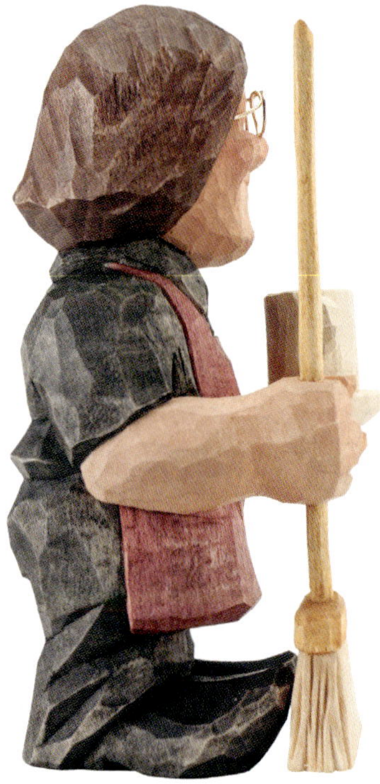

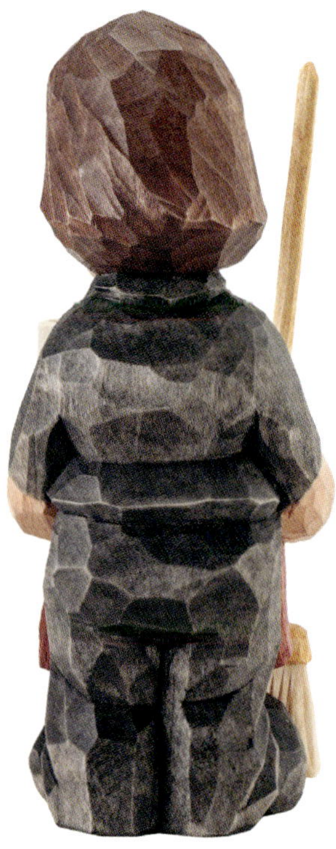

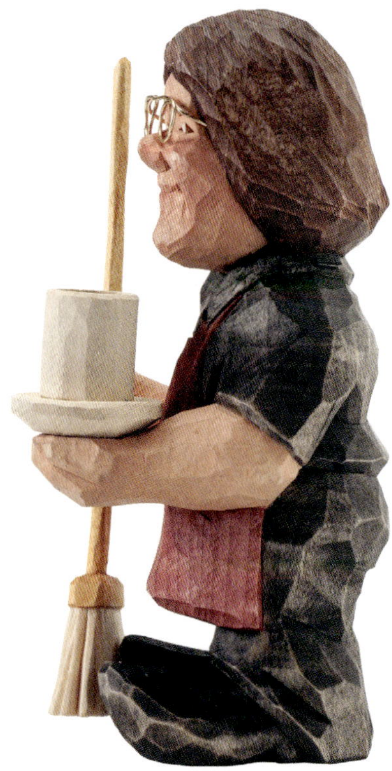

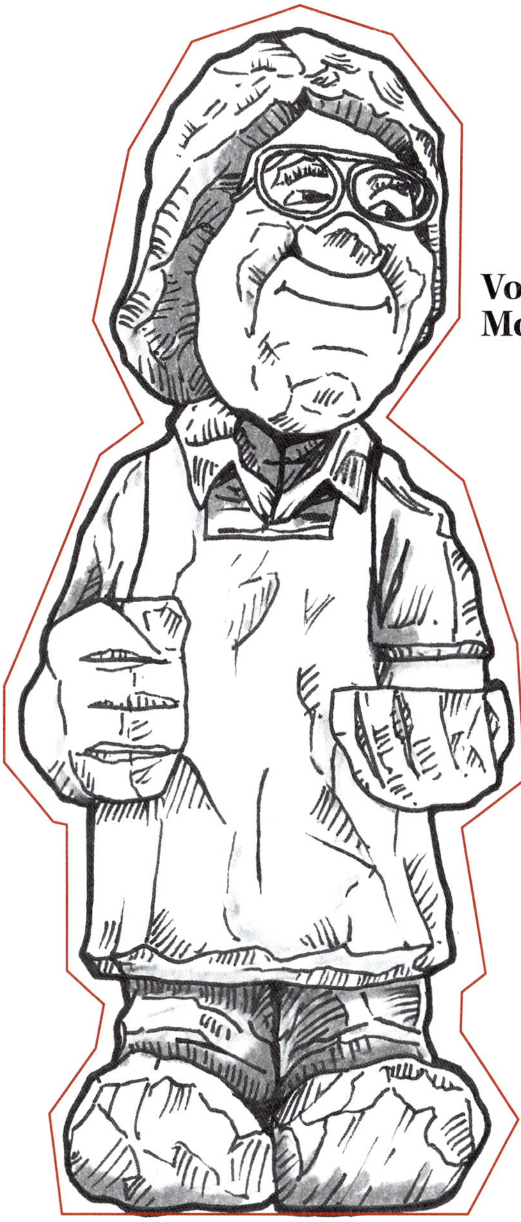

Vorlagen Mokka-Marie

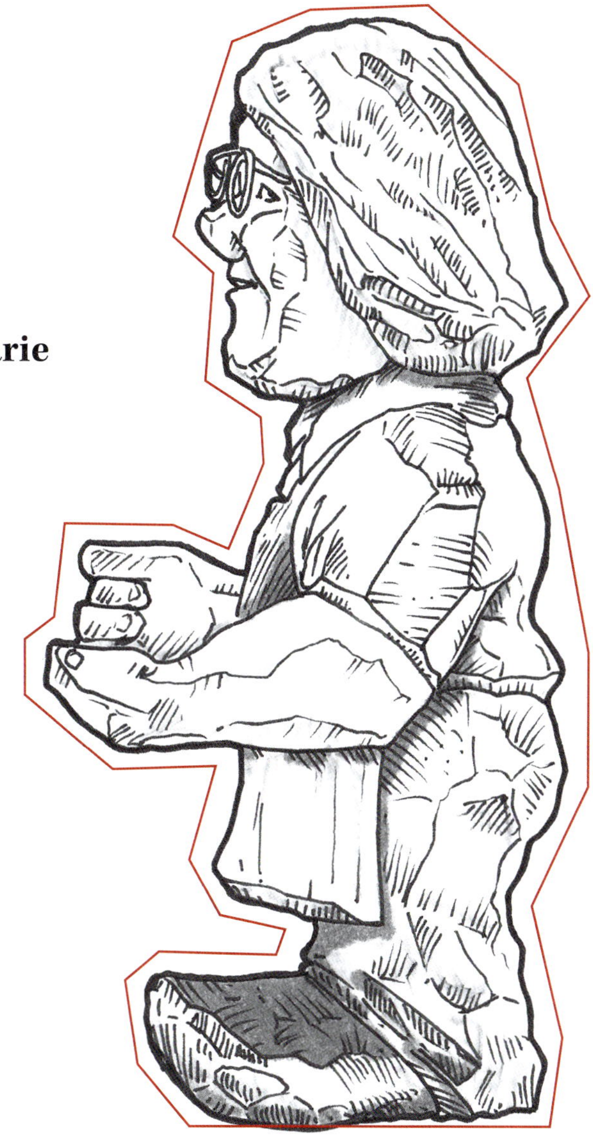

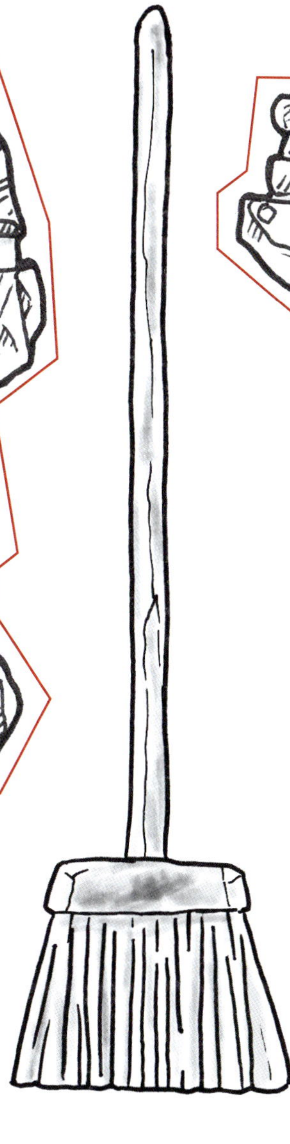

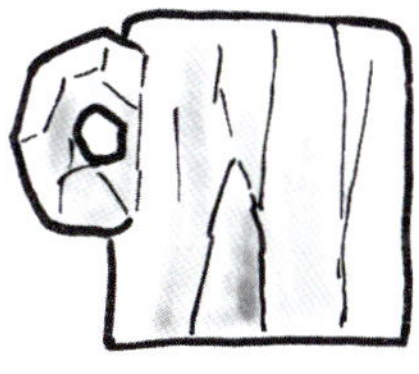

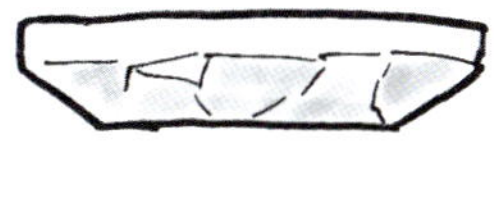

Rassel mit Kugel im Käfig

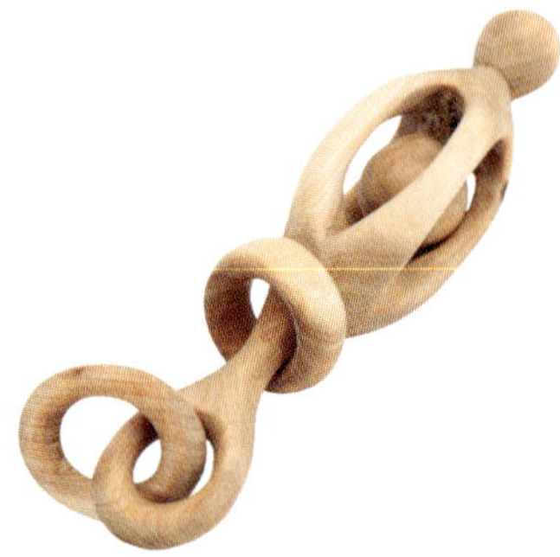

Diese hübsche Rassel verbindet drei klassische Designs.
von Frank Egholm

Dieses neckische Stück enthält drei Elemente: eine lose Kugel im Käfig, einen gefangenen Ring und ein loses Kettenglied. Für jemanden, der schon ein paar Kugeln im Käfig geschnitzt hat, ist das ein einfaches Projekt – für Einsteiger hingegen schon herausfordernder.

Ich verwende oft ein ähnliches Projekt, um Neulingen das Schnitzen beizubringen. Einsteiger beginnen mit einem großen Stück Lindenholz in einem Schraubstock und einem Stemmeisen zum Formen der Kugel. Der Schüler stellt das Projekt mit einem Messer fertig und trägt dabei einen Schnitzhandschuh. Je größer das Projekt, umso leichter lässt es sich schnitzen. Darum empfehle ich Einsteigern, ein mindestens 25 mm dickes Holz zu verwenden.

Ich habe dieses Stück aus Wacholder geschnitzt, der härter als Linde, aber weicher als Mahagoni ist; er duftet auch angenehm beim Schnitzen.

Die Kugel im Käfig schnitzen

Das Design auf den Rohling zeichnen. 3-mm-Löcher bohren wie auf der Vorlage angegeben. Stoppschnitte entlang der Käfigstäbe ausführen, aber kein Holz von den Stäben entfernen. Dann überall das Holz um die Kugel entfernen bis auf die Stellen, an denen sie mit den Stäben verbunden ist. Sind Kugel und Aushöhlung

MATERIAL

- Wacholder, 20 mm x 20 mm x 100 mm
- Schleifpapier
- Holzöl

WERKZEUG

- Messer
- Bohrer (3 mm)

Vorlagen auf Seite 101.

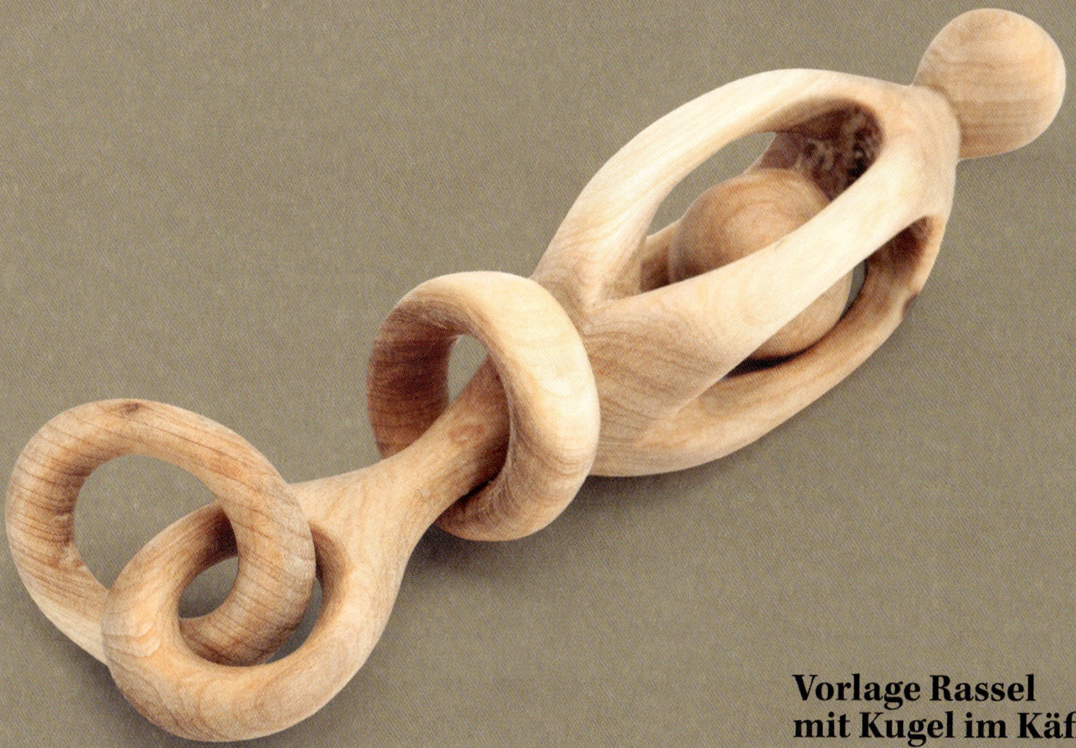

geformt, mit der Messerspitze an der Innenseite der Stäbe die Kugel lösen. Diese vorsichtig rund schnitzen.

Den gefangenen Ring schnitzen

Stoppschnitte auf jeder Seite des Ringes schnitzen und den Griff rund um den gefangenen Ring vorsichtig verjüngen. Das Holz zwischen Ring und Griff vorsichtig mit der Messerspitze entfernen.

Die Kette schnitzen

Mit einem durch die Kettenglieder gebohrten Loch beginnen und behutsam das Holz im Inneren der Kettenglieder entfernen. Die Messerspitze verwenden, um das Holz dort zu entfernen, wo die beiden Kettenglieder verbunden sind, bis sie sich vorsichtig lösen lassen. Während des Glättens und Formens das Kettenglied drehen und bewegen.

Schlussbehandlung des Projektes

Das Endstück oben auf der Kugel im Käfig schnitzen. Das Werk nach und nach mit Sandpapier in immer feinerer Körnung schleifen, um alle Werkzeugspuren zu entfernen. Anschließend Öl auftragen und gründlich trocknen lassen.

Vorlage Rassel mit Kugel im Käfig

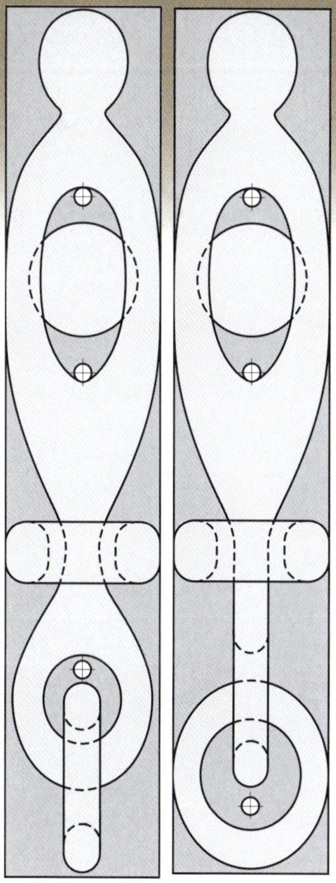

Holzbecher

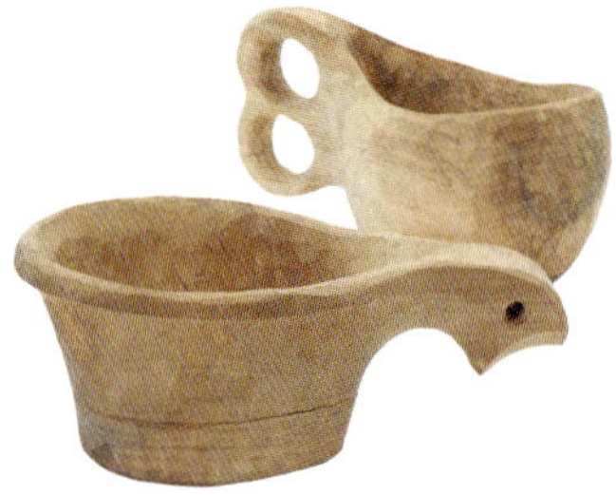

Rustikale Becher sind traditionell, praktisch und vernünftig.
von Rick Wiebe

Ich habe meinen ersten Holzbecher (in Finnland „Kuksa“ und in Schweden „Kasa“ genannt) vor einigen Jahrzehnten während eines Rucksacktrips in die nordkanadischen Rocky Mountains geschnitzt. Der Becher, den ich für einen Freund angefertigt hatte, der seinen aus Plastik verloren hatte, war recht rudimentär, aber geschichtsträchtig.

Frankokanadische Kanuten, die sich im 17. und 18. Jahrhundert ihren Lebensunterhalt mit dem Pelzhandel verdienten, nannte man „Voyageurs“. Sie schnitzten ihre eigenen Becher aus Birkenknollen, und ein Becher genügte ihnen ein Leben lang.

Holzbecher bringen Vorteile mit sich. Aktuelle wissenschaftliche Studien zeigen, dass Holz antibakterielle Eigenschaften hat, was es hygienischer als Plastik macht. Außerdem wird es schwierig, sich die Lippen an einem Holzbecher zu verbrennen.

Vorbereitung

Auch wenn eine Birkenknolle schwierig zu schnitzen sein mag, ist sie das haltbarste und bruchfesteste Material für einen Becher. Da Maserungsknollen schwer zu finden sind, schnitze ich meine Becher aus gewöhnlicher Birke. Weichere Varianten aus Ahorn, ebenso aus Erle, Weide oder sogar Amerikanischem Tulpenbaum funktionieren ebenso. Achten Sie darauf, dass das Holzstück Ihrer Wahl von einer Seite der Mitte eines Stammes ist. Es darf kein Mark (das Zentrum des Baumes) in dem Rohling sein, sonst springt der Becher. Den Rohling so ausrichten, dass die Becherunterseite zur Baumstammmitte zeigt. Normalerweise verwende ich Grünholz und bewahre den Rohling zwischen den Schnitz-Sessions in einem Plastikbeutel auf, damit er nicht trocknet, bis ich fertig bin. Dann lege ich ihn in eine Papiertüte, damit er langsam trocknen kann. Mit dieser Technik ist mir noch nie ein Becher gesprungen.

Die Vorlage auf den Rohling zeichnen und den Becher ausschneiden. Ich habe ihn hier mit einer Bandsäge grob ausgeschnitten, einige aber auch schon mit der Axt oder der Buschsäge vorgeschnitten. Dann eine Mittellinie auf den Rohling zeichnen. Die Aushöhlung innen einzeichnen.

Anmerkung: Dieses Projekt kann mit einem Taschenmesser allein geschnitzt werden, doch zusätzliches Werkzeug (falls vorhanden) erleichtert die Arbeit.

MATERIAL

- Birke, 89 mm x 152 mm x 64 mm
- Schlussbehandlung, z. B. Bienenwachs, Lein-, Mineral- oder Walnussöl

WERKZEUG

- Bandsäge oder Axt und Buschsäge
- Bohrmaschine mit Forstnerbohrer (optional)
- Schnitzmesser
- Löffelmesser
- verschiedene Stechbeitel (tief und flach, kurze Biegung)
- Campingkocher (optional)
- Permanentstift

Vorlagen auf Seite 105.

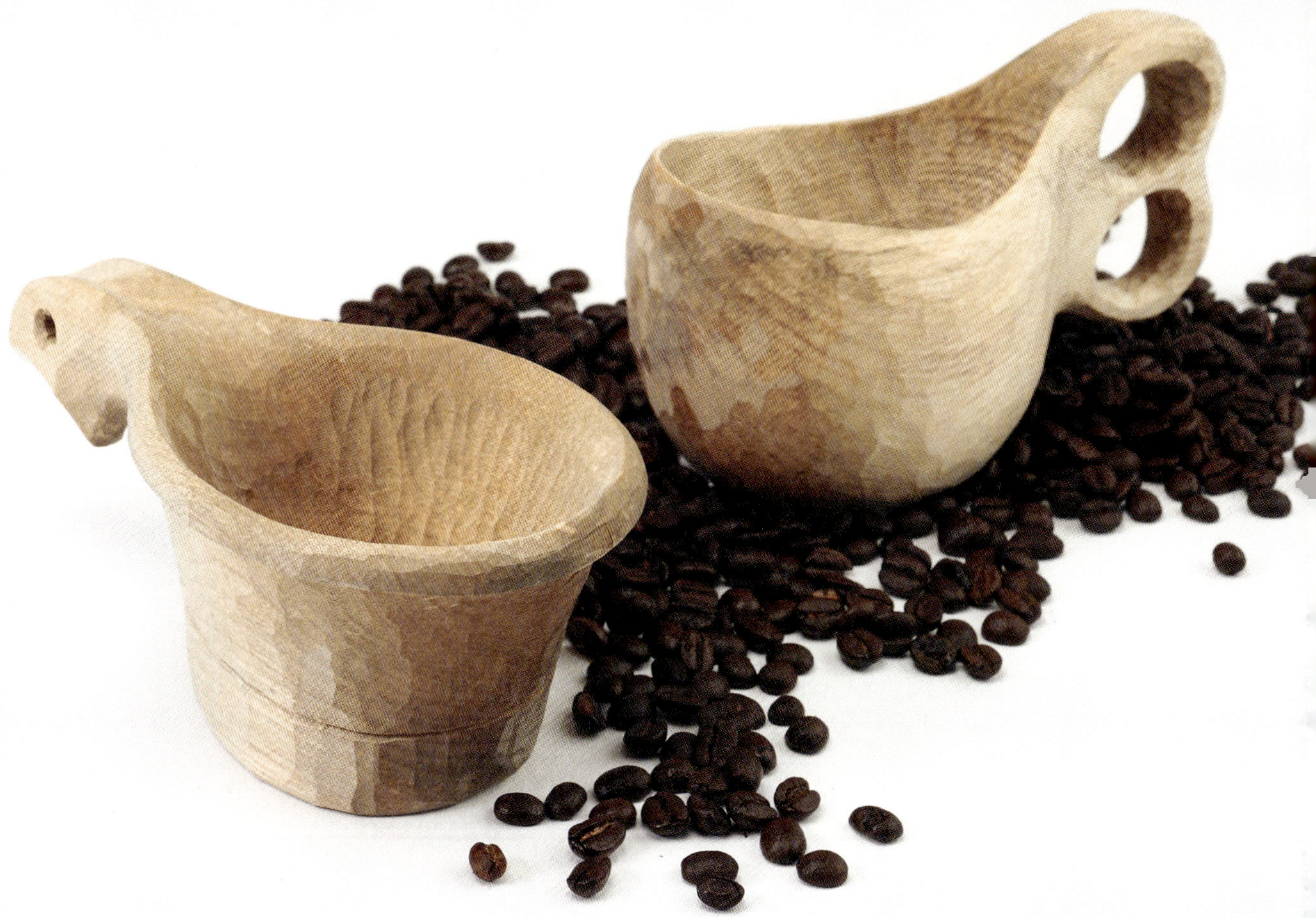

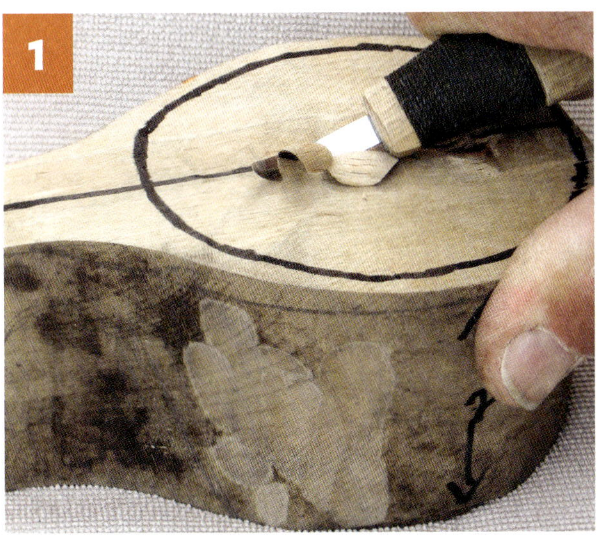

Das Becherinnere aushöhlen. Dazu sind verschiedene Werkzeuge geeignet. Auch wenn es mit einem Taschenmesser geht, ist es mit einem gebogenen Messer einfacher. Um das Aushöhlen zu beschleunigen, einen Forstnerbohrer oder verschiedenste gerade und gebogene Stechbeitel verwenden.

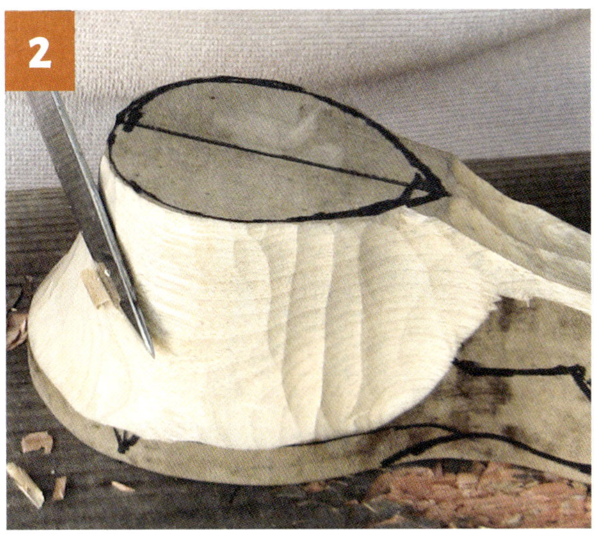

Das Äußere des Bechers schnitzen. Die Form außen aufzeichnen und überschüssiges Holz mit einem Messer oder Stechbeitel entfernen. Ich drehe den Becher um und schnitze in Richtung eines festen Untergrundes (nicht zum Bein schnitzen!).

3

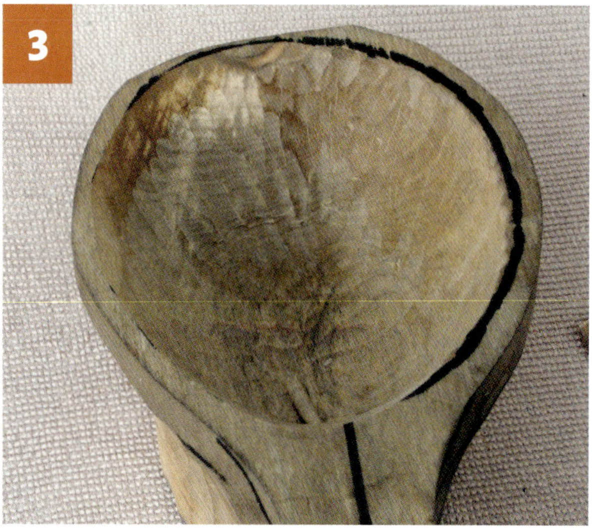

Den Becher ausarbeiten. Die Innenseite des Randes mit einem Messer glätten, damit er angenehm für die Lippen wird. Dann die Unterseite begradigen und glätten, damit der Becher nicht umkippt, wenn er abgestellt wird.

4

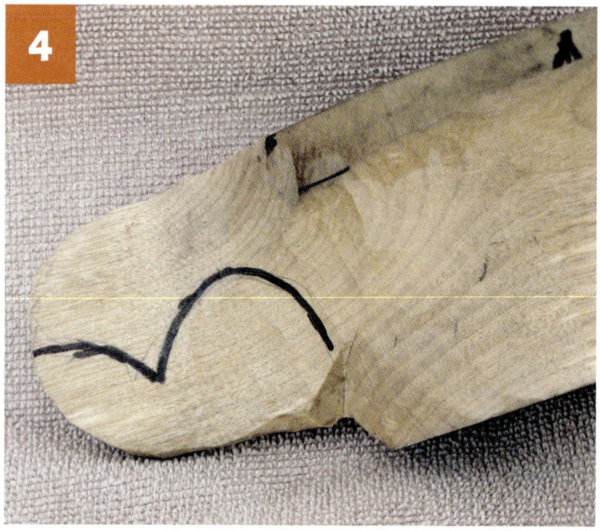

Den Griff ausschneiden. Die Griffform auf den Rohling zeichnen und dann mit einem Messer ausschneiden.

5

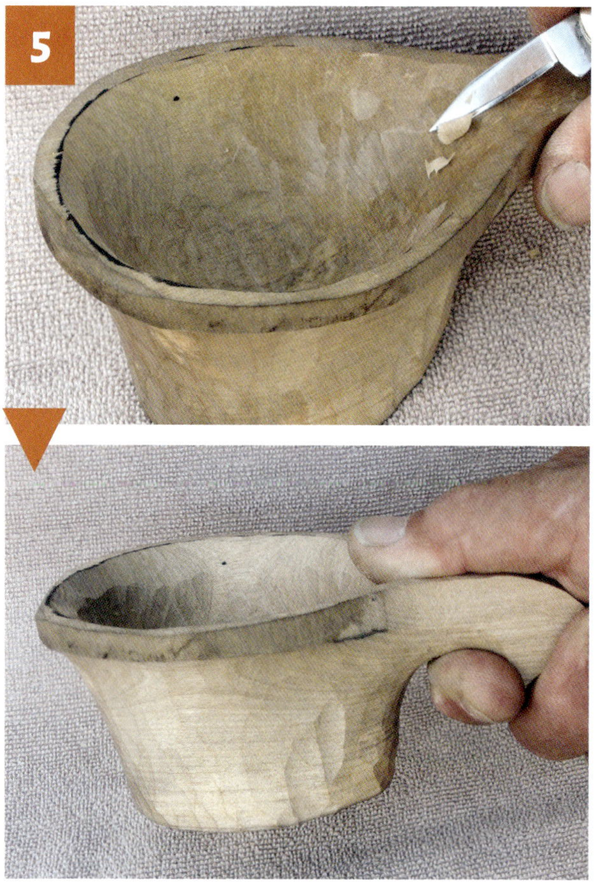

Den Griff ausarbeiten. Oben auf den Griff eine kleine Vertiefung für den Daumen schnitzen. Prüfen, ob der Griff angenehm zu halten ist, und nach Bedarf anpassen.

6

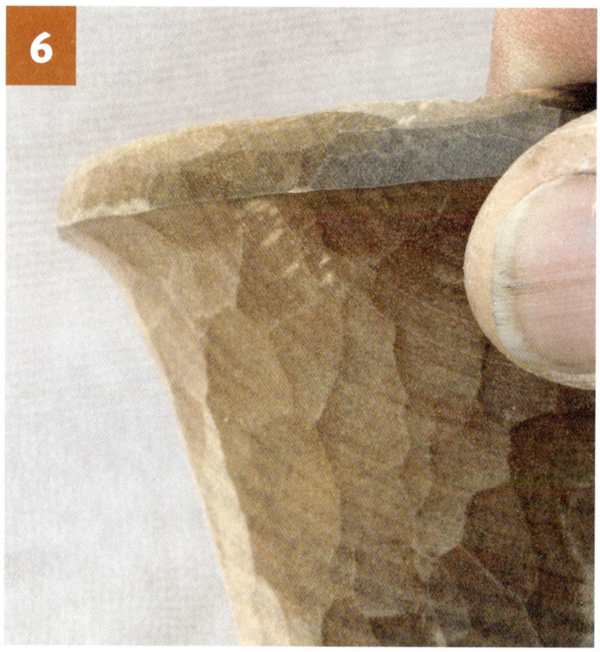

Den Rand fertigschnitzen. Die Unterseite der „Lippe" glätten und leicht anschrägen, um eine angenehme Oberfläche für die Unterlippe zu gestalten. Dann oben abrunden, damit die Oberlippe bequem liegt.

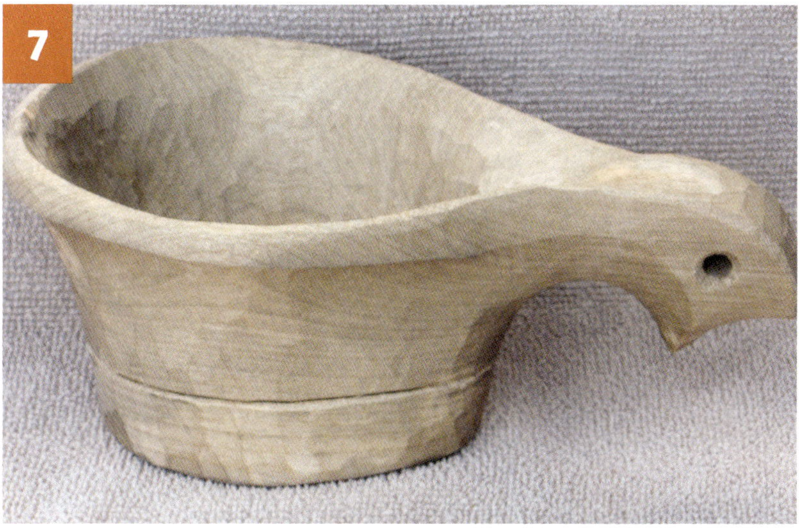

Die Details hinzufügen. Ich habe als Zierde eine Rille an der Unterseite geschnitzt und für eine Schnur zum Aufhängen ein Loch in den Griff gebohrt. Sie könnten das Holz auch einfach durchtrocknen lassen (siehe oben) und die Dekoration zum fortlaufenden Projekt auf Wanderungen erklären. Vergessen Sie nur nicht, ihn mit Datum zu unterschreiben!

Fertigstellung des Holzbechers

Ich habe einiges an Holzbesteck schlussbehandelt, indem ich es in Bienenwachs gekocht habe (draußen mit einem Campingkocher). Nichts, was ich so behandelt habe, ist je gesprungen, auch nicht bei extrem heißen Flüssigkeiten. Sie können den Becher auch mit Lein-, Mineral- oder Walnussöl satt benetzen, da sie lebensmittelsicher sind und nicht ranzig werden wie viele Pflanzenöle. Bei dekorativen Bechern liegt die Wahl ganz bei Ihnen.

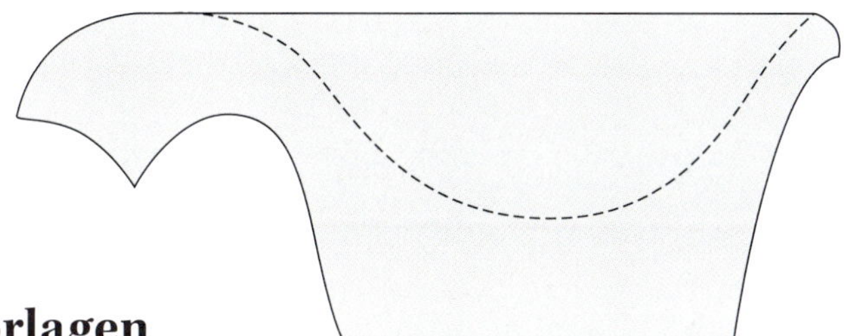

Vorlagen Holzbecher

auf 200 % fotokopieren

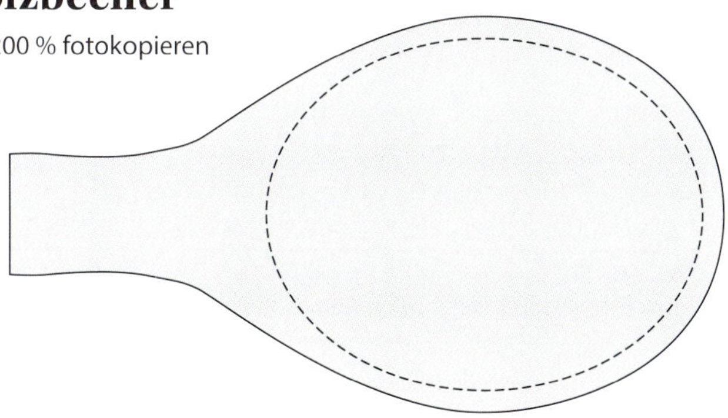

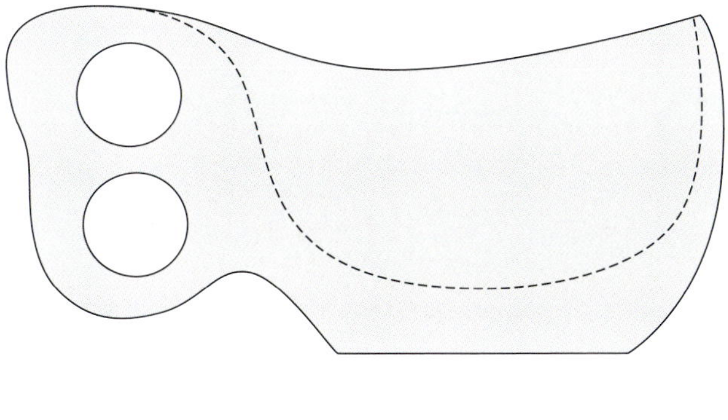

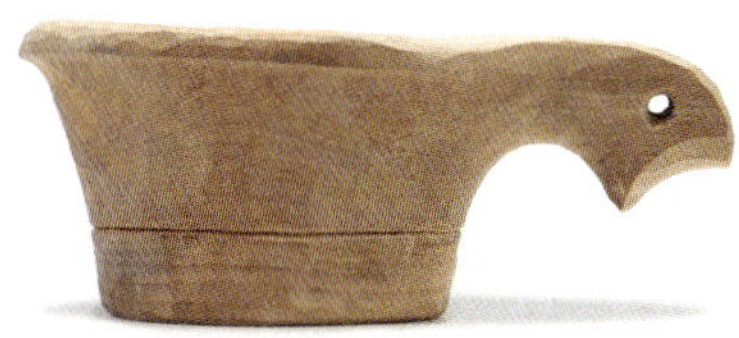

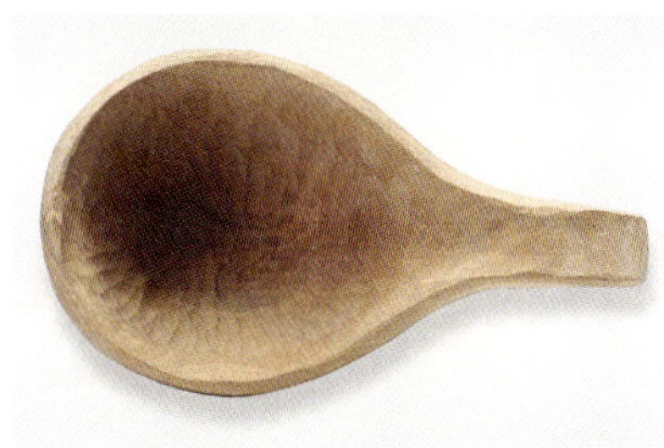

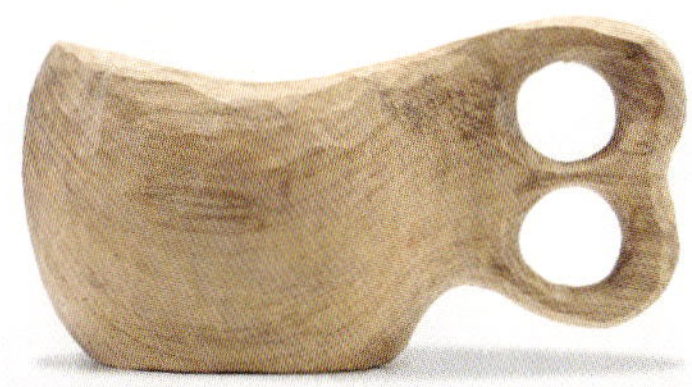

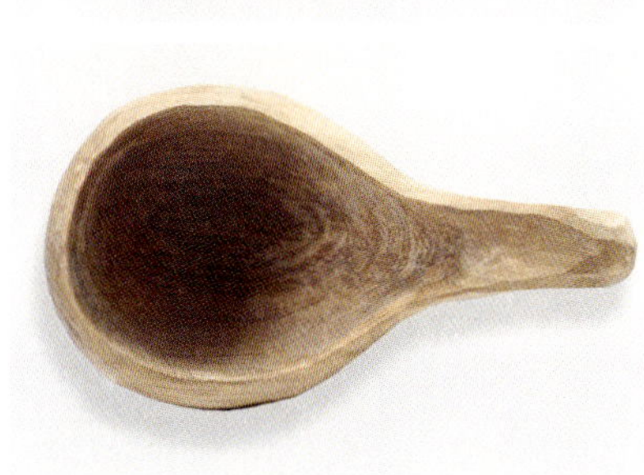

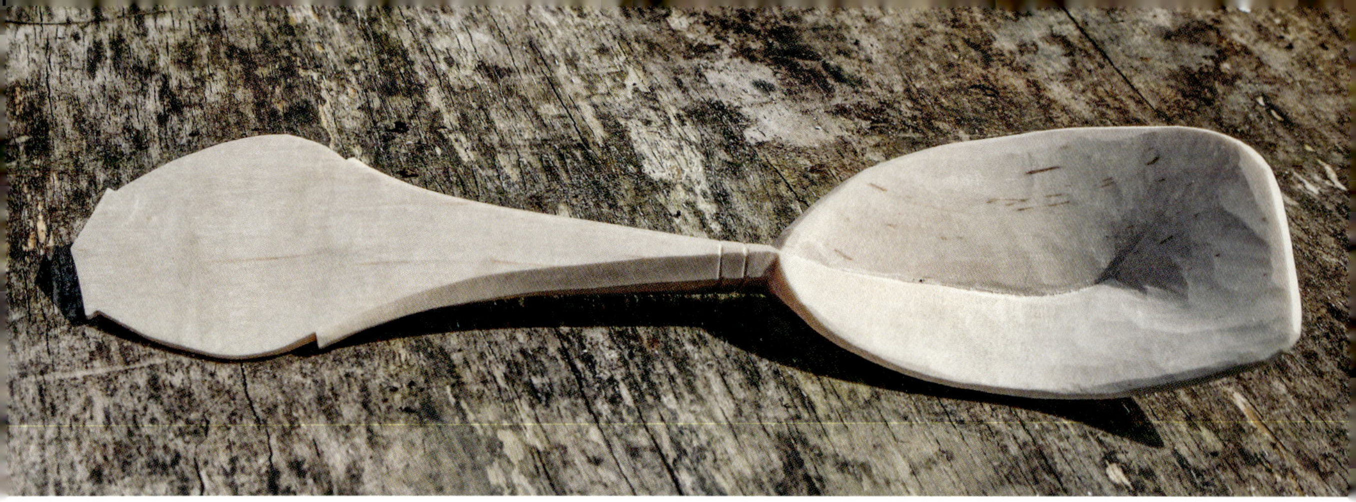

Einfacher Löffel

Dieser überraschend elegante, grob behauene Löffel beweist, wie man etwas mit geraden Linien rund bekommt.
von Jon Mac

Als ich vor zehn Jahren mit dem Schnitzen begonnen habe, beschloss ich, meine Werkzeuge auf drei Stück zu beschränken: Axt, Messer und Löffelmesser. Sie lassen sich leicht warten und sind extrem nützlich beim Campen. Ich bin leidenschaftlicher Wanderer und kann diese Werkzeuge leicht auf eine Wanderung mitnehmen – ebenso wie etwas zum Schärfen, damit ich ein wenig Kunst produzieren kann.

Vor einiger Zeit habe ich mich allerdings gefragt, ob es möglich ist, ohne gebogenes Messer einen guten Löffel zu schnitzen. Nach einigen Experimenten war ich in der Lage, einen ordentlichen Löffel zu gestalten, der in seiner Laffenform jedoch ungewöhnlich war.

Vorbereitung

Grundsätzlich schnitze ich Grünholz von Birke oder Bergahorn. Allerdings kann das meiste Grünholz zu einem Löffel geschnitzt werden, also verwenden Sie die Art, die Sie zur Verfügung haben. Wählen Sie einen Ast, der sauber und knotenfrei ist.

Ich verwende eine scharfe Axt mit einem schmalen Profil an der Schneidkante. Für diesen Artikel habe ich eine große Schnitzaxt von Gransfors Bruk verwendet, ich benutze aber auch handgemachte Äxte von Nic Westermann. Der Löffel lässt sich auch mit einem Messer vorschneiden, aber das dauert länger. Das Ausschneiden ist grundsätzlich der gleiche Vorgang, unabhängig vom Werkzeug.

MATERIAL
- grüner Holzklotz, Ø: 76 mm, 203 mm lang
- Tungöl

WERKZEUG
- Messer
- Axt
- Bleistift

Vorlage auf Seite 111.

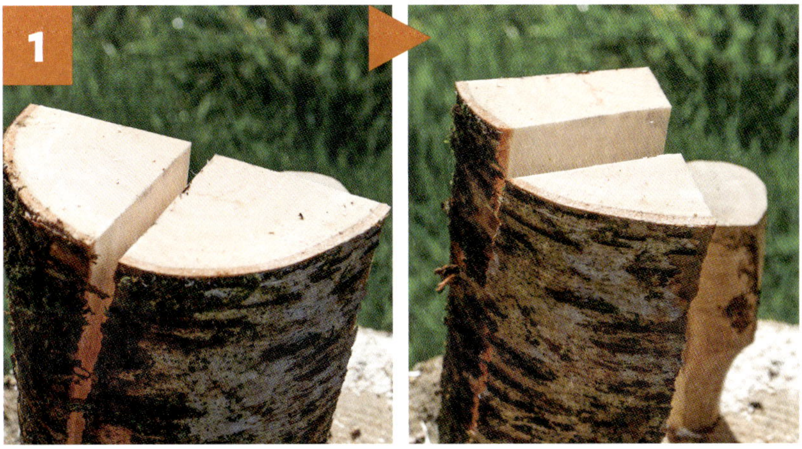

Den Klotz mit der Axt in der Mitte spalten. Dann eine Hälfte in Viertel spalten. Ein rechteckiges Stück aus einem der Viertel schlagen. Das gesamte Splintholz und die Rinde entfernen. Das Holz zu einem 25 mm x 51 mm x 203 mm großen Rohling formen.

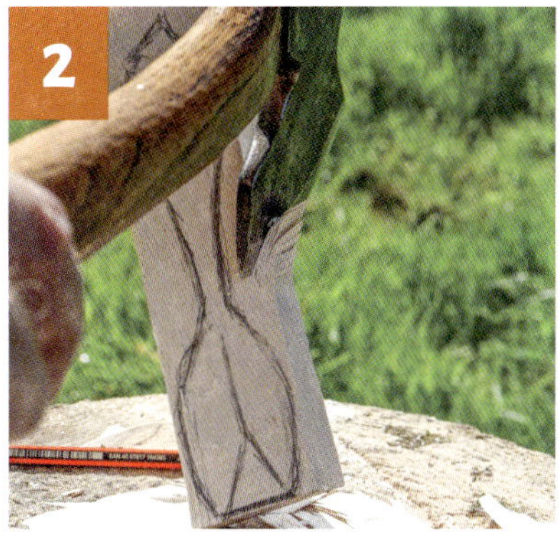

Die Konturen auf den Rohling zeichnen. Flache Schnitte in die Seite des Rohlings schnitzen, dabei Richtung Laffe in einem 25°-Winkel schneiden. Alle folgenden Schnitte über den ersten setzen und den vorigen Schnitt schließen. Sie bilden den Schwung vom Griff in die Laffe.

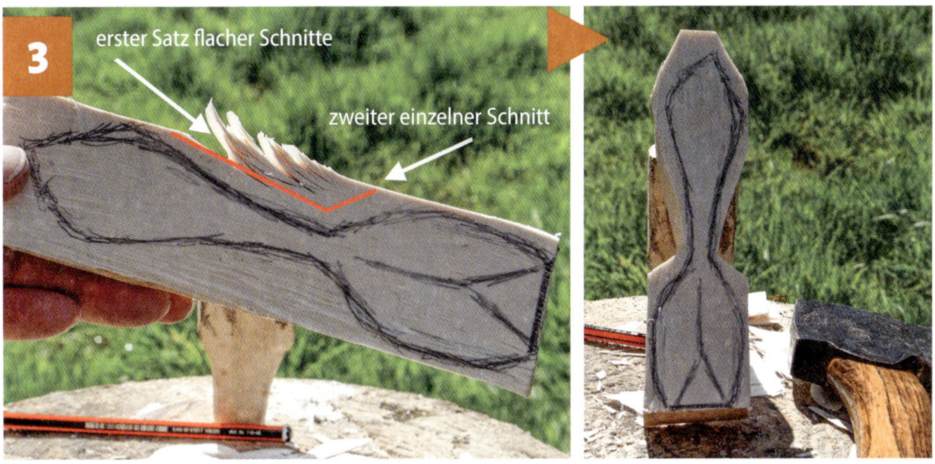

Die andere Seite im 50°-Winkel hacken und den dreieckigen Holzrest entfernen. Schritt 2 und 3 auf der anderen Seite der Laffe wiederholen. Symmetrisch arbeiten, damit die Laffe auf beiden Seiten an der gleichen Stelle auf den Griff trifft.

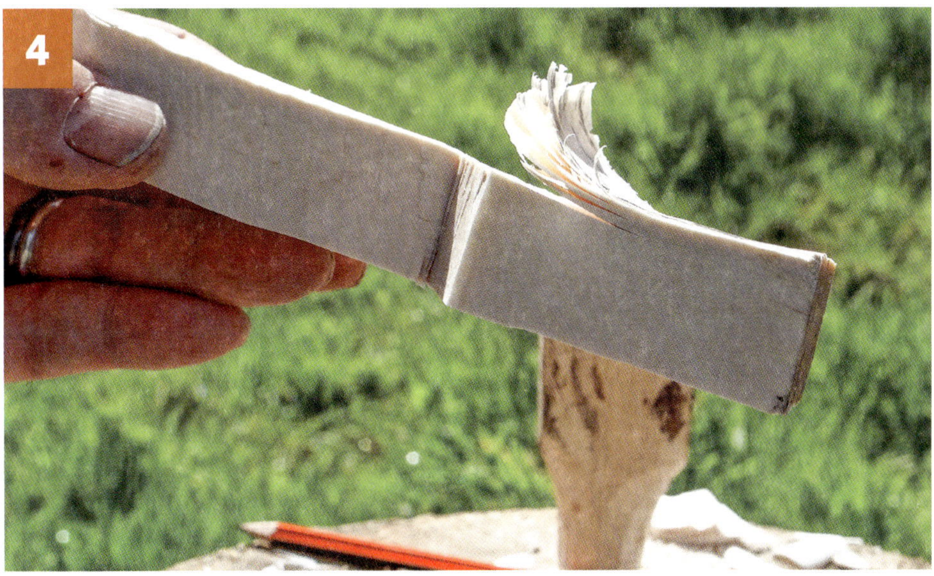

Der Laffe eine Rundung verleihen. Mit flachen, hobelspanartigen Axtschnitten von einer Stelle direkt über der Laffe bis in die Laffenmitte arbeiten.

5

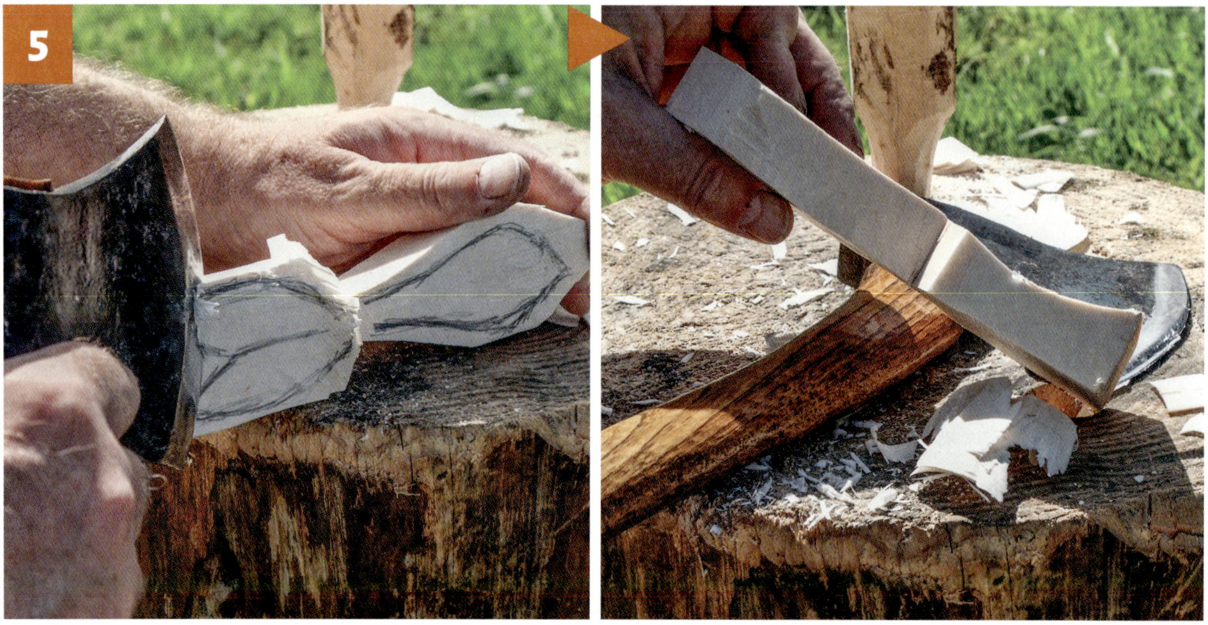

Der Laffe eine Rundung verleihen. Mit flachen, hobelspanartigen Axtschnitten von einer Stelle direkt über der Laffe bis in die Laffenmitte arbeiten.

6

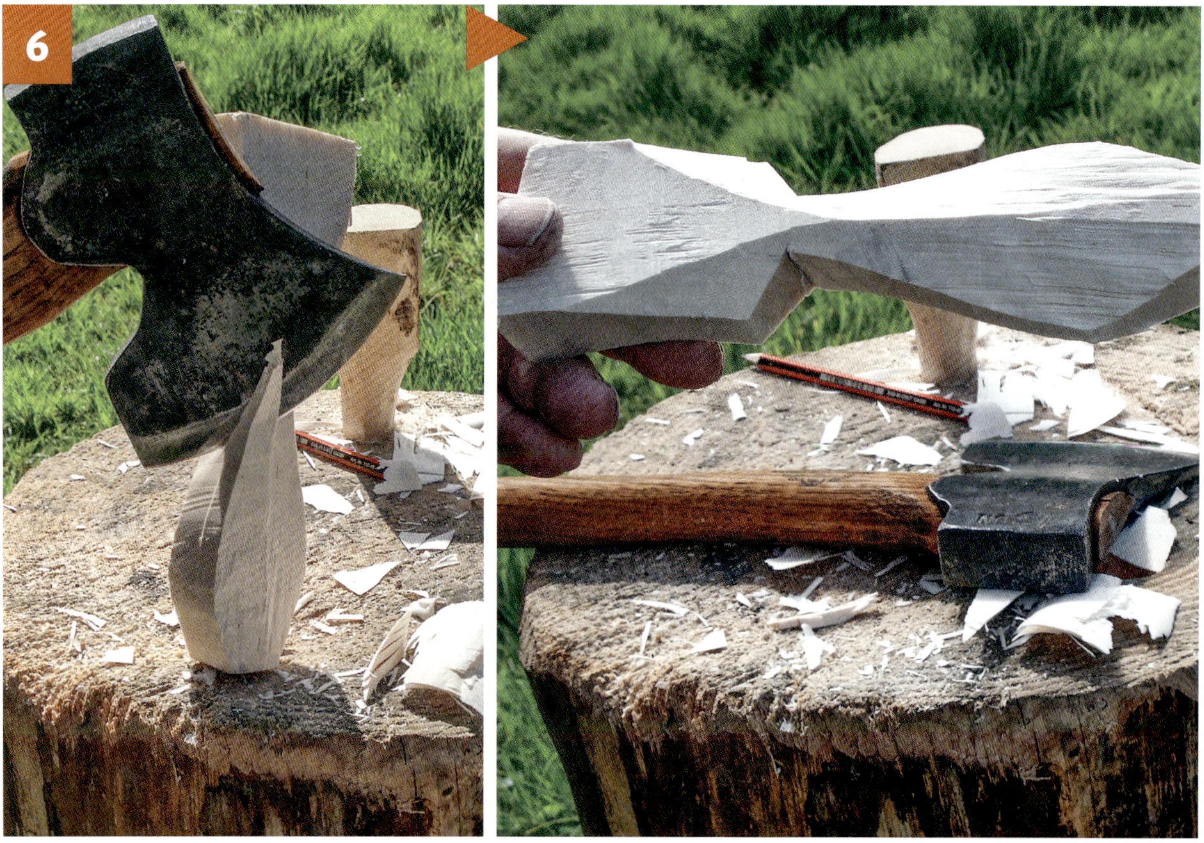

Holzreste von der Griffrückseite und der oberen Hälfte der Laffe entfernen. Zwei große Schrägen an jeder Seite des Löffels von der Mitte der Laffe durch das Griffende nach unten schlagen. Die großen Holzdreiecke, die ich entfernt habe, sehen Sie oben rechts.

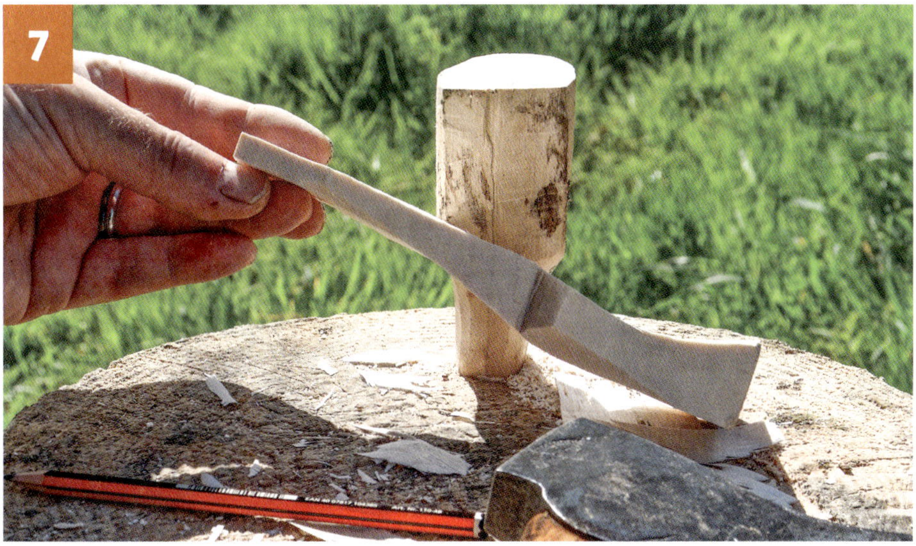

Die Spitze vom Griffende entfernen. Eine flache Oberfläche gestalten, die in einem hübschen Bogen vom Übergang der Laffe in den Griff bis zu dessen Ende führt.

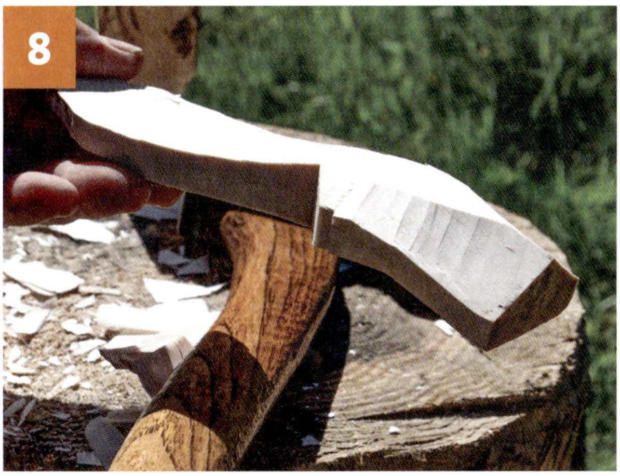

Die Holzreste von der unteren Hälfte des Löffels mit der Technik aus Schritt 6 und 7 entfernen. Nun sollte etwas Löffelähnliches vor Ihnen liegen.

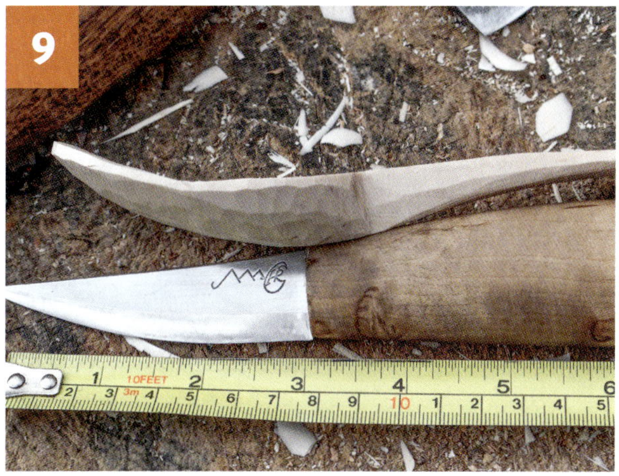

Den Löffel mit dem Messer rund schnitzen. Vor dem Bearbeiten der Innenseite die Außenseite der Laffe versäubern.

Eine Mittellinie oben an der Laffe anzeichnen. Dann zwei Abzweigungen nahe der Mitte bis zu den vorderen Ecken ziehen. Die Messerspitze in den Schnittpunkt der Hilfslinien schieben und die Klinge entlang der Linie nach unten bewegen. Für die anderen beiden Linien wiederholen, um die drei Stoppschnitte für den Anfang zu schnitzen. Keine Sorge, wenn das Messer nicht bis zum Rand reicht – das ist einfach Ihr Ausgangspunkt.

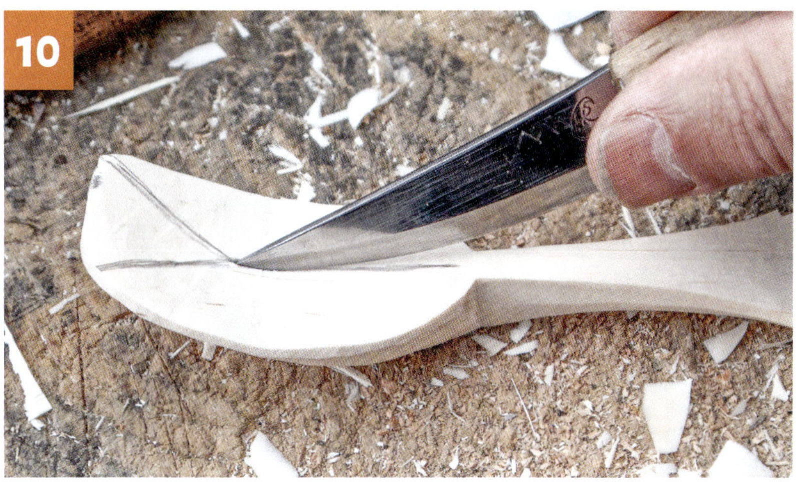

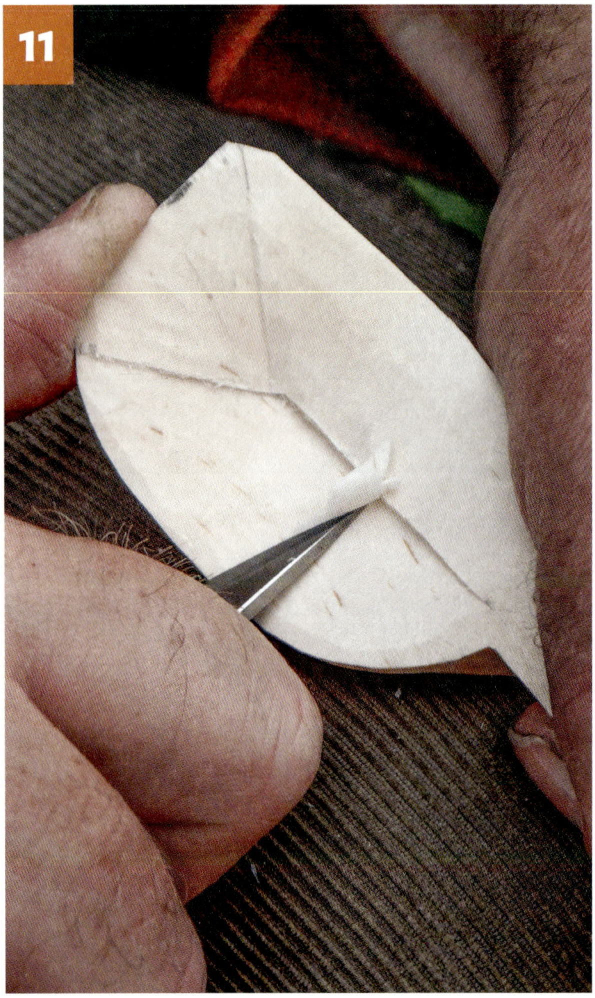

Bis zu den Stoppschnitten schnitzen. Zum Vertiefen der Laffe flache, lange Schnitte ausführen; beliebig verlängern/vertiefen.

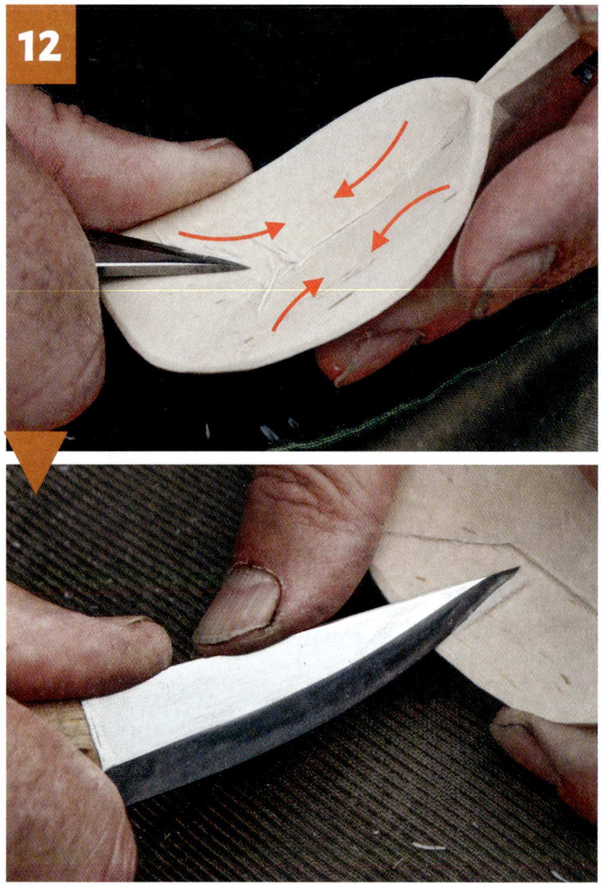

Die Löffelschale schnitzen. Dabei keine Stelle bevorzugen. Vorsichtig arbeiten – an jeder Seite der Laffenoberseite ist eine Stelle, wo die Maserung zur Mitte hin verläuft. Mit der Messerspitze behutsam die Stelle glätten, wo die Maserung die Richtung ändert. Dabei präzise arbeiten und sehr dünne Späne abtragen. Den Daumen zur Kontrolle als Drehpunkt verwenden.

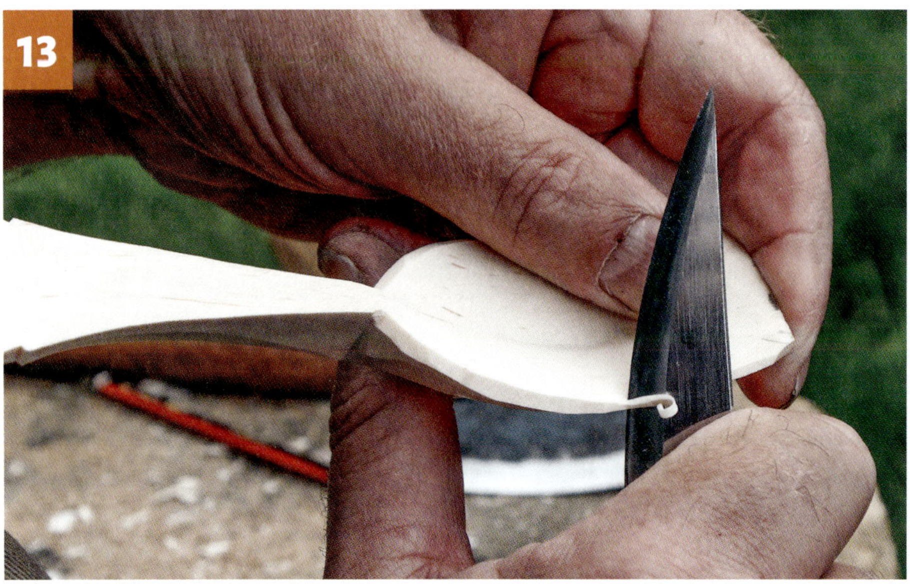

Den Rand der Löffelkelle abschrägen. Das Messer vorsichtig im 45°-Winkel um die Außenkante herumführen. Die Schnitzarbeit versäubern und um den Löffel herumarbeiten, bis er wie gewünscht symmetrisch ist.

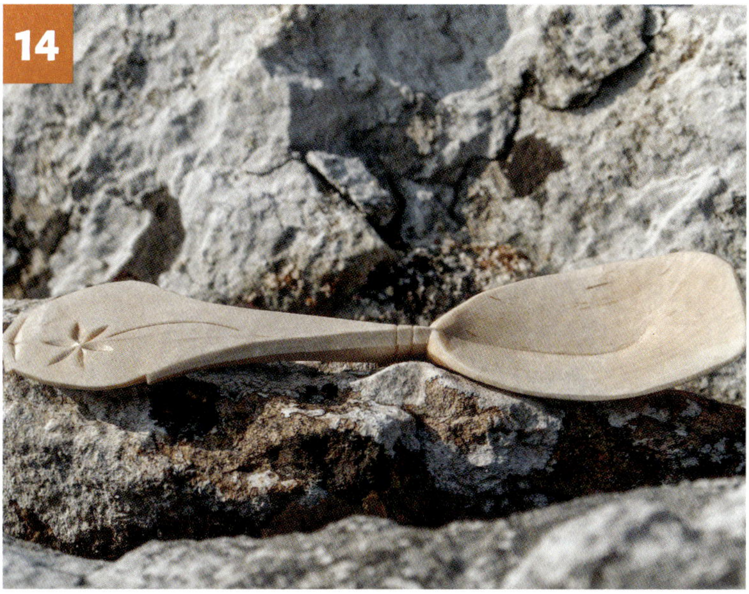

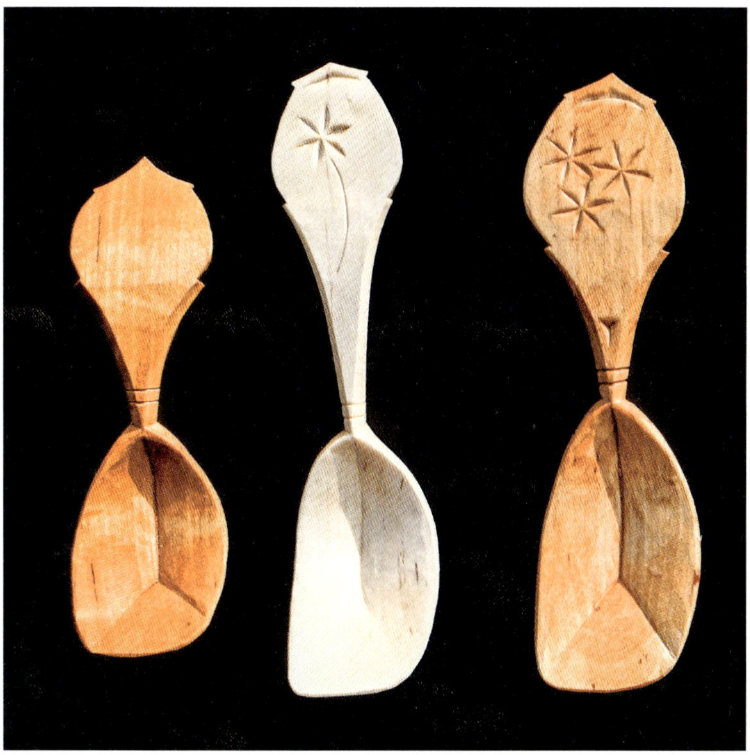

Den Löffel wie gewünscht verzieren. Ein Kolrosing-Muster oder eine kleine Kerbschnitzerei in den Griff arbeiten. Anschließend eine Schicht Öl zur Schlussbehandlung auftragen; ich verwende gerne Tungöl.

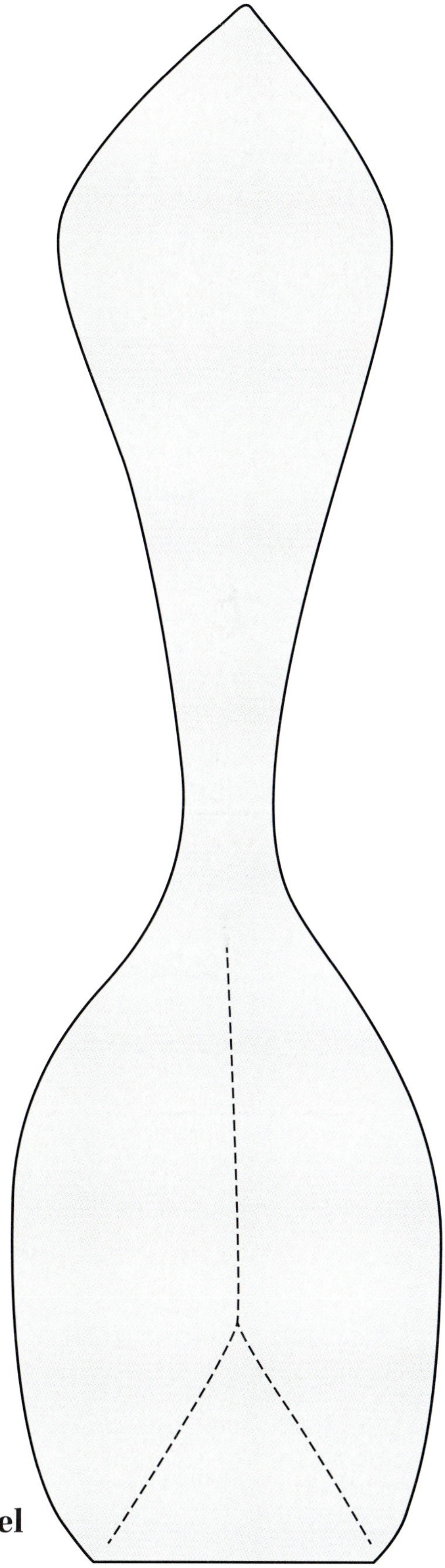

Vorlage Einfacher Löffel

Einfacher Wichtel

Bei diesem entzückenden Werk braucht man sich gar keine Gedanken über Augen oder Hände zu machen.

von John Overby

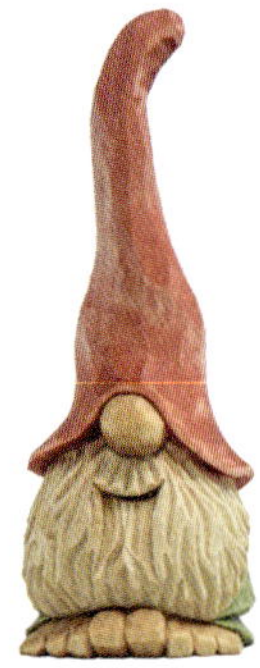

Macht Platz, ihr Hauselfen!

Dieser leicht zu schnitzende Wichtel (in seiner Heimat Schweden: Tomte) ist dazu bestimmt, der Schelm des Haushaltes zu werden. Er hat nur wenige Gesichtszüge (was ihn zu einem wundervollen Einsteigerprojekt macht), aber genug Bewegung zum Schmunzeln – dank des großen gebogenen Hutes, der runden Nase und des dicken gewellten Bartes. Viel Freude mit diesem Design – machen Sie es zu Ihrem eigenen und stellen Sie es für schelmische Festtagsfreude immer wieder woanders auf!

Vorbereitung

Die Vorlage mit Durchschreibpapier und einem Bleistift auf den Rohling übertragen und mit einer Bandsäge ausschneiden. Prüfen Sie, ob Ihr Werkzeug scharf ist, bevor Sie mit dem Schnitzen beginnen. Halten Sie es durch regelmäßiges Abziehen scharf.

MATERIAL

- Lindenholz, 51 mm x 51 mm x 152 mm
- Durchschreibpapier
- Acrylfarben
  - Lindgrün
  - Rot
  - gedecktes Weiß
- Schlussbehandlung, z. B. Holzpolitur
- Papiertücher

WERKZEUG

- Bandsäge
- Schnitzmesser
- V-förmiger Stechbeitel (optional)
- verschiedene Pinsel
- Schuhbürste (Rosshaar)
- Bleistift oder Permanentstift

Vorlagen auf Seite 117.

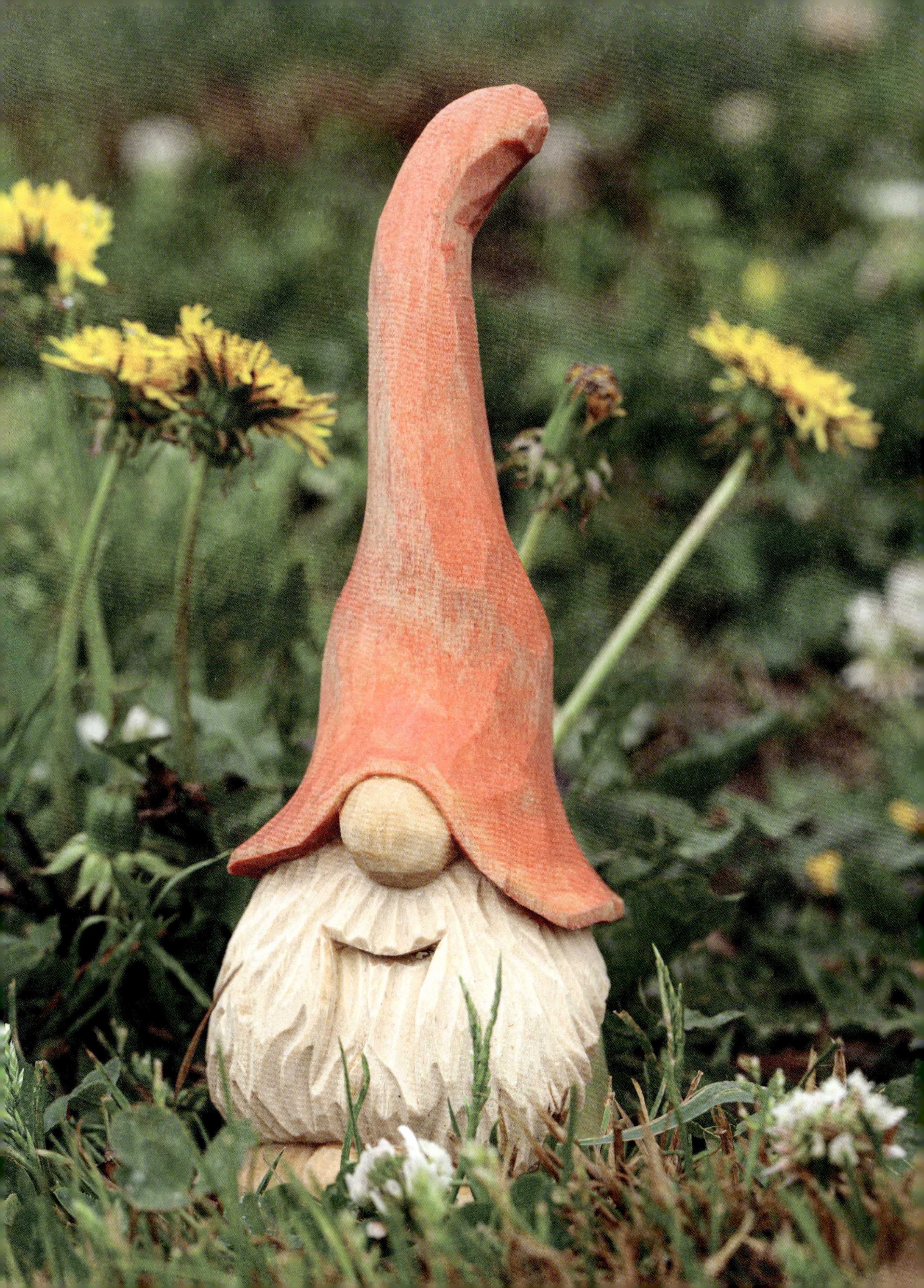

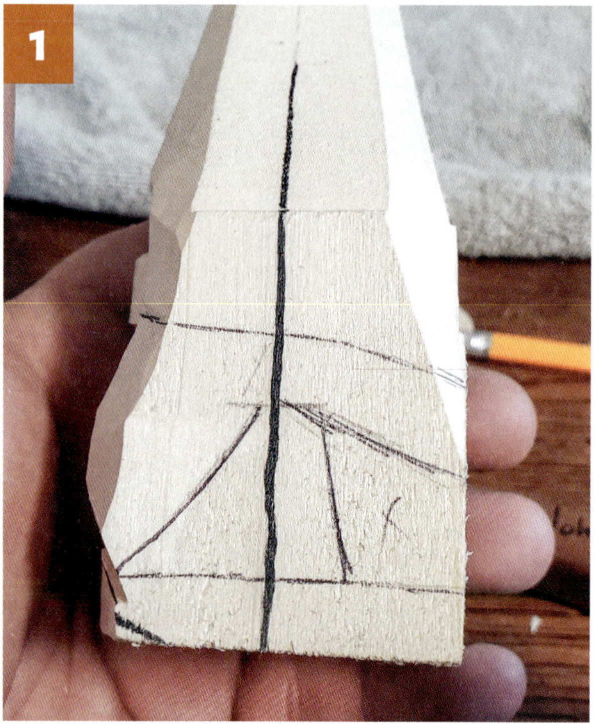

Die grundlegenden Hilfslinien anzeichnen. Erst Mittellinien an Vorder- und Rückseite ziehen. Die Nase mit einem Quadrat markieren, dann unten eine gebogene Linie für die Füße anzeichnen.

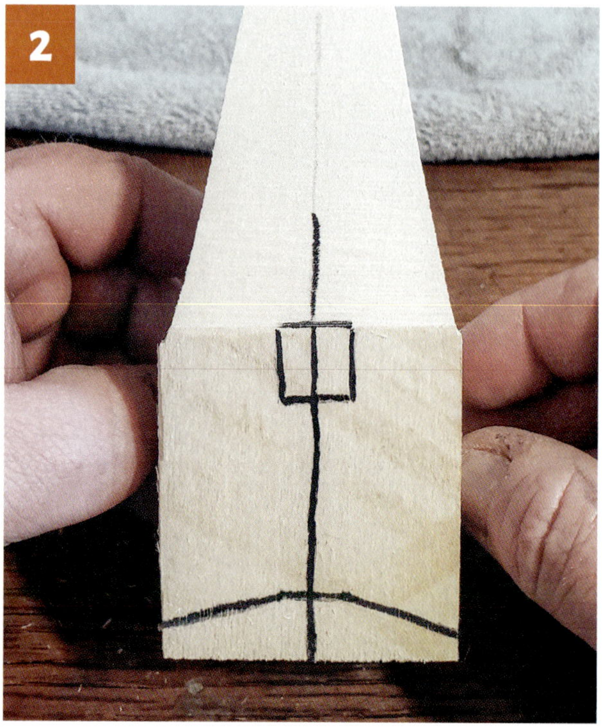

Das Gesicht grob ausarbeiten. Mit dem Schnitzmesser Stoppschnitte rund um die Nase ausführen. Von allen Seiten bis zum Stoppschnitt schnitzen und die Ecke abrunden, damit die Nase hervorsteht. Die Füße an den Ecken gerundet verjüngen. Material an der Körpervorderseite für den Bart und den Oberkörper stehenlassen.

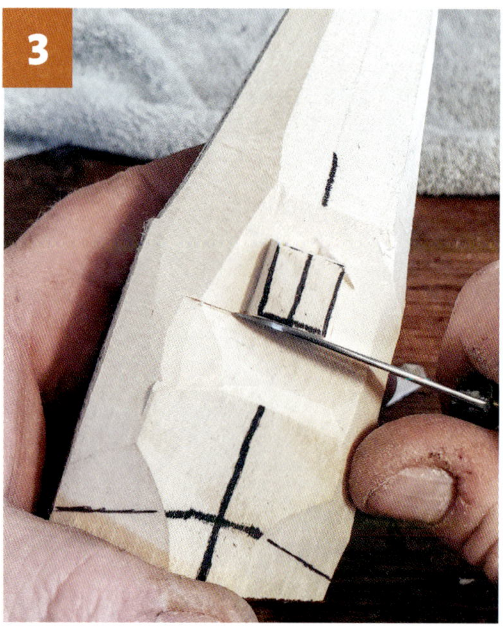

Hilfs- und Haarlinien an der Körperseite anzeichnen.

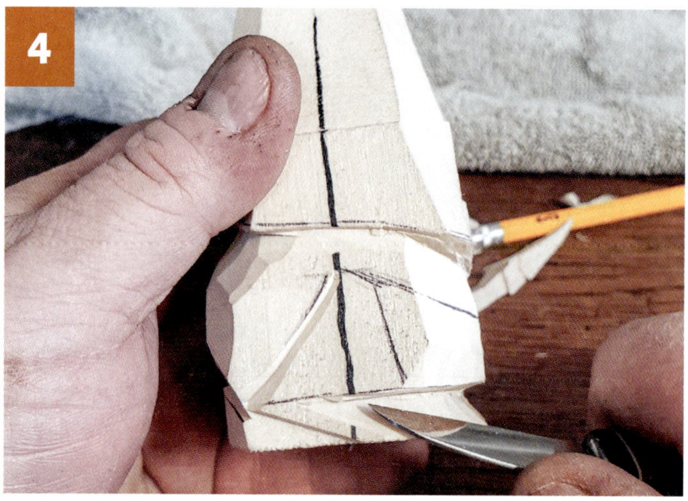

Die Seite des Körpers formen. Die Linien aus Schritt 3 mit dem Messer in Stoppschnitte überführen. Den Brustbereich rund gestalten. Dann von hinten schräg in Richtung des Stoppschnitts für den Bart schnitzen. Auf dieselbe Weise mit den Stoppschnitten an Arm, Hut und Füßen vorgehen. Bart und Haar unter den Hut bringen. Die Füße an den Seiten von vorn zur Mitte schräg zulaufen lassen. An den Armrückseiten mit dem Messer tiefe Stoppschnitte schnitzen. Bis zu diesen arbeiten, damit die Arme aus dem Körper hervortreten.

5

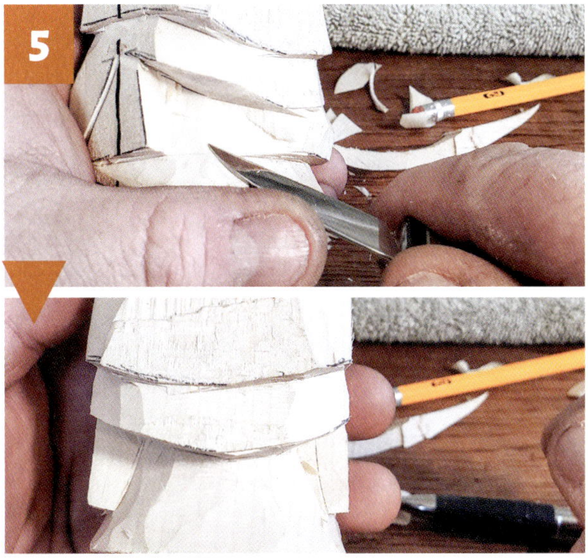

Das Haar ausarbeiten. Die Linie für den Hut mit dem Messer zu einem tiefen Stoppschnitt schnitzen. Selbiges am Haaransatz ausführen. Das Holz zwischen der Armrückseite und dem Haaransatz mit einigen V-Schnitten großzügig entfernen. Das Gewand grob formen.

6

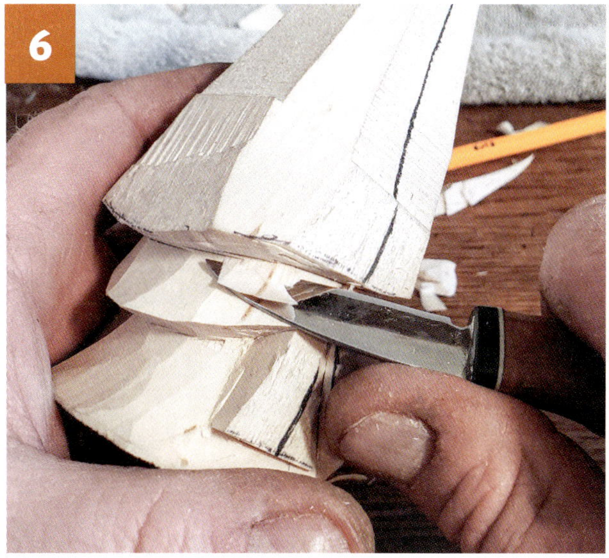

Die Rückseite der Hutkrempe formen. Mit dem Messer die Trennung zwischen Haar und Hut mittels Stoppschnitten rundherum vertiefen. Mit kurzen, präzisen Schnitten hinauf bis zur Linie schnitzen. Für Haaransatz und Gewand ebenso vorgehen.

7

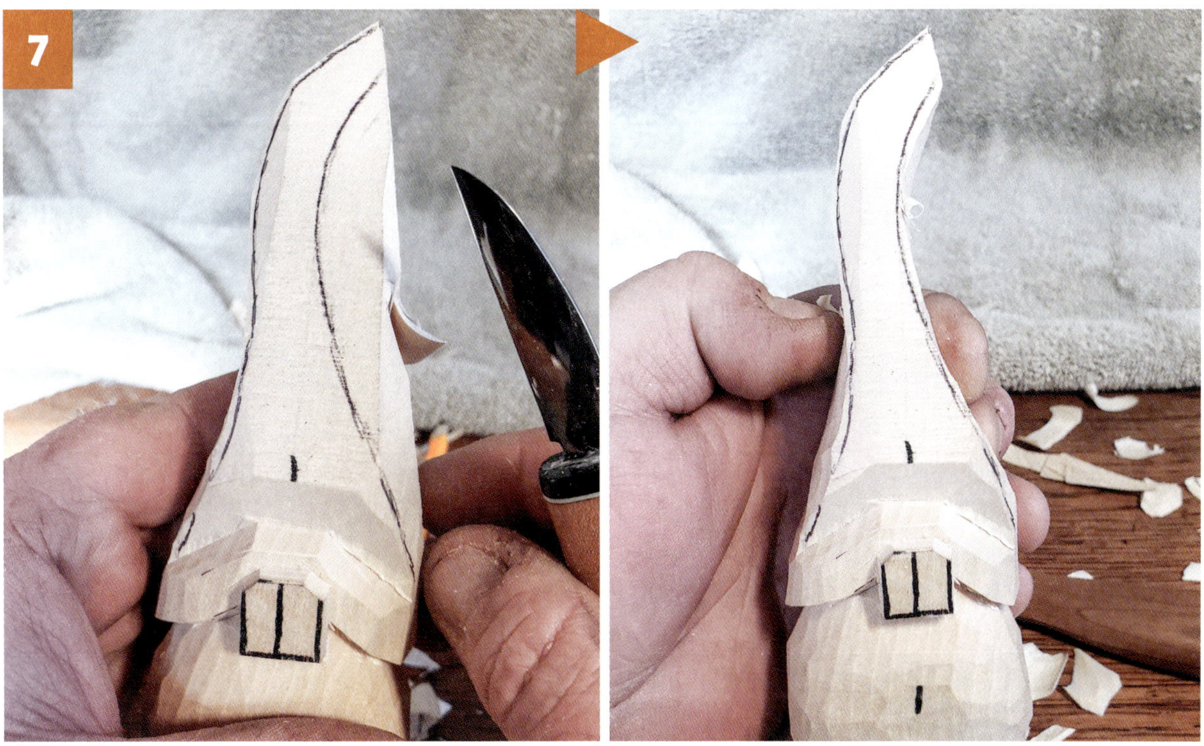

Den Hut formen. Die gewünschte Form aufzeichnen; ich habe einen wackligen Bogen gemacht. Mit dem Messer rundherum das Holz abtragen und den Hut formen. Einen Stoppschnitt ausführen, wo der Übergang zur Nase sein soll. Von beiden Seiten zur Linie hin Einschnitte schnitzen, um ein tiefes V zu bilden. Den Rest des Hutes in das V verjüngen und dann die Hutkrempe über die Nase schieben, sodass es wirkt, als säße der Hut auf dem Kopf. Den Körper abrunden, Brust und Schultern in den Hut hinein und den Bart zu den Füßen hin verjüngen.

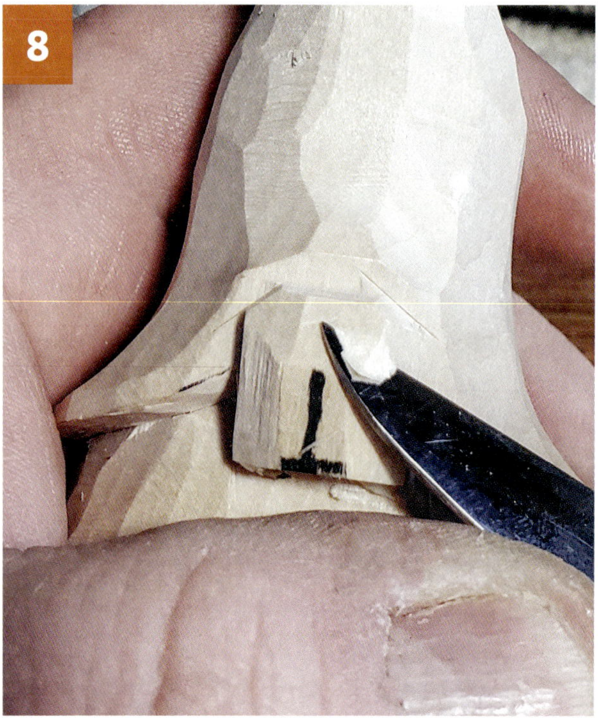

Die Nase formen. Die Nase mit dem Messer kugelig schnitzen. Behutsam rundherum die Hutkrempe formen und abrunden.

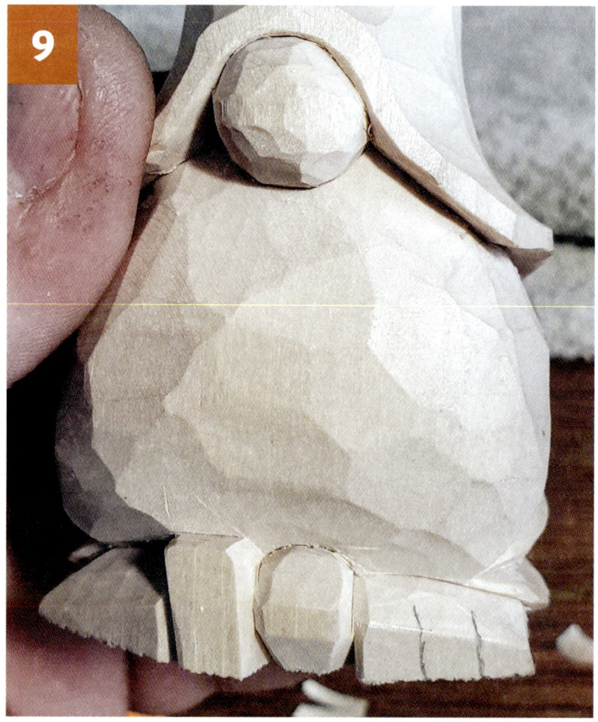

Die Zehen ausarbeiten. Die großen Zehen rund formen und drei dicke Zehen anstelle von vier an jeder Seite schnitzen. Die Füße mit dem Messer gestalten und die Zehen mit kleinen V-Schnitten trennen.

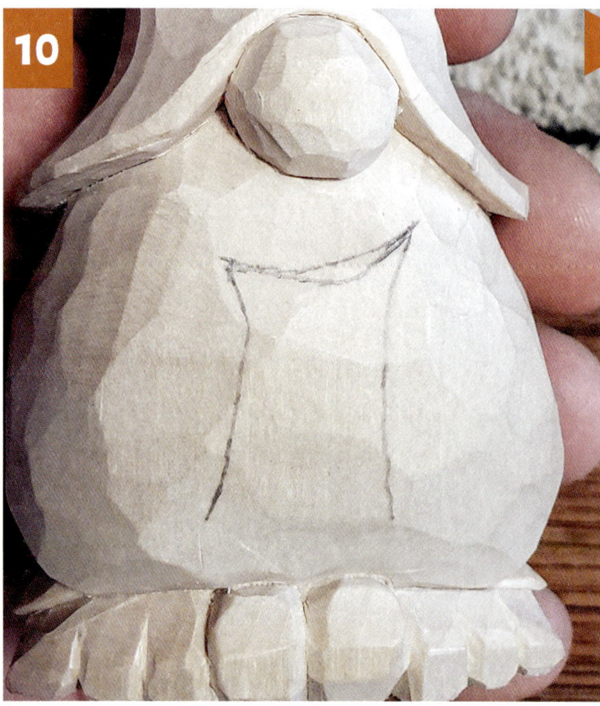

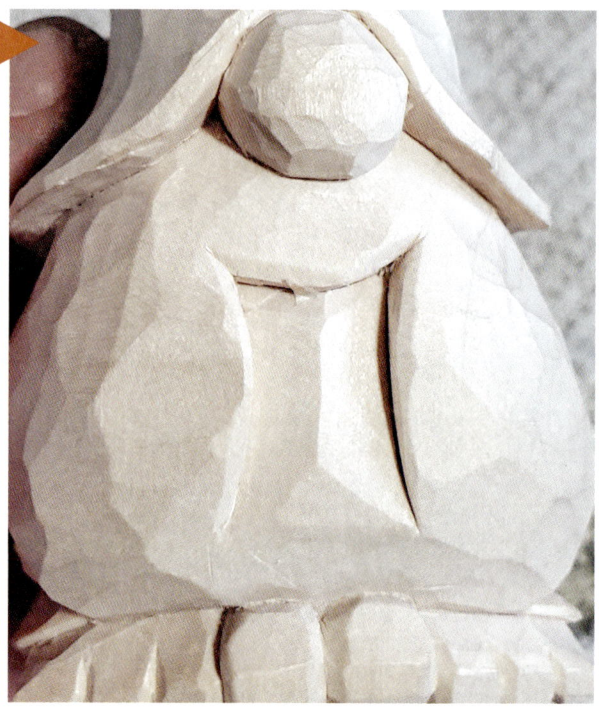

Ein Lächeln hinzufügen. Den Mund aufzeichnen und diese Linie mit Stoppschnitten nachfahren. Mit V-Schnitten das Material innerhalb der Linien abtragen.

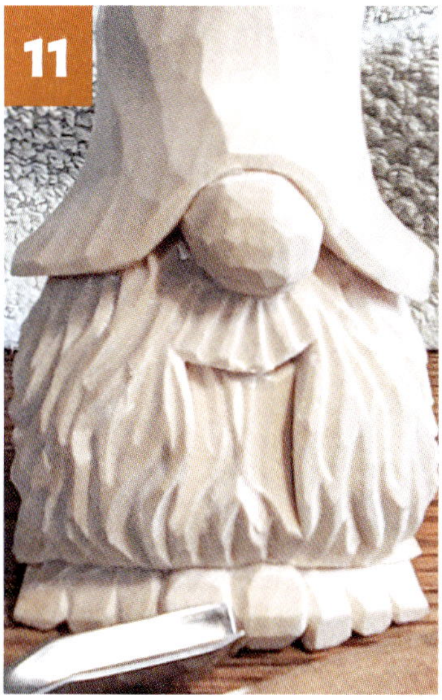

Haare und Bart mit Messer oder Stechbeitel gestalten. Beim Schnitzen von Haaren und Bart schlampige, in der Tiefe variierende, sich nie schneidende S-förmige Schnitte ausführen. Der Clou ist, dass sie möglichst zufällig verlaufen.

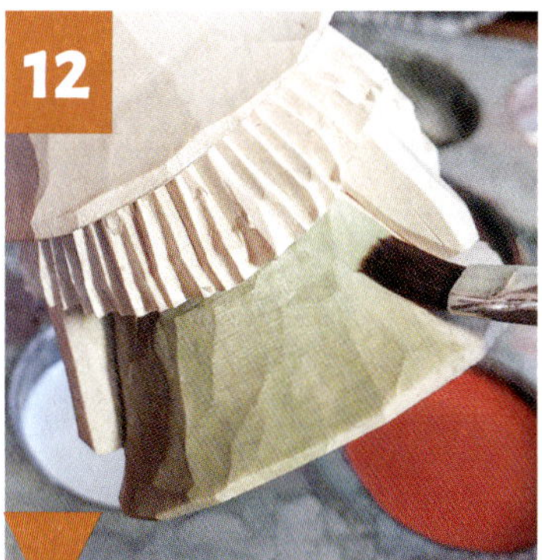

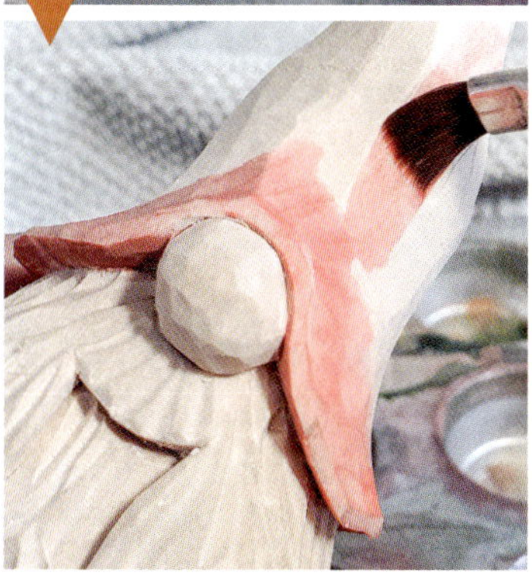

Bemalung und Schlussbehandlung. Die Schnitzerei für die gewünschte Farbe vorbereiten. Ich male gern mit stark verdünnter Farbe direkt auf das naturbelassene, unversiegelte Holz. Ich habe den Hut rot, den Bart gedeckt weiß und die Kleidung lindgrün bemalt. Ist die Farbe vollständig getrocknet, eine großzügige Schicht Holzpolitur auftragen.

Vorlage Einfacher Wichtel

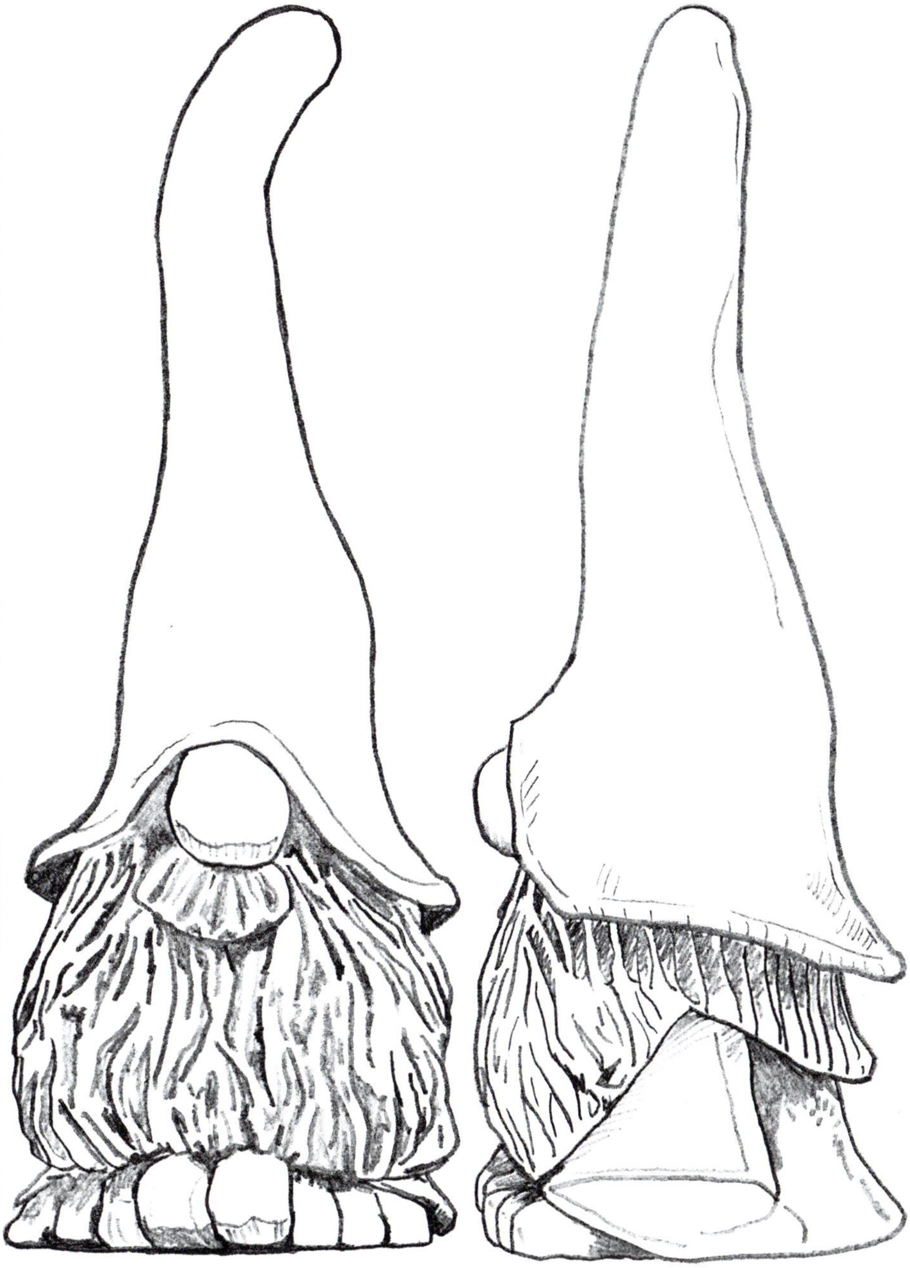

Hahn am Ast

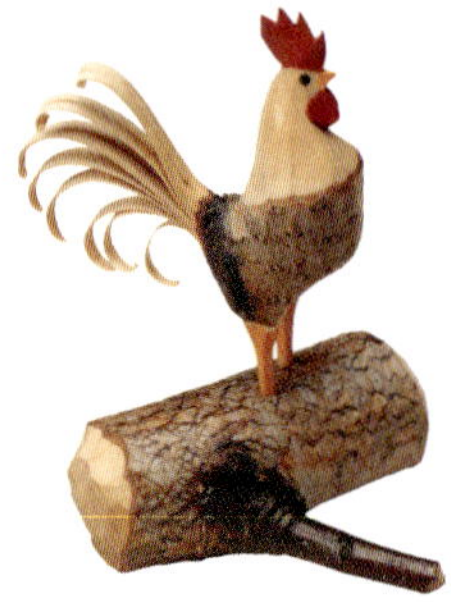

Machen Sie aus einem einfachen Zweig eine klassische Schnitzarbeit.
von Chris Lubkemann

Der Hahn auf dem gegabelten Zweig ist eine Art Maskottchen für Astschnitzer. Obwohl er nicht die einfachste Figur ist, ist er nützlich zum Üben grundlegender Schnittarten und -techniken, die beim Astschnitzen verwendet werden. Haben Sie die Schnitztechnik für den Hahn einmal verinnerlicht, können Sie auch Fasane, Reiher, Rennkuckucke und eine Menge anderer Tierchen und Projekte schnitzen.

Die Größe und Form Ihres Hahnes hängt von der Stärke und dem Winkel Ihres gegabelten Astes ab. Das Gelingen des Schwanzes unterliegt überdies dem Trocknungsgrad des Holzes. Die Federn müssen geschnitzt werden, wenn das Holz schon ein bisschen getrocknet ist, da sie sich so beim Schnitzen kringeln.

Probieren Sie den folgenden Trick, um zu bestimmen, wann ein Zweig trocken genug zum Schnitzen von Hahnenfedern ist: Wenn Sie die Rinde von dem Zweig im Schwanzbereich abtragen, entfernen Sie auch die eines anderen geraden Astes des gleichen Holzes mit dem gleichen Durchmesser. Der zweite dient als Übungs- und Teststück. Ringeln sich dünne Scheiben des zweiten Astes nicht beim Schnitzen ein, wissen Sie, dass das Holz am ersten Zweig noch zu feucht für die gebogenen Federn eines Hahnes ist. Kringeln sie sich hingegen schon, wird auch das Holz des ersten Astes das tun. Außerdem ist es ratsam, ein paar Übungsfedern am Testzweig zu schnitzen, bevor Sie sich an den fast fertigen Hahn wagen.

Abschließend schnitzen Sie einen viel besseren Hahn und haben weit mehr Kontrolle, wenn Sie mit der kleinen Schnitzklinge des Taschenmessers schnitzen – abgesehen von den Schwanzfedern in Schritt 9.

Anmerkung: Dies ist eine komprimierte Schritt-für-Schritt-Anleitung für den Hahn. Sie sind in der Lage, damit Ihren eigenen Hahn zu schnitzen, aber noch mehr Details und hilfreiche Tipps finden Sie in meinem Buch ***Victorinox Swiss Army Knife Whittling Book.***

MATERIAL
- gegabelter Ast
- Klarlack (optional)
- Acrylfarben (optional)

WERKZEUG
- Taschenmesser
- Gürtel oder Schnürsenkel
- Pinsel (optional)

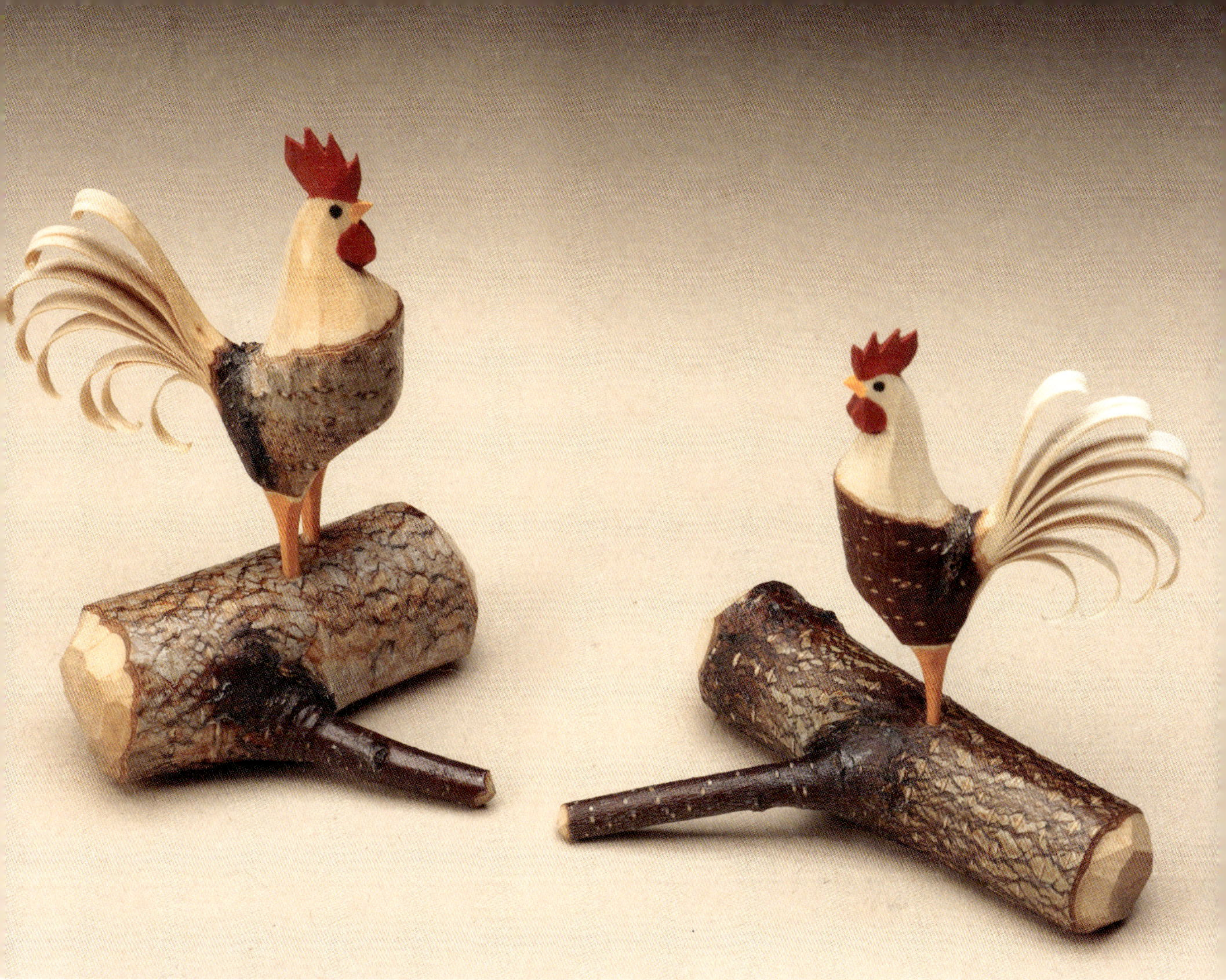

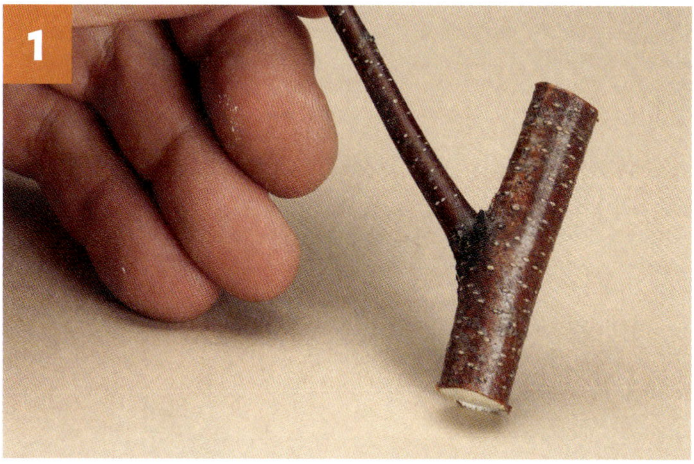

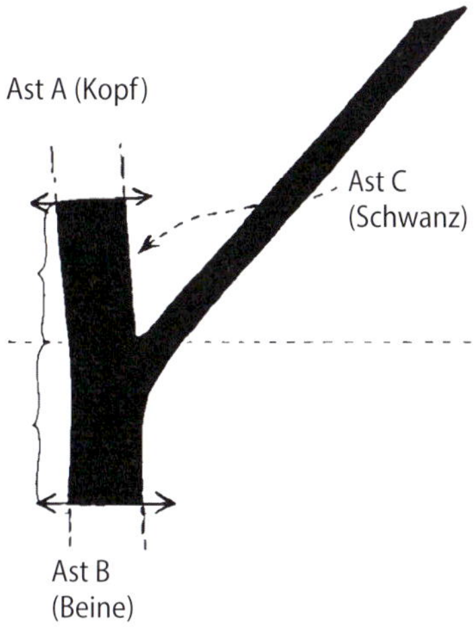

Einen gegabelten Ast aussuchen. Suchen Sie eine Gabelung mit einem darunterliegenden Ast (Ast B) mit einem Durchmesser von 10–20 mm. Die Länge von Ast A (Kopf) sollte in etwa den doppelten Durchmesser betragen. Ast B (Füße) sollte etwas länger als Ast A sein. Ast C (Schwanz) 100–130 mm lang lassen.

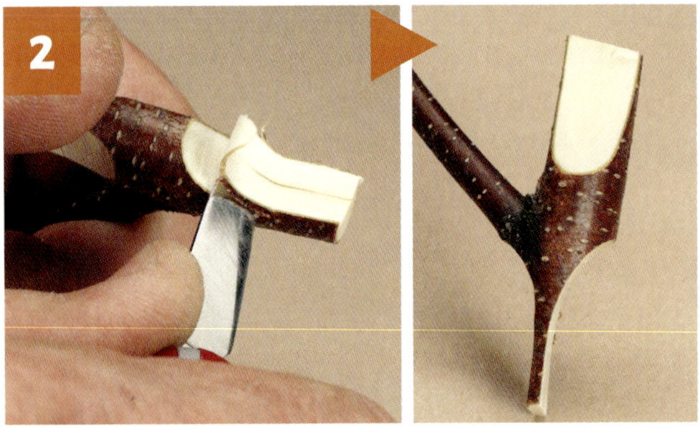

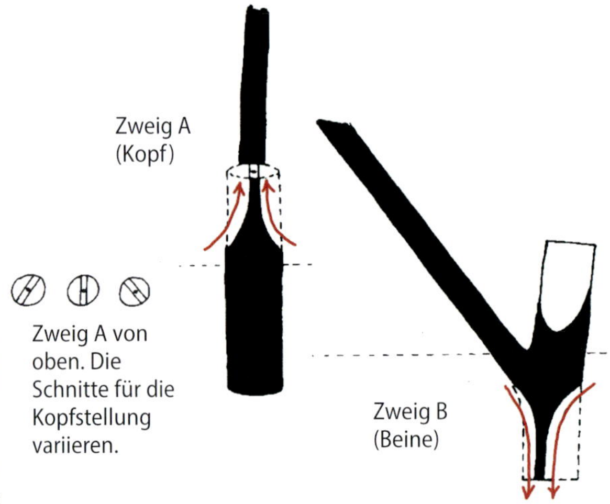

Kopf und Füße verjüngen. Ast A für Kopf und Hals verschmälern. Die Schnitte knapp über der Unterseite der Y-Gabelung beginnen. Diese um 90° drehen und Ast B für die Beine verschmälern. Gebogen schnitzen und mehr Holz von der Vorder- als von der Rückseite abtragen, damit die Brust aufgeplustert wirkt. Beachten, wo die Schnitte im Verhältnis zur horizontalen, gestrichelten Linie an der Unterseite der Gabelung beginnen.

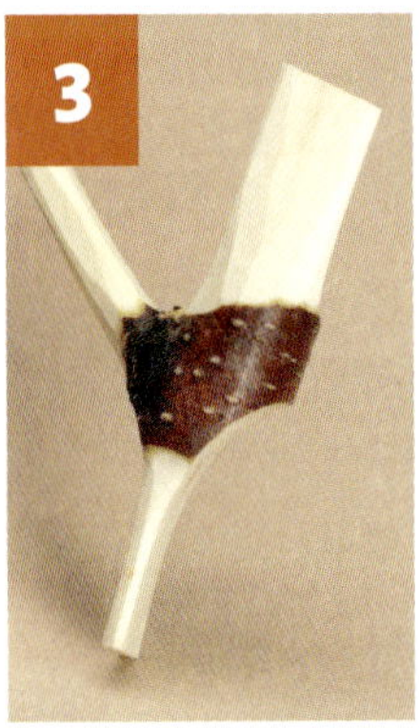

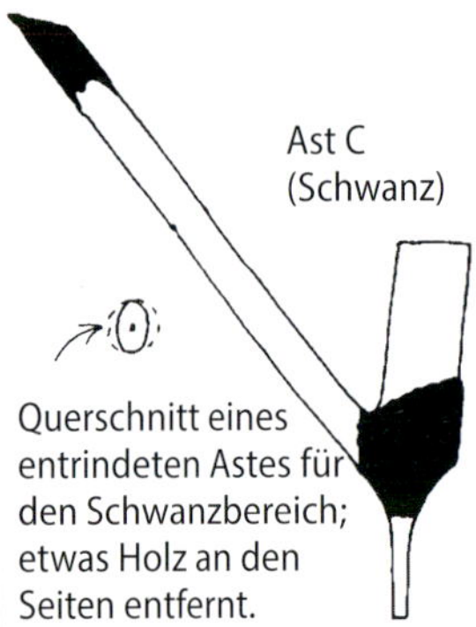

Das Federkleid schnitzen. Die Rinde von den Seiten des schmaler werdenden Astes B (Beine) entfernen. Dann die Rindenreste von Ast A wegschnitzen. Die Rinde am Brustfederkleid des Hahnes stehenlassen. Sollte Ast C sehr dick sein, für einen ovalen Querschnitt an den Seiten etwas Holz abtragen.

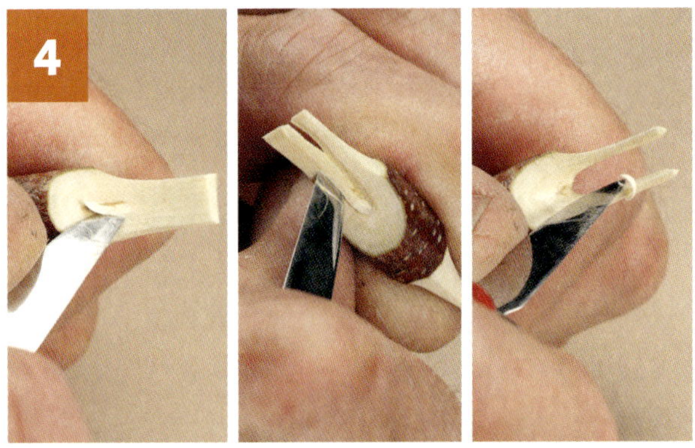

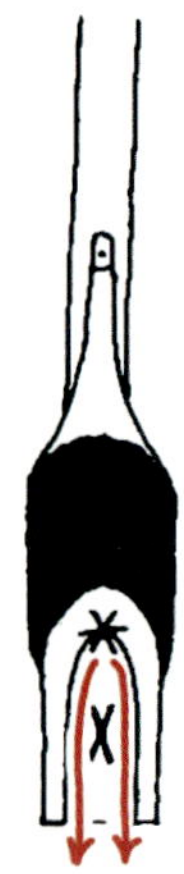

Die Beine trennen. Den spitzbogenförmigen Bereich zwischen den Beinen anzeichnen (X auf der Zeichnung). Die Messerspitze oben in den Bogen einstechen und nach unten schneiden. **Anmerkung:** Beim Versuch, von unten nach oben zu schneiden, schneiden Sie entgegen der Maserungsrichtung, was ein größeres Verletzungsrisiko birgt. Die Beine abrunden und glätten.

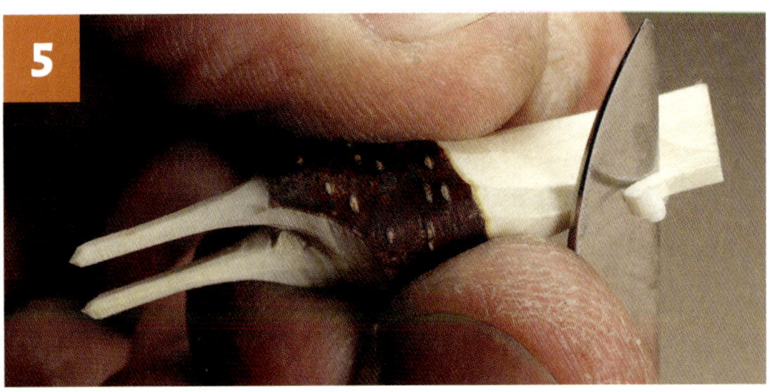

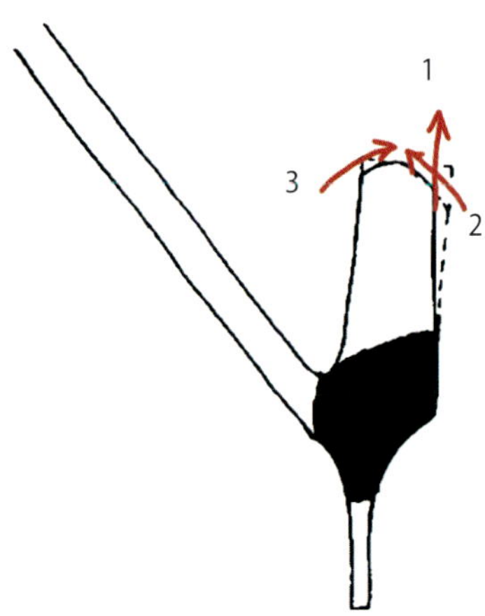

Den Kopf formen. Dazu sind drei separate Schnitte notwendig. In die mit Pfeilen gezeigten Richtungen schnitzen, damit das Holz nicht splittert.
(1) Ein wenig Holz von der Astvorderseite entfernen.
(2) Den Kopf von der Vorderseite bis zum Scheitel abrunden.
(3) Dann den Kopf von der Rückseite zum Scheitel abrunden.
Der Schnittwinkel von Schnitt 2 ist steiler als bei Schnitt 3.

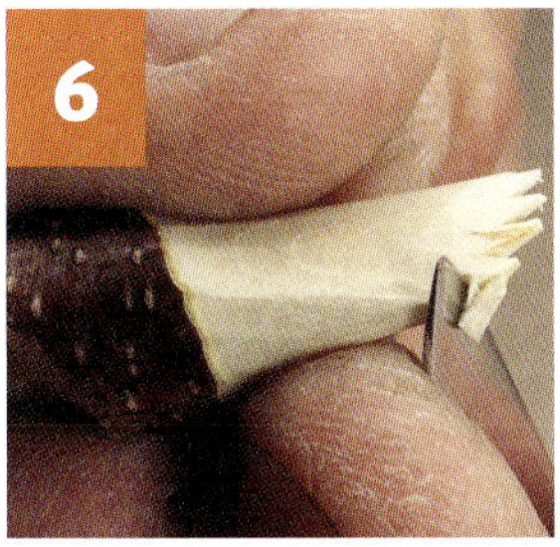

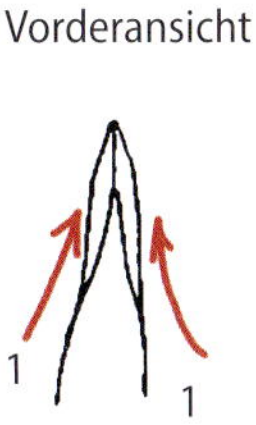

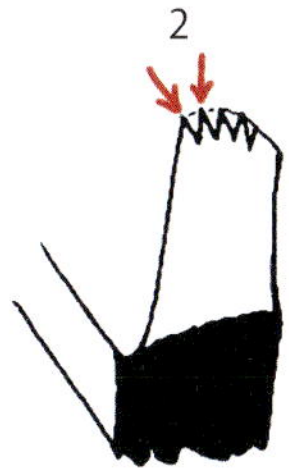

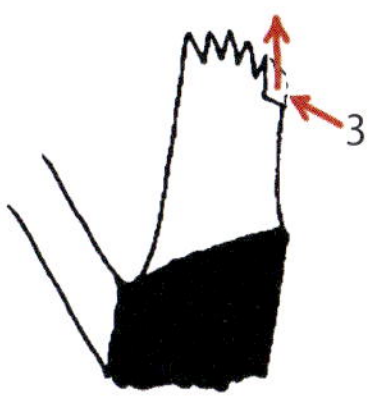

Den Kamm ausarbeiten. (1) Die Astspitze verjüngen (anspitzen), damit sich der Kamm vom Kopf abhebt. **(2)** Die Zeichnung zu Hilfe nehmen und vorsichtig hinauf bis zum Stoppschnitt schnitzen, um den Kamm vom Hinterkopf zu trennen. **(3)** Mit einer Kerbe die Kammvorderseite vom Schnabel abheben.

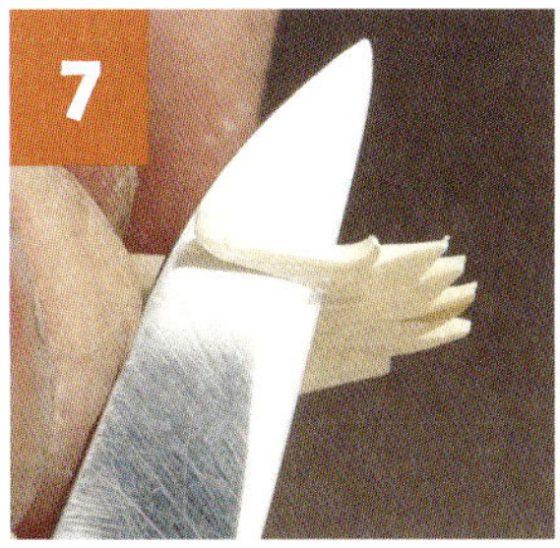

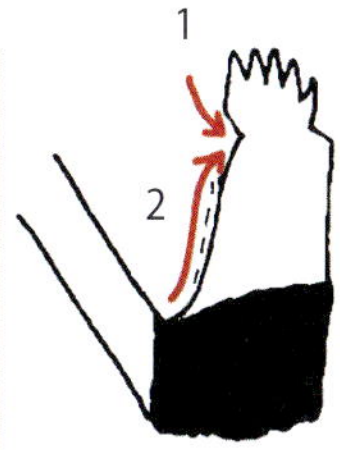

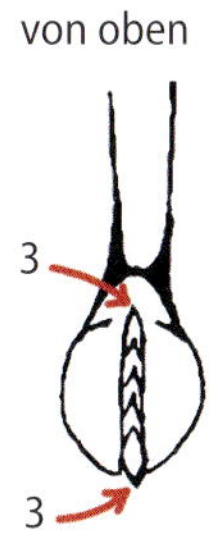

Den Kamm vom Hinterkopf abheben. (1) In einem spitzen Winkel nach unten schnitzen. **(2)** An der Zeichnung orientieren. Durch behutsames Schneiden nach oben zum Stoppschnitt Hinterkopf und Hals formen und den Kamm optisch vom Hinterkopf trennen. **(3)** Kammrückseite und Schnabel verjüngen. **Anmerkung:** Hier und unten lieber wenig Holz abtragen; die Schnitte für die gewünschte Form wiederholen.

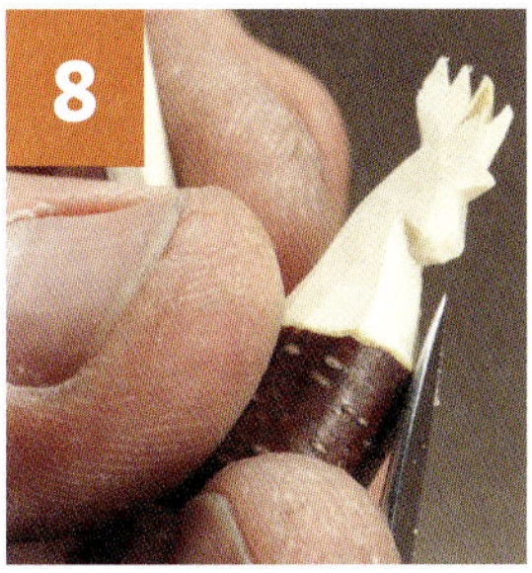

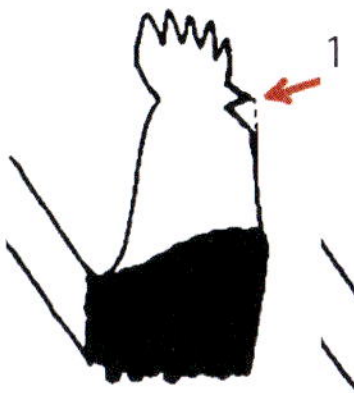

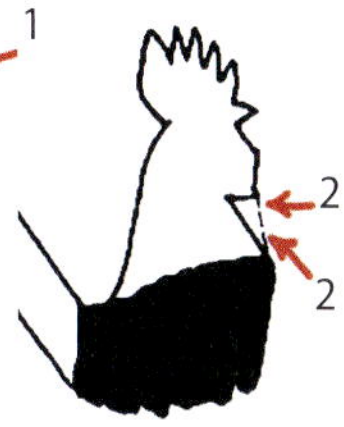

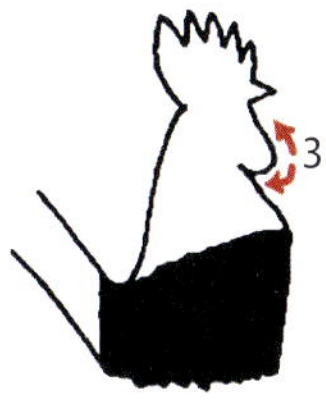

Schnabel und Kehllappen schnitzen. **(1)** Vorsichtig eine kleine Kerbe unter dem Schnabel schnitzen. **(2)** Einen Stoppschnitt gerade unter den Kehllappen machen und bis dorthin schnitzen, um ihn vom Hals abzuheben. **(3)** Vorsichtig den Kehllappen nach unten in den Hals abrunden. Mit der Messerspitze eine dünne, V-förmige Kerbe schnitzen, um den Kehllappen zweizuteilen.

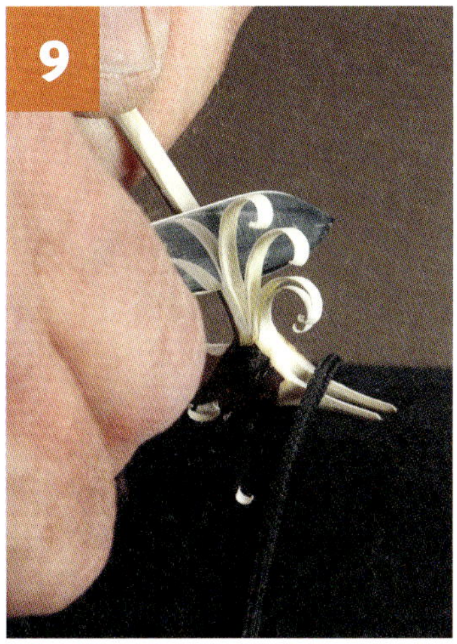

Die Schwanzfedern schnitzen. Das Bein mit einem Lederstück schützen und den Hahn mit dem Gesicht nach unten am Knie befestigen. Die Messerklinge fast flach auf den Schwanz auflegen. Kurze, wiederholte Schnitte nach vorn bis zum Ansatz des Astes ausführen. Diese Späne sollten sich von selbst ringeln.

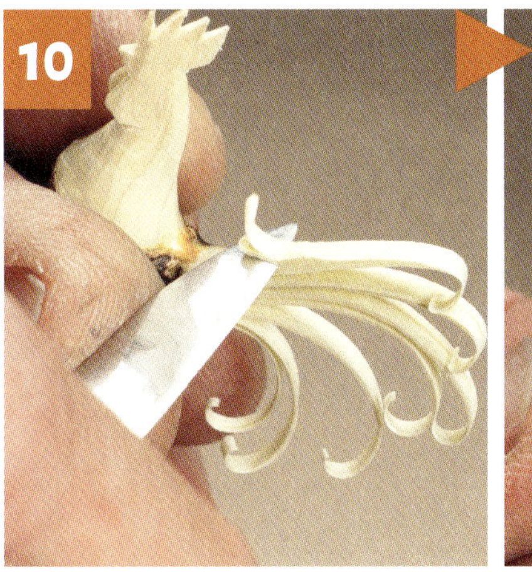

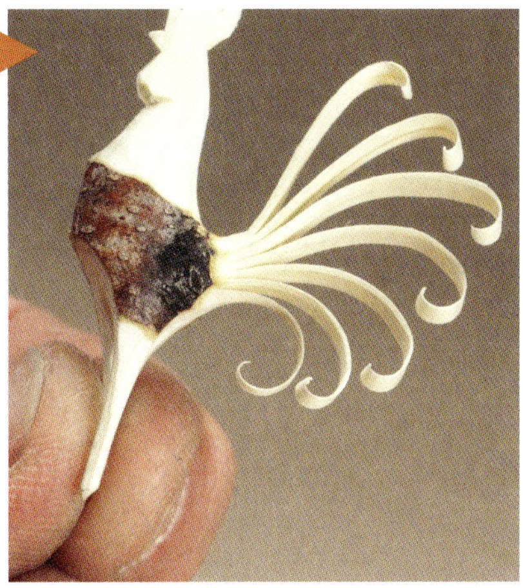

Die letzte Feder verfeinern. Da mit der untersten Feder begonnen wurde, ist die oberste die letzte. Diese vorsichtig ausdünnen und dabei von unten nach oben schnitzen. Die flache Fläche der Klinge nutzen und die Federn vorsichtig auseinander und in ihre endgültige Position schieben.

Fertigstellung des Hahnes

Kopf und Beine vorsichtig schleifen. Den Hahn nicht nass werden lassen oder eine Schlussbehandlung auf Wasserbasis auftragen. Wenn die Federn nass werden, verlieren sie ihren Schwung. Den Hahn wie gewünscht bemalen; die Schwanzfedern nicht bemalen. Das Werk mit klarem PU-Lack auf Ölbasis versiegeln; manchmal klappt es auch gut mit einer Acrylversiegelung.

Golfball-karikatur

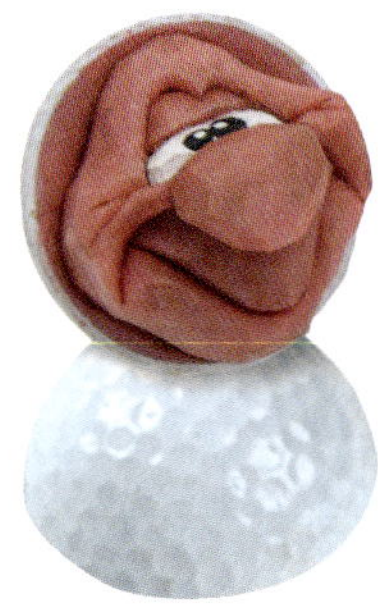

Lernen Sie, stilisierte Gesichter zu schnitzen, während Sie Ihren Vorrat an Ersatzgolfbällen leeren.
von Sara Barraclough

Golfbälle schnitze ich mit am liebsten – sie bieten so viele Möglichkeiten! Ein Teil des Spaßes ist, vorher nie zu wissen, welche Farbe der Kern haben wird. Das ist beim Aufschneiden immer eine Überraschung. Man kann so einiges von einem Standardgolfball abschneiden, also keine Scheu vor tiefen, substanziellen Schnitten! Sie brauchen einen Feinbohrschleifer zum Durchschneiden der Hülle des Balls, aber geschnitzt wird mit einem Messer.

Vorbereitung

Den Ball zum Schnitzen vorbereiten. Man kann einen Golfball auf mehrere Arten öffnen – ist kein Feinbohrschleifer zur Hand, tut es auch ein Plastikrohrschneider.

Vor dem Aufschneiden die Mitte markieren. Wenn Sie nur ein oder zwei Gesichter schnitzen wollen, die Mitte nach Augenmaß suchen und den Umfang anzeichnen. Wollen Sie viele Golfbälle verarbeiten, empfehle ich Ihnen einen Ballmarkierer (im Sportgeschäft oder online erhältlich). Sie sind kostengünstig und extrem hilfreich.

Vor dem Schnitzen entscheiden, was auf der nach vorn zeigenden Hälfte der Hülle sein soll. Viele Golfbälle tragen Logos oder kleine Cartoons. Positionieren Sie den Ball so, dass die Linie für die Mitte (wo Sie schneiden werden) direkt unter diesem Logo liegt.

MATERIAL

- Golfball
- Acrylfarben
  - Titanweiß
  - Schwarz
  - Korallenrot oder andere Farben, die zum Inneren Ihres Golfballs passen
- kleine Schraube

WERKZEUG

- Schnitzmesser
- Feinbohrschleifer mit Schneidscheibe
- Schlitzschraubenzieher
- kleiner Bohrer
- verschiedene Pinsel
- Ballmarkierer (optional), Filzstift

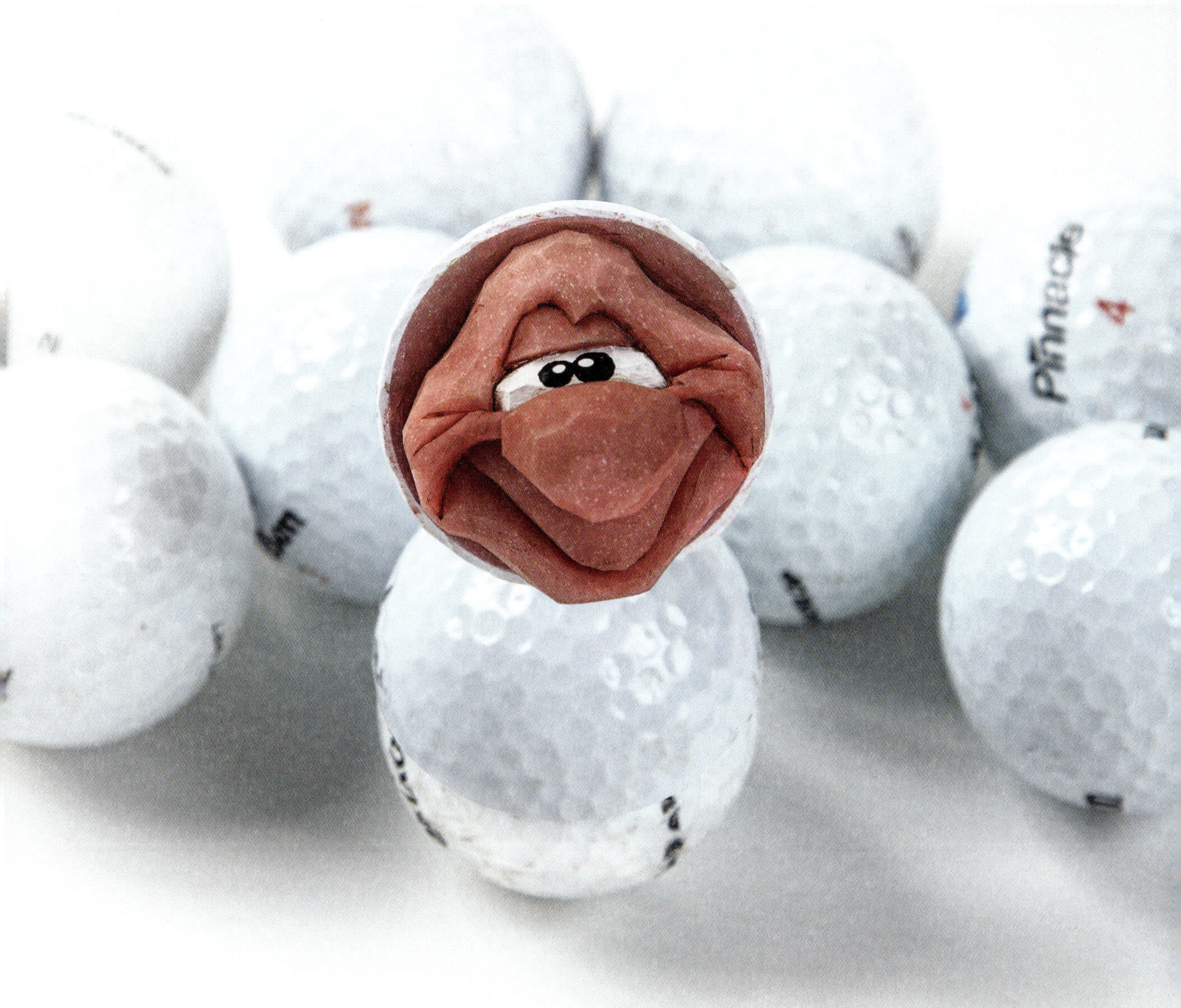

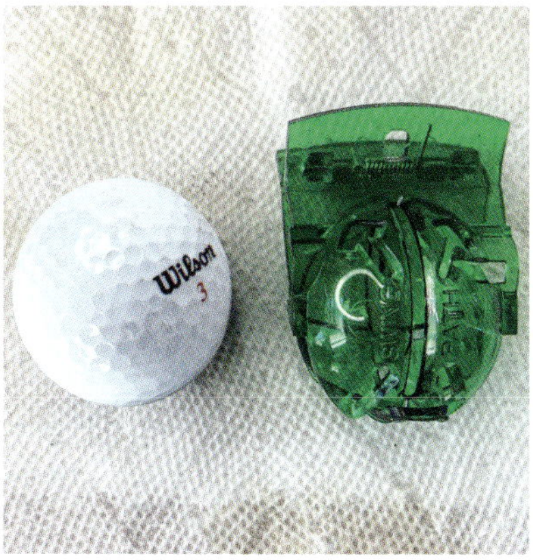

Ein Ballmarkierer kann das Aufschneiden von vielen Golfbällen erleichtern.

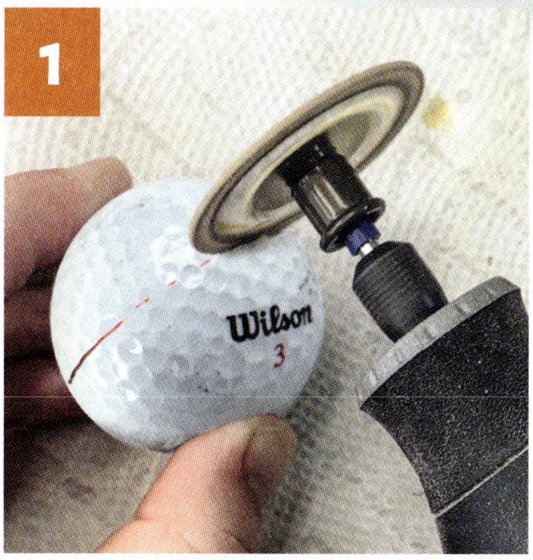

Den Ball aufschneiden. Mit einem Feinschleifbohrer mit Schneidscheibe den Golfball entlang der zuvor gezogenen Mittellinie aufschneiden. Manche Bälle haben dickere Hüllen als andere; beim Durchschneiden sollte die Farbe des Inneren sichtbar werden. Grundsätzlich misst die Außenhülle weniger als 3 mm.

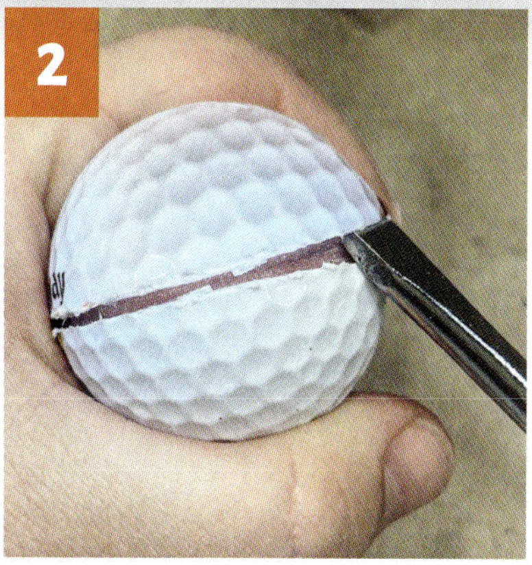

Die Oberseite abnehmen. Haben Sie einmal rund um den Ball geschnitten, zum Anheben einen Flachschraubenzieher unter die Hülle schieben, die entfernt werden soll. **Anmerkung:** Normalerweise klebt die Hülle am Inneren, aber sobald Sie mit dem Aufbrechen beginnen, sollte sie sich leicht lösen.

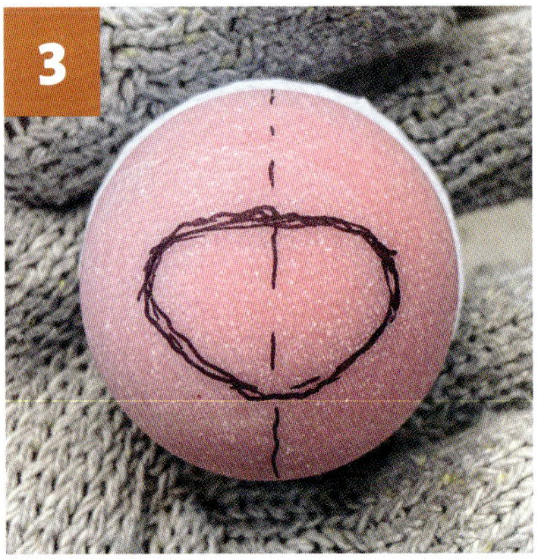

Die Nase zeichnen. Die Mitte des Kerns ausmachen und als Bezugspunkt markieren. Die Nase sitzt grob in der Mitte des Balls. Die Konturen größer anlegen als die fertige Nase.

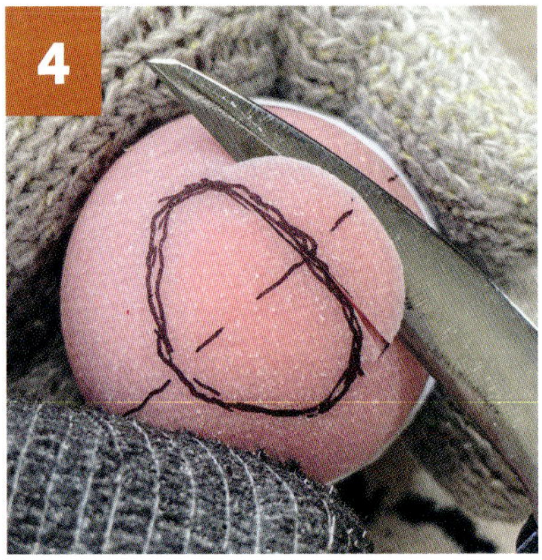

Beginnen, die Nase zu formen. Einen Stoppschnitt entlang der Nasenoberseite ausführen und dann hinunter in diesen Stoppschnitt schneiden. Rund um die Nase so fortfahren, bis sie vom Gesicht abgesetzt ist.

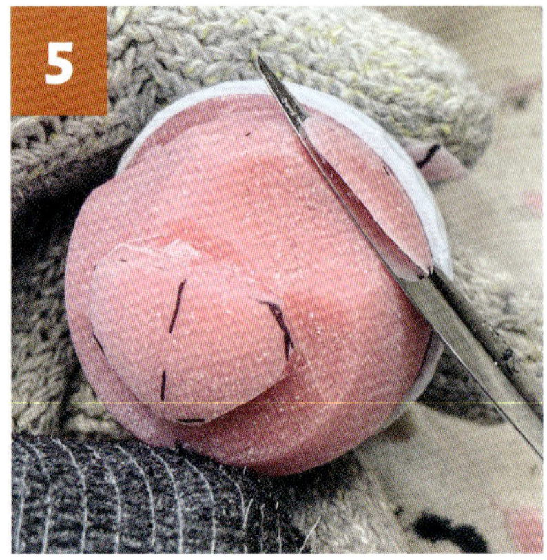

Die Kopfoberseite formen; nach hinten, weg von der Nase abschrägen. Zwei Schnitte auf beiden Seiten der Stirn gerade ausführen und ca. 13 mm oben am Kopf stehenlassen. Die Kopfoberseite bildet ein Dreieck, wobei die untere Linie parallel zur Oberseite der Nase verläuft.

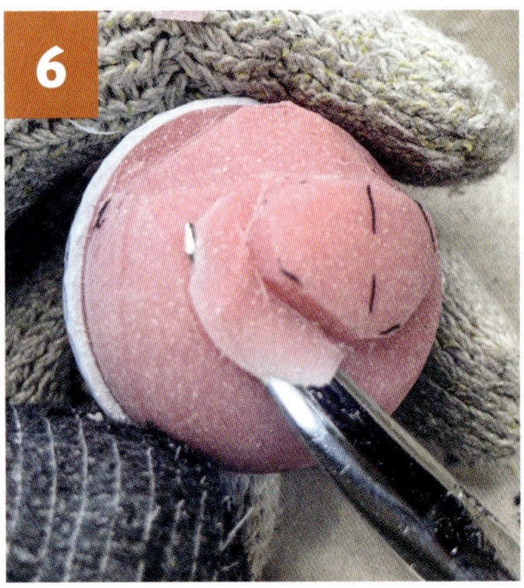

Unter der Nase schnitzen. Weiter Material unter der Nase abtragen. Entlang der Linien Stoppschnitte setzen, um die Schnitte und Späne sauber und ordentlich zu halten.

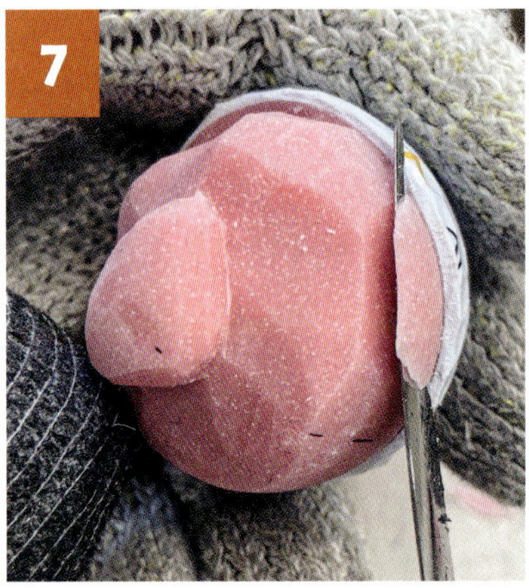

Das Kinn formen. Wie beim Schnitzen des Oberkopfes zwei schräge Schnitte in der Form des Kinns unten am Ball ausführen. Nur einen kleinen Bereich der runden Außenkante abtragen, um dem Gesicht ein wenig Form zu verleihen.

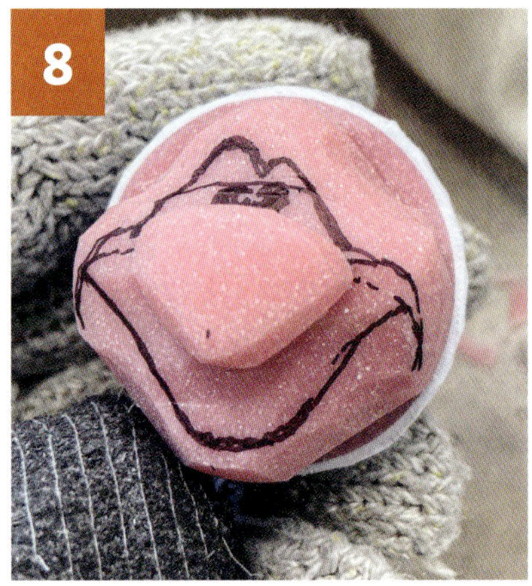

Die restlichen Gesichtszüge aufzeichnen. Ein großes, übertriebenes Grinsen gestalten, das sich fast bis an die Unterseite des Balls erstreckt, und eine gebogene Linie für das Lachen an jeder Seite der Nase. Auch die Position der Augen skizzieren.

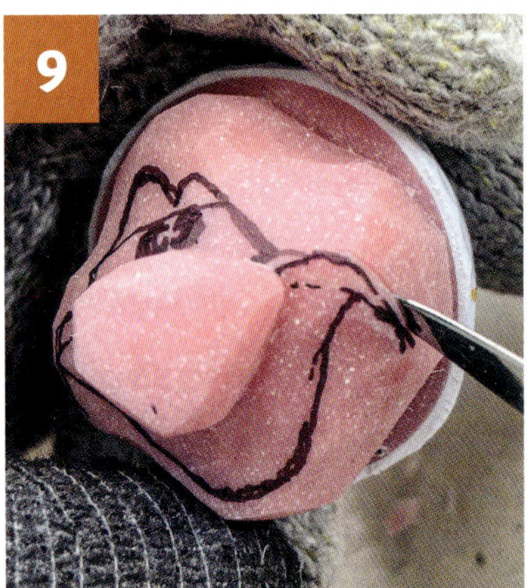

Die Wangen definieren. Einen tiefen Stoppschnitt entlang der Linie des Grinsens ausführen, dann den Span direkt darunter durch Schnitzen nach oben in diesen Stoppschnitt entfernen. Auf der anderen Seite des Mundes wiederholen.

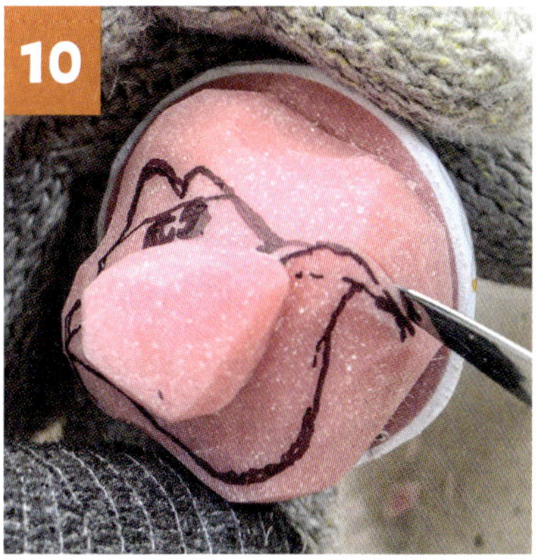

Den Mund schnitzen. Mit der Messerspitze einen Stoppschnitt ausführen und dabei der Linie für den Mund folgen. Um die Lippen voneinander zu lösen, vorsichtig schräg in diese Linie schneiden und so den V-Schnitt entlang desselben Umrisses fertigstellen.

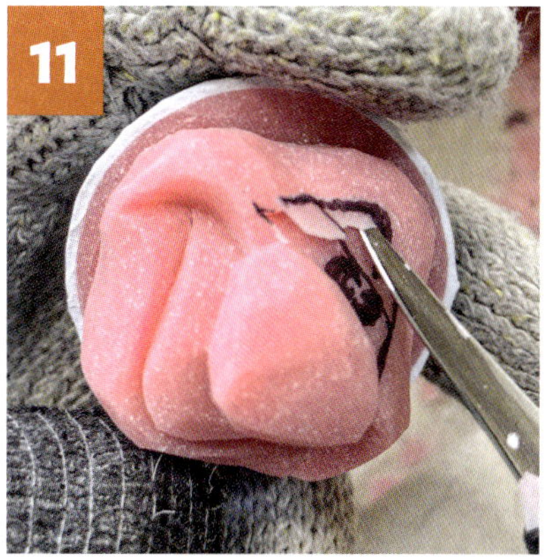

Die Augen schnitzen. In der Technik aus Schritt 10 mit der Messerspitze in einem Stoppschnitt der Kontur der Augen folgen. Dann das Material innerhalb dieser Linie entfernen. Dies muss kein tiefer Schnitt sein – gerade genug, dass die Augen sich vom Gesicht abheben.

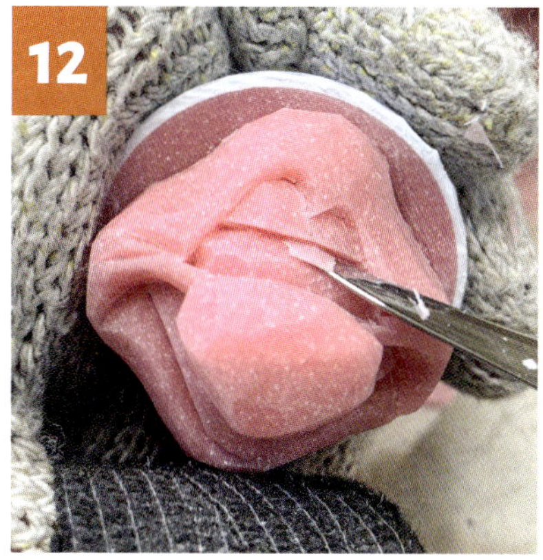

Die Augenlider schnitzen. Die Linie für die oberen Augenlider aufzeichnen. Dann einfach einen Schnitt entlang der Breite der Augen ausführen und von unten hinauf in diese Linie schnitzen. Dies formt den weißen Teil der Augen, auch wenn alles ein Abschnitt ist.

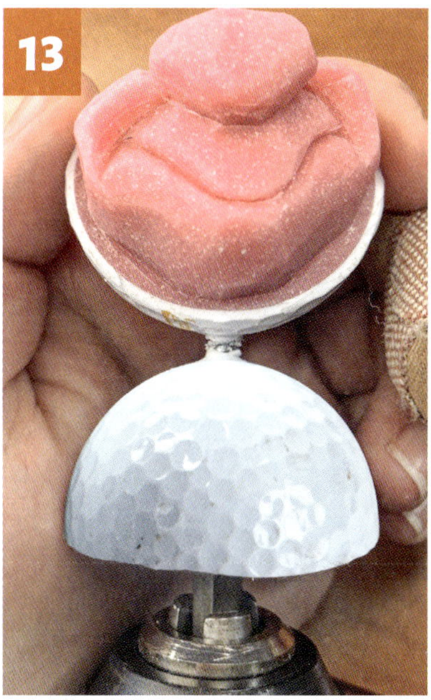

Die Hälften verbinden. Die nun fertig geschnitzte Hälfte an der anderen anbringen. Je nach Größe Ihrer Schraube kann es sinnvoll sein, vor dem Zusammenschrauben ein Loch in die Hülle vorzubohren, damit das Gewinde der Schraube greifen kann.

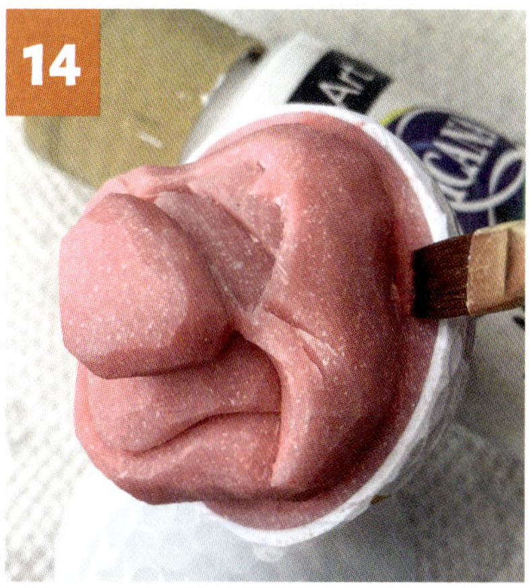

Mit dem Bemalen beginnen. Sie sollten Farben verwenden, die zu Ihrem Golfball passen – in meinem Fall ist das Korallenrot. Eine verdünnte Schicht auf die Außenseite des Gesichtes auftragen. Die Farbe kann auch in den Vertiefungen der Schnitzerei aufgetragen werden, etwa beim Lächeln, dessen Linien und den Bereichen unter der Nase und um die Augen.

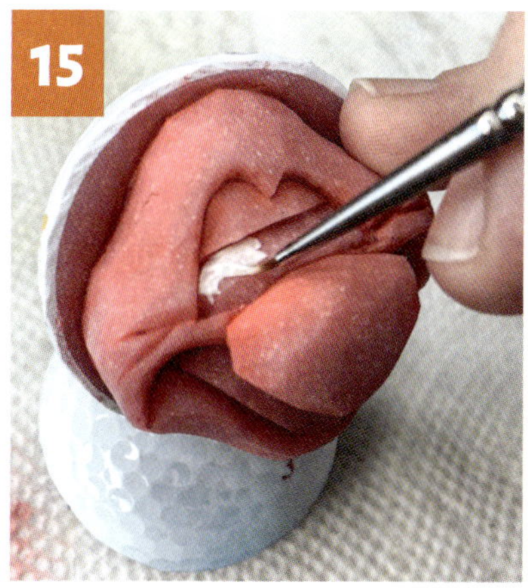

Die Augen bemalen. Mit einem kleinen Detailpinsel im Augenbereich Titanweiß auftragen. Eventuell sind zwei oder drei Schichten notwendig, je nach Farbe des Golfballs und Konsistenz der Farbe. Die Augen vollständig trocknen lassen. Danach mit dem Ende eines Pinsels oder Stiftes (oder einem anderen spitzen Werkzeug) zwei schwarze Punkte für die Pupillen auftragen. Trocknen lassen und schließlich je eine kleine Linsenreflexion in jede Pupille malen und trocknen lassen.

Menschliche Figur

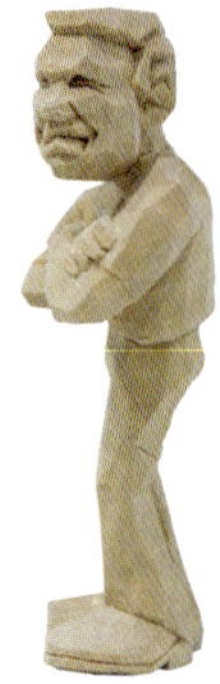

Lernen Sie, mit nur ein paar Schnitten Leben und Persönlichkeit in Ihre Karikaturen zu bringen!
von Dave Stetson

Beim Gestalten einer Schnitzfigur erzeuge ich in der Regel Bewegung und Aufmerksamkeit, indem ich eine Haltung wähle, die natürlich wirkt. Das kann man erreichen, indem man die Winkel von Hüften und Schultern entgegensetzt und Wirbelsäule und Kopf dabei leicht dreht. Um zu sehen, wovon ich spreche, beobachten Sie einfach in die Leute rundherum! Die Arme zu verschränken erlaubt Händen und Schultern zu entspannen, anders als wenn man sie hängenlässt.

Je älter ich werde, umso mehr Unterschied macht die Größe des Rohlings für mich in Bezug auf die Freude bei der Arbeit. Ein Werkstück, das gut in eine Hand passt, lässt sich leichter schnitzen als etwas Winziges oder etwas Riesiges. Es ist eine Freude, solche Werkstücke zu gestalten, da sie gerade genug Details erlauben, um die Wirkung aufrechtzuerhalten, ohne dass die Arbeit wesentlich schwieriger wird. Das Design lässt sich auf mehrere Arten anpassen, abhängig vom Charakter, den Sie porträtieren möchten; experimentieren Sie mit der Form und finden Sie heraus, wohin Sie das führt.

Vorbereitung

Die Vorlagenansichten mit vertikal verlaufender Maserung auf das Holz skizzieren. Dann Vorder- und Seitenansicht mit der Bandsäge zuschneiden.

MATERIAL

- Lindenholz, 51 mm x 140 mm x 38 mm
- Stift
- Acrylfarben (optional)

WERKZEUG

- Bandsäge
- Schnitzmesser (Klinge mind. 50 mm)
- Stift

Vorlagen auf Seite 131.

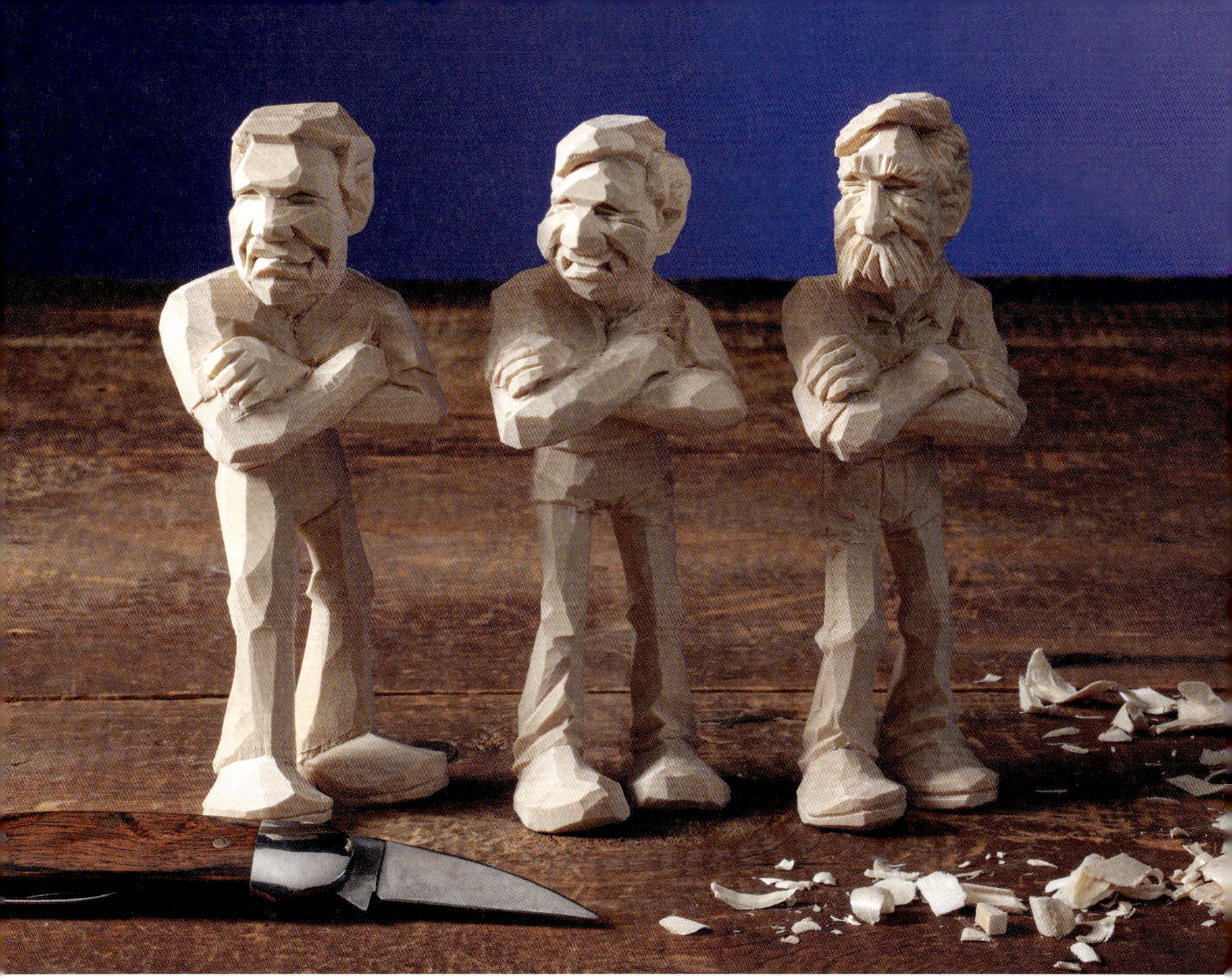

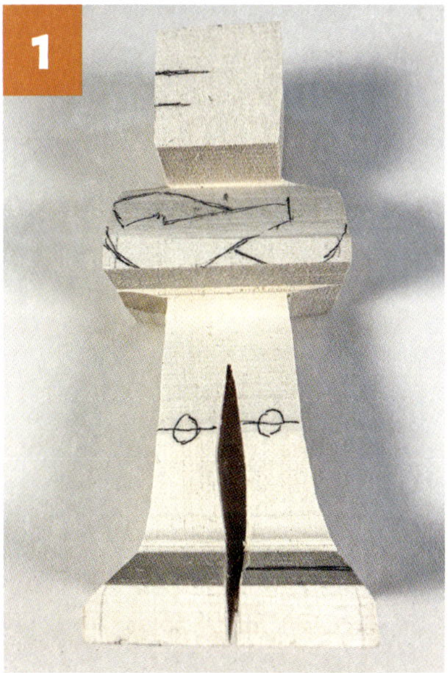

Die Rohlingvorderseite markieren. Die grundlegenden Markierungen für Augen, Nase, überkreuzte Arme und Knie anzeichnen.

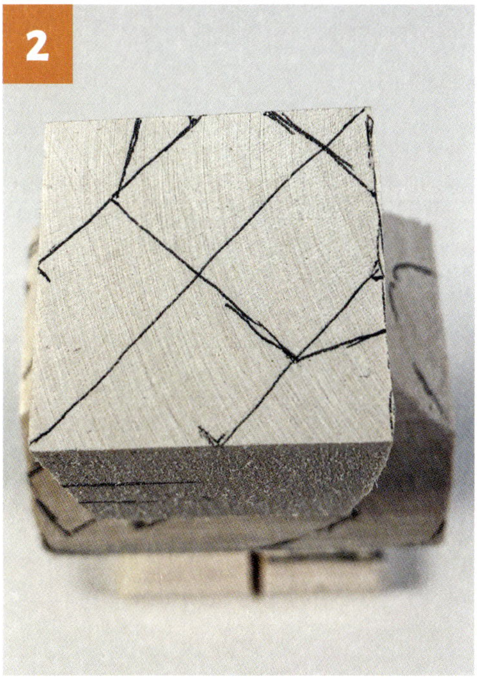

Die Oberseite des Rohlings markieren. Eine diagonale Linie von der Ecke oben rechts in die Ecke oben links ziehen. Dann zwei Linien parallel zu dieser Mittellinie hinzufügen, wie gezeigt – ungefähr in der Mitte zwischen Linie und Ecken. Die weiteren Hilfslinien mit dem Foto als Orientierung anzeichnen. Die Ohren liegen hinter dem Mittelpunkt des Gesichtes und der Kopf wird auf allen vier Seiten rechtwinklig, geteilt von Ecke zu Ecke durch die Mittellinie. Dann die Form der Füße unten am Rohling anzeichnen.

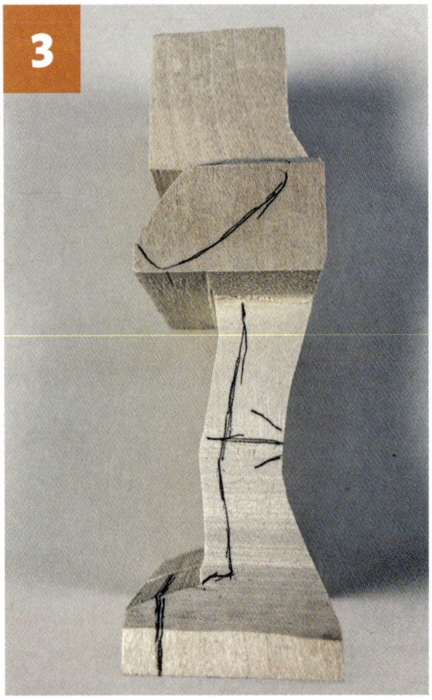

Die linke Seite des Rohlings anzeichnen. Markieren Sie den Verlauf des Oberarms von etwas nach vorn gedrehter Schulter bis zum Ellenbogen sowie das im Knie leicht gebeugte Bein.

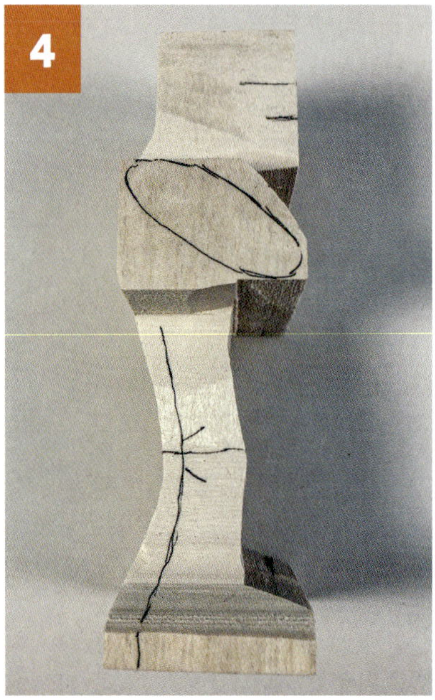

Die rechte Seite des Rohlings anzeichnen. Die Form des Oberarms, der an der hinteren Kante des Werkstückes beginnt, anzeichnen. Dann die Form des Beins, das im Verhältnis zur anderen Seite leicht vorn steht, markieren. Die Linien für Nase und Augen zur Orientierung von der Vorderseite fortführen.

Tipp: Nicht alle Messer sind gleich

Ich empfehle hier ein Schnitzmesser mit gerader Klinge ab 50 mm und einem Griff, der lang genug ist, um genug Hebel und Kontrolle zu haben. Hochwertige Klingen aus kohlenstoffreichem Stahl behalten eine scharfe Schneidkante länger als billigere Klingen – etwas mehr auszugeben lohnt sich auf lange Sicht. Mit den Jahren hat sich für mich herauskristallisiert, dass man bei Schnitzbedarf und Werkzeugen in etwa das bekommt, wofür man bezahlt.

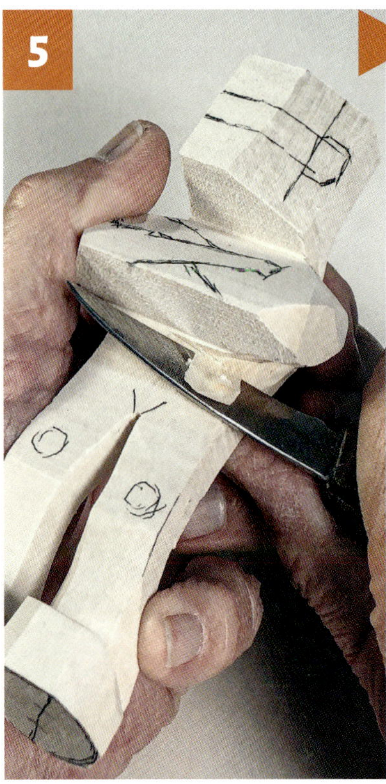

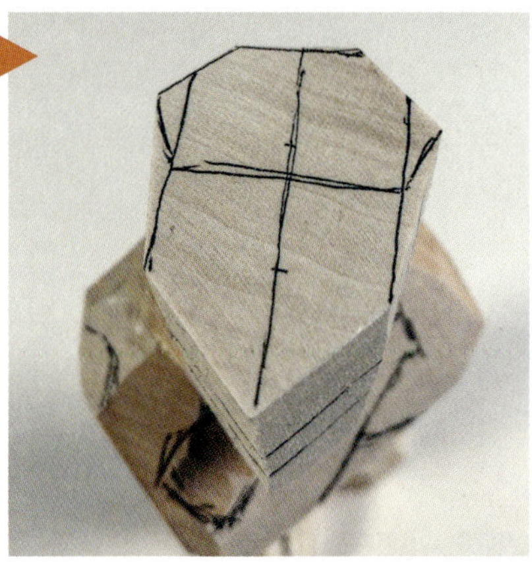

Füße, Beine, Kopf und Körper ausschneiden. Die Füße mit dem Messer durch Abrunden an die Markierungen aus Schritt 2 angleichen. Das Gesicht in Richtung Nase verjüngen. Dabei beachten, dass der Kopf stark nach rechts gedreht ist. Die Linien aus Schritten 1–4 beachten und überschüssiges Holz an den Seiten wegschnitzen. Nach dem Formen der Beine die Hilfslinien für die Knie nachzeichnen. Die scharfe Kante am Hinterkopf abtragen und abgeschnitzte Hilfslinien im Gesicht erneuern.

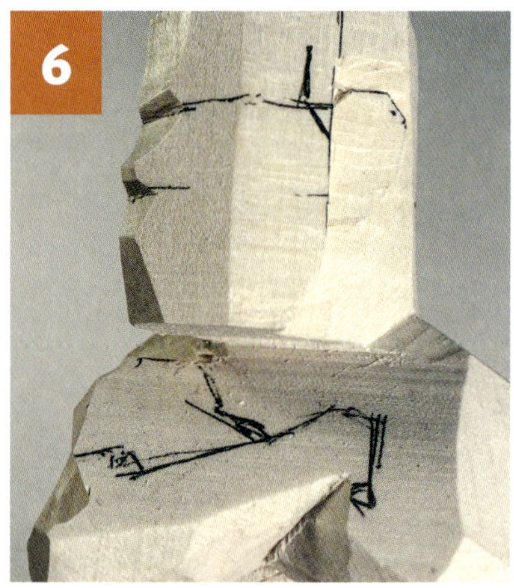

Das Gesichtsprofil gestalten. Die Nase und die Augenlinien mit V-Schnitten ausarbeiten. Holz an der Stirn in Scheibchen abtragen, damit diese sich zur Kopfoberseite hin verjüngt. Ebenso für das Kinn vorgehen und eine gerade Fläche gestalten. Sie beginnt auf halber Höhe der Nasenlinie und verläuft bis zur Kinnunterseite. Das Ohr mit Stoppschnitten, in die von der Ohraußenseite geschnitzt wird, vom Gesicht lösen. Die Arme in langen Schnitten grob zurechtschnitzen.

Tipp: Gesichtszüge

Man sollte sich während der Arbeit die Position der Gesichtszüge merken. Die Linie für die Augen sitzt in etwa auf halber Höhe des Kopfes, die Nasenlinie darunter, ca. drei Viertel der Höhe des Kopfes hinunter gerechnet. Die Vorderkante des Ohrs befindet sich an der Mittelmarkierung der soeben erzeugten Ebene an der Seite des Kopfes. Von der Höhe her sitzt sie zwischen Auge und Nase.

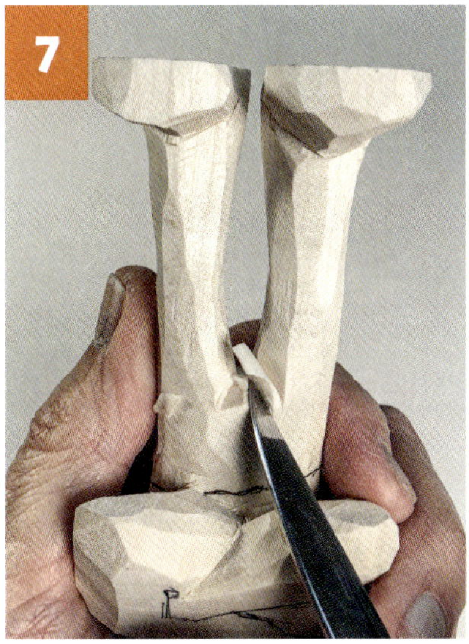

Die Beine grob zurechtschnitzen. Mit langen, durchgehenden Schnitten dünner gestalten und ihnen eine lässige Haltung verleihen. Die Füße abrunden, aber noch breit lassen. Das innere Drittel des Fußes ist von der Sohle zur Oberseite die dickste Stelle; mit schrägen Schnitten an dieser Stelle auf beiden Seiten nach unten schnitzen.

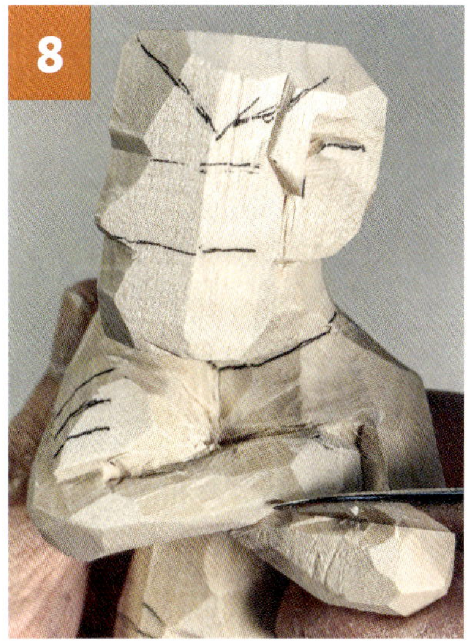

Die Arme und Hände ausgestalten. Entlang der äußeren Form und dort, wo die Arme übereinanderliegen, großzügig Holz entfernen. Tiefe Schnitte ausführen, um Schatten und Tiefe zu kreieren. Die Kerbe einschnitzen, an der Hals und Brust aufeinandertreffen. Den Haaransatz und die Finger der sichtbaren Hand anzeichnen.

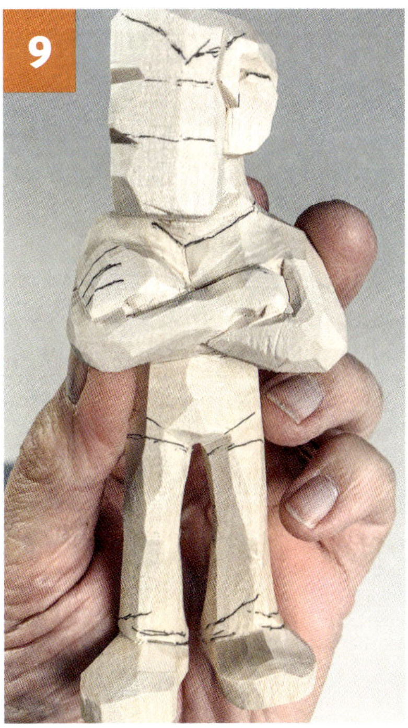

Falten vorn ausarbeiten. Ich füge in der Regel an der Innennaht, den Knien und den Sprunggelenken Falten hinzu; mit einigen V-Schnitten wirkt die Hose unten wie hochgekrempelt.

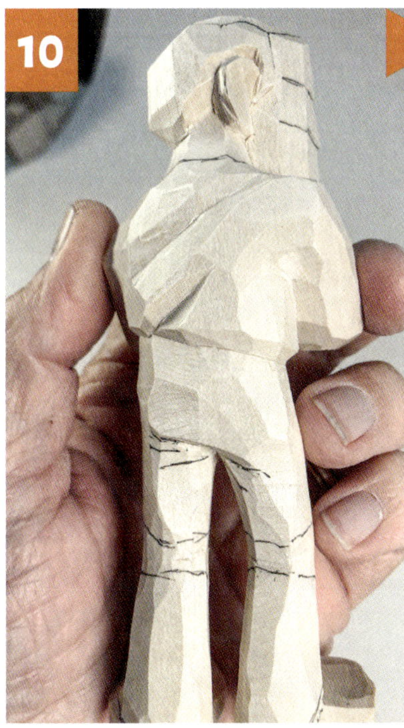

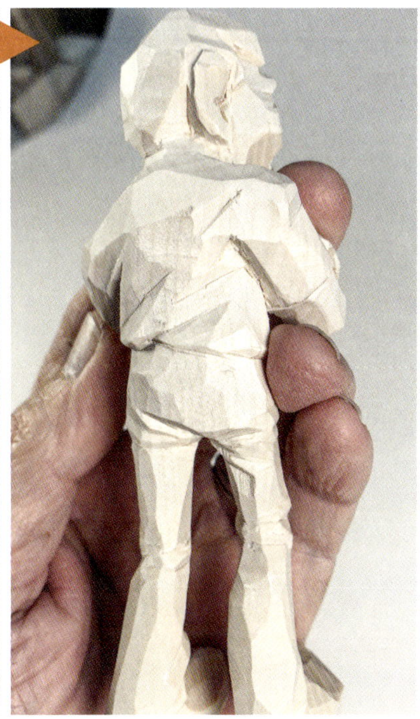

Kleiderfalten an der Rückseite ausarbeiten. Hemd- und Hosenfalten wie gewünscht einschneiden; dabei besonderes Augenmerk auf die Bereiche der oberen Hüfte und der unteren Achseln legen. Sind Sie unsicher, wo Falten entstehen können, schauen Sie an echten Kleidungsstücken nach.

11

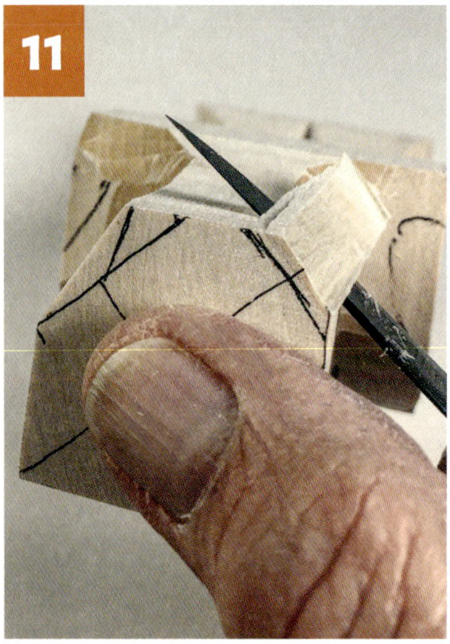

Den Kopf ausarbeiten. Da er sowohl von vorn nach hinten als auch von Seite zu Seite symmetrisch sein sollte, überschüssiges Material am Hinterkopf und an den Seitenpartien entfernen. In Maserungsrichtung nach oben schnitzen.

12

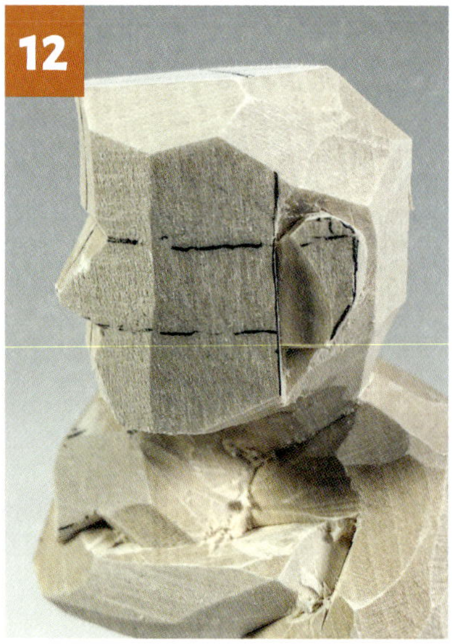

Die Gesichtszüge verfeinern. Die Konturen rund ums Ohr tiefer ausarbeiten und die Vorderkante entfernen, um eine Keilform zu gestalten. Für das Nasenprofil Holz von oben und unten abtragen, damit die Nase hervorsteht, wenn man von der Seite schaut.

13

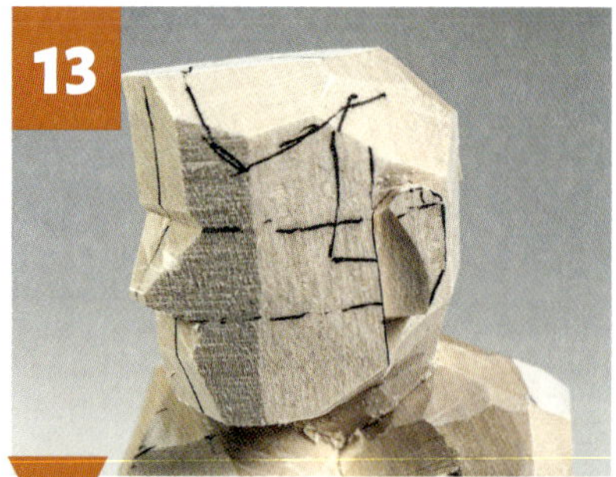

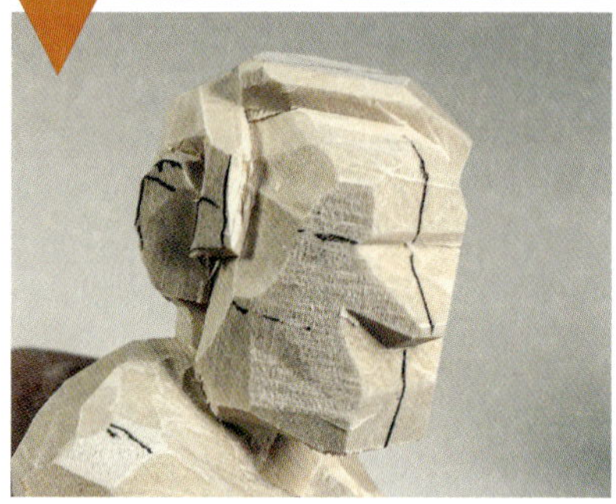

Die Form von Haar und Scheitel aufzeichnen. Die Seiten des Kopfes und die Stirn zu diesen Linien zurückstutzen. Den Unterkiefer stärken und unter der Nase hineinschneiden, um kleine, schräge Späne an jeder Seite zu entfernen. Zusätzlich schräge Flächen an jeder Seite der Nasenspitze ausarbeiten.

14

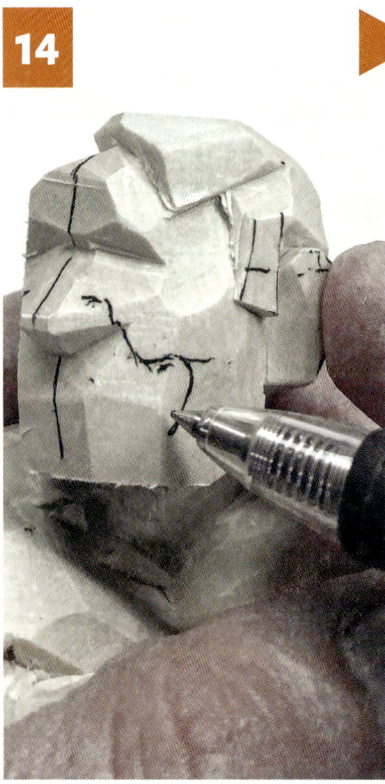

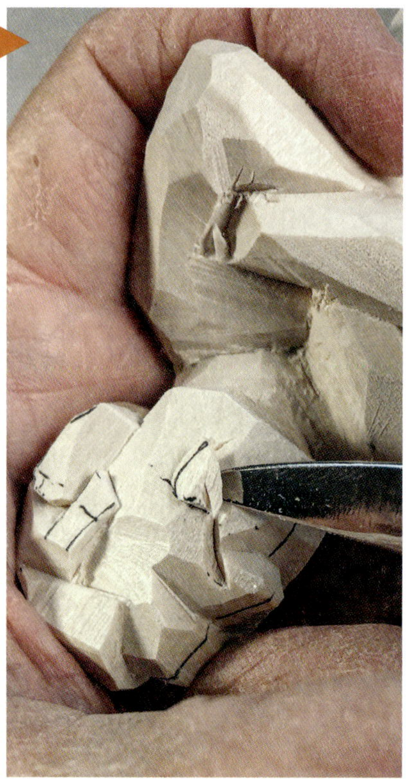

Die Linien für das Lächeln hinzufügen. Mit der Messerspitze die Kontur der soeben gemachten Markierungen nachfahren; dann den Mundbereich darunter vorsichtig bis hinauf zu den Schnittlinien verringern. So wirkt es, als würden die Wangen über die Lippen stehen.

15

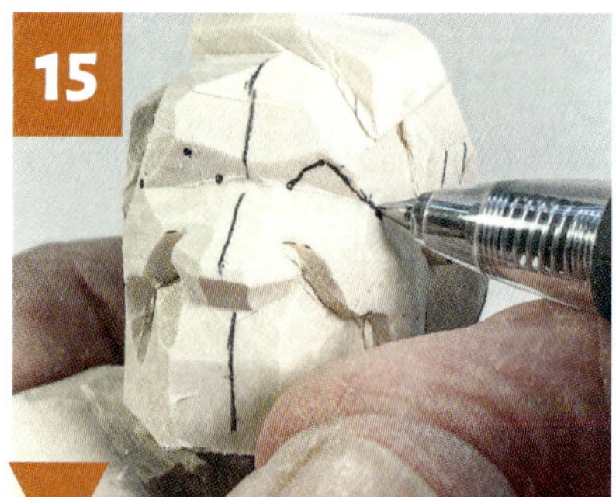

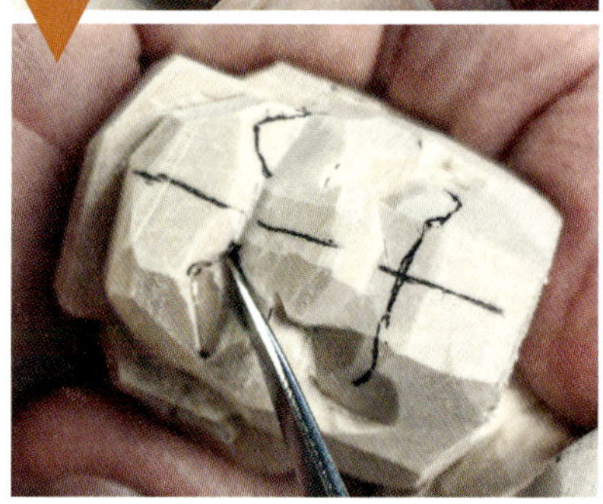

Die Augen hinzufügen. Die grobe Form anzeichnen und mit der Messerspitze dreieckige Keile einschneiden, die gegenüber den Lidern und Brauen eingesunken wirken.

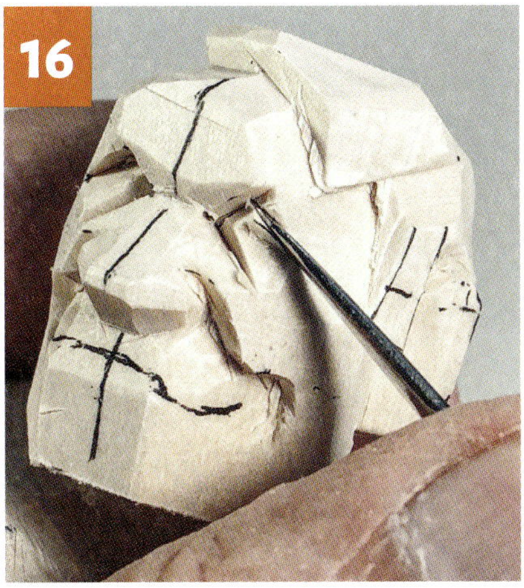

Den Mund hinzufügen. Dabei beachten, dass die Mundwinkel die Lachfalten nicht berühren. Die unteren Augenlider mit einigen dünnen V- und Dreiecksschnitten ausarbeiten und dann, falls gewünscht, Falten um die Augen herum hinzufügen. Den Mund schnitzen.

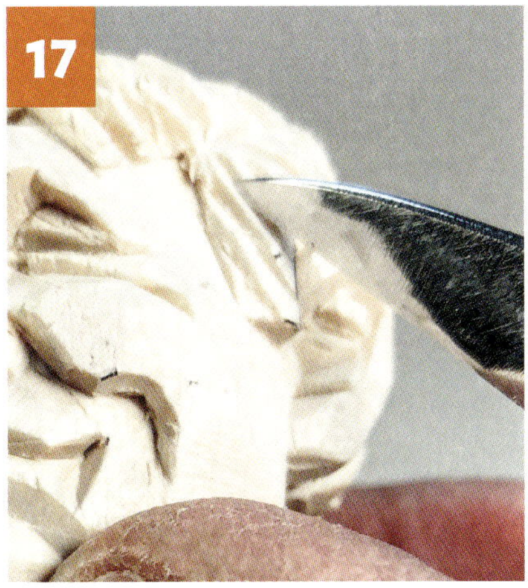

Textur der Haare hinzufügen. Einfach halten oder mit vielen S-förmigen V-Schnitten in verschiedenen Größen versehen. Das Werk begutachten und die Schnitte nach Bedarf bereinigen, um je nach Wunsch mehr Tiefe oder Textur hinzuzufügen. Wie gewünscht fertigstellen.

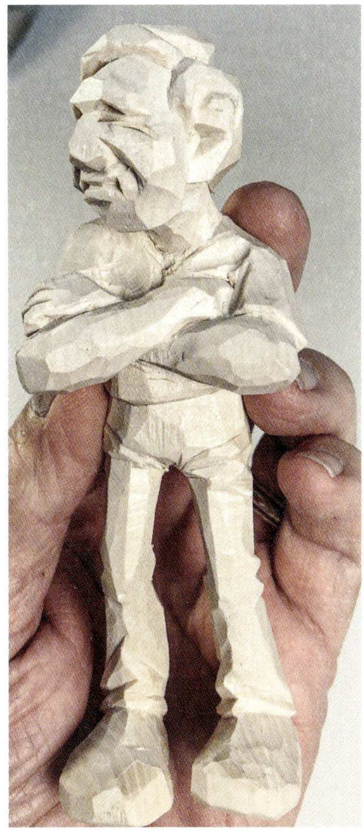

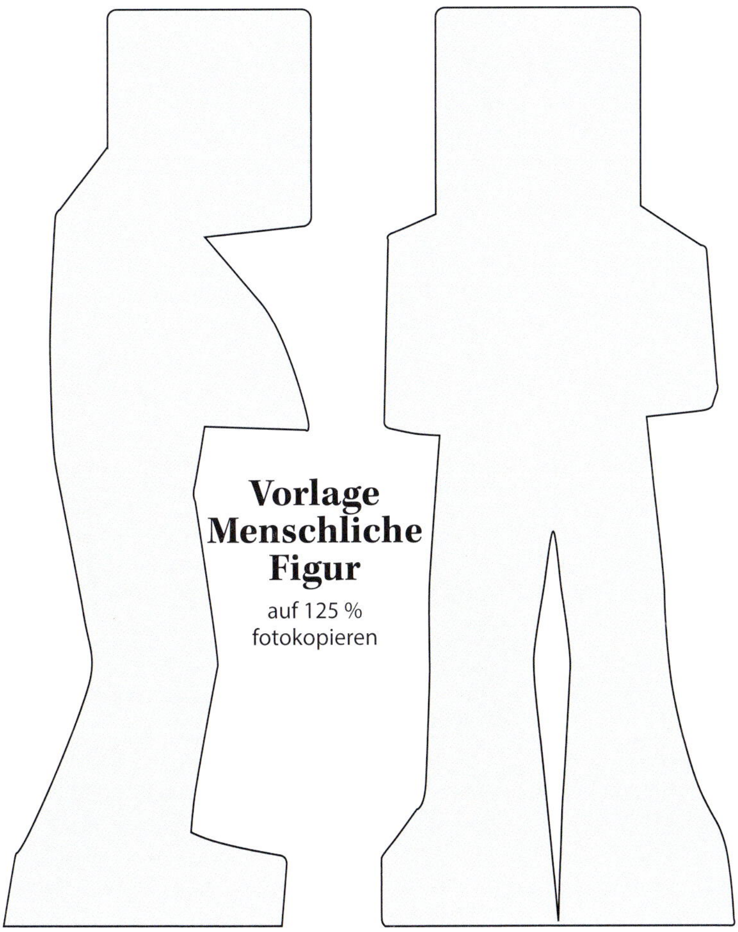

Vorlage Menschliche Figur

auf 125 % fotokopieren

Der Schnitzerei Persönlichkeit verleihen

Ihr Werk je nach Stil und Persönlichkeit des gewählten Charakters bemalen; ich habe meine Arbeit in eine Krankenschwester verwandelt und mit verdünnten Acrylfarben versehen.

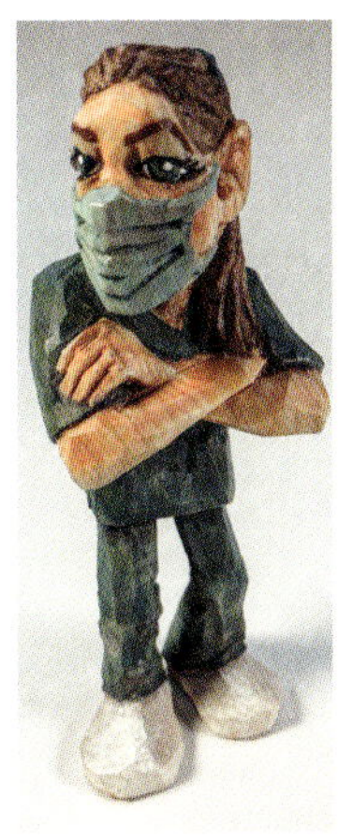

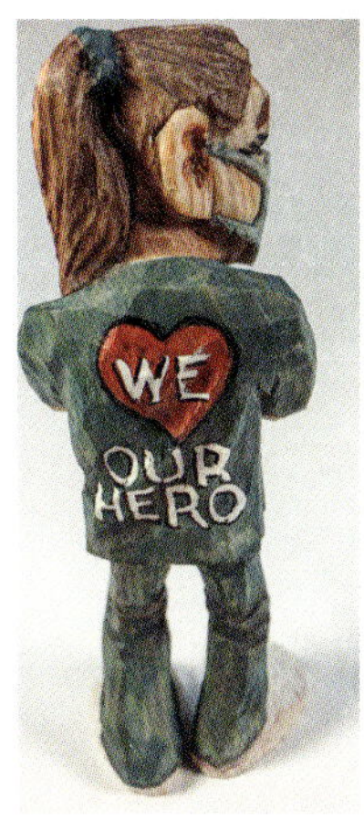

Über die Autoren

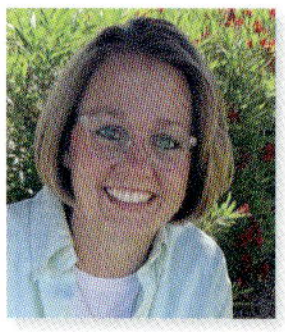

Sara Barraclough lebt mit ihrer Tochter im Süden von Utah. Sie hat vor ca. vier Jahren mit dem Schnitzen begonnen, um das Schnitzer-Erbe ihres Urgroßvaters und Ururgroßvaters weiterzutragen (sie waren Meister im Skandinavischen Stil). Sie finden Sie auf Etsy und Instagram als @theclevercarver.

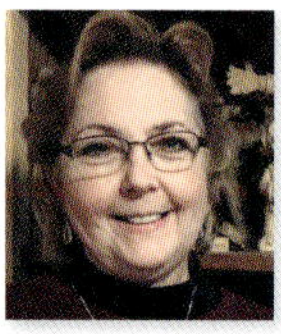

Jane Bolyard schnitzt seit ihrem 18. Lebensjahr und hat ihr Hobby zum Beruf gemacht. Sie ist in Lakeside, Arizona, wohnhaft, genießt den Ruhestand und hat eine große Sammlung an Schnitzereien in Kommission, aus antiker Restauration und für ihre Familie gestaltet. Mehr ihrer Arbeit unter janetleecarving.com.

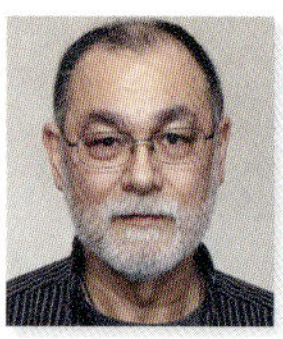

Daniel Breeding ist autodidaktischer Schnitzer und lebt in Minnesota. Auf der Suche nach einer Beschäftigung für lange, kalte Winter im hohen Norden hat er das Schnitzen gefunden und die zauberhafte Welt geschnitzter Figürchen für sich entdeckt. Ihre clevere, komplexe, puzzlehafte Natur wärmt sein Herz das ganze Jahr über. Sie erreichen ihn unter dnlbrdng@yahoo.com.

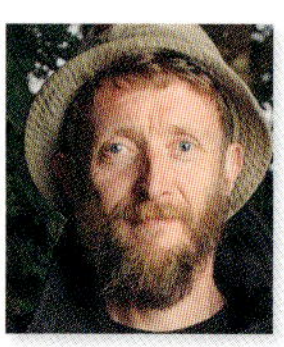

Heath Dawson gründete 2005 Firefox Bushcraft, um Menschen das Schnitzen und Wissen über die Natur näherzubringen. In den irischen Wicklow Mountains lehrt er Menschen auch das Axtwerfen. Derzeit belegt er weltweit Rang 17 mit der Doppelaxt. Sie erreichen ihn unter firefoxbushcraft.ie oder axeclub.ie.

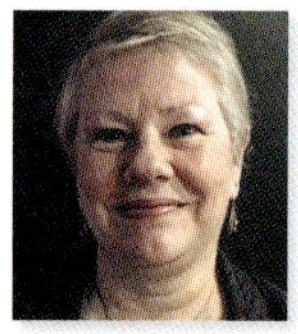

Lori Dickie lebt mit ihrem Mann Steve auf einem kleinen Bauernhof in Michigan. Sie schnitzt seit 20 Jahren und zeigt ihre Werke bei örtlichen Ausstellungen. Sie finden sie auf Etsy als lmdickie1.

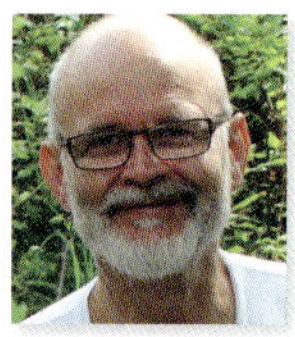

Frank Egholm lebt in Dänemark, wo er einige Jahre lang Holzbearbeitung an einer Schule unterrichtet hat. Er ist der Autor von *Snitte, The Danish Art of Whittling. Beautiful Wooden Birds to Make* sowie *The Danish Art of Whittling. Simple Projects for the Home* und entwickelt gerade ein kindgerechtes Schnitzlernbuch für Fox Chapel Publishing. Außerdem organisiert er das jährliche „Snittefest", ein Schnitzerfestival in Dänemark. Mehr von seiner Arbeit gibt es auf snittesiden.dk.

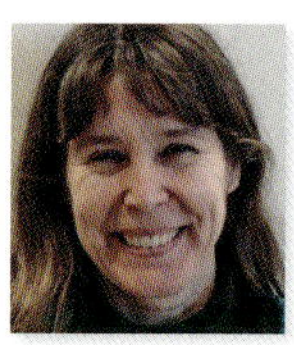

Betsy Elswit lebt in Ithaca im Bundesstaat New York und begann vor 20 Jahren mit dem Schnitzen, als sie Schnitzwerkzeug zu Weihnachten bekam. Sie ist Mitglied des Catatonk Valley Woodcarvers Club in Candor, New York, und unterrichtet dort.

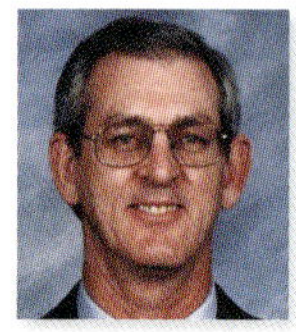

Gary Fenton ist im Ruhestand und lebt in Colorado Springs. Er ist Mitglied der Pikes Peak Whittlers und schnitzt aus Freude und um Geschenke für seine neun Enkelkinder zu gestalten. Er wirbt für das Holzschnitzen, indem er Werke in der Ordination seines Arztes ausstellt – gemeinsam mit Flyern des Vereins.

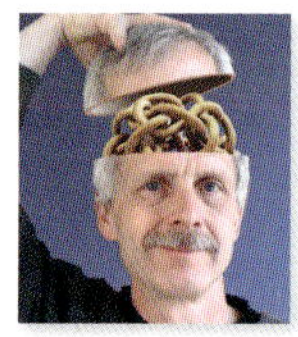

Bjarne Jespersen begann in seiner Jugend mit dem Schnitzen. Mit den Jahren hat er seinen eigenen Stil entwickelt und dieses Handwerk auf ein höheres Niveau gehoben. Trotzdem war er außerhalb seiner dänischen Heimatstadt relativ unbekannt, bis 2012 sein Buch *Magische Schnitzereien* erschien. Seitdem hat er Freunde in aller Welt gewonnen und nimmt an Veranstaltungen wie Bridges und Gathering4Gardner teil. Mehr von seiner Arbeit finden Sie unter pocketart.dk oder lommekunst.dk.

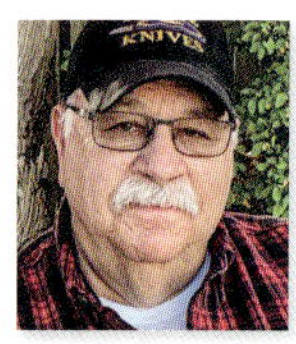

Bob Kozakiewicz lebt mit seiner Frau Pat, mit der er seit 47 Jahren verheiratet ist, in Ramsey, New Jersey. Als Autodidakt und preisgekrönter Schnitzer unterrichtet er gern Einsteiger und schnitzt seit Teenagertagen. Seine Lieblingsobjekte sind Weihnachtsmänner, Elfen, Christbaumschmuck und kleine Figuren. Heute findet man seine Schnitzwerke in Privatsammlungen in ganz Amerika und auch im Ausland. Sie finden ihn auf Facebook

(facebook.com/robert.kozakiewicz.9), Instagram (@carverbobk), seinem Schnitzblog (woodchipchatter.com) oder per E-Mail (rwkoz51@gmail.com).

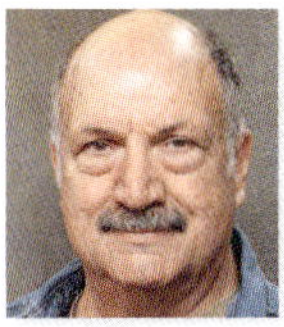

Steven Kulp schnitzt, seit er 1983 von seinem Onkel Norris White in das Holzschnitzen eingeführt wurde. Vor Kurzem begann er mit der Teilnahme an lokalen und nationalen Schnitzmeisterschaften, wo er einige Schleifen gewann. Steven lebt mit seiner Frau Elda und seinem Sohn Mike in Souderton, Pennsylvania. Er ist Mitglied der Delaware Valley Wood Carvers. Mehr von seiner Arbeit auf Facebook (S.G. Kulp Carving).

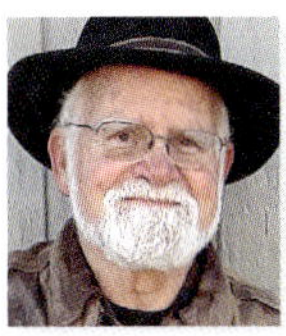

Chris Lubkemann aus Lancaster, Pennsylvania, schnitzt, seit er sieben Jahre alt ist. Er hat einige der kleinsten Astschnitzereien der Welt geschnitzt. Sein kleiner Hahn am Ast erhielt 1981 eine Guinness-Weltrekord-Urkunde. Er hat einige Bücher bei Fox Chapel Publishing veröffentlicht und zeigt seine Schnitzkünste derzeit als fester Holzschnitzer am Amish Farm and House in Lancaster. Mehr von Chris finden Sie auf YouTube unter „Whittling With Chris“.

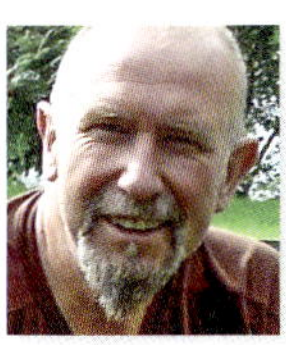

Jon Mac lebt mit seiner Frau Sarah in England, nahe dem Dartmoor National Park. Er ist begeisterter Wanderer und Camper. Er entwirft Messer, Löffel, stilisierte Ale-Hennen und das traditionelle skandinavische Trinkgefäß, die Kuksa. Jon teilt das Handwerk gern mit anderen und lehrt Einsteiger und alte Hasen gleichermaßen das Schnitzen. Mehr seiner Werke unter spooncarvingfirststeps.com. spooncarvingfirststeps.com.

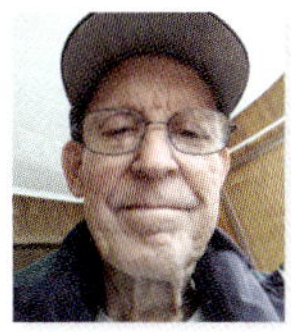

Gene Messer aus Groves, Texas, lehrt in seinen Gratisvideos Zuseher aus aller Welt das Schnitzen. Für mehr seiner Videos suchen Sie auf YouTube nach Gene Messer.

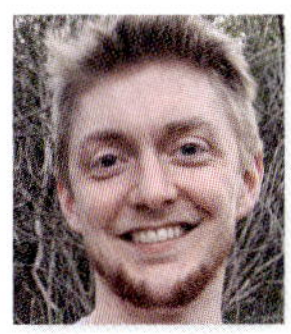

James Ray Miller begann im Alter von elf Jahren mit dem Schnitzen, inspiriert von Familienmitgliedern, die schon mit Holz arbeiteten. Als Softwareentwickler genießt er die kreative Herausforderung, Formen auf einzigartige Weise zu vereinfachen und zu abstrahieren. Für mehr seiner Arbeit besuchen Sie facebook.com/jrm.woodcarving.

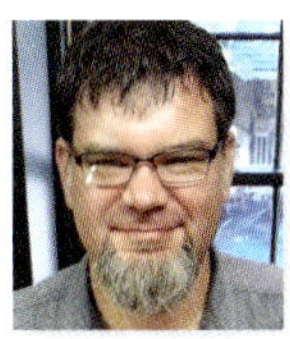

Chris Morgan aus Carl Junction, Missouri, begann 2008 mit dem Schnitzen und hat bei vielen Schnitzprofis in den USA gelernt. Er hat zwei Einsteigerbücher geschrieben und ist Gastschnitzer in der Silver Dollar City in Branson, Missouri. Um seine Werke zu sehen, besuchen Sie seine Facebookseite (facebook.com/morganscreations) und seinen YouTube-Kanal „Morgans Creations“.

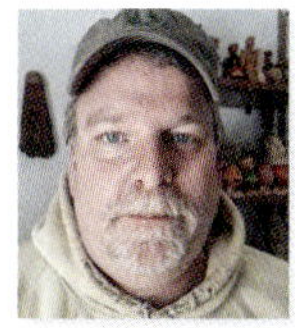

John Overby lebt mit seiner Frau Jennifer und den zwei Kindern Kaitlyn und Colin in einer Kleinstadt in Nordwisconsin. Er begann vor sechs Jahren beim Warten auf seine Kinder bei Schul- und Sportveranstaltungen mit dem Schnitzen. John ist Mitglied der Wisconsin River Carvers. Sie erreichen ihn auf Facebook (Dry Creek Carvings John Overby) oder per E-Mail (drycreekcarvings@gmail.com).

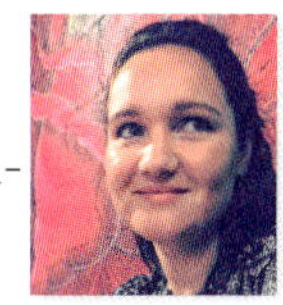

Anna Prikazchikova ist eine in New York lebende russische Multimediakünstlerin. Ihre Arbeit umfasst alles von der Skizze und der Malerei bis hin zur Skulptur und Schnitzarbeit – insbesondere Avocadokernschnitzerei. Mehr von ihr bei Etsy (annaark.etsy.com) oder auf Instagram (@avocado_hearts).

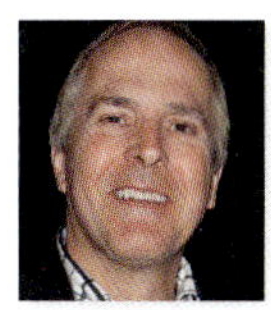

Keith Randich hat mehrere Bücher veröffentlicht, wurde in vielen beliebten Schnitzmagazinen vorgestellt und schreibt für sie, darunter *Wood Magazine, Popular Woodworking, Woodcarving Magazine, Weekend Woodworker* und *The Router Magazine.*

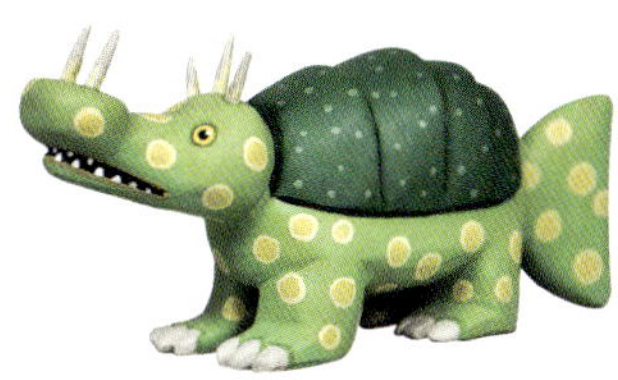

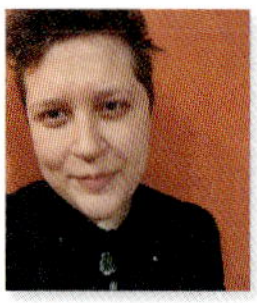

Nikki Reese ist Holzschnitzerin aus Austin, Texas. Ihre Arbeit konzentriert sich auf das Figürliche und Fantastische. Ihre Artikel werden in der *Woodcarving Illustrated* publiziert. Manchmal erwischen Sie sie beim Unterrichten von Schnitzkursen. Beispiele ihrer Arbeit sind auf Instagram unter @yetirage zu finden.

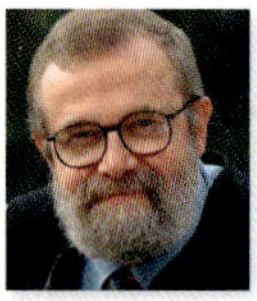

Harley Refsal ist international anerkannter Figurenschnitzer, spezialisiert auf den Skandinavischen Stil des Flachschnitzens. Seit den 1980ern teilt Harley, der fließend Norwegisch spricht, sein Wissen und seine Kenntnisse im Skandinavischen Stil mit Tausenden Schnitzern in Kursen und bei Präsentationen in den USA und Skandinavien.

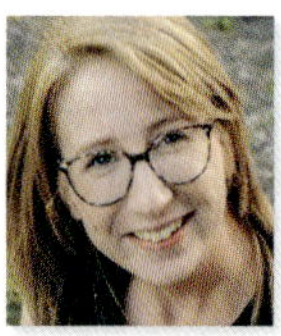

Lieve Roelants lebt in Belgien, wo sie alle möglichen Tiere besitzt und liebt. Sie schnitzt seit etwa vier Jahren. Sie finden Sie auf Instagram unter @carve_and_craft.

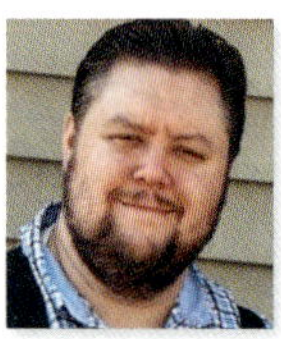

Douglas Schauer stolperte 2009 auf der Suche nach einem familiennahen Hobby über das Schnitzen. Er lebt mit seiner Frau Jamie und seinen Töchtern Ellie und Becca in Elkhart, Indiana. Wenn er nicht gerade schnitzt, unterrichtet er Chemie am Southwestern Michigan College und forscht mit seinen Studenten zur Wasseraufbereitung.

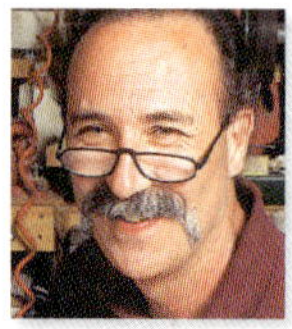

Dave Stetson ist Gründungsmitglied und Mitgestalter der Caricature Carvers of America (CCA). Er gibt Onlineworkshops unter WoodCarvingAcademy.com, um seine 50 Jahre Schnitzerfahrung mit anderen zu teilen. Er ist Autor von *Caricature Carving from Head to Toe*, erschienen bei Fox Chapel Publishing (foxchapelpublishing.com).

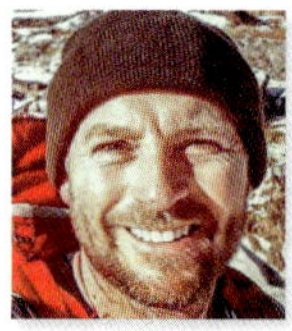

Andrew Thomas-Price verbringt jede freie Minute mit der Suche nach Abenteuern. Er geht auf Reisen, um die traditionellen Fähigkeiten indigener Völker zu studieren, die er nutzt, um bei Dryad Bushcraft, seiner Outdoor-Schule im Südwesten von Wales, nachhaltige Lebensführung und Survival-Kenntnisse zu unterrichten. Er ist im Fernsehen aufgetreten und schreibt regelmäßig über Naturkunde. Erfahren Sie mehr unter dryadbushcraft.co.uk.

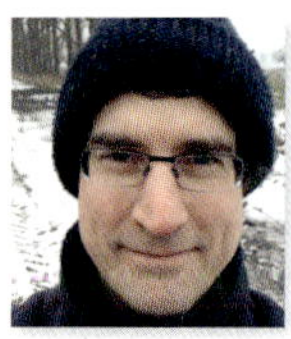

Steve Tomashek lebt mit seiner Frau, seiner Tochter und einer ganzen Menagerie an Tieren auf einem Bauernhof in einem kleinen Dorf im deutschen Thüringen. Bevor er 2011 aus den USA herzog, verkaufte er seine Kunstwerke bei Kunsthandwerksmessen und an Galerien im Mittleren Westen und an der Ostküste der USA. Sie finden ihn auf YouTube unter „Steve Tomashek".

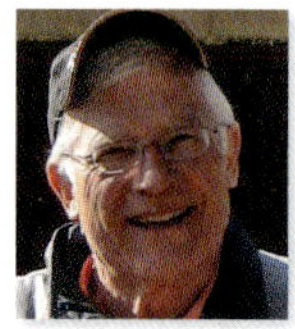

Rick Wiebe schnitzt seit 70 Jahren. Bäume erzittern bei seinem Erscheinen. Vor allem Espen. Rick verbringt viel Zeit damit, andere mit dem Schnitzvirus anzustecken, weshalb er in Kanada und den Vereinigten Staaten Kinder und Erwachsene unterrichtet. Er hat auch in einigen anderen Ländern gelehrt und sein Können demonstriert. Rick hat bei Linden Publishing drei Bücher veröffentlicht: *Whittlin' Whistles, Classic Whittling* und *Bushcraft Whittling*. Er lebt in Keremeos, British Columbia (Kanada), im schönen Similkameen Valley gemeinsam mit seiner Frau Helen, die es seit mittlerweile 55 Jahren mit ihm aushält. Sie erreichen ihn unter rick@woodcarvingbiz.com.

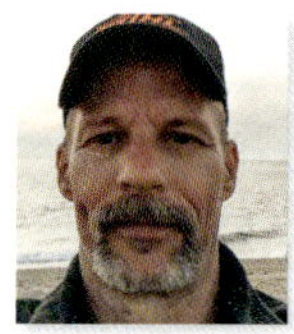

Pete Zanauskas lebt in einer Kleinstadt in Connecticut und hat drei Töchter. Der Naturliebhaber schnitzt seit 1995, als er ein Klappmesser zu einem Strandurlaub mitnahm. Seitdem hat er mehrere Schnitzwettbewerbe gewonnen und viele Artikel für *Woodcarving Illustrated* geschrieben. Petes Projekt ist von dem kunstvollen Brieföffner mit Kugel im Käfig seines Urgroßvaters inspiriert. Pete möchte seinen Eltern dafür danken, dass sie seine größten Fans sind. Weitere seiner Werke finden Sie auf Instagram unter @thewhittla.

Stichwortverzeichnis

Anmerkung: Kursive Seitenzahlen stehen für Projekte, fett gedruckte für Autorenbiografien.

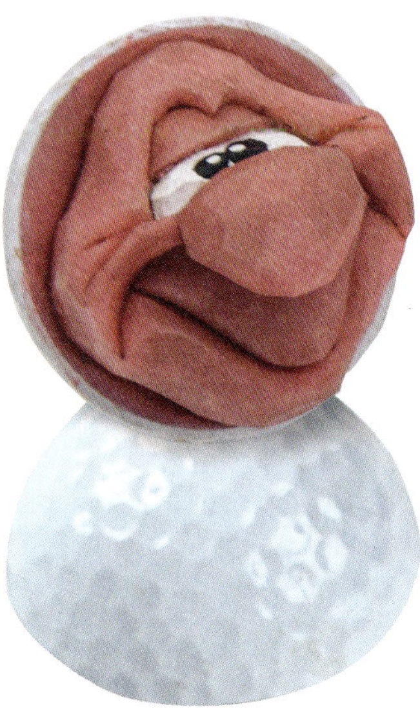

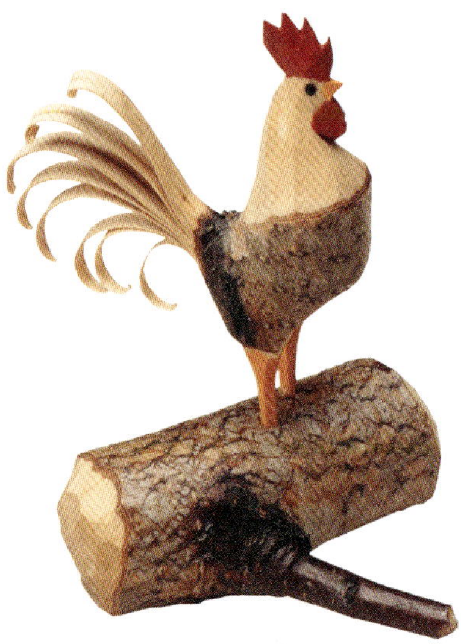

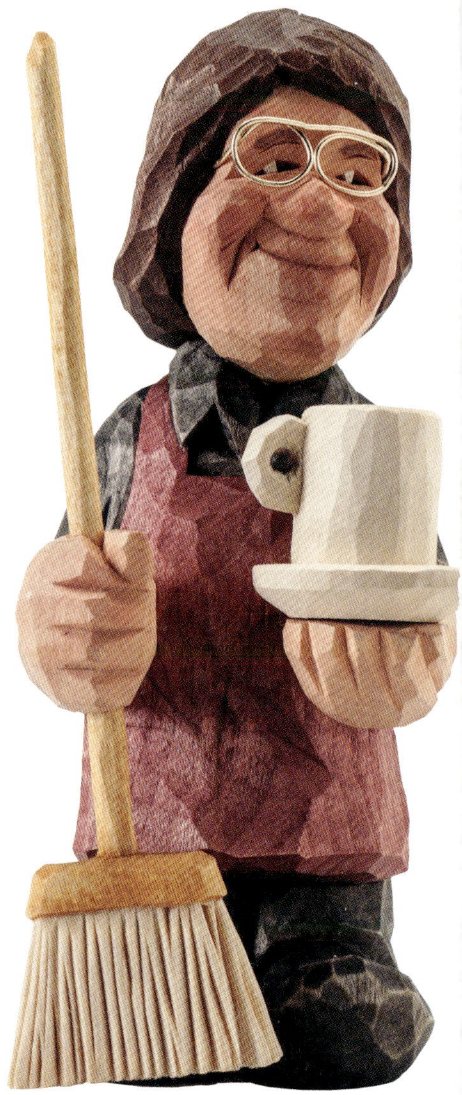